A VIDA IMORTAL DE
HENRIETTA LACKS

REBECCA SKLOOT

A vida imortal de Henrietta Lacks

Tradução
Ivo Korytowski

COMPANHIA DAS LETRAS

Copyright © 2010 by Rebecca Skloot

Grafia atualizada segundo o Acordo Ortográfico da Língua Portuguesa de 1990, que entrou em vigor no Brasil em 2009.

Título original
The immortal life of Henrietta Lacks

Capa
Luciana Facchini

Fotos de capa
Henrietta Lacks: Obstetrics & Gynaecology/ Science Photo Library/ SPL DC/ Latin Stock
Célula HeLa: Thomas Decrinck, NCMIR/ Science Photo Library/ SPL DC/ Latin Stock
Tecido: © Gyro Photography/ amanaimages/ Corbis/ Latin Stock

Edição
Ciça Caropreso

Preparação
Carlos Alberto Bárbaro

Índice remissivo
Luciano Marchiori

Revisão
Erika Nakahata
Huendel Viana

Dados Internacionais de Catalogação na Publicação (CIP)
(Câmara Brasileira do Livro, SP, Brasil)

Skloot, Rebecca
    A vida imortal de Henrietta Lacks / Rebecca Skloot ; tradução
Ivo Korytowski. — São Paulo : Companhia das Letras, 2011.

    Título original: The immortal life of Henrietta Lacks
    ISBN 978-85-359-1815-1

    1. Câncer - Pacientes - Biografia 2. Câncer - Pesquisas 3. Célula
    HeLa 4. Cultura de células 5. Ética médica 6. Lacks, Henrietta,
    1920-1951 - Saúde 7. Medicina experimental no homem
    - Estados Unidos - Histórias 8. Mulheres afro-americanas -
    História I. Título.

11-00252   CDD-616.02774092

Índice para catálogo sistemático:
1. Estados Unidos : Pacientes com câncer : Biografia   616.02774092

[2011]
Todos os direitos desta edição reservados à
EDITORA SCHWARCZ LTDA.
Rua Bandeira Paulista, 702, cj. 32
04532-002 — São Paulo — SP
Telefone: (11) 3707-3500
Fax: (11) 3707-3501
www.companhiadasletras.com.br

Para minha família:
meus pais, Betsy e Floyd; seus cônjuges, Terry e Beverly;
meu irmão e cunhada, Matt e Renee;
e meus sobrinhos maravilhosos, Nick e Justin.
Todos foram privados de minha companhia por
muito tempo devido a este livro,
mas nunca deixaram de acreditar nele, ou em mim.

E em memória saudosa de meu avô,
James Robert Lee (1912-2003),
que apreciava os livros mais do que qualquer um que já conheci.

Sumário

Algumas palavras sobre este livro 9

Prólogo: A mulher na fotografia 17
A voz de Deborah 27

PARTE UM: VIDA
1. O exame — *1951* 31
2. Clover — *1920-42* 37
3. Diagnóstico e tratamento — *1951* 48
4. O nascimento de HeLa — *1951* 57
5. "O negrume está se espalhando dentro de mim" — *1951*... 66
6. "A moça está no telefone" — *1999* 74
7. A morte e vida da cultura de células — *1951* 83
8. "Um espécime miserável" — *1951* 91
9. Turner Station — *1999* 96
10. Do outro lado da via férrea — *1999* 108
11. "O diabo da dor em pessoa" — *1951* 116

PARTE DOIS: MORTE
12. A tempestade — *1951* 123

13. A fábrica de células HeLa — *1951-3* 128
14. Helen Lane — *1953-4* 143
15. "Jovem demais para lembrar" — *1951-65* 148
16. "Passando a eternidade no mesmo lugar" — *1999* 157
17. Ilegal, imoral e deplorável — *1954-66* 168
18. "Híbrido estranho" — *1960-6* 180
19. "A época mais crítica neste mundo" — *1966-73* 188
20. A bomba HeLa — *1966* 197
21. Médicos da noite — *2000* 204
22. "A fama que ela tanto merece" — *1970-3* 219

PARTE TRÊS: IMORTALIDADE
23. "Está viva" — *1973-4* 229
24. "O mínimo que podem fazer" — *1975* 243
25. "Quem os autorizou a vender meu baço?" — *1976-88* 252
26. Violação da privacidade — *1980-5* 262
27. O segredo da imortalidade — *1984-95* 268
28. Após Londres — *1996-9* 276
29. Uma aldeia de Henriettas — *2000* 293
30. Zakariyya — *2000* 303
31. Hela, deusa da morte — *2000-1* 314
32. "Tudo isto é minha mãe" — *2001* 325
33. O Hospital para Negros Insanos — *2001* 336
34. Os prontuários médicos — *2001* 350
35. Lavando a alma — *2001* 358
36. Corpos celestes — *2001* 368
37. "Nada a temer" — *2001* 372
38. O longo caminho até Clover — *2009* 381

Onde eles estão agora 388
Posfácio 392

Agradecimentos 410
Notas 422
Índice remissivo 445

Algumas palavras sobre este livro

Este é um livro de não ficção. Nenhum nome foi modificado, nenhum personagem foi inventado, nenhum evento foi forjado. Ao escrever este livro, realizei mais de mil horas de entrevistas com familiares e amigos de Henrietta Lacks, bem como com advogados, especialistas em ética, cientistas e jornalistas que escreveram sobre a família Lacks. Também consultei um grande número de fotos e documentos de arquivos, pesquisas científicas e históricas, e os diários pessoais da filha de Henrietta, Deborah Lacks.

Esforcei-me ao máximo para captar a linguagem com que cada pessoa falava e escrevia: os diálogos aparecem no linguajar nativo; passagens de diários e outros textos pessoais são citados exatamente como escritos. Como um dos parentes de Henrietta me disse: "Se você enfeita o modo de falar das pessoas e muda as coisas que elas disseram, isso é desonesto. É privá-las de suas vidas, de suas experiências e de seus eus". Em muitos trechos, adotei as palavras que os entrevistados usaram para descrever seus mundos e experiências. Ao fazê-lo, empreguei a linguagem de suas épocas e culturas, incluindo expressões como *de cor*. Membros da família Lacks muitas vezes se referiam a Johns Hopkins como "John Hopkins", e preservei sua maneira de falar. Tudo que vem escrito em primeira pessoa na voz de Deborah Lacks é uma citação de sua fala, editado em benefício da síntese e, vez ou outra, da clareza.

Como Henrietta Lacks morreu décadas antes de eu começar a escrever este livro, me apoiei em entrevistas, documentos legalmente registrados e em seus prontuários médicos para recriar passagens de sua vida. O diálogo oferecido nessas passagens é ou deduzido de registros escritos, ou reproduzido literalmente como me foi relatado nas entrevistas. Na medida do possível, realizei diversas entrevistas com fontes variadas, com o objetivo de garantir a precisão. O excerto do histórico médico de Henrietta no capítulo 1 é um resumo de muitas e variadas anotações.

A palavra *HeLa*, empregada em referência às células desenvolvidas a partir do tecido cervical de Henrietta Lacks, aparece em todo o livro. Pronuncia-se *rilá*.

Uma observação sobre a cronologia. As datas das experiências científicas se referem aos períodos em que as experiências foram conduzidas, e não à sua publicação. Em alguns casos, são datas aproximadas, por não haver um registro exato de seu início. Além disso, como minha narrativa circula por múltiplas histórias, e porque as descobertas científicas foram ocorrendo ao longo de muitos anos, há trechos no livro em que, em benefício da clareza, descrevo as descobertas científicas em sequência, mesmo que elas tenham ocorrido simultaneamente.

A história de Henrietta Lacks e das células HeLa aborda aspectos importantes sobre ciência, ética, raça e classe, e fiz o máximo possível para apresentar esses temas de forma clara ao narrar a história de Lacks, incluindo um posfácio sobre o atual debate legal e ético no que se refere a pesquisa e propriedade de tecidos humanos. Há muito mais ainda a ser dito sobre tais assuntos, mas isso está além do plano deste livro, de modo que deixo essa tarefa para os estudiosos e especialistas no assunto. Espero que os leitores sejam compreensivos com eventuais omissões.

A VIDA IMORTAL DE HENRIETTA LACKS

Nenhuma *pessoa deve ser encarada como uma abstração. Antes, é preciso enxergar em cada pessoa um universo com seus próprios segredos, com seus próprios tesouros, com suas próprias fontes de angústia e com certa dose de triunfo.*

ELIE WIESEL
The Nazi doctors and the Nuremberg Code

Prólogo

A mulher na fotografia

Numa parede da minha casa, está pendurada a foto de uma mulher que nunca conheci, o canto direito rasgado e colado com fita adesiva. A mulher encara a câmera e sorri, mãos nos quadris, saia e blazer impecáveis passados a ferro, lábios pintados com batom vermelho-escuro. É o fim da década de 1940, e ela ainda não chegou aos trinta anos. Sua pele marrom-clara é macia, seus olhos ainda jovens e alegres, alheios ao tumor que cresce dentro dela — um tumor que deixará seus cinco filhos órfãos e mudará o futuro da medicina. Sob a foto, uma legenda revela seu nome: "Henrietta Lacks, Helen Lane, ou Helen Larson".

Ninguém sabe quem tirou a foto, mas ela apareceu centenas de vezes em revistas e compêndios científicos, em blogs e paredes de laboratórios. Ela costuma ser identificada como Helen Lane, mas com frequência não possui nenhum nome. É simplesmente chamada de HeLa, o codinome dado às primeiras células humanas imortais do mundo — *suas* células, retiradas do colo de seu útero meses antes de ela morrer.

Seu verdadeiro nome é Henrietta Lacks.

Passei anos contemplando essa foto, indagando que tipo de vida a retratada levava, o que teria acontecido com seus filhos e o que ela acharia de células do colo de seu útero vivendo para sempre — compradas, vendidas, embaladas e expedidas aos trilhões para laboratórios do mundo todo. Tentei imaginar como ela se sentiria se soubesse que suas células subiram nas primeiras missões espaciais, para os cientistas descobrirem o que aconteceria com células humanas em gravidade zero, ou que elas ajudaram em alguns dos avanços mais importantes da medicina: vacina contra pólio, quimioterapia, clonagem, mapeamento de genes, fertilização *in vitro*. Tenho certeza absoluta de que ela — como a maioria de nós — ficaria chocada se soubesse que há agora trilhões de células suas sendo reproduzidas em laboratórios, muito mais do que o número de células que um dia existiu em seu corpo.

Não dá para saber exatamente quantas das células de Henrietta estão vivas hoje. Um cientista estima que, se fosse possível empilhar num prato de balança todas as células HeLa já cultivadas, elas pesariam mais de 50 milhões de toneladas métricas — um número inconcebível, visto que uma célula individual quase não tem peso. Outro cientista calculou que, se fosse possível enfileirar todas as células HeLa já cultivadas, elas dariam ao menos três voltas ao redor da Terra, totalizando mais de 100 milhões de metros. A própria Henrietta media pouco mais de 1,5 metro.

Tomei conhecimento das células HeLa e da mulher por trás delas em 1988, 37 anos após sua morte, quando eu tinha dezesseis anos e assistia a uma aula de biologia numa faculdade comunitária. Meu professor, Donald Defler, um homem calvo com cara de gnomo, foi para a frente do auditório e ligou um retroprojetor. Apontou para dois diagramas que apareceram na parede atrás dele. Eram diagramas do ciclo de reprodução das células, mas para mim pareciam uma confusão de setas, quadrados e círculos em tons néon, com palavras que eu não entendia, como "MPF desencadeando uma reação em cadeia de ativações de proteínas".

Eu era uma garota que havia sido reprovada no primeiro ano do ensino médio da escola pública por faltar às aulas. Fui transferida para uma escola alternativa que oferecia os estudos dos sonhos em vez de biologia, portanto eu estava assistindo às aulas de Defler para obter os créditos de nível médio, o que significava que aos dezesseis anos eu estava sentada no auditório de uma faculdade com palavras como *mitose* e *inibidores da cinase* pairando por ali. Estava completamente perdida.

"Vamos ter que decorar tudo que está nesses diagramas?", um aluno gritou.

Sim, Defler disse, teríamos de memorizar os diagramas, e sim, eles cairiam na prova, mas aquilo não importava naquele momento. O que ele queria que entendêssemos era que as células eram coisas espantosas: existem cerca de 100 trilhões delas em nossos corpos, cada uma tão pequena que milhares delas poderiam caber no ponto-final desta frase. Elas compõem todos os nossos tecidos — músculos, ossos, sangue —, os quais, por sua vez, constituem nossos órgãos.

Sob o microscópio, a célula se assemelha a um ovo frito: possui uma clara (o *citoplasma*) que está cheia de água e proteínas para mantê-la alimentada e uma gema (o *núcleo*) que encerra todas as informações genéticas que fazem de nós *nós*. O citoplasma é tão agitado como uma rua de Nova York. Está repleto de moléculas e vasos que transportam enzimas e açúcares de uma parte da célula para outra, sem parar, bombeando água, nutrientes e oxigênio para dentro e para fora da célula. Enquanto isso, pequenas fábricas citoplásmicas trabalham 24 horas por dia, produzindo açúcares, gorduras, proteínas e energia para manter a coisa toda funcionando e alimentar o núcleo, cérebro da operação. Dentro de cada núcleo em cada célula de seu corpo existe uma cópia idêntica de todo o seu genoma. Esse genoma informa às células quando elas devem crescer e se dividir e se certifica de que estão cumprindo suas tarefas, seja controlar os batimentos cardíacos, seja ajudar o cérebro a entender as palavras desta página.

Defler andou de um lado para o outro na sala de aula, contando como a mitose — o processo de divisão celular — possibilita aos embriões se tornarem bebês e aos nossos corpos criarem células novas para curar feridas ou repor o sangue que perdemos. Aquilo era tão bonito, ele disse, quanto uma dança perfeitamente coreografada.

Basta um pequeno erro em qualquer ponto do processo de divisão para as células começarem a se descontrolar, ele contou. Basta *uma* falha da enzima, *uma* ativação da proteína errada, e você pode ter câncer. A mitose fica desvairada, e assim o câncer se espalha.

"Descobrimos isso estudando células cancerosas em cultura", Defler disse. Sorriu e ficou de frente para o quadro-negro, onde escreveu duas palavras em letras de fôrma enormes: HENRIETTA LACKS.

Henrietta morreu em 1951, de um caso grave de câncer cervical, ele nos contou. Mas, antes de ela morrer, um cirurgião extraiu amostras de seu tumor e colocou-as numa placa de Petri. Os cientistas vinham tentando manter células humanas vivas em culturas havia décadas, mas elas sempre acabavam morrendo. As células de Henrietta foram diferentes: elas reproduziam uma geração inteira a cada 24 horas, e nunca pararam. Tornaram-se as primeiras células humanas a se reproduzir em laboratório.

"As células de Henrietta já viveram fora do corpo dela bem mais tempo do que chegaram a viver dentro dele", Defler explicou. Se fôssemos a qualquer laboratório de cultura de células do mundo e abríssemos seus congeladores, ele nos contou, provavelmente encontraríamos milhões — ou mesmo bilhões — de células de Henrietta em pequenos frascos sobre gelo.

Suas células fizeram parte de pesquisas dos genes que causam câncer e daqueles que o suprimem. Ajudaram a desenvolver remédios para tratamento de herpes, leucemia, gripe, hemofilia e mal de Parkinson, e têm sido usadas para estudar a digestão da lactose, doenças sexualmente transmissíveis, apendicite, longevidade humana, acasalamento dos mosquitos e os efeitos celulares negativos de trabalhar em esgotos. Seus cromossomos e proteínas foram estudados com tamanho detalhe e precisão que os cientistas conhecem cada uma de suas peculiaridades. Como os porquinhos-da-índia e camundongos, as células de Henrietta se tornaram o burro de carga típico dos laboratórios.

"As células HeLa foram uma das coisas mais importantes que aconteceram à medicina nos últimos cem anos", Defler disse.

Depois, sem rodeios, quase como uma reflexão tardia, ele disse: "Ela era uma mulher negra". Apagou o nome dela num só movimento rápido e assoprou o giz das mãos. A aula tinha acabado.

Enquanto os alunos saíam da sala, fiquei sentada refletindo. *Só isso? É tudo que se sabe? Essa é uma história que não devia parar por aí.*

Segui Defler até sua sala.

"De onde ela era?", perguntei. "Ela sabia da importância de suas células? Teve filhos?"

"Eu bem que gostaria de poder lhe contar", ele respondeu, "mas ninguém sabe nada sobre ela."

Depois da aula, corri para casa e me atirei na minha cama com meu livro de biologia. Consultei "cultura de células" no índice, e lá estava ela, uma pequena citação entre parênteses:

> Em cultura, as células cancerosas continuam se dividindo indefinidamente, se receberem um suprimento constante de nutrientes, sendo portanto consideradas "imortais". Um exemplo impressionante é uma linhagem celular que vem se reproduzindo em cultura

desde 1951. (As células dessa linhagem são chamadas de células HeLa porque sua origem foi um tumor removido de uma mulher chamada Henrietta Lacks.)

E ponto-final. Consultei HeLa na enciclopédia dos meus pais, depois no meu dicionário: nenhuma Henrietta.

Ao concluir o ensino médio e ingressar na faculdade, onde me formei em biologia, as células HeLa eram onipresentes. Ouvi falar delas em histologia, neurologia, patologia; usei-as em experimentos sobre como células vizinhas se comunicam. Mas, com exceção do sr. Defler, ninguém nunca mencionou Henrietta.

Quando obtive meu primeiro computador em meados dos anos 1990 e comecei a acessar a internet, procurei informações sobre ela, mas encontrei apenas fragmentos confusos: a maioria dos sites dizia que seu nome era Helen Lane; alguns diziam que havia morrido na casa dos trinta anos; outros diziam que tinha sido na dos quarenta, cinquenta ou mesmo sessenta. Uns diziam que havia morrido de câncer no ovário, outros, que fora de câncer de mama ou cervical.

Acabei descobrindo alguns artigos de revistas sobre ela, dos anos 1970. A *Ebony* citava a declaração do marido de Henrietta: "Tudo de que me lembro é que ela teve essa doença, e logo depois que ela morreu me ligaram no escritório pedindo minha permissão para extraírem algum tipo de amostra. Decidi não permitir". A *Jet* dizia que a família estava furiosa — furiosa por saber que as células de Henrietta vinham sendo vendidas por 25 dólares o frasco, e furiosa porque artigos vinham sendo publicados sobre as células sem seu conhecimento. Dizia: "Martelando no fundo da cabeça deles, havia a sensação torturante de que a ciência e a imprensa haviam se aproveitado da família".

Toda as reportagens mostravam fotos da família de Henrietta: o filho mais velho sentado à mesa da sala de jantar em Baltimore, olhando um compêndio de genética. O filho do meio com um uniforme militar, sorrindo e segurando um bebê. Mas uma foto se destacava das outras: nela, a filha de Henrietta, Deborah Lacks, está cercada pela família; todos sorriem, abraçados uns aos outros, olhos brilhantes e excitados — exceto Deborah. De pé em primeiro plano, ela parece solitária, quase como se alguém a tivesse colado na foto depois de tirada. Tem 26 anos, é bonita, com cabelos castanhos curtos e olhos felinos. Mas os olhos fitam a câmera de um jeito duro e sério. Segundo a legenda da foto, somente alguns meses antes a família descobrira que as células de Henrietta continuavam vivas, embora àquela altura ela estivesse morta há 25 anos.

Todas as matérias mencionavam que os cientistas haviam começado pesquisas com os filhos de Henrietta, mas a família Lacks parecia não saber o objetivo daquelas pesquisas. Haviam sido informados de que estavam sendo testados com o objetivo de se descobrir se tinham o câncer que matara Henrietta, mas de acordo com os repórteres os cientistas estavam estudando a família Lacks para conhecer mais sobre as células de Henrietta. As matérias citavam seu filho Lawrence, que queria saber se a imortalidade das células de sua mãe significava que ele poderia viver para sempre também. Mas um membro da família não se manifestou: a filha de Henrietta, Deborah.

Em meu curso de redação na pós-graduação, fiquei obcecada com a ideia de um dia contar a história de Henrietta. A certa altura, cheguei a ligar para o serviço de informações de Baltimore à procura do marido de Henrietta, David Lacks, mas ele não constava da lista telefônica. Eu pensava em escrever um livro que viesse a ser uma biografia tanto das células como da mulher de quem elas tinham se originado — a filha, a esposa, a mãe.

Na época eu não imaginava, mas aquela ligação telefônica marcaria o início de uma aventura de uma década por laboratórios científicos, hospitais e instituições psiquiátricas, com um elenco de personagens que incluiria vencedores do prêmio Nobel, balconistas de mercearias, delinquentes condenados e um vigarista profissional. Enquanto eu tentava compreender a história da cultura de células e o complexo debate ético sobre o uso de tecidos humanos em pesquisas, eu seria acusada de conspiração e colocada contra a parede tanto física como metaforicamente, e acabaria me encontrando na outra ponta de alguma coisa muito parecida com um exorcismo. Acabei conhecendo Deborah, que se revelaria uma das mulheres mais fortes e resistentes que já conheci. Desenvolveríamos um elo pessoal profundo, e aos poucos, sem perceber, eu me tornaria uma personagem de sua história e ela, da minha.

Deborah e eu viemos de culturas bem diferentes: cresci como uma branca agnóstica no noroeste do Pacífico, com raízes metade judaicas nova-iorquinas, metade protestantes do Meio-Oeste. Deborah era uma negra cristã profundamente religiosa do sul dos Estados Unidos. Eu tendia a deixar a sala quando a conversa tratava de religião, porque me incomodava. Deborah tendia a pregação, curas pela fé e às vezes magia. Cresceu num dos mais pobres e perigosos bairros negros do país. Eu cresci num bairro seguro e tranquilo de classe média, numa cidade predominantemente branca, e frequentei o ensino médio tendo no máximo dois colegas negros. Eu era uma jornalista científica que se referia a tudo que fosse sobrenatural como "misticismo barato". Deborah acreditava que o espírito de Henrietta continuava vivendo em suas células, controlando a vida de qualquer pessoa que cruzasse o caminho dele. Inclusive eu.

"Como você explica que seu professor de ciências sabia o verdadeiro nome dela, quando todos os outros a chamavam de Helen Lane?", Deborah costumava dizer. "Ela estava tentando chamar sua atenção." Esse tipo de pensamento se aplicava a tudo na minha vida: quando me casei enquanto escrevia este livro, foi porque Henrietta quis que alguém cuidasse de mim enquanto eu trabalhava. Quando me divorciei, foi porque ela decidiu que ele estava atrapalhando meu livro. Quando um editor que insistiu que eu retirasse a família Lacks do livro se feriu num acidente misterioso, Deborah disse que aquilo era o que acontecia com quem irritasse Henrietta.

A família Lacks desafiou tudo que eu acreditava saber sobre fé, ciência, jornalismo e raça. Em última análise, este livro é o resultado dessa trajetória. Não é apenas a história das células HeLa e de Henrietta Lacks, mas da família de Henrietta — particularmente de Deborah — e de sua luta de toda uma vida para fazer as pazes com a existência daquelas células e com a ciência que as tornou possíveis.

A VOZ DE DEBORAH

Quando as pessoas perguntam — e parece que as pessoas estão sempre perguntando, eu não me livro disso — eu digo Isso, é isso aí, o nome da minha mãe era Henrietta Lacks, ela morreu em 1951, o John Hopkins extraiu suas células, e essas células continuam vivendo até hoje, se multiplicando, crescendo e se espalhando se você não mantém elas congeladas. A ciência chama minha mãe de HeLa, e ela está no mundo inteiro em centros médicos, em todos os computadores, na internet, em toda parte.

Quando vou ao médico fazer meus check-ups, sempre digo que minha mãe foi HeLa. Eles ficam empolgados, contam coisas do tipo como as células dela ajudaram a produzir meus remédios para hipertensão e antidepressivos e como todas essas coisas importantes na ciência acontecem por causa dela. Mas eles nunca explicam direito, só dizem: Sim, sua mãe esteve na Lua, esteve em bombas nucleares e produziu aquela vacina contra pólio. Eu realmente não sei como ela fez tudo isso, mas acho que estou feliz por isso, porque significa que ela está ajudando um monte de pessoas. Acho que ela ficaria contente com isso.

Mas sempre achei estranho que, se as células da nossa mãe fi-

zeram tanto pela medicina, como é que a família dela nem tem dinheiro pra pagar um médico? Não faz sentido. As pessoas ficaram ricas às custas da minha mãe, e a gente nem sabia que tinham pegado as células dela, e a gente não recebeu um centavo. Antes eu ficava tão furiosa com isso que ficava doente e tinha que tomar remédios. Mas não tenho mais força para lutar. Só quero saber quem foi minha mãe.

PARTE UM

VIDA

1. O exame

1951

Em 29 de janeiro de 1951, David Lacks estava sentado ao volante de seu velho Buick observando a chuva cair. Estava estacionado sob um enorme carvalho diante do Hospital Johns Hopkins com três de seus filhos — dois ainda de fralda — esperando a mãe deles, Henrietta. Minutos antes, ela saltara do carro, cobrira a cabeça com a jaqueta e entrara correndo no hospital, passando pelo banheiro das "pessoas de cor", o único que ela estava autorizada a usar. No prédio ao lado, sob um elegante teto de cobre em forma de cúpula, uma estátua de mármore de Jesus de mais de três metros se erguia, braços abertos, recepcionando as pessoas onde um dia já fora a entrada principal do Johns Hopkins. Nunca ninguém da família de Henrietta consultara um médico do hospital sem antes parar na estátua de Jesus para depositar flores a seus pés, entoar uma prece e esfregar seu dedão do pé para dar sorte. Mas naquele dia Henrietta não parou.

Ela foi direto à sala de espera da clínica ginecológica, um espaço amplo e repleto de bancos compridos com costas retas como as dos bancos de igreja.

"Tenho um caroço no útero", informou à recepcionista. "O médico precisa dar uma olhada."

Por mais de um ano, Henrietta vinha contando às amigas mais próximas que algo não ia bem. Uma noite após o jantar, sentada na sua cama com as primas Margaret e Sadie, contou a elas: "Tenho um caroço dentro de mim."

"O quê?", Sadie perguntou.

"Um caroço", ela respondeu. "Dói que é uma tristeza — quando aquele homem quer transar comigo, Meu Deus, que dor."

Quando as relações sexuais começaram a doer, ela pensou que fosse por causa do bebê Deborah, a quem acabara de dar à luz semanas antes, ou do sangue ruim que David às vezes trazia para casa após noitadas com outras mulheres — do tipo que os médicos tratavam com injeções de penicilina e metais pesados.

Henrietta agarrou as mãos de suas primas, uma de cada vez, levando-as à sua barriga, assim como fizera quando Deborah começou a dar chutes lá dentro.

"Está sentindo alguma coisa?"

As primas pressionaram seu estômago com os dedos várias vezes.

"Sei lá", Sadie disse, "às vezes você está grávida fora do útero — você sabe que isso *pode* acontecer."

"Não estou grávida coisa nenhuma", Henrietta replicou. "É um caroço."

"Hennie, você tem que ver isso. E se for coisa ruim?"

Mas Henrietta não foi ao médico e as primas não contaram a ninguém o que ela tinha dito no quarto. Naquela época, as pessoas não conversavam sobre assuntos como câncer, mas Sadie sempre achou que Henrietta manteve segredo por temer que um médico retirasse seu útero e a impedisse de ter filhos.

Cerca de uma semana depois de contar às primas que achava que algo estava errado, aos 29 anos Henrietta engravidou de

Joe, seu quinto filho. Sadie e Margaret disseram a Henrietta que a dor provavelmente estava associada ao bebê. Mas Henrietta continuou negando.

"Estava lá antes do bebê", ela lhes disse. "É outra coisa."

Todas pararam de falar sobre o caroço, e ninguém contou nada a David, o marido de Henrietta. Então, quatro meses e meio após o nascimento do bebê Joseph, Henrietta foi ao banheiro e viu sua calcinha manchada de sangue, embora não fosse ainda o período de sua menstruação.

Encheu a banheira, deitou-se na água morna e abriu as pernas. Com a porta fechada para filhos, marido e primas, Henrietta enfiou um dedo na vagina e apalpou o colo do útero até encontrar o que desconfiava que encontraria: um caroço duro, bem no fundo, como se alguém tivesse alojado uma bola de gude à esquerda da abertura do seu útero.

Henrietta saiu da banheira, secou-se e se vestiu. Depois disse ao marido: "É bom você me levar ao médico. Estou sangrando fora da época da menstruação".

Seu médico deu uma olhada lá dentro, viu a saliência e achou que fosse uma ferida de sífilis. Mas o exame deu negativo para sífilis, portanto ele recomendou que Henrietta procurasse a clínica ginecológica do Hospital Johns Hopkins.

O Hopkins era um dos melhores hospitais da região. Construído em 1889 como um hospital de caridade para enfermos e pobres, ocupava quase cinco hectares no local de um antigo cemitério e asilo de loucos, no leste de Baltimore. Suas enfermarias públicas estavam lotadas de pacientes, a maioria negros sem dinheiro para pagar médicos particulares. David levou Henrietta por uns trinta quilômetros de carro até lá não porque os dois preferissem, mas por ser o único hospital, num raio de quilômetros, que tratava de pacientes negros. Aquela era a época das leis segregacionistas de Jim Crow — se negros aparecessem em hospitais de brancos, costumavam ser mandados embora, ainda que isso significasse que eles poderiam morrer no estacionamento. Até o Johns Hopkins, que tratava de pacientes negros, segregava-os em enfermarias para "gente de cor", e também mantinha bebedouros separados.

Desse modo, quando a enfermeira chamou Henrietta na sala de espera, conduziu-a por uma única porta até uma sala de exames para negros — uma de uma longa fileira de salas separadas por paredes de vidro transparentes, o que permitia às enfermeiras olharem de uma sala para outra. Henrietta despiu-se, vestiu uma camisola hospitalar branca engomada e deitou-se numa mesa de exame de madeira, à espera de Howard Jones, o ginecologista de plantão. Jones era magro e agrisalhado, sua voz grave, atenuada por um fraco sotaque sulista. Quando ele entrou na sala, Henrietta contou sobre o caroço. Antes de examiná-la, folheou seu boletim médico — um breve esboço de sua vida e uma litania de doenças não tratadas:

Escolaridade: sexta ou sétima série; dona de casa, cinco filhos. Dificuldades respiratórias desde a infância devido a infecções regulares da garganta e um septo desviado no nariz da paciente. O médico recomendou cirurgia. Paciente recusou. Paciente teve uma dor de dente por quase cinco anos; o dente acabou sendo extraído com vários outros. Sua única preocupação é a filha mais velha, que é epiléptica e não consegue falar. Lar feliz. Bebe apenas ocasionalmente. Nunca viajou. Bem nutrida, cooperativa. A paciente faz parte de uma família de dez irmãos e irmãs. Um morreu de acidente de carro, outro, de coração reumático, outro foi envenenado. Sangramento vaginal inexplicado e sangue na urina durante as duas últimas gravidezes; médico recomendou o teste da anemia falciforme. Paciente recusou. Vive com o marido desde os quinze anos e não gosta das relações sexuais. Paciente sofre de neurossífilis assintomática, mas cancelou os tratamentos de sífilis dizendo que se sentia bem. Dois meses antes da atual visita, após o parto do quinto filho, a paciente notou muito sangue na urina. Os testes mostraram áreas de atividade celular maior no colo do útero. Os médicos recomendaram o diagnóstico e indicaram um especialista para ver se não era infecção ou câncer. A paciente cancelou a consulta. Um mês antes da visita atual, o exame de gonorreia da paciente deu positivo. Paciente chamada de volta à clínica para tratamento. Nenhuma resposta.

Não foi surpresa ela não ter retornado todas aquelas vezes para o acompanhamento médico. Para Henrietta, adentrar o Johns Hopkins era como entrar num país estrangeiro cuja língua ignorasse. Sabia tudo sobre colher tabaco e abater um porco, mas nunca tinha ouvido as palavras *colo do útero* ou *biópsia*. Ela mal lia ou escrevia, e não estudara ciências na escola. Como a maioria dos pacientes negros, só foi até o Johns Hopkins quando percebeu que não tinha outra escolha.

Jones ouviu Henrietta contar sobre a dor, o sangue. "Ela diz que sabia que havia algo de errado com o colo do útero", ele escreveu mais tarde. "Quando indagada por que sabia, respondeu que sentia como se tivesse um caroço ali. Não sei exatamente o que ela quer dizer com isso, a não ser que tenha apalpado a área."

Henrietta deitou-se na mesa, os pés presos em estribos enquanto fitava o teto. E de fato Jones encontrou um caroço exatamente onde ela disse que encontraria. Ele o descreveu como uma massa dura e carcomida, mais ou menos do tamanho de uma moeda. Se seu colo do útero fosse o mostrador de um relógio, o caroço estaria em quatro horas. Ele já tinha visto umas mil lesões de câncer cervical, mas nunca uma coisa como aquela: brilhante e púrpura (como "gelatina de uva", escreveu depois), e tão delicado que sangrava ao menor toque. Jones cortou uma pequena amostra e a enviou ao laboratório de patologia para um diagnóstico. Em seguida disse que Henrietta fosse para casa.

Logo depois, Jones sentou-se e ditou anotações sobre Henrietta e seu diagnóstico: "Seu histórico é interessante pelo fato de ela ter dado à luz neste mesmo hospital em 19 de setembro de 1950", escreveu. "Não há nenhuma menção no histórico daquele dia, ou na consulta de retorno seis semanas depois, a qualquer anormalidade no colo do útero."

No entanto, ali estava ela, três meses depois, com um tumor bem desenvolvido. Ou os médicos não o tinham visto nos últimos exames — o que parecia impossível —, ou ele havia crescido a uma velocidade assustadora.

2. Clover
1920-42

Henrietta Lacks nasceu Loretta Pleasant em Roanoke, Virgínia, em 1º de agosto de 1920. Ninguém sabe como ela se tornou Henrietta. Uma parteira chamada Fannie fez o parto num pequeno barraco num beco sem saída com vista para uma estação de trem, onde centenas de vagões de carga chegavam e partiam todos os dias. Henrietta compartilhou aquela casa com seus pais e oito irmãos e irmãs mais velhos até 1924, quando sua mãe, Eliza Lacks Pleasant, morreu dando à luz seu décimo bebê.

O pai de Henrietta, Johnny Pleasant, era um homem atarracado que andava com uma bengala, muitas vezes batendo com ela nas pessoas. Segundo as histórias da família, ele matou o próprio irmão por faltar ao respeito com Eliza. Johnny não tinha paciência para criar os filhos. Por isso, quando Eliza morreu, levou-os de volta para Clover, na Virgínia, onde sua família ainda cultivava os campos de tabaco em que seus ancestrais haviam labutado como escravos. Ninguém em Clover teve condições de ficar com as dez crianças, portanto os parentes as dividiram — uma ficou com uma prima, outra, com uma tia, e assim por diante. Henrietta foi parar com o avô, Tommy Lacks.

Tommy morava no que todos chamavam de "casa-lar" — uma cabana de madeira com quatro aposentos que no passado havia servido de moradia de escravos, com chão de tábuas, lampiões a gás e água que Henrietta trazia de um riacho. A casa-lar se erguia em uma encosta onde o vento penetrava pelas fendas das paredes. O ar lá dentro era tão frio que quando parentes morriam a família mantinha seus corpos na saleta de entrada durante dias para que as pessoas pudessem prestar as últimas homenagens. Depois os enterrava no cemitério nos fundos.

O avô de Henrietta já estava criando outro neto que uma de suas filhas deixara ali depois de dar à luz no chão da casa-lar. O nome da criança era David Lacks, mas todos o chamavam de Day, porque, na fala arrastada caipira dos Lacks, David soa como *Day*.

O jovem Day era o que a família Lacks chamava de um bebê do acaso: um homem chamado Johnny Coleman havia passado pela cidade; nove meses depois Day nasceu. Uma prima e parteira de doze anos chamada Munchie o trouxe ao mundo, azul como um céu tempestuoso e sem conseguir respirar. Um médico branco foi até a casa-lar com seu chapéu-coco e bengala, escreveu "natimorto" na certidão de nascimento de Day, depois voltou com sua charrete para a cidade, deixando para trás uma nuvem de poeira vermelha.

Munchie orou enquanto o médico se afastava: *Senhor, sei que não pretendeste levar este bebê.* Lavou Day num tonel com água morna, depois o colocou num lençol branco onde o esfregou e deu pancadinhas no peito até que ele ofegasse e sua pele azulada esquentasse e mudasse para marrom-claro.

Na época em que Johnny Pleasant despachou Henrietta para morar com Vovô Tommy, ela tinha quatro anos e Day, quase nove. Ninguém poderia adivinhar que ela passaria o resto da vida com Day — primeiro como a priminha crescendo na casa do vovô, depois como sua mulher.

Quando crianças, Henrietta e Day acordavam às quatro da manhã para ordenhar as vacas e alimentar as galinhas, porcos e cavalos. Cuidavam de uma horta repleta de milho, amendoins e verduras, depois rumavam para os campos de tabaco com seus primos Cliff, Fred, Sadie, Margaret e um bando de outros. Passaram grande parte da infância recurvados naqueles campos, plantando tabaco atrás de arados puxados por mulas. Toda primavera, arrancavam as grandes folhas verdes de suas hastes e as amarravam em pequenos feixes — seus dedos esfolados e pegajosos da resina de nicotina —, depois trepavam nas vigas do celeiro de tabaco do avô para pendurar feixe após feixe para a secagem. Todos os dias do verão rezavam para que caísse uma tempestade que refrescasse suas peles do sol ardente. Quando a tempestade vinha, gritavam e corriam pelos campos, recolhendo braçadas de frutas e nozes maduras que os ventos derrubavam das árvores.

Como quase todos os jovens na família Lacks, Day não terminou a escola: parou na quarta série porque a família precisava que ele trabalhasse nos campos. Mas Henrietta permaneceu até a sexta série. Durante o período escolar, todas as manhãs, depois de cuidar do jardim e dos animais, caminhava mais de três quilômetros — passando pela escola dos brancos, onde crianças jogavam pedras nela e caçoavam — até a escola dos negros, uma casa de fazenda de madeira com três aposentos escondida sob árvores frondosas e altas, com um pátio na frente onde a sra. Coleman obrigava meninos e meninas a brincarem em áreas separadas. Depois que a escola a liberava, e também fora do período escolar, Henrietta permanecia nos campos com Day e os primos.

Se fizesse bom tempo, quando terminavam o trabalho os primos corriam direto para a piscina natural que improvisavam todos os anos represando o riacho atrás da casa com pedras, paus, sacos de areia e qualquer outra coisa que pudessem fazer afundar. Atiravam pedras para afastar as cobras venenosas, depois mergulhavam na água pendurados em galhos de árvore ou das margens enlameadas.

À noite acendiam fogueiras com pedaços de sapatos velhos para espantar os mosquitos e observavam as estrelas debaixo do grande carvalho, onde haviam pendurado uma corda para se balançarem. Brincavam de pega-pega, ciranda e amarelinha, e dançavam pelo campo até Vovô Tommy gritar que estava na hora de ir para a cama.

Todas as noites, pilhas de primos se comprimiam no sótão de uma pequena casa de cozinha feita de madeira, a poucos metros da casa-lar. Deitavam-se um ao lado do outro — contando histórias sobre o fazendeiro de tabaco imprudente que vagava pelas estradas à noite ou sobre o homem sem olhos que morava à beira do riacho —, depois dormiam até Vovó Chloe acender o fogão a lenha embaixo e acordá-los com o cheiro de biscoitos fresquinhos.

Uma noite por mês, na época da colheita, Vovô Tommy atrelava os cavalos após o jantar, preparando-os para a viagem até a cidade de South Boston, local do segundo maior mercado de tabaco da nação, com desfiles de tabaco, concurso de Miss Tabaco e um porto onde barcos coletavam as folhas desidratadas para que pessoas no mundo inteiro fumassem.

Antes de sair de casa, Tommy chamava os jovens primos, que se aninhavam na charrete sobre uma cama de folhas de tabaco, depois lutavam contra o sono enquanto podiam, até enfim cederem ao ritmo dos cavalos. Como os fazendeiros de toda a Virgínia, Tommy Lacks e os netos viajavam a noite inteira para levar suas colheitas a South Boston, onde entravam numa fila ao amanhecer — uma charrete atrás da outra —, aguardando a abertura dos enormes portões verdes de madeira do armazém de leilões.

Quando chegavam, Henrietta e os primos ajudavam a desatrelar os cavalos e a encher suas tinas com grãos, depois descarregavam o tabaco da família no chão de tábuas do armazém. O leiloeiro recitava números que ecoavam pelo enorme salão aberto, seu teto com uns nove metros de altura coberto de claraboias escurecidas por anos de poeira. Enquanto Tommy Lacks se postava junto à sua colheita rezando por um bom preço, Henrietta e os primos corriam por entre pilhas de tabaco, falando num linguajar rápido para soarem como o leiloeiro. À noite ajudavam Tommy a levar o tabaco não vendido até o porão, onde ele transformava as folhas em cama para as crianças. Os fazendeiros brancos dormiam em cima, em sótãos ou quartos particulares. Os fazendeiros negros dormiam nas entranhas escuras do depósito, com cavalos, mulas e cães, num chão sujo e empoeirado, com fileiras de baias de madeira para o gado e montanhas de garrafas de bebida vazias empilhadas quase até o teto.

À noite no armazém era hora de bebedeira, jogos de azar, prostituição e assassinatos ocasionais, os fazendeiros dissipando seus rendimentos da temporada. De suas camas de folhas, as crianças Lacks fitavam vigas do teto do tamanho de árvores, enquanto adormeciam embaladas pelos sons de risos e do retinir de garrafas, e pelo cheiro de tabaco seco.

De manhã, subiam na charrete com a colheita não vendida e partiam na longa jornada para casa. Os primos que haviam ficado em Clover sabiam que uma viagem de charrete até South Boston significava guloseimas para todos — talvez um pedaço de queijo ou uma fatia de mortadela —, de modo que ficavam esperando horas na rua principal para seguir a charrete até a casa-lar.

A larga e poeirenta rua principal de Clover estava cheia de Modelos A da Ford, bem como de charretes puxadas por mulas e cavalos. Old Man Snow teve o primeiro trator da cidade, e o dirigia até a loja como se fosse um carro — jornal enfiado debaixo do braço, seus cães de caça Cadillac e Dan ladrando a seu lado. A rua principal possuía um cinema, banco, joalheria, consultório médico, loja de ferragens e diversas igrejas. Quando fazia tempo bom, homens brancos com suspensórios, cartolas e longos charutos — todo mundo, desde o prefeito e médico até o coveiro — postavam-se ao longo da rua principal bebericando uísque de garrafas de suco, conversando ou jogando damas no barril de madeira em frente à farmácia. Suas esposas fofocavam no empório enquanto seus bebês dormiam enfileirados no balcão, cabeças repousando em longas peças de fazenda.

Henrietta e os primos ofereciam seus serviços àquele pessoal branco, rasgando seu tabaco por dez *cents* para assim terem dinheiro para assistir aos filmes de caubói de Buck Jones, seus favoritos. O dono do cinema projetava filmes mudos em preto e branco e sua mulher acompanhava as fitas ao piano. Como ela sabia apenas uma música, todas as cenas tinham como fundo uma música alegre, em estilo carnavalesco, mesmo quando os personagens estavam recebendo tiros e morrendo. As crianças Lacks sentavam-se na área para negros perto do projetor, que estalava feito um metrônomo durante o filme inteiro.

Quando Henrietta e Day cresceram, trocaram as brincadeiras de ciranda por corridas de cavalos ao longo da rua de terra que atravessava o que costumava ser a plantação de tabaco dos Lacks e que agora se chamava simplesmente Lacks Town. Os meninos sempre disputavam o Cavalo Charlie, o baio alto do Vovô Tommy, capaz de correr mais rápido que qualquer cavalo em Clover. Henrietta e as outras meninas assistiam da encosta do morro ou da traseira de charretes carregadas de feno, pulando para cima e para baixo, batendo palmas e gritando enquanto os meninos passavam correndo a cavalo.

Henrietta com frequência torcia por Day, mas às vezes preferia outro primo, Crazy Joe Grinnan. Crazy Joe era o que seu primo Cliff chamava de "um homem acima da média" — alto, robusto e forte, de pele escura, nariz pontudo e tantos cabelos pretos cobrindo sua cabeça, braços, costas e pescoço que no verão tinha de barbear o corpo inteiro para não morrer de calor. Chamavam-no de Crazy Joe (Joe Maluco) porque era tão apaixonado por Henrietta que faria qualquer coisa para chamar sua atenção. Ela era a garota mais atraente de Lacks Town, com seu sorriso bonito e olhos cor de noz.

A primeira vez que Crazy Joe tentou se exibir para Henrietta, ele correu em círculos ao redor dela em pleno inverno, quando ela voltava do colégio para casa. Pediu que ela saísse com ele, dizendo: "Hennie, por favor... me dê uma chance". Quando ela riu e disse não, Crazy Joe correu e mergulhou através do gelo numa lagoa congelada, recusando-se a sair até ela concordar.

Todos os primos caçoaram de Joe, dizendo: "Ele pensou que a água gelada ia trazer um refresco pra ele, mas ele estava tão quente de amor que a água quase ferveu!". Sadie, prima de Henrietta e irmã de Crazy Joe, gritou para ele: "Cara, você está tão a fim de uma garota que vai morrer por ela? Que coisa mais doida".

Ninguém sabia o que acontecia entre Henrietta e Crazy Joe, a não ser que tinha havido alguns encontros e alguns beijos. Mas Henrietta e Day compartilhavam o mesmo quarto desde os quatro anos, portanto o que aconteceu a seguir não surpreendeu ninguém: eles começaram a ter filhos. O filho Lawrence nasceu alguns meses depois de Henrietta fazer catorze anos. Sua irmã Lucile Elsie Pleasant surgiu quatro anos depois. Ambos nasceram no chão daquela casa-lar, como seu pai, avó e avô antes deles.

As pessoas só viriam a empregar palavras como *epilepsia, retardamento mental* ou *neurossífilis* para descrever o distúrbio de Elsie anos depois. Para o pessoal em Lacks Town, ela era apenas lerda. Tonta. Ela veio ao mundo muito rápido, Day mal havia chegado com a parteira, quando Elsie se lançou barriga afora e bateu com a cabeça no chão. Todos diziam que talvez aquilo a tivesse deixado com uma mente de criança.

Os velhos e empoeirados livros de registro da igreja de Henrietta estão repletos de nomes de mulheres expulsas da congregação por darem à luz fora do matrimônio, mas por alguma razão Henrietta nunca constou deles, mesmo com boatos circulando em Lacks Town de que talvez Crazy Joe fosse o pai de um de seus filhos.

Quando Crazy Joe ficou sabendo que Henrietta ia se casar com Day, apunhalou-se no peito com um velho canivete cego. Seu pai encontrou-o deitado bêbado no pátio, camisa empapada de sangue. Tentou estancar o sangramento, mas Joe impediu — contorcendo-se e dando socos —, o que o fez sangrar ainda mais. O pai conseguiu levá-lo à força até o carro, amarrou-o à porta e levou-o ao médico. Quando Joe voltou para casa cheio de ataduras, Sadie não parava de repetir: "Tudo isso para impedir Hennie de casar com Day?". Mas Crazy Joe não foi o único que tentou impedir o casamento.

Gladys vivia dizendo que sua irmã Henrietta podia arranjar coisa melhor. Quando quase toda a família conversava sobre Henrietta e Day e sua vida inicial em Clover, aquilo soava tão idílico como um conto de fadas. Mas Gladys era diferente. Ninguém sabia por que ela era tão contra o casamento. Algumas pessoas diziam que Gladys sentia ciúmes porque Henrietta era mais bonita. Mas Gladys sempre insistiu que Day não seria um bom marido.

Henrietta e Day casaram-se a sós na casa do pregador deles em 10 de abril de 1941. Ela tinha vinte anos; ele tinha 25. Não viajaram em lua de mel porque tinham trabalho demais para fazer e pouco dinheiro para viajar. No inverno, os Estados Unidos estavam em guerra e as empresas de tabaco vinham fornecendo cigarros grátis aos soldados, de modo que o mercado estava prosperando. Mas, enquanto as fazendas grandes floresciam, as pequenas labutavam. Henrietta e Day tinham sorte se vendiam tabaco suficiente em cada temporada para alimentar a família e plantar a próxima colheita.

Assim, após o casamento, Day voltou a manejar seu velho arado de madeira, com Henrietta seguindo logo atrás, empurrando um carrinho de mão caseiro e lançando sementes de tabaco na terra vermelha recém-arada.

Até que, numa tarde no final de 1941, o primo deles Fred Garret veio desfilando com roupas extravagantes em seu reluzente Chevy 36 pela rua de terra ao lado do campo de tabaco. Estava voltando de Baltimore para fazer uma visita. Apenas um ano antes, Fred e seu irmão Cliff também eram fazendeiros em Clover. Para ganharem um dinheiro extra, abriram uma loja de conveniência "para negros" onde a maioria dos clientes comprava fiado. Também abriram um boteco feito de blocos de concreto onde Henrietta muitas vezes dançava no chão vermelho sujo. Todo mundo colocava moedas na *jukebox* e bebia RC Cola, mas os lucros eram escassos. Assim, Fred pegou seus últimos três dólares e 25 *cents* e comprou uma passagem de ônibus para começar vida nova no norte. Como diversos outros primos, foi trabalhar na usina siderúrgica Sparrows Point, da Bethlehem Steel, e morar em Turner Station, uma pequena comunidade de trabalhadores negros em uma península no rio Patapsco, a cerca de trinta quilômetros do centro de Baltimore.

No final do século XIX, quando Sparrows Point foi inaugurada, Turner Station era predominantemente feita de brejos, terra cultivada e alguns barracos ligados por tábuas de madeira como calçadas. Quando a demanda por aço aumentou durante a Primeira Guerra Mundial, bandos de trabalhadores brancos se mudaram para a cidade vizinha, Dundalk, e os alojamentos da Bethlehem Steel para trabalhadores negros logo ficaram apinhados, impelindo-os para Turner Station. Nos anos iniciais da Segunda Guerra Mundial, Turner Station dispunha de algumas ruas pavimentadas, um médico, um empório e um vendedor de gelo. Mas seus moradores continuavam lutando por água encanada, rede de esgotos e escolas.

Até que, em dezembro de 1941, o Japão bombardeou Pearl Harbor, e foi como se Turner Station tivesse ganhado na loteria: a demanda por aço disparou, assim como a necessidade de trabalhadores. O governo injetou dinheiro em Turner Station, que começou a se encher de conjuntos habitacionais de um e dois andares, muitos deles grudados lado a lado e nos fundos, alguns com quatrocentas a quinhentas unidades. A maioria era de tijolos; outros, cobertos com placas de amianto. Alguns tinham pátios, outros não. De quase todos dava para ver as chamas dançando sobre as fornalhas de Sparrows Point e a fumaça vermelha fantasmagórica emitida por suas chaminés.

Sparrows Point se tornava rapidamente a maior usina siderúrgica do mundo. Produzia barras para concreto armado, arame farpado, pregos e aço para carros, refrigeradores e navios de guerra. Queimava mais de 6 milhões de toneladas de carvão por ano para produzir até 8 milhões de toneladas de aço e empregar mais de 30 mil trabalhadores. A Bethlehem Steel era uma mina de ouro numa época repleta de pobreza, especialmente para as famílias negras do sul. A notícia se espalhou de Maryland às fazendas da Virgínia e das Carolinas, e, no que passaria a ser conhecido como a Grande Migração, famílias negras afluíram do sul para Turner Station — a Terra Prometida.

O trabalho era duro, especialmente para os homens negros, que ficavam com as tarefas rejeitadas pelos homens brancos. Como Fred, os trabalhadores negros geralmente começavam nas entranhas de petroleiros parcialmente construídos no estaleiro, recolhendo parafusos, rebites e porcas que caíam das mãos de homens perfurando e soldando nove ou doze metros acima. Os trabalhadores negros acabavam subindo para a sala das caldeiras, onde, com pás, colocavam carvão dentro do alto-forno. Passavam os dias respirando poeira de carvão e amianto tóxicos, que levavam para casa para suas mulheres e filhas, que os inalavam ao sacudir as roupas dos homens antes de lavá-las. Os trabalhadores negros de Sparrows Point ganhavam uns oitenta *cents* por hora no máximo, geralmente menos. Os trabalhadores brancos auferiam salários maiores, mas Fred não reclamava: oitenta *cents* por hora era mais do que quase todos na família Lacks já tinham visto.

Fred vencera na vida. Agora retornara a Clover a fim de convencer Henrietta e Day a fazerem o mesmo. Na manhã seguinte à sua chegada à cidade, Fred comprou para Day uma passagem de ônibus até Baltimore. Concordaram que Henrietta ficaria para cuidar dos filhos e do tabaco até Day ganhar dinheiro suficiente para ter sua própria casa em Baltimore e comprar três passagens para o norte. Alguns meses depois, Fred foi convocado pelo Exército e mandado ao exterior. Antes de partir, entregou a Day todo o dinheiro que economizara, dizendo que estava na hora de trazer Henrietta e as crianças para Turner Station.

Em breve, com um filho de cada lado, Henrietta embarcou num trem a vapor na pequena estação de madeira no final da rua principal de Clover. Deixou os campos de tabaco de sua juventude e o carvalho centenário que a protegeu do sol durante tantas tardes quentes. Aos 21 anos, Henrietta contemplou pela primeira vez da janela do trem os morros ondulantes e os rios caudalosos, rumando para uma vida nova.

3. Diagnóstico e tratamento

1951

Após sua visita ao Hospital Johns Hopkins, Henrietta prosseguiu com sua vida normal, fazendo faxina e cozinhando para Day, seus filhos e os vários primos que apareciam por lá. Alguns dias depois, Jones obteve os resultados da biópsia do laboratório de patologia: "Carcinoma epidermoide do colo do útero, Estágio I".

Todos os cânceres se originam de uma única célula que se descontrolou e são classificados com base no tipo de célula onde começaram. A maioria dos cânceres cervicais é um carcinoma, que se desenvolve das células epiteliais que revestem o colo do útero e protegem sua superfície. Por acaso, quando Henrietta apareceu no Johns Hopkins se queixando de sangramento anormal, Jones e seu chefe, Richard Wesley TeLinde, estavam envolvidos num acalorado debate nacional sobre o que podia ser considerado câncer cervical e qual o melhor tratamento.

TeLinde, um dos maiores especialistas em câncer cervical do país, era um cirurgião elegante e sério de 56 anos que caminhava mancando devido a um acidente de patinação no gelo mais de uma década antes. Todos no hospital o chamavam de Tio Dick. Ele foi pioneiro no uso de estrogênio no tratamento de sintomas da menopausa e fez descobertas iniciais importantes sobre a endometriose. Também escrevera um dos compêndios mais famosos de ginecologia clínica, que continua sendo amplamente usado sessenta anos e dez edições depois de originalmente escrito. Gozava de reputação internacional: quando a esposa do rei do Marrocos adoeceu, este insistiu que somente TeLinde poderia operá-la. Em 1951, quando Henrietta chegou ao Johns Hopkins, TeLinde havia desenvolvido uma teoria sobre o câncer cervical que, se correta, poderia salvar a vida de milhões de mulheres. Mas poucos na área acreditavam nele.

Os carcinomas cervicais se dividem em dois tipos: carcinomas invasivos, que penetraram a superfície do colo do útero, e carcinomas não invasivos, que não penetraram. O tipo não invasivo cresce em camadas sobrepostas na superfície do colo do útero, e seu nome oficial é *carcinoma in situ*, que deriva do termo latino para "câncer em seu local original".

Em 1951, a maioria dos médicos cancerologistas acreditava que o carcinoma invasivo era mortal e que o carcinoma *in situ* não. Assim, tratavam o tipo invasivo de maneira agressiva, mas geralmente não se preocupavam com o carcinoma *in situ*, por acreditarem que ele não pudesse se espalhar. TeLinde discordava — para ele, o carcinoma *in situ* não passava de um estágio inicial do carcinoma invasivo que, caso não tratado, acabaria se tornando mortal. Assim, ele o tratava de forma agressiva, muitas vezes removendo o colo do útero, o útero e grande parte da vagina. Argumentava que aquilo reduziria drasticamente as mortes por câncer cervical, porém seus críticos achavam essas medidas extremas e desnecessárias.

O diagnóstico do carcinoma *in situ* só se tornou possível a partir de 1941, quando George Papanicolaou, um pesquisador grego, publicou um artigo descrevendo um teste que ele havia desenvolvido, agora conhecido como Papanicolau. Envolvia raspar células do colo do útero com uma pipeta de vidro curva e examiná-las sob um microscópio em busca das alterações pré--cancerosas que TeLinde e alguns outros haviam identificado anos antes. Tratou-se de um avanço tremendo, porque aquelas células pré-cancerosas não podiam ser detectadas de outra forma: elas não provocavam sintomas físicos e não eram palpáveis ou visíveis a olho nu. No momento em que uma mulher começava a ter sintomas, poucas eram as esperanças de cura. Mas, com o teste de Papanicolau, os médicos podiam detectar células pré--cancerosas e realizar uma histerectomia, e o câncer cervical podia ser quase inteiramente evitável.

Àquela altura, morriam de câncer cervical mais de 15 mil mulheres por ano. O teste de Papanicolau tinha o potencial de reduzir essa taxa de morte em 70% ou mais, mas havia dois obstáculos: primeiro, muitas mulheres — como Henrietta — simplesmente não tinham acesso ao teste; e segundo, mesmo quando tinham, poucos médicos sabiam interpretar precisamente os resultados, por ignorarem o aspecto dos diferentes estágios do câncer cervical sob um microscópio. Alguns confundiam infecções cervicais com câncer e removiam todo o aparelho reprodutivo da mulher, quando tudo de que ela precisava eram antibióticos. Outros confundiam alterações malignas com infecção, mandando as mulheres de volta para casa com antibióticos e recebendo-as mais tarde já com metástase. E, mesmo quando os médicos diagnosticavam corretamente alterações pré-cancerosas, muitas vezes eles não sabiam como aquelas alterações deviam ser tratadas.

TeLinde resolveu repudiar o que chamou de "histerectomias injustificáveis" documentando o que *não era* câncer cervical e insistindo que antes de operarem os cirurgiões comparassem os resultados do Papanicolau com biópsias. Ele também esperava provar que as mulheres com carcinoma *in situ* necessitavam de um tratamento agressivo para que seu câncer não se tornasse invasivo.

Pouco antes do primeiro exame de Henrietta, TeLinde apresentou seu argumento sobre o carcinoma *in situ* para um grande congresso de patologistas em Washington, D. C., mas foi mal recebido pela plateia. Logo que retornou ao Hospital Johns Hopkins, começou a planejar um estudo capaz de provar que estavam errados: ele e sua equipe examinariam todos os prontuários médicos e biópsias de pacientes diagnosticadas com câncer cervical invasivo no hospital nos últimos dez anos, para ver quantas tiveram inicialmente carcinoma *in situ*.

Como muitos médicos de sua época, TeLinde muitas vezes usava pacientes das enfermarias públicas para pesquisas, geralmente sem que soubessem. Muitos cientistas acreditavam que, como os pacientes eram tratados gratuitamente nas enfermarias públicas, seria justo usá-los como cobaias de pesquisas como forma de pagamento. E, como Howard Jones certa vez escreveu, "o Hopkins, com sua grande população negra indigente, não tinha escassez de material clínico".

Nesse estudo específico — o maior já realizado sobre a relação entre os dois cânceres cervicais —, Jones e TeLinde descobriram que 62% das mulheres com câncer invasivo que haviam feito biópsias prematuras tiveram primeiro carcinoma *in situ*. Para completar o estudo, TeLinde pensou que, se conseguisse descobrir um meio de cultivar amostras vivas de tecido cervical normal e de ambos os tipos de tecido canceroso — algo jamais feito antes —, poderia comparar todos os três. Se conseguisse provar que o carcinoma *in situ* e o carcinoma invasivo exibiam um aspecto e comportamento semelhantes em laboratório, poderia encerrar o debate, mostrando que ele estava certo desde o início e que os médicos que o ignoravam vinham matando suas pacientes. Assim, ele telefonou para George Gey (pronuncia-se *Gai*), chefe de pesquisa de cultura de tecidos do Hospital Johns Hopkins.

Gey e sua mulher, Margaret, haviam passado os últimos trinta anos cultivando células malignas fora do corpo, na esperança de usá-las para descobrir a causa e a cura do câncer. Mas a maioria das células morria rapidamente, e as poucas sobreviventes quase não cresciam. Os Gey estavam determinados a cultivar as primeiras células humanas *imortais*: uma linhagem de células em permanente divisão descendentes de uma amostra original, células que iriam constantemente se repor e nunca morrer. Oito anos antes — em 1943 —, um grupo de pesquisadores no National Institutes of Health tinha provado que aquilo era possível usando células de camundongo. Os Gey queriam cultivar o equivalente humano — não importava o tipo de tecido usado, desde que viesse de uma pessoa.

Gey se apoderava de quaisquer células em que conseguisse pôr as mãos — ele se denominava "o abutre mais famoso do mundo, alimentando-se de espécimes humanos quase constantemente". Assim, quando TeLinde lhe ofereceu um suprimento de tecido de câncer cervical em troca da tentativa de cultivar algumas células, Gey não hesitou. E TeLinde começou a coletar amostras de qualquer mulher que surgisse no Johns Hopkins com câncer cervical. Inclusive Henrietta.

Em 5 de fevereiro de 1951, depois que Jones recebeu o laudo da biópsia de Henrietta do laboratório, ligou para informar que era maligno. Henrietta não contou a ninguém o que Jones disse, e ninguém perguntou. Simplesmente prosseguiu sua rotina como se nada tivesse acontecido, o que era típico dela — não fazia sentido aborrecer alguém com algo que ela podia enfrentar sozinha.

Naquela noite, Henrietta disse ao marido: "Day, preciso voltar ao médico amanhã. Ele quer fazer alguns exames, dar alguns remédios". Na manhã seguinte, ela saltou do Buick em frente ao hospital de novo, dizendo a Day e às crianças que não se preocupassem.

"Não tem nada de muito grave", disse. "O médico vai dar um jeito."

Henrietta foi direto à recepção e informou à atendente que estava ali para seu tratamento. Depois assinou um formulário com as palavras AUTORIZAÇÃO DE CIRURGIA no alto da página. Ali dizia:

> Através desta, autorizo o pessoal do Hospital Johns Hopkins a realizar quaisquer procedimentos cirúrgicos e sob qualquer anestesia, local ou geral, que possa considerar necessários ao cuidado cirúrgico e tratamento apropriado de:_____.

Henrietta escreveu seu nome em letra de fôrma no espaço vazio. Uma testemunha com letra ilegível assinou numa linha na parte inferior do formulário e Henrietta assinou em outra.

Depois ela seguiu uma enfermeira por um longo corredor até uma enfermaria para mulheres de cor, onde Howard Jones e vários outros médicos brancos a submeteram a uma quantidade de exames maior do que a que ela já tinha se submetido em toda a sua vida. Examinaram sua urina, seu sangue, seus pulmões. Enfiaram tubos em sua bexiga e nariz.

Em sua segunda noite no hospital, a enfermeira de plantão serviu um jantar mais cedo a Henrietta, para que seu estômago estivesse vazio na manhã seguinte, quando um médico a anestesiou para seu primeiro tratamento contra o câncer. O tumor de Henrietta era do tipo invasivo, e, como todos os hospitais do país, Johns Hopkins tratava todos os carcinomas cervicais invasivos com rádio, um metal radioativo branco que brilha com uma cor azul fantasmagórica.

Quando o rádio foi descoberto no final do século XIX, as manchetes em todo o país o anunciaram como "um substituto para o gás, eletricidade, e uma cura positiva para todas as doenças". Os relojoeiros o adicionavam à tinta para que os ponteiros dos relógios brilhassem e os médicos o ministravam em forma de pó para tratar de tudo, desde enjoo do mar a infecções do ouvido. Mas o rádio destrói quaisquer células que encontra, e os pacientes que o tomaram para problemas triviais começaram a morrer. O rádio causa mutações que podem se transformar em câncer, e em doses altas pode queimar a pele de uma pessoa, fazendo com que se desprenda do corpo. Mas também mata células cancerosas.

O Johns Hopkins vinha usando o rádio para tratar o câncer cervical desde o início do século xx, quando um cirurgião chamado Howard Kelly visitou Marie e Pierre Curie, o casal que, na França, descobriu o rádio e sua capacidade de destruir células cancerígenas. Sem perceber o perigo do contato com o rádio, Kelly trouxe uma boa quantidade em seus bolsos para os Estados Unidos e viajou regularmente mundo afora, coletando mais. Nos anos 1940, diversos estudos — um deles conduzido por Howard Jones, o médico de Henrietta — mostraram que o rádio era mais seguro e eficaz do que a cirurgia para tratar o câncer cervical invasivo.

Na manhã do primeiro tratamento de Henrietta, um motorista de táxi foi buscar uma bolsa de médico repleta de tubos de vidro finos de rádio numa clínica do outro lado da cidade. Os tubos estavam encaixados em fendas individuais dentro de pequenas bolsas de lona costuradas à mão por uma mulher de Baltimore. As bolsas eram chamadas de placas de Brack, em homenagem ao médico do Johns Hopkins, que as inventou e supervisionou o tratamento radiológico de Henrietta. Ele viria a morrer de câncer, provavelmente causado pela exposição regular ao rádio, como aconteceria com um médico residente que viajou com Kelly e também transportou rádio nos bolsos.

Uma enfermeira colocou as placas de Brack numa bandeja de aço inoxidável. Outra transportou Henrietta até uma pequena sala de cirurgia para pacientes negros no segundo andar, com mesas de aço inoxidável, enormes lâmpadas brilhantes e uma equipe médica só de brancos, trajando jalecos, chapéus, máscaras e luvas, tudo branco.

Com Henrietta inconsciente na mesa de operação no centro da sala, seus pés em estribos, o cirurgião de plantão, o dr. Lawrence Wharton Jr., sentou-se num banco entre as pernas dela. Ele examinou dentro de Henrietta, dilatou seu colo do útero e preparou-se para tratar seu tumor. Mas antes — embora ninguém tivesse informado Henrietta de que TeLinde estava coletando amostras nem perguntado se ela queria ser uma doadora — Wharton apanhou um bisturi afiado e removeu do colo do útero de Henrietta duas porções de tecido do tamanho de moedas: uma de seu tumor e outra do tecido cervical saudável próximo a ele. Depois colocou as amostras numa placa de vidro.

Wharton inseriu um tubo cheio de rádio no interior do colo do útero de Henrietta e o costurou ali. Costurou uma placa cheia de rádio na superfície externa do colo do útero e colocou outra placa ao lado. Enfiou vários rolos de gaze dentro da vagina para ajudar a manter o rádio no lugar, depois acomodou um cateter na bexiga para que ela pudesse urinar sem perturbar o tratamento.

Quando Wharton terminou, uma enfermeira transportou Henrietta de volta à enfermaria e Wharton escreveu em seu boletim: "A paciente tolerou bem o procedimento e deixou a sala de cirurgia em boas condições". Numa página separada, escreveu: "Henrietta Lacks... Biópsia do tecido cervical... Tecido entregue ao dr. George Gey".

Um residente levou a placa com as amostras ao laboratório de Gey, como já fizera tantas vezes. Gey ainda vibrava em momentos como esse, porém os demais profissionais de seu laboratório encararam a amostra de Henrietta como algo tedioso — apenas a mais recente de um sem-número de amostras que cientistas e técnicos de laboratório vinham tentando em vão cultivar por anos. Eles estavam certos de que as células de Henrietta morreriam como todas as outras.

4. O nascimento de HeLa

1951

A assistente de Gey, Mary Kubicek, de 21 anos, estava sentada comendo um sanduíche de salada de atum numa longa bancada de pedra de culturas que nos intervalos também servia de mesa. Ela, Margaret e as outras mulheres do laboratório de Gey passavam inúmeras horas ali, todas com óculos de gatinho idênticos, com armações grandes e escuras, e lentes grossas, os cabelos presos atrás em coques apertados.

À primeira vista, a sala poderia ser confundida com uma cozinha industrial. Havia latas de café de estanho do tamanho de galões, cheias de utensílios e objetos de vidro; creme para café, açúcar, colheres e garrafas de refrigerantes na mesa; enormes congeladores de metal enfileirados numa parede; e tanques fundos feitos à mão por Gey, usando pedras coletadas numa pedreira próxima. Mas o bule de chá estava ao lado de um bico de Bunsen e os congeladores estavam cheios de sangue, placenta, amostras de tumores e camundongos mortos (além de pelo menos um pato que Gey mantinha congelado no laboratório havia mais de vinte anos após uma caçada, já que não cabia no congelador da casa dele). Gey havia enchido uma parede com gaiolas cheias de coelhos, ratazanas e porquinhos-da-índia guinchantes. No lado da mesa onde Mary estava sentada comendo seu almoço, ele construíra prateleiras com gaiolas repletas de camundongos com o corpo coberto de tumores. Mary sempre olhava para eles enquanto comia, e era o que estava fazendo quando Gey entrou no laboratório trazendo as porções do colo do útero de Henrietta.

"Estou colocando uma amostra nova no seu cubículo", ele disse.

Mary fingiu não perceber. *Outra vez*, ela pensou, e continuou comendo seu sanduíche. *A amostra pode esperar até eu terminar.*

Mary sabia que não devia esperar — cada momento que as células permanecessem na placa aumentava as chances de elas morrerem. Mas Mary estava cansada de culturas de células, cansada de retirar tecido morto como se fosse a cartilagem de um churrasco, cansada de ver as células morrerem após horas de trabalho.

Me preocupar por quê?, pensou.

Gey contratou Mary por causa de suas mãos. Ela tinha acabado de se diplomar em fisiologia pela faculdade quando seu orientador a enviou para uma entrevista. Gey pediu que Mary pegasse uma caneta de uma mesa e escrevesse algumas frases. Agora pegue aquela faca, ele disse. Corte este pedaço de papel. Agite esta pipeta.

Só meses depois Mary se deu conta de que ele estivera examinando suas mãos, verificando a destreza e a força delas para saber como resistiriam a horas de cortes delicados, raspagens, pinçagens e medições com pipetas.

Na época em que Henrietta chegou ao Johns Hopkins, Mary vinha lidando com a maioria das amostras de tecidos que chegavam ali, e até então todas as amostras dos pacientes de TeLinde haviam morrido.

Àquela altura, havia muitos obstáculos à cultura bem-sucedida de células. Para início de conversa, ninguém sabia ao certo de que nutrientes elas precisavam para sobreviver, ou como supri-las melhor. Muitos pesquisadores, inclusive os Gey, vinham tentando havia anos desenvolver o meio de cultura perfeito — o líquido usado para alimentar as células. As receitas do Meio de Cultura Gey evoluíam constantemente, à medida que George e Margaret acrescentavam e removiam ingredientes, buscando o equilíbrio perfeito. Mas tudo aquilo parecia poção de bruxa: plasma de frangos, purê de fetos de bezerro, sais especiais e sangue de cordões umbilicais humanos. George havia amarrado uma campainha a uma corda que ia da janela de seu laboratório, através do pátio, até a ala da maternidade do hospital, para que as enfermeiras pudessem tocá-la sempre que um bebê nascia. Então, Margaret e Mary corriam para lá a fim de coletar sangue do cordão umbilical.

Os outros ingredientes não eram tão fáceis de obter. George visitava matadouros locais ao menos uma vez por semana para coletar fetos de vacas e sangue de frangos. Ia até lá em seu velho Chevy enferrujado, o para-lama esquerdo batendo no asfalto e soltando faíscas. Bem antes do amanhecer, num prédio de madeira decadente com serragem no chão e grandes buracos na parede, Gey agarrava um frango cacarejante pelas pernas, puxava-o de cabeça para baixo de sua gaiola e o colocava de costas numa mesa de açougueiro. Segurava os pés com uma mão e com o cotovelo imobilizava o pescoço contra a madeira. Com a outra mão livre, esguichava o peito da ave com álcool e mergulhava a agulha de uma seringa no coração para extrair sangue. Depois colocava a ave de pé, dizendo: "Desculpe, meu velho", e a punha de volta na gaiola. Vez ou outra, quando um frango morria da tensão, George o levava para casa para Margaret fritá-lo no jantar.

Como muitos procedimentos em seu laboratório, a Técnica Gey de Sangramento de Frangos foi criação de Margaret. Ela elaborou o método passo a passo, ensinou-o a George e escreveu instruções detalhadas para muitos outros pesquisadores que quisessem aprendê-lo.

Descobrir o meio perfeito era um experimento permanente, mas o maior problema da cultura de células era a contaminação. Bactérias e um bando de outros micro-organismos, as mãos sujas das pessoas, seu hálito e partículas de poeira flutuando no ar podiam atingir as culturas e destruí-las. Mas Margaret havia estudado para ser enfermeira cirúrgica, o que significava que esterilidade era sua especialidade — fundamental para impedir infecções mortais em pacientes na sala de cirurgia. Mais tarde, muitos diriam que a formação cirúrgica de Margaret foi a única razão pela qual o laboratório de Gey conseguiu cultivar células. A maioria dos cultivadores, a exemplo de George, eram biólogos e nada sabiam sobre como evitar contaminações.

George aprendeu com Margaret tudo o que sabia sobre esterilização de culturas, e repassou seu conhecimento a cada técnico, estudante de pós-graduação e cientista que ia trabalhar ou estudar no laboratório. Contratou uma mulher das redondezas chamada Minnie, cuja única tarefa era lavar os objetos de vidro do laboratório usando o único produto que Margaret permitia: sabão Gold Dust Twins. Margaret gostava tanto daquele sabão que, quando ouviu um boato de que o fabricante poderia falir, comprou um vagão inteiro cheio dele.

Margaret patrulhava o laboratório, de braços cruzados, inclinando-se sobre o ombro de Minnie enquanto esta trabalhava, erguendo-se quase trinta centímetros acima dela. Se Margaret chegava a sorrir, ninguém nunca soube, por causa de sua onipresente máscara cirúrgica. Ela inspecionava todos os objetos de vidro em busca de manchas e sujeiras, e quando as encontrava — o que era comum — gritava "MINNIE!" tão alto que Mary se encolhia de medo.

Mary seguia as regras de esterilização de Margaret à risca para evitar sua cólera. Após terminar seu almoço, e antes de tocar na amostra de Henrietta, Mary cobriu-se com um jaleco branco limpo, touca cirúrgica e máscara e em seguida dirigiu-se ao seu cubículo, um dos quatro quartos hermeticamente fechados que George construíra à mão no centro do laboratório. Eram cubículos de fato pequenos, quadrados, de apenas um metro e meio e com portas que se fechavam como num refrigerador para evitar a entrada de ar contaminado. Mary ligou o sistema esterilizador e, de fora, observou seu cubículo se enchendo de vapor quente para matar qualquer coisa que pudesse danificar as células. Quando o vapor se dissipou, ela entrou, vedou a porta e depois esguichou água no chão de cimento do cubículo e limpou sua bancada de trabalho com álcool. O ar lá dentro era filtrado e bombeado por um respiradouro no teto. Uma vez esterilizado o cubículo, ela acendeu um bico de Bunsen e usou a chama dele para esterilizar tubos de ensaio e um bisturi usado, já que o laboratório de Gey não tinha condições de comprar um novo para cada amostra.

Somente então apanhou as porções do colo do útero de Henrietta — fórceps numa mão, bisturi na outra — e cuidadosamente retalhou-as em quadrados de um milímetro. Colocou cada uma numa pipeta e mergulhou uma de cada vez em coágulos de sangue de frango que colocara no fundo de dezenas de tubos de ensaio. Cobriu cada coágulo com diversas gotas de meio de cultura, fechou os tubos com tampas de borracha e etiquetou cada um, como fazia com a maioria das culturas: usando as duas primeiras letras do primeiro e último nome do paciente.

Após escrever "HeLa", de *Henrietta* e *Lacks*, em letras pretas e grandes na superfície de cada tubo, Mary levou-os até a sala do incubador que Gey havia construído como construíra tudo o mais no laboratório: à mão e quase sempre utilizando sucata de ferro-velho, uma habilidade que aprendera durante uma vida inteira de escassos recursos.

* * *

George Gey nasceu em 1899 e cresceu numa encosta de Pittsburgh acima de uma usina siderúrgica. A fuligem das chaminés, que fazia a casinha branca de seus pais parecer permanentemente chamuscada pelo fogo, escurecia o céu da tarde. Sua mãe cuidava da horta e alimentava a família apenas com a comida que ela mesma plantava. Quando criança, George cavou uma pequena mina de carvão no morro atrás da casa de seus pais. Todas as manhãs, ele engatinhava pelo túnel úmido com uma picareta, enchendo baldes para sua família e vizinhos, para que todos pudessem manter suas casas aquecidas e os fogões acesos.

Gey conseguiu custear seu curso de biologia na Universidade de Pittsburgh trabalhando como carpinteiro e pedreiro, e ele conseguia fabricar quase tudo a um custo muito baixo ou até de graça. Durante seu segundo ano na faculdade de medicina, acoplou um microscópio a uma câmera de cinema *time-lapse** para captar células vivas em filme. Aquilo era uma mixórdia frankensteiniana de peças de microscópio, vidro e uma câmera de 16 milímetros saída sabe lá de onde, além de sucata de metal e motores do ferro-velho de Shapiro. Gey construiu a engenhoca num buraco que abriu a dinamite nas fundações do Hospital Johns Hopkins, bem abaixo do necrotério, sua base totalmente subterrânea revestida por uma grossa parede de cortiça para evitar as vibrações dos bondes que passavam. À noite, um assistente de laboratório lituano dormia num catre ao lado da câmera, ouvindo seu tique-taque constante, certificando-se de que ela permanecia estável durante a noite e acordando de hora em hora para acertar o foco. Com aquela câmera, Gey e seu orienta-

---

* *Time-lapse* é uma técnica fotográfica usada no cinema, na qual o objeto é fotografado em determinados intervalos de tempo. Usada, por exemplo, em filmagens que mostram o desabrochar de uma flor. (N. T.)

dor, Warren Lewis, filmaram o crescimento de células, um processo tão lento — como o crescimento de uma flor — que o olho nu não conseguia captar. Projetavam o filme em alta velocidade para poderem observar a divisão celular na tela em um único e contínuo movimento, como num desenho animado.

Gey levou oito anos para concluir a faculdade de medicina, porque vivia interrompendo o curso a fim de trabalhar na construção civil e juntar dinheiro para pagar mais um ano de curso. Após se graduar, ele e Margaret construíram seu primeiro laboratório num alojamento de porteiro no Johns Hopkins — passaram semanas instalando a fiação e o encanamento, pintando, construindo balcões e armários, pagando grande parte da construção do próprio bolso.

Margaret era uma mulher prudente e firme, a espinha dorsal do laboratório. George era um garotão crescido, enorme e brincalhão. No trabalho, caprichava na aparência, mas em casa andava de calças cáqui com camisas de flanela e suspensórios. Deslocava penedos pelo pátio nos fins de semana, comia doze espigas de milho de uma só vez e mantinha barris cheios de ostras na garagem para que pudesse retirá-las da concha e comê-las quando bem entendesse. Tinha o corpo de um jogador de futebol americano aposentado: mais de um metro e noventa de altura e quase cem quilos, suas costas artificialmente rígidas e eretas, pois se submetera a uma fusão vertebral para a estabilização da coluna. Quando num sábado sua fábrica de vinhos no porão explodiu, lançando uma torrente de borgonha espumante na garagem e na rua, Gey simplesmente varreu o vinho até um bueiro, acenando para os vizinhos que se dirigiam à igreja.

Gey era um visionário — espontâneo, rápido em iniciar dezenas de projetos de uma vez, lotando o laboratório e o porão de sua casa com máquinas semiconstruídas, descobertas parciais e pilhas de sucata de ferro-velho cuja utilidade num laboratório só ele conseguia saber. Sempre que uma ideia o acometia, sentava-se onde quer que estivesse — em sua escrivaninha, na mesa da cozinha, num bar, ao volante do carro — e sem desgrudar de seu charuto esboçava diagramas em guardanapos ou nas costas de rótulos rasgados de bebidas. Foi desse modo que ele criou a técnica de cultura em tubo giratório, sua invenção mais importante.

Ela consistia em um grande tambor giratório de madeira com orifícios para tubos de ensaio especiais chamados tubos giratórios. O cilindro girava como uma betoneira 24 horas por dia, tão devagar que dava apenas duas voltas por hora, às vezes menos. Para Gey, a rotação era fundamental: ele acreditava que o meio da cultura devia estar em constante movimento, como o sangue e os líquidos no corpo, que fluem pelas células, transportando resíduos e nutrientes.

Quando Mary enfim terminou de cortar as amostras do colo do útero de Henrietta e colocou-as em dezenas de tubos giratórios, entrou na sala incubadora, inseriu os tubos um por um no tambor e ligou-o. Depois observou a máquina de Gey começar a girar lentamente.

Henrietta passou os dois dias seguintes no hospital, recuperando-se de seu primeiro tratamento com rádio. Os médicos a examinaram por dentro e por fora, pressionando seu estômago, inserindo novos cateteres em sua bexiga, dedos em sua vagina e ânus, agulhas em suas veias. Fizeram anotações em seu boletim médico que diziam: "Uma mulher negra de trinta anos deitada quieta sem nenhum sofrimento evidente" e "A paciente sente-se bem esta noite. O moral está elevado, e ela está pronta para voltar pra casa".

Antes que Henrietta deixasse o hospital, um médico voltou a prender seus pés no estribo e removeu o rádio. Enviou-a para casa com instruções de telefonar para a clínica caso surgissem problemas e de retornar para uma segunda dose de rádio após duas semanas e meia.

Nesse ínterim, todas as manhãs depois de ter posto as células de Henrietta em cultura, Mary iniciava seu dia com a habitual rotina de esterilização. Examinava os tubos, rindo sozinha e pensando: *Nada aconteceu. Que novidade!* Então, dois dias depois de Henrietta voltar do hospital para casa, Mary viu o que pareciam ser pequenos anéis de clara de ovo frito em torno dos coágulos no fundo de cada tubo. As células estavam crescendo, mas Mary não deu muita importância — outras células também haviam sobrevivido por algum tempo no laboratório.

Mas as células de Henrietta não estavam meramente sobrevivendo, e sim crescendo com uma intensidade mitológica. Na manhã seguinte, haviam dobrado. Mary dividiu o conteúdo de cada tubo em dois, deixando espaço para que crescesse, e após 24 horas as células voltaram a dobrar. Logo estava dividindo-as em quatro tubos, depois seis. As células de Henrietta cresciam, ocupando qualquer espaço que Mary lhes oferecesse.

Mesmo assim, Gey não estava pronto para celebrar. "As células podem morrer a qualquer minuto", disse a Mary.

Mas elas não morreram. Continuaram crescendo como nada visto até então, dobrando sua quantidade a cada 24 horas, empilhando-se às centenas, acumulando-se aos milhões. "Espalhando-se como erva daninha!", Margaret observou. Cresciam vinte vezes mais rápido que as células normais de Henrietta, que morreram poucos dias depois de Mary pô-las em cultura. Enquanto dispusessem de alimento e calor, as células cancerígenas de Henrietta pareciam incontroláveis.

Logo George contou a uns poucos colegas mais íntimos que achava que talvez seu laboratório tivesse criado as primeiras células humanas imortais.

Ao que eles respondiam: "Pode me dar algumas?". E George dizia que sim.

5. "O negrume está se espalhando dentro de mim"

1951

Henrietta nada soube sobre suas células estarem sendo cultivadas em um laboratório. Após deixar o hospital, retomou sua vida de sempre. Ela nunca gostou da cidade, portanto todo fim de semana voltava com as crianças para Clover, onde trabalhava nos campos de tabaco e passava horas fazendo manteiga nos degraus da casa-lar. Embora o rádio costume causar náusea, vômitos, fraqueza e anemia, não existem registros de efeitos colaterais em Henrietta, e ninguém se lembra de ela reclamar por se sentir mal.

Quando não estava em Clover, Henrietta passava o tempo cozinhando para Day, as crianças ou quaisquer primos que aparecessem na casa. Preparava seu famoso arroz-doce e cozinhava em fogo brando verduras, dobradinha de porco, além de pôr para esquentar suas tinas de espaguete com almôndegas sempre que aparecia um primo faminto. Quando Day não trabalhava no turno da noite, ele e Henrietta passavam as noites em casa jogando cartas e ouvindo Bennie Smith tocar guitarra de *blues* no rádio depois que as crianças iam dormir. Nas noites em que Day trabalhava, Henrietta e Sadie esperavam a porta bater, contavam até cem, depois saltavam da cama, vestiam seus trajes de dança e saíam furtivamente de casa, tomando cuidado para não acordar as crianças. Uma vez lá fora, sacudiam os quadris e davam gritinhos, disparando rua abaixo até as pistas de dança do Adams Bar e do Twin Pines.

"Nós costumávamos dançar pra valer", Sadie me contou anos depois. "Não dava para resistir. Tocavam uma música que, quando você ouvia, se entregava de corpo e alma. Dançávamos dois passos pra lá, dois passos pra cá no salão, gingávamos ao som de um *blues*, depois alguém punha 25 *cents* na *jukebox* e tocava uma música lenta, e, meu Deus, lá íamos nós para a pista sacudir e girar e coisa e tal!" Ela gingava como uma garota jovem. "Foi uma época maneira." E elas eram mulheres bonitas.

Henrietta tinha olhos cor de noz, dentes brancos e alinhados, e lábios grossos. Uma mulher vigorosa com uma mandíbula quadrada, quadris largos, pernas curtas e musculosas e mãos rudes dos campos de tabaco e da cozinha. Cortava as unhas curtinhas para que a massa do pão não grudasse embaixo delas quando a preparava, mas sempre as pintava de um vermelho intenso para combinar com as unhas dos pés.

Henrietta passava horas cuidando daquelas unhas, retocando as partes lascadas e aplicando novas camadas de esmalte. Sentava-se na cama, esmalte na mão, bobes nos cabelos, vestindo a combinação sedosa que adorava tanto que lavava à mão todas as noites. Jamais vestia calças e raramente saía de casa sem colocar uma blusa e uma saia cuidadosamente passadas a ferro, enfiando seus pés em suas minúsculas sandálias abertas nos dedinhos e ajeitando os cabelos "como se estivessem dançando em direção a seu rosto", Sadie sempre dizia.

"Hennie dava vida à vida — estar com ela era diversão na certa", Sadie me contou, fitando o teto enquanto falava. "Hennie simplesmente adorava as pessoas. Era uma figura que conseguia extrair o lado bom da gente."

Mas havia alguém de quem Henrietta não conseguia extrair nada de bom. Ethel, a mulher de Galen, primo delas, recentemente viera de Clover para Turner Station e odiava Henrietta — seus primos sempre disseram que era por ciúmes.

"Acho que não dá para culpá-la", Sadie disse. "Galen, o marido de Ethel, gostava da Hennie mais do que gostava da Ethel. Meu Deus, ele vivia seguindo a Hennie! Pra onde ela ia, o Galen ia atrás — tentava ficar lá na casa da Henrietta o tempo todo em que Day estava trabalhando. Meu Deus, a Ethel morria de ciúmes — seu ódio pela Hennie tornou-se feroz. Sempre parecia que ela queria magoar a Hennie." Assim, sempre que Ethel surgia, Henrietta e Sadie saíam pelos fundos e iam para outra casa noturna.

Quando não estavam dando suas escapadas, Henrietta, Sadie e Margaret, irmã de Sadie, passavam as noites na sala de estar de Henrietta jogando bingo, falando alto e rindo de qualquer besteira enquanto os bebês de Henrietta — David Jr., Deborah e Joe — brincavam com as fichas de bingo no tapete debaixo da mesa. Lawrence tinha quase dezesseis anos e já levava sua própria vida. Mas faltava uma criança: Elsie, a filha mais velha de Henrietta.

Antes de adoecer, sempre que ia para Clover, Henrietta levava Elsie junto. Elsie sentava-se na entrada da casa-lar, contemplando os morros e observando o nascer do sol, enquanto Henrietta cuidava da horta. Elsie era bonita, delicada e feminina como Henrietta, que costurava roupas com lacinhos para ela e passava horas cuidando de seus cachos castanhos compridos. Elsie nunca falava, somente crocitava e chilreava feito passarinho enquanto acenava com os braços esticados. Tinha grandes olhos castanhos que todos fitavam, tentando entender o que se passava naquela cabecinha. Mas ela apenas retribuía o olhar, impassível, os olhos cheios de um medo e de uma tristeza que só diminuíam quando Henrietta a balançava de um lado para o outro.

Às vezes Elsie corria pelos campos, perseguindo perus selvagens ou agarrando a mula da família pela cauda e batendo nela até Lawrence puxar a irmã dali. Peter, o primo de Henrietta, sempre dizia que Deus protegeu aquela criança desde o nascimento, pois a mula nunca a machucava. Era uma mula tão ruim que abocanhava o ar como um cão raivoso e dava coices ao vento, mas parecia saber que Elsie era especial. Quando cresceu, Elsie caía, saía correndo de encontro a paredes e portas, queimava-se no fogão a lenha. Henrietta fez Day levá-las a serviços evangélicos para que pregadores que atendiam em tendas pudessem tocar Elsie e curá-la, mas aquilo nunca funcionava. Em Turner Station, Elsie às vezes saía desembestada de casa e corria pela rua gritando.

Quando Henrietta engravidou do bebê Joe, Elsie estava grande demais para Henrietta cuidar dela sozinha, especialmente com dois bebês. Os médicos disseram que mandar Elsie embora seria a melhor solução. Portanto, ela agora estava vivendo cerca de uma hora e meia ao sul de Baltimore, no Hospital Estadual Crownsville — antes conhecido como o Hospital para Negros Insanos.

Os primos de Henrietta sempre disseram que ela morreu um pouquinho no dia em que mandaram Elsie embora, que a perder foi a pior coisa que já tinha lhe acontecido. Agora, cerca de um ano depois, Henrietta ainda pedia que Day ou alguma prima a levasse de Turner Station até Crownsville uma vez por semana para ela ficar um pouco com Elsie, que gritava e se agarrava a ela enquanto brincavam uma com os cabelos da outra.

Henrietta tinha jeito com crianças — elas sempre eram comportadas e tranquilas com ela por perto. Mas sempre que ela saía de casa Lawrence deixava de ser bonzinho. Se o tempo estava bom, corria até o velho ancoradouro em Turner Station, aonde Henrietta o proibira de ir. O ancoradouro tinha pegado fogo anos antes, deixando altas estacas de madeira de onde Lawrence e os amigos gostavam de mergulhar. Um dos filhos de Sadie quase morreu afogado ali ao bater com a cabeça numa pedra, e Lawrence voltava para casa com infecções nos olhos que todos atribuíam à água contaminada de Sparrows Point. Sempre que Henrietta ficava sabendo que Lawrence estava no ancoradouro, ia correndo até lá, arrastava-o para fora d'água e dava uma surra nele.

"*Aaaah*, meu Deus", Sadie exclamou certa vez. "Hennie foi para lá com uma vara. Sim, meu Deus. Ela ficou uma fera como eu nunca vi." Mas aquelas foram as únicas ocasiões em que alguém conseguiu se lembrar de ter visto Henrietta furiosa. "Ela era valente", Sadie disse. "Nada assustava a Hennie."

Durante um mês e meio, ninguém em Turner Station soube que Henrietta estava doente. O câncer era fácil de esconder, porque ela só precisou retornar ao hospital uma vez, para um *check-up* e um segundo tratamento com rádio. Àquela altura, os médicos gostaram do que viram: seu colo do útero estava um pouco vermelho e inflamado por causa do primeiro tratamento, mas o tumor tinha diminuído. Mesmo assim, ela teve de começar a terapia com raios X, o que significava comparecer ao Hospital Johns Hopkins todos os dias úteis durante um mês. Para aquilo precisou de ajuda: Henrietta morava a vinte minutos do hospital, e Day trabalhava à noite, portanto só podia ir buscá-la muito tarde após a radioterapia. Ela sugeriu que poderia ir andando até a casa da prima Margaret, a poucos quarteirões do hospital, onde aguardaria Day após o tratamento. Mas primeiro teria de contar a Margaret e Sadie que estava doente.

Henrietta contou às primas sobre o câncer num parque de diversões que todos os anos vinha para Turner Station. As três subiram na roda-gigante como sempre, e ela esperou até estarem bem alto a ponto de poderem ver o oceano além de Sparrows Point, até a roda-gigante parar e elas estarem apenas balançando as pernas e pairando no ar fresco da primavera.

"Vocês lembram quando eu disse que tinha um caroço dentro de mim?", ela perguntou. As primas fizeram que sim com a cabeça. "Pois é, estou com câncer", Henrietta disse. "Estou em tratamento no John Hopkins."

"O quê?!", Sadie disse, olhando para Henrietta e sentindo uma súbita tontura, como se fosse escorregar da cadeira da roda-gigante.

"Nada muito grave comigo", Henrietta disse. "Estou bem."

Àquela altura ela parecia ter razão. O tumor havia desaparecido por completo com os tratamentos de rádio. Pelo que os médicos podiam ver, o colo do útero de Henrietta estava normal de novo, e eles não detectaram nenhum tumor em outro lugar. Seus médicos estavam tão certos de sua recuperação que, durante sua permanência no hospital para o segundo tratamento com rádio, realizaram uma cirurgia reconstrutora em seu nariz, corrigindo o septo desviado que, durante a vida inteira, causara suas sinusites e dores de cabeça. Era um novo começo. A radioterapia era apenas para assegurar que células cancerosas não permanecessem dentro dela.

Mas, umas duas semanas após seu segundo tratamento com rádio, Henrietta teve uma menstruação muito forte que não parou. Ela continuava sangrando semanas depois, em 20 de março, quando Day passou a deixá-la todas as manhãs no hospital para seu tratamento de radioterapia. Ela trocava as roupas por um avental cirúrgico, deitava numa mesa de exame com uma enorme máquina montada na parede acima, e um médico colocava tiras de chumbo no interior de sua vagina para proteger da radioterapia seu intestino grosso e a parte inferior da coluna. No primeiro dia, ele tatuou dois pontos pretos com tinta temporária nos dois lados do abdômen, logo acima do útero. Eram alvos, para que pudesse direcionar a radioterapia na mesma área todos os dias, mas revezando os locais para não queimar demais a pele num mesmo lugar.

Depois de cada aplicação, Henrietta vestia de novo suas roupas e caminhava os poucos quarteirões até a casa de Margaret, onde esperava Day apanhá-la por volta da meia-noite. Na primeira semana, ela e Margaret se sentavam na varanda para jogar cartas ou bingo, conversando sobre os homens, as primas e os filhos. Àquela altura, a radioterapia parecia uma simples inconveniência, nada mais. O sangramento de Henrietta cessou, e, se ela se sentiu mal por causa do tratamento, nunca mencionou.

Mas nem tudo andava bem. Quase no final das aplicações, Henrietta perguntou ao médico quando estaria melhor para poder ter outro filho. Até aquele momento, Henrietta não sabia que o tratamento a havia deixado estéril.

Alertar os pacientes sobre a perda da fertilidade antes do tratamento contra câncer constituía uma prática corriqueira no Johns Hopkins, algo que Howard Jones diz que ele e TeLinde faziam com todas as pacientes. De fato, um ano e meio depois de Henrietta ter se tratado no Johns Hopkins, num artigo sobre histerectomia, TeLinde escreveu:

> O efeito psíquico da histerectomia, especialmente nas jovens, é considerável, e ela não deve ser aplicada sem uma compreensão completa por parte da paciente [que tem] direito a uma explicação simples [inclusive] da perda da função reprodutiva. [...] Convém apresentar os fatos a tal indivíduo e lhe dar tempo para digeri-los. [...] É muito melhor para ela adaptar-se antes da operação do que acordar de uma anestesia e deparar com um *fait accompli*.

Nesse caso, algo saiu errado. No prontuário médico de Henrietta, um dos médicos escreveu: "Informei que ela não poderia mais ter filhos. Ela diz que, se tivesse sido informada antes, não teria prosseguido o tratamento". Mas quando descobriu já era tarde demais.

Três dias depois de começar a terapia com raios X, ela começou a sentir uma queimação por dentro e sua urina lhe dava a sensação de vidro estilhaçado. Day disse que ele estava tendo uma secreção estranha e que ela devia ter lhe transmitido aquela doença que a levava constantemente ao Johns Hopkins para tratar.

"Eu diria que ocorre o inverso", Jones escreveu no boletim médico de Henrietta após examiná-la. "Mas, de qualquer modo, esta paciente agora tem [...] gonorreia aguda sobreposta à reação à radioterapia."

Mas logo as aventuras de Day se tornaram a menor das preocupações de Henrietta. Aquela caminhada curta até a casa de Margaret começou a parecer cada vez mais longa, e tudo que Henrietta queria fazer quando chegava era dormir. Um dia ela quase desabou a alguns quarteirões do hospital, e levou quase uma hora para fazer o percurso. Depois daquilo, passou a pegar um táxi.

Uma tarde, quando Henrietta estava deitada no sofá, levantou a blusa para mostrar a Margaret e Sadie os efeitos do tratamento. Sadie suspirou: a pele de Henrietta dos seios até a bacia estava queimada pela radioterapia, totalmente preta. O resto do corpo conservava a cor normal — mais a cor de um cervo do que de carvão.

"Hennie", ela sussurrou, "deixaram você preta como alcatrão."

Henrietta apenas assentiu com a cabeça e observou: "Meu Deus, a sensação é de que o negrume está se espalhando dentro de mim".

6. "A moça está no telefone"

1999

Onze anos depois de tomar conhecimento de Henrietta na aula de Defler — no meu $27^{\underline{o}}$ aniversário —, deparei com uma coletânea de artigos científicos sobre algo chamado "O Simpósio HeLa de Controle do Câncer", na Morehouse School of Medicine em Atlanta, historicamente uma das mais antigas faculdades para negros dos Estados Unidos. O simpósio havia sido organizado em homenagem a Henrietta por Roland Pattillo, um professor de ginecologia de Morehouse que havia sido um dos únicos estudantes afro-americanos de George Gey.

Quando liguei para Pattillo com o objetivo de descobrir o que ele sabia sobre Henrietta, contei que estava escrevendo um livro sobre ela.

"Ah, sério?", ele disse, soltando uma risada lenta e estrondosa que dizia: *Ah, moça, você não faz ideia de onde está se metendo.* "A família de Henrietta se recusará a falar com você. Eles se aborreceram demais com as células HeLa."

"O senhor conhece a família dela?", perguntei. "Poderia me pôr em contato com eles?"

"Eu posso colocá-la em contato com eles, mas gostaria que respondesse a umas poucas perguntas, começando com 'Por que eu deveria fazer isso?'."

Durante a hora seguinte, Pattillo esmiuçou minhas intenções. Ao contar-lhe minha história da obsessão por HeLa, ele resmungou e suspirou, emitindo de vez em quando alguns *mmmmmm* e *beeeeem*.

No final ele disse: "Corrija-me se estiver errado, mas a senhora *é* branca".

"É assim tão óbvio?"

"Sim", ele respondeu. "O que a senhora sabe sobre os afro-americanos e a ciência?"

Contei-lhe sobre o estudo de sífilis de Tuskegee como se estivesse fazendo um relato oral numa aula de história: começou nos anos 1930, quando pesquisadores do Serviço de Saúde Pública norte-americano do Instituto Tuskegee decidiram estudar como a sífilis matava, da infecção até a morte. Recrutaram centenas de homens americanos negros com sífilis, depois observaram suas mortes lentas, dolorosas e evitáveis, mesmo sabendo que a penicilina poderia curá-los. As cobaias da pesquisa nada questionaram. Eram pobres, com pouca instrução, e os pesquisadores ofereceram incentivos: exames físicos gratuitos, refeições quentes e transporte até a cidade nos dias de visita à clínica, além de um auxílio funeral de cinquenta dólares a suas famílias quando os homens morressem. Os pesquisadores escolheram cobaias negras porque acreditavam, como muitos brancos na época, que os negros fossem "uma raça notoriamente impregnada de sífilis".

O grande público só ficou sabendo do estudo de Tuskegee nos anos 1970, depois que centenas de cobaias haviam morrido. A notícia se espalhou como uma peste pelas comunidades negras: os médicos vinham fazendo pesquisas com pessoas negras, mentindo para elas e observando-as morrer. Começaram a circular rumores de que os médicos haviam inoculado os homens com sífilis a fim de estudá-los.

"O que mais?", Pattillo resmungou.

Contei-lhe que eu ouvira falar das chamadas Apendicectomias do Mississippi, histerectomias desnecessárias realizadas em mulheres negras pobres para impedi-las de reproduzir e para dar a médicos jovens a chance de praticarem tal procedimento. Eu também lera sobre a falta de verbas para pesquisas da anemia da célula falciforme, doença que afetava quase exclusivamente a população negra.

"Interessante que a senhora tenha ligado justamente agora", ele observou. "Estou organizando a próxima conferência HeLa, e quando o telefone tocou eu tinha acabado de me sentar à escrivaninha e acabado de digitar as palavras Henrietta Lacks na tela." Nós dois rimos. Deve ser um sinal, dissemos. Talvez Henrietta quisesse que conversássemos.

"Deborah é a filha mais nova de Henrietta", ele disse de maneira bem objetiva. "A família a chama de Dale. Tem quase cinquenta anos e ainda mora em Baltimore com os netos. O marido de Henrietta continua vivo. Tem uns 84 anos — ainda se consulta no Johns Hopkins." Disse isso como brincadeira.

"A senhora sabia que Henrietta teve uma filha epiléptica?", Pattillo perguntou.

"Não."

"Ela morreu com quinze anos, logo após o falecimento de Henrietta. Deborah é a única filha que sobreviveu", ele disse. "Quase sofreu um derrame recentemente por causa de todo o sofrimento relacionado aos inquéritos sobre a morte da mãe e aquelas células. Não quero ajudar ninguém a fazer isso com ela de novo."

Comecei a falar, mas ele me interrompeu.

"Preciso ver uns pacientes agora", disse. "Ainda não estou pronto para colocá-la em contato com a família. Mas acredito que esteja sendo honesta sobre suas intenções. Falaremos de novo depois que eu pensar. Me ligue amanhã."

Após três dias seguidos de interrogatórios, Pattillo enfim decidiu me dar o telefone de Deborah. Mas antes, disse, havia umas poucas coisas que eu precisava saber. Abaixou a voz e recitou uma lista de recomendações e proibições quando eu fosse lidar com Deborah Lacks: não se mostre agressiva. Seja honesta. Não seja fria, não tente forçá-la a nada, não a trate com superioridade, ela odeia isso. Seja compassiva, não esqueça que ela passou por muita coisa por causa dessas células, tenha paciência. "A senhora vai precisar disso mais do que de qualquer outra coisa", ele me disse.

Momentos depois da conversa telefônica com Pattillo, com sua lista de recomendações e proibições na mão, disquei o número de Deborah, e depois me controlei quando o telefone chamou. Quando ela sussurrou alô, exclamei: "Estou tão empolgada que a senhora atendeu! Faz muitos anos que estou querendo entrar em contato com a senhora. Estou escrevendo um livro sobre a sua mãe!".

"Hein?", ela disse.

Eu não sabia que Deborah estava quase surda — ela dependia demais da leitura labial e não conseguia acompanhar quem falasse rápido.

Respirei fundo e tentei de novo, forçando-me a emitir cada sílaba.

"Oi, meu nome é Rebecca."

"Como vai?", ela disse, cansada mas calorosa.

"Estou muito empolgada de falar com a senhora."

"Mmmmhmm", ela disse, como se já tivesse ouvido essa fala várias vezes.

Contei de novo que queria escrever um livro sobre a mãe dela e disse que estava surpresa de ninguém, pelo que parecia, saber nada sobre ela, embora suas células fossem tão importantes para a ciência.

Deborah calou-se por um longo momento, depois gritou: "É isso aí!". Deu uma risadinha e desatou a falar como se nos conhecêssemos havia anos. "Tudo é sempre sobre as células, mas nem se preocupam com seu nome ou se HeLa foi realmente uma pessoa. Aleluia! Acho que um livro seria legal!"

Não era o que eu esperava.

Tive medo de dizer alguma coisa que a fizesse parar de falar, portanto simplesmente disse: "Ótimo". E aquela foi a última palavra que proferi até o final do telefonema. Não fiz nenhuma pergunta, apenas anotações o mais rápido que consegui.

Deborah passou a despejar uma vida de informações em 45 obsessivos e confusos minutos que saltavam de maneira repentina e sem nenhuma ordem específica dos anos 1920 aos anos 1990, de histórias do pai dela até de seu avô, primos, mãe e pessoas estranhas.

"Ninguém nunca me falou nada", ela disse. "Quer dizer, onde estão as roupas da minha mãe? Onde estão os sapatos dela? Eu sabia do seu relógio e do anel, mas foram roubados. Aquilo foi depois de o meu irmão matar aquele rapaz." Ela falou de um homem cujo nome não disse: "Não acho que foi correto ele roubar o prontuário médico da minha mãe e os papéis da autópsia. Ele ficou na prisão quinze anos no Alabama. Agora está dizendo que John Hopkins matou minha mãe e que os médicos brancos fizeram experiências com ela por ser negra.

"Tive um colapso nervoso", ela disse. "Não consegui engolir aquilo. Minha fala está melhorando um pouco — quase tive dois derrames em duas semanas por causa daquele negócio com as células da minha mãe."

Depois subitamente ela estava falando sobre a história de sua família, dizendo algo sobre "o Hospital para Negros Insanos" e o fato de o bisavô de sua mãe ter sido dono de escravos. "Somos todos misturados. E uma das irmãs da minha mãe se converteu em porto-riquenha."

Repetidamente, ela dizia: "Não aguento mais" e "Em quem podemos confiar agora?". Acima de tudo, ela contou, queria saber sobre sua mãe e o que suas células fizeram para a ciência. Disse que as pessoas vinham lhe prometendo informações havia décadas, mas nunca lhe diziam nada. "Estou cheia disso", ela disse. "Sabe o que eu realmente quero? Quero saber como minha mãe cheirava. Durante toda a minha vida, não sei nada, nem mesmo as pequenas coisas comuns. Como era a cor dela? Ela gostava de dançar? Ela me amamentou? Meu Deus, eu gostaria de saber isso. Mas ninguém nunca me disse nada."

Ela riu e falou: "Vou dizer uma coisa — esta história ainda não acabou. Você tem bastante trabalho pela frente, moça. Este negócio é maluco o suficiente para dar três livros!".

Então alguém entrou pela porta da frente e Deborah berrou bem no fone: "Bom dia! Chegou alguma *carta*?". Parecia apavorada com aquela ideia. "Ah, meu Deus! Ah, não! Uma carta?!"

"Tá bem, senhorita Rebecca", ela disse. "Tenho que ir. Liga na segunda, promete? Certo, querida. Deus te abençoe. Tchau."

Ela desligou e eu fiquei ali estupefata, com o telefone torto no pescoço, fazendo anotações frenéticas que eu mesma não entendia, como *irmão = assassinato, carta = ruim, homem roubou o prontuário médico de Henrietta* e *Hospital para Negros Insanos?*

Quando voltei a ligar para Deborah conforme prometido, ela estava diferente. Sua voz era monocórdia, deprimida e indistinta, como se estivesse fortemente sedada.

"Nada de entrevistas", ela murmurou quase incoerentemente. "Você tem que sumir. Meus irmãos disseram que eu deveria escrever meu próprio livro. Mas não sou escritora. Me desculpe."

Tentei falar, mas ela me cortou. "Não posso mais falar com você. O único jeito é convencer os homens." Ela me deu três números: dos telefones de seu pai e do irmão mais velho, Lawrence, e do *pager* de seu irmão David Jr. "Todo mundo chama ele de Sonny", ela disse. Depois desligou. Eu só voltaria a ouvir sua voz depois de quase um ano.

Passei a ligar para Deborah, seus irmãos e seu pai todos os dias, mas eles não atendiam. Finalmente, após vários dias deixando recados, alguém atendeu na casa de Day: um rapaz que não disse alô, apenas respirou no fone, uma batida de *hip-hop* ao fundo.

Quando perguntei por David, o rapaz disse: "*Yeah*" e deixou cair o telefone.

"Vai chamar o papai!", ele gritou, seguido de uma longa pausa. "É importante. Chama o papai!"

Nenhuma resposta.

"A moça está no telefone", ele gritou, "vai..."

O primeiro rapaz respirou de novo no aparelho, enquanto um segundo rapaz pegou uma extensão e disse alô.

"Oi", eu disse. "Posso falar com David?"

"Quem é?", ele perguntou.

"Rebecca", respondi.

Ele afastou o fone da boca e gritou: "Chama o papai, a moça está no telefone, é sobre as células da mulher dele".

Anos depois entendi como um rapaz soube o motivo da minha chamada unicamente pelo som da minha voz: a única ocasião em que um branco ligava para Day era quando queriam algo relacionado com as células HeLa. Mas naquele momento fiquei confusa — achei que tinha ouvido errado.

Uma mulher apanhou o fone, dizendo: "Alô, posso ajudar?".
Foi breve e incisiva, como se dissesse: *Não tenho tempo pra isso.*

Contei que estava querendo falar com David e ela perguntou
quem queria falar com ele. Rebecca, respondi, temendo que ela
desligasse se eu dissesse mais alguma coisa.

"Um momento." Ela suspirou e abaixou o fone. "Leva isto pro
Day", ela disse a uma criança. "Diga que tem uma ligação interurba-
na, uma tal de Rebecca ligando sobre as células da mulher dele."

A criança agarrou o fone, encostou-o no ouvido e correu
atrás de Day. Depois houve um longo silêncio.

"Pai, acorda", o garoto murmurou. "Tem alguém querendo
falar sobre a sua mulher."

"Quê?"

"*Levanta*, tem alguém querendo falar sobre as células da sua
mulher."

"Quem? Onde?"

"As células da mulher, no telefone... levanta."

"Onde as células dela?"

"Aqui", o garoto disse, entregando o fone a Day.

"É?"

"Oi, é David Lacks?"

"É."

Eu disse meu nome e comecei a explicar por que estava ligando, mas antes que eu pudesse me estender ele deixou escapar um
suspiro profundo.

"Quenegócéesse", ele murmurou com um forte sotaque suli-
no, suas palavras indistintas como se tivesse sofrido um derrame.
"Você está com as células da minha mulher?"

"Sim", eu disse, achando que ele estivesse perguntando se eu
estava ligando sobre as células da sua mulher.

"É?", ele disse, subitamente radiante, alerta. "Você está com as
células da minha mulher? Ela sabe que você está falando?"

"Sim", respondi, achando que ele estava perguntando se Deborah sabia que eu estava ligando.

"Então vai conversar com as células da minha mulher e me deixa em paz", ele disparou. "Já me enchi de vocês." E desligou.

7. A morte e vida da cultura de células
1951

Em 10 de abril de 1951, três semanas depois de Henrietta começar a radioterapia, George Gey apareceu no canal de televisão WAAM em Baltimore para participar de um programa especial dedicado a seu trabalho. Ao som de uma música de fundo dramática, o apresentador anunciou: "Esta noite saberemos por que os cientistas acreditam que o câncer poderá ser vencido".

A câmera focalizou Gey, sentado a uma mesa diante de uma parede coberta de fotos de células. Seu rosto era longo e bonito, nariz pontudo, óculos bifocais de plástico preto e um bigode à Charlie Chaplin. Estava sentado com as costas aprumadas, terno de *tweed* impecavelmente passado a ferro, lenço branco no bolso do peito, cabelos lustrosos. Seus olhos fugiam da tela, depois voltavam para a câmera, enquanto ele tamborilava com os dedos na mesa, o rosto sem expressão.

"As células normais que constituem o nosso corpo são objetos minúsculos, e 5 mil delas caberiam na cabeça de um alfinete", ele disse, a voz um pouco alta e pomposa demais. "Como as células normais se tornam cancerosas é ainda um mistério."

Ofereceu aos espectadores uma síntese básica da estrutura das células e do câncer usando diagramas e um longo ponteiro de madeira. Mostrou filmes com células se movimentando pela tela, suas bordas avançando cada vez mais no espaço vazio em volta. E foi ampliando a imagem de uma célula cancerígena, até suas bordas redondas e regulares começarem a tremer e a sacudir violentamente, explodindo em cinco células cancerosas.

A certa altura, ele disse: "Agora vou mostrar a vocês um frasco onde cultivamos quantidades maciças de células cancerosas". Apanhou uma garrafa de vidro clara de mais ou menos meio litro, provavelmente repleto de células de Henrietta, e balançou-a nas mãos enquanto explicava que seu laboratório vinha usando aquelas células para descobrir meios de deter o câncer. Ele disse: "É bem possível que, com base em estudos fundamentais como esses, sejamos capazes de descobrir um meio de danificar as células cancerosas ou extirpá-las por completo".

Para ajudar a fazer isso acontecer, Gey passou a enviar células de Henrietta a qualquer cientista que pudesse usá-las em pesquisas sobre o câncer. O envio de células vivas pelo correio — algo comum hoje em dia — não era uma prática na época. Em vez disso, Gey as enviava por avião em tubos com algumas gotas de meio de cultura, o suficiente para mantê-las vivas por um breve tempo. Às vezes pilotos ou aeromoças guardavam os tubos nos bolsos das camisas, para manter as células na temperatura do corpo como se ainda estivessem na incubadora. Outras vezes, quando as células precisavam viajar no compartimento de carga, Gey as colocava em orifícios abertos em blocos de gelo para evitar o superaquecimento, depois embalava o gelo em caixas de papelão com serragem. Quando as remessas estavam prontas para seguir, Gey avisava aos destinatários que as células estavam prestes a "entrar em metástase" até suas cidades, para que pudessem apanhar a remessa e voltar correndo a seus laboratórios. Se tudo corresse bem, as células sobreviviam. Se não, Gey embalava outro lote e tentava tudo de novo.

Ele remeteu células HeLa para pesquisadores no Texas, Índia, Nova York, Amsterdã, e a muitos outros lugares intermediários. Esses pesquisadores as forneceram para mais pesquisadores, que as forneceram para ainda outros. As células de Henrietta subiram as montanhas do Chile nos alforjes de mulas de carga. Ao viajar de avião de um laboratório para outro, demonstrando suas técnicas de cultura e ajudando a criar novos laboratórios, Gey sempre levava consigo tubos de células de Henrietta nos bolsos do paletó. E, quando cientistas visitavam o laboratório de Gey para aprender suas técnicas, depois voltavam para casa com um frasco ou dois de células HeLa. Em cartas, Gey e alguns de seus colegas começaram a se referir às células como seus "bebês preciosos".

As células de Henrietta eram preciosas porque permitiam aos cientistas realizar experiências que seriam impossíveis com um ser humano vivo. Eles retalhavam as células HeLa e as expunham a inúmeras toxinas, radiação e infecções. Bombardeavam-nas com remédios, esperando encontrar um que matasse as células malignas sem destruir as normais. Estudavam a imunossupressão e o crescimento do câncer injetando as células HeLa em ratos imunocomprometidos, que desenvolviam tumores malignos semelhantes aos de Henrietta. Se as células morressem no processo, não importava — os cientistas podiam recorrer ao seu estoque em eterno crescimento de células HeLa e recomeçar.

Apesar da disseminação das células HeLa e do surto de pesquisas novas que se seguiu, não houve notícias de como o surgimento dessa espantosa linhagem de células HeLa poderia ajudar a deter o câncer. Nessa sua aparição na televisão, Gey não mencionou Henrietta ou suas células pelo nome, de modo que o grande público nada soube sobre as células HeLa. Mas, mesmo que tivesse sabido, provavelmente não teria dado muita importância. Durante décadas, a imprensa vinha relatando que culturas de células salvariam o mundo das doenças e tornaria o homem imortal, mas em 1951 o grande público já não acreditava nisso. A cultura de células havia se tornado alguma coisa muito mais saída de um assustador filme de ficção científica do que propriamente um milagre da medicina.

Tudo começou em 17 de janeiro de 1912, quando Alexis Carrel, um cirurgião francês do Instituto Rockefeller, cultivou seu "coração de frango imortal".

Os cientistas vinham tentando cultivar células vivas já antes da virada do século, mas suas amostras sempre morriam. Em consequência disso, muitos pesquisadores achavam impossível manter tecidos vivos fora do corpo. Mas Carrel resolveu provar que eles estavam errados. Aos 39 anos, ele já inventara a primeira técnica para suturar vasos sanguíneos, usando-a para realizar a primeira ponte de safena e desenvolver métodos de transplante de órgãos. Ele esperava um dia cultivar órgãos inteiros em laboratório, enchendo imensos depósitos de pulmões, fígados, rins e tecidos que pudesse remeter pelo correio para transplante. Como primeiro passo, ele tentara manter um pedaço de tecido do coração de um frango em cultura e, para o assombro de todos, a tentativa funcionou. Aquelas células cardíacas continuavam batendo como se ainda estivessem no corpo do frango.

Meses depois, Carrel ganhou um prêmio Nobel por sua técnica de sutura de vasos sanguíneos e suas contribuições para os transplantes de órgãos, tornando-se uma celebridade instantânea. O prêmio não tinha ligação com o coração do frango, mas artigos sobre seu prêmio associaram as células imortais do coração do frango com seu trabalho de transplantes, e subitamente parecia que ele achara a fonte da juventude. Manchetes no mundo todo proclamavam:

O NOVO MILAGRE DE CARREL ABRE CAMINHO NA PREVENÇÃO DA VELHICE!

CIENTISTAS CULTIVAM CORAÇÃO DE FRANGO IMORTAL

A MORTE TALVEZ NÃO SEJA INEVITÁVEL.

Os cientistas disseram que as células de coração de frango de Carrel significavam um dos mais importantes avanços do século e que a cultura de células revelaria os segredos de tudo: de comida e sexo à "música de Bach, poemas de Milton e a genialidade de Michelangelo". Carrel era um Messias da ciência. Revistas chamavam seu meio de cultura de "um elixir da juventude" e afirmavam que se banhar nele poderia fazer uma pessoa viver para sempre.

Carrel, porém, não se interessava pela imortalidade das massas. Ele era um eugenista: os transplantes de órgãos e o prolongamento da vida eram meios de preservar o que ele entendia como a raça branca superior, que acreditava estar sendo poluída por linhagens menos inteligentes e inferiores de pobres, ignorantes e pessoas de cor. Ele sonhava com uma vida eterna para aqueles considerados dignos e a morte ou a esterilização forçada para os demais. Mais tarde, elogiaria Hitler pelas "medidas enérgicas" tomadas nessa direção.

As excentricidades de Carrel contribuíram para o frenesi da mídia sobre seu trabalho. Ele era um francês robusto, de fala rápida e olhos que não combinavam — um castanho, outro azul —, e que raramente saía à rua sem sua touca cirúrgica. Acreditava erroneamente que a luz podia matar culturas de células, por isso seu laboratório parecia um negativo fotográfico de uma reunião da Ku Klux Klan, técnicos trabalhando com longos mantos brancos, cabeças cobertas por capuzes pretos com pequenas aberturas para os olhos. Sentavam-se em bancos pretos diante de mesas pretas em uma sala sem sombras, com chão, telhado e paredes pintados de preto. A única iluminação vinha de uma pequena claraboia coberta de poeira.

Carrel era um místico que acreditava em telepatia e clarividência e na possibilidade de seres humanos viverem vários séculos mediante a animação suspensa. Acabou transformando seu apartamento numa capela, começou a dar palestras sobre milagres médicos e contou aos repórteres que sonhava em se mudar para a América do Sul e se tornar um ditador. Outros pesquisadores se afastaram, tachando-o de anticientífico, mas grande parte dos americanos brancos adotaram suas ideias, vendo-o como um conselheiro espiritual e gênio.

A revista *Reader's Digest* publicou artigos de Carrel aconselhando as mulheres que um "marido não deveria ser induzido por uma esposa voluptuosa a realizar o ato sexual", pois o sexo esgotava a mente. Em seu best-seller *Man, the unknown* [O homem, esse desconhecido], propôs a correção do que acreditava ser "um erro" na Constituição norte-americana, que prometia igualdade a todas as pessoas. "O débil mental e o homem genial não deveriam ser iguais perante a lei", escreveu. "Os estúpidos, os pouco inteligentes, aqueles de mente dispersa, incapazes de atenção e esforço, não têm direito a uma educação superior."

Seu livro vendeu mais de 2 milhões de exemplares e foi traduzido para vinte idiomas. Milhares compareceram às palestras de Carrel, e, quando os auditórios lotavam e os fãs tinham que ser mandados embora, às vezes era preciso chamar a polícia antidistúrbios para manter a ordem.

Em meio a tudo isso, a imprensa e o público permaneceram obcecados pelo coração de frango imortal de Carrel. A cada Ano-Novo, o *New York World Telegram* telefonava para Carrel para se informar sobre as células. E durante décadas, sempre em 17 de janeiro, quando Carrel e seus assistentes vestidos de pretos cantavam "Feliz aniversário" para as células, algum jornal ou revista recontava a história novamente:

CÉLULAS DO CORAÇÃO DO FRANGO VIVAS HÁ DEZ ANOS...

CATORZE ANOS... VINTE...

Toda vez as matérias prometiam que as células mudariam o curso da medicina, mas elas nunca mudaram. Nesse ínterim, as afirmações de Carrel sobre as células se tornaram ainda mais fantasiosas.

A certa altura, ele afirmou que as células "atingiriam um volume maior que o sistema solar". *The Literary Digest* informou que as células já poderiam ter "coberto a Terra" e um tabloide britânico disse que poderiam "formar um galo... grande o suficiente para hoje cruzar o Atlântico num só salto, [uma ave] tão monstruosa que, quando empoleirada nesta esfera mundana, o planeta Terra, pareceria um cata-vento daqueles antigos, em forma de galo". Uma série de best-sellers advertiu sobre os perigos da cultura de tecidos: um deles previu que 70% dos bebês em breve seriam criados em cultura; outro imaginou a cultura de tecidos produzindo "crioulos" gigantes e sapos de duas cabeças.

Mas o temor da cultura de tecidos chegou às salas de estar norte-americanas num episódio de *Lights Out*, um programa de rádio de terror dos anos 1930 que contou a história de um imaginário dr. Alberts, criador de um coração de frango imortal em laboratório. A criatura fugiu ao controle, inundando as ruas da cidade, como *A bolha assassina*, consumindo tudo e todos em seu caminho. Em apenas duas semanas, destruiu o país inteiro.

As verdadeiras células de coração de frango não se saíram tão bem assim. Na verdade, descobriu-se que as células originais provavelmente não sobreviveram muito tempo. Anos depois de Carrel morrer aguardando o julgamento por ter colaborado com os nazistas, o cientista Leonard Hayflick desconfiou do coração de frango. Ninguém jamais conseguira repetir o trabalho de Carrel, e as células pareciam desafiar uma regra básica da biologia: células normais só conseguem se dividir um número finito de vezes antes de morrer. Hayflick investigou-as e concluiu que as células de coração de frango originais haviam na verdade morrido logo depois de Carrel colocá-las em cultura e que, intencionalmente ou não, Carrel vinha acrescentando células novas às placas de cultura sempre que as "alimentava" com um "suco de embrião" feito de tecidos primários. Ao menos um dos antigos assistentes de laboratório de Carrel confirmou a suspeita de Hayflick. Entretanto, ninguém podia testar essa teoria, porque dois anos após a morte de Carrel seu assistente jogou fora, sem mais nem menos, as famosas células de coração de frango.

De qualquer modo, em 1951, quando as células de Henrietta Lacks começaram a crescer no laboratório de Gey — apenas cinco anos após a "morte" amplamente divulgada do coração de frango de Carrel —, as células imortais já não desfrutavam de uma boa imagem entre o grande público. Culturas de tecidos estavam associadas a racismo, ficção científica arrepiante, nazistas e poções mágicas. Não eram algo a ser celebrado. Na verdade, ninguém dava muita importância àquilo.

8. "Um espécime miserável"
1951

No princípio de junho, Henrietta contou a seus médicos várias vezes que achava que o câncer estava se espalhando, que conseguia senti-lo avançando dentro dela, mas eles não encontraram nada de errado. "A paciente afirma que se sente razoavelmente bem", um médico escreveu em seu boletim, "mas continua reclamando de um vago mal-estar abdominal inferior. [...] Nenhum sinal de recaída. Retornar dentro de um mês."

Não há indicação de que Henrietta o tenha questionado. Como a maioria dos pacientes dos anos 1950, ela concordava com tudo que seus médicos dissessem. Aquela era uma época em que a "mentira benevolente" constituía uma prática comum — com frequência os médicos escondiam até mesmo as informações mais fundamentais de seus pacientes, às vezes não fornecendo nenhum diagnóstico. Acreditavam ser melhor não confundir ou aborrecer os pacientes com termos assustadores que eles não pudessem entender, como *câncer*. Os médicos sabiam das coisas, e a maioria dos pacientes não os questionava.

Especialmente pacientes negros de enfermarias públicas. Na

Baltimore de 1951, a segregação era lei e se entendia que pessoas negras não deviam questionar o julgamento profissional de pessoas brancas. Muitos pacientes negros já se sentiam satisfeitos só de estar recebendo tratamento, uma vez que a discriminação nos hospitais era generalizada.

Não há como saber se o tratamento de Henrietta teria sido diferente se ela fosse branca. De acordo com Howard Jones, Henrietta obteve os mesmos cuidados de qualquer paciente branco. A biópsia, o tratamento com rádio e a radioterapia eram comuns na época. Mas diversos estudos mostraram que, na comparação com pacientes brancos, pacientes negros eram tratados e hospitalizados em estágios mais avançados de suas doenças. E, uma vez hospitalizados, recebiam menos analgésicos e apresentavam uma taxa de mortalidade mais elevada.

Tudo que sabemos ao certo são as ocorrências registradas no prontuário médico de Henrietta: algumas semanas depois de o médico informar que ela estava bem, Henrietta retornou ao Johns Hopkins dizendo que o "mal-estar" de que se queixara da última vez se transformara em uma "dor" dos dois lados. Mas a anotação do médico foi idêntica à de duas semanas antes: "Nenhum sinal de recaída. Retornar dentro de um mês".

Duas semanas e meia depois, o abdômen de Henrietta doía, e ela mal conseguia urinar. A dor tornava difícil andar. Ela voltou ao Johns Hopkins, onde um médico introduziu um cateter para esvaziar sua bexiga e depois a mandou para casa. Três dias depois, quando ela retornou reclamando outra vez da dor, um médico pressionou seu abdômen e sentiu uma massa "dura e pedregosa". Um raio X mostrou que ela estava presa à parede pélvica, quase bloqueando a uretra. O médico de plantão chamou Jones e vários outros médicos que haviam tratado de Henrietta. Todos a examinaram e olharam o raio X. "Inoperável", disseram. Poucas semanas depois que uma anotação anterior declarou que ela estava saudável, um dos médicos escreveu: "A paciente parece cronicamente doente. Obviamente está sentindo dor". Mandou que ficasse de cama em casa.

Sadie mais tarde descreveria o declínio de Henrietta nestes termos: "Henrietta não se abateu, veja bem, seu aspecto, seu corpo, simplesmente não se abateu. Como algumas pessoas que ficam de cama com câncer e parecem bem *mal*. Ela, não. A única coisa que você percebia estava nos olhos dela. Os olhos dela estavam dizendo que ela não continuaria vivendo".

Até esse ponto, ninguém exceto Sadie, Margaret e Day sabia que Henrietta estava doente. Então, subitamente, todos souberam. Quando Day e as primas voltavam de Sparrows Point para casa depois de cada turno, ouviam Henrietta de um quarteirão de distância implorando que o Senhor a ajudasse. Quando Day a levou de carro de volta ao hospital para tirar raios X na semana seguinte, tumores duros como pedra tomavam conta do interior de seu abdômen: um no útero, um em cada rim e na uretra. Apenas um mês depois de uma anotação em seu prontuário médico dizer que ela estava bem, outro médico escreveu: "Em vista da rápida extensão do processo da doença, a perspectiva é bem sombria". A única opção, ele disse, era "mais radioterapia, na esperança de que possamos ao menos aliviar sua dor".

Henrietta não conseguia andar de casa até o carro, mas Day ou uma das primas dava um jeito de levá-la ao Johns Hopkins todos os dias para a radioterapia. Não perceberam que ela estava morrendo. Achavam que os médicos ainda tentavam curá-la.

A cada dia, os médicos de Henrietta aumentavam sua dose de radioterapia, esperando que ela reduzisse os tumores e aliviasse a dor até sua morte. A cada dia, a pele no abdômen ficava mais preta, e a dor piorava.

Em 8 de agosto, apenas uma semana após seu 31º aniversário, Henrietta chegou ao Hospital Johns Hopkins para seu tratamento, mas dessa vez disse que queria ficar. Seu médico escreveu: "A paciente vem reclamando de fortes dores e parece estar sofrendo. Ela precisa vir de uma distância considerável e o sentimento é de que ela tem o direito de permanecer no hospital onde poderá receber melhores cuidados".

Depois que Henrietta se internou no hospital, uma enfermeira coletou sangue e rotulou o frasco DE COR, guardando-o para a eventualidade de Henrietta precisar de transfusões mais tarde. Um médico colocou os pés de Henrietta em estribos outra vez, para extrair mais algumas células de seu colo do útero a pedido de George Gey, que queria ver se um segundo lote cresceria como o primeiro. Mas o corpo de Henrietta estava tão contaminado com toxinas normalmente eliminadas pelo sistema urinário que suas células morreram imediatamente em cultura.

Durante os primeiros poucos dias de Henrietta no hospital, as crianças vinham com Day visitá-la, mas quando iam embora ela chorava e gemia durante horas. Logo as enfermeiras disseram a Day que ele não podia mais trazer as crianças, pois as visitas perturbavam demais Henrietta. Depois daquilo, Day estacionava o Buick atrás do Johns Hopkins à mesma hora todos os dias e se sentava num pequeno gramado em Wolf Street com as crianças, bem embaixo da janela de Henrietta. Ela se esforçava para sair da cama, encostava as mãos e o rosto no vidro e observava as crianças brincando no gramado. Mas após alguns dias Henrietta não conseguia nem ir até a janela.

Seus médicos tentavam em vão aliviar seu sofrimento. "Demerol parece não afetar a dor", um deles escreveu, de modo que tentou morfina. "Isto também não está ajudando muito." Deu a ela Dromoran. "Este negócio funciona", ele escreveu. Mas não por muito tempo. No final, um dos médicos tentou injetar álcool puro na espinha dorsal. "As injeções de álcool acabaram em fracasso", ele escreveu.

Tumores novos pareciam surgir todos os dias — nos gânglios linfáticos, nos ossos dos quadris, nos lábios —, e ela passava quase todos os dias com uma febre de mais de quarenta graus. Seus médicos interromperam a radioterapia, parecendo tão derrotados pelo câncer quanto ela. "Henrietta ainda é um espécime miserável", escreveram. "Ela geme." "Está constantemente nauseada e reclama que vomita tudo que come." "Paciente tremendamente perturbada... muito ansiosa." "Ao que me consta, estamos fazendo tudo que é possível."

Não existe nenhum registro de que George Gey tenha visitado Henrietta no hospital ou que tenha lhe dito algo sobre suas células. E todos com quem conversei que poderiam saber disseram que Gey e Henrietta nunca se encontraram. Todos exceto Laure Aurelian, uma microbiologista que era colega de Gey no Johns Hopkins.

"Nunca esquecerei daquilo", Aurelian disse. "George me contou que se debruçou sobre a cama de Henrietta e disse: 'Suas células tornarão você imortal'. Ele contou a Henrietta que as células dela ajudariam a salvar a vida de inúmeras pessoas, e ela sorriu. Ela disse que estava contente que sua dor serviria para ajudar alguém."

9. Turner Station

1999

Alguns dias depois da minha primeira conversa com Day, viajei de carro de Pittsburgh até Baltimore para me encontrar com seu filho, David "Sonny" Lacks Jr. Ele finalmente havia respondido às minhas chamadas e concordou em me encontrar, dizendo que estava cansado de ver meu número no seu *pager*. Eu ainda não sabia, mas ele havia ligado cinco vezes para Pattillo, apavorado, fazendo perguntas a meu respeito antes de telefonar.

O plano foi que eu mandaria uma mensagem para o *pager* de Sonny quando chegasse a Baltimore, e ele me apanharia e levaria à casa de seu irmão Lawrence para encontrarmos o pai e — se eu tivesse sorte — Deborah. Assim, hospedei-me no Holiday Inn no centro da cidade, sentei-me na cama, telefone no colo, e liguei para o *pager* de Sonny. Nenhuma resposta.

Observei pela janela do hotel uma torre de tijolos alta e de aspecto gótico do outro lado da rua com um enorme relógio no topo. Com uma cor prateada esmaecida pelo tempo, ostentava grandes letras formando B-R-O-M-O-S-E-L-T-Z-E-R em volta do mostrador. Fiquei observando os ponteiros passar lentamente pelas letras, e de tempos em tempos eu ligava para o *pager* de Sonny e esperava o telefone tocar.

Acabei pegando a enorme lista telefônica de Baltimore, abri na letra *L* e desci o dedo por uma longa relação de nomes: *Annette Lacks... Charles Lacks...* Pensei em ligar para cada Lacks da lista e perguntar se a pessoa conhecia Henrietta. Mas eu estava sem celular e não queria bloquear a linha, de modo que enviei nova mensagem ao *pager* de Sonny e depois me deitei na cama, com o telefone e a lista telefônica ainda no colo. Comecei a reler uma cópia amarelecida de um artigo da *Rolling Stone* de 1976 sobre a família Lacks escrito por Michael Rogers — o primeiro repórter a contatar a família de Henrietta. Eu o lera várias vezes, mas queria cada palavra bem fresca na mente.

No meio do artigo, Rogers escreveu: "Estou sentado no sétimo andar do Holiday Inn no centro de Baltimore. Através da janela panorâmica com vidro isolante vejo um enorme relógio público cujos numerais foram substituídos pelos caracteres B-R-O-M-O-S-E-L-T-Z-E-R; no meu colo está um telefone e a lista telefônica de Baltimore".

Levei um choque, subitamente sentindo como se tivesse sido transportada para um episódio de *Além da imaginação*. Mais de duas décadas antes — quando eu tinha apenas três anos —, Rogers consultara aquela mesma lista telefônica. "Quando cheguei à metade da relação dos 'Lacks' ficou claro que quase todos haviam conhecido Henrietta", ele escreveu. Desse modo, abri a lista de novo e comecei a ligar, esperando encontrar uma daquelas pessoas que a tinham conhecido. Mas elas não atenderam, desligaram na minha cara ou disseram que nunca tinham ouvido falar de Henrietta. Desencavei um velho artigo de jornal onde havia visto o endereço de Henrietta em Turner Station: 713 New Pittsburgh Avenue. Consultei quatro mapas até encontrar um em que Turner Station não estivesse coberta por anúncios ou detalhes ampliados de outros bairros.

Acabei descobrindo que Turner Station não estava escondida apenas nos mapas. Para chegar lá, tive que transpor o muro de cimento e tapume que a isolava da estrada interestadual, uma série de trilhos de trem, passar por igrejas em velhas lojas térreas, por fileiras de casas fechadas com tábuas e um gerador elétrico barulhento do tamanho de um campo de futebol. Finalmente vi um cartaz de madeira escuro dizendo BEM-VINDO A TURNERS STATION no estacionamento de um bar chamuscado pelo fogo, com cortinas cor-de-rosa borladas.

Até hoje ninguém sabe direito como a cidade realmente se chama ou como escrever seu nome. Às vezes está no plural (Turners Station), outras vezes no possessivo (Turner's Station), mas quase sempre no singular (Turner Station). Nas escrituras originais, era chamada de "Boa Sorte", mas nunca esteve à altura do nome.

Quando Henrietta chegou ali nos anos 1940, a cidade prosperava. Mas com o fim da Segunda Guerra Mundial Sparrows Point foi se reduzindo. A Baltimore Gas and Electric demoliu trezentas casas a fim de abrir espaço para uma nova central elétrica, deixando mais de 1300 desabrigados, a maioria negros. Cada vez mais áreas foram destinadas ao uso industrial, o que significou mais casas derrubadas. As pessoas procuraram refúgio em East Baltimore ou voltando ao interior, e a população de Turner Station caiu à metade antes do final dos anos 1950. Quando cheguei lá, estava em torno de mil pessoas e continuava diminuindo por causa da escassez de empregos.

Na época de Henrietta, Turner Station era uma cidade onde você nunca trancava as portas. Agora havia um conjunto residencial cercado por um muro de segurança de tijolos e cimento de quase quatro quilômetros no campo onde os filhos de Henrietta costumavam brincar. Lojas, casas noturnas, cafés e escolas fecharam as portas, e traficantes de drogas, gangues e violência estavam em ascensão. Mas Turner Station ainda contava com mais de dez igrejas.

O artigo de jornal em que obtive o endereço de Henrietta citou uma mulher da região, Courtney Speed, dona de uma mercearia e criadora de uma fundação dedicada a construir um museu Henrietta Lacks. Mas, quando cheguei ao local onde deveria estar situada a Mercearia Speed's, encontrei um trailer enferrujado, as janelas quebradas cobertas de arame. No cartaz em frente estava pintada uma rosa vermelha com os dizeres RENOVAR O ESPÍRITO PARA RECAPTURAR A VISÃO. PROVÉRBIOS 29,18. Seis homens estavam reunidos nos degraus da frente, rindo. O mais velho, na casa dos trinta, usava calças largas vermelhas, suspensórios vermelhos, camisa preta e boné de motorista. Outro trajava uma jaqueta de esqui vermelha e branca grande demais. Estavam cercados de homens mais jovens em diversos matizes de marrom, vestindo calças baixas que deixavam à mostra parte da cueca. Os dois homens de vermelho pararam de conversar, me observaram passando devagar de carro, depois continuaram rindo.

Turner Station tem cerca de um quilômetro e meio de diâmetro em qualquer direção, com silhuetas de guindastes de carga do tamanho de arranha-céus perfilhando o horizonte e grossas nuvens de fumaça provindo das chaminés de Sparrows Point. Enquanto eu andava em círculos à procura da Mercearia Speed's, crianças paravam de brincar nas ruas para olhar e acenar. Elas corriam em meio às casas de tijolos vermelhos idênticas e por mulheres colocando roupa lavada nos varais, seguindo-me enquanto suas mães sorriam e acenavam também.

Passei pelo trailer com os homens em frente tantas vezes que eles começaram a acenar para mim cada vez que eu passava. Aconteceu o mesmo com a antiga casa de Henrietta, uma unidade num prédio marrom de tijolos dividido em quatro moradias, com uma cerca de arame, um gramado em frente e três degraus conduzindo a um pequeno vestíbulo de cimento. Uma criança me observou por trás da antiga porta de tela, acenando e brincando com um taco.

Eu acenava de volta para todos e fingia estar surpresa cada vez que um grupo de crianças que me seguia aparecia em diferentes ruas sorrindo, mas não parei nem pedi ajuda. Estava nervosa demais. As pessoas em Turner Station simplesmente me observaram, sorrindo e balançando a cabeça, como que perguntando: *O que será que essa moça branca está fazendo dirigindo assim em círculos?*

Finalmente vi a igreja Batista Nova Siló, que, segundo a reportagem do jornal, era onde a comunidade se reunia para tratar do museu Henrietta Lacks. Mas ela estava fechada. Quando encostei o rosto no vidro alto em frente, um carro luxuoso preto parou e um homem tranquilo e bonito na casa dos quarenta saltou, óculos dourados, terno preto, boina preta e as chaves da igreja. Levou os óculos à ponta do nariz e me olhou por cima, indagando se eu precisava de ajuda.

Contei o motivo de minha vinda.

"Nunca ouvi falar de Henrietta Lacks", ele disse.

"Poucas pessoas ouviram", eu expliquei, e contei que havia lido que alguém havia colocado uma placa em homenagem a Henrietta na Mercearia Speed's.

"Ah! A Speed's?", ele disse, subitamente todo sorrisos e com uma mão no meu ombro. "Posso levá-la até a Speed's!" Pediu que eu entrasse no meu carro e o seguisse.

Todo mundo na rua acenava e gritava quando passávamos: "Oi, reverendo Jackson!". "Como vai, reverendo?" Ele assentia com a cabeça e gritava de volta: "Tudo bem?", "Deus os abençoe!". Depois de dois quarteirões, paramos diante daquele trailer cinza com os homens em frente. O reverendo estacionou o carro e acenou para que eu saltasse. O grupo de homens nos degraus sorriu, cumprimentando-o calorosamente com as duas mãos e dizendo: "Olá, reverendo, trouxe uma amiga?".

"Sim, eu trouxe", ele respondeu. "Ela está querendo falar com a senhorita Speed."

O homem de calças e suspensórios vermelhos — que descobri ser Keith, o filho mais velho de Speed — disse que ela tinha saído e que não sabia quando ela ia voltar. Convidou-me a me acomodar na varanda com os rapazes e esperar. Quando me sentei, o homem com a jaqueta de esqui vermelha e branca sorriu um sorriso grande e radiante e depois se apresentou como Mike, também filho dela. Em seguida havia Cyrus, Joe e Tyrone. Todos os homens naquela varanda eram filhos dela, assim como quase todos os homens que andavam pela loja. Logo eu contara quinze filhos e disse: "Espera aí! Ela tem quinze filhos?".

"Ah!", Mike gritou. "Você não conhece Mama Speed, conhece? Aaah, eu respeito Mama — ela é durona! Ela mantém Turner Station na linha, cara! Encara qualquer homem!"

Os homens na varanda assentiram com a cabeça e confirmaram: "É isso aí!".

"Nunca se assuste se alguém entrar aqui e tentar atacar Mama quando não estivermos por perto", Mike disse, "porque ela vai matá-lo de susto!" Os filhos de Speed entoaram um coro de améns, enquanto Mike contou uma história:

"Uma vez um sujeito entrou na loja berrando: 'Vou pular este balcão e te pegar'. Eu estava escondido atrás de Mama, todo assustado. Quer saber o que Mama fez? Ela balançou a cabeça, levantou os braços e disse: 'Vem! Veeeeem! Você não é maluco de tentar...!'"

Mike deu um tapinha nas minhas costas, e todos os filhos riram.

Naquele instante, Courtney Speed surgiu ao pé da escada, seus longos cabelos pretos amontoados na cabeça, cachos pendendo em tufos ao redor do rosto fino, bonito e que não revelava a idade. Seus olhos eram castanho-claros, com uma auréola perfeita de azul-marinho nos cantos. Ela era delicada, sem nenhum traço de aspereza. Abraçava uma sacola de compras no peito e sussurrou: "E o homem pulou o balcão para me atacar?".

Mike gritou e riu tanto que não conseguiu responder.

Ela olhou para ele, calma e sorridente: "Eu perguntei: *aquele homem pulou?*".

"Não, não pulou", Mike respondeu, sorrindo. "A única coisa que ele fez foi correr! Por isso Mama não tem nenhuma arma nesta loja. Ela não precisa!"

"Não me dou bem com armas", ela disse, depois se voltou para mim e sorriu. "Como vai?" Subiu os degraus até a loja, e todos nós fomos atrás dela.

"Mama", Keith disse, "o pastor trouxe esta senhora até aqui. É Miss Rebecca e está querendo falar com você."

Courtney Speed sorriu um sorriso bonito, quase acanhado, seus olhos brilhantes e maternais. "Deus te abençoe, queridinha", disse.

Lá dentro, caixas de papelão desfeitas cobriam grande parte do chão, desgastado por anos de circulação de pessoas. As paredes estavam cheias de prateleiras, algumas vazias, outras com pilhas de Wonder Bread, arroz, papel higiênico e pés de porco. Numa delas, Speed havia empilhado centenas de edições do *Baltimore Sun* desde os anos 1970, quando seu marido morreu. Ela disse que havia desistido de trocar as janelas sempre que alguém as arrombava, porque simplesmente iam tentar de novo. Ela havia pendurado avisos manuscritos em todas as paredes da loja referentes a clubes esportivos, grupos da igreja e aulas grátis de GED* e alfabetização para adultos. Ela tinha dezenas de "filhos espirituais", que tratava da mesma maneira que seus seis filhos biológicos. E, quando as crianças vinham comprar batatas fritas, doces ou refrigerantes, Speed fazia com que elas calculassem

---

* O General Educational Development Diploma [GED] é uma espécie de supletivo norte-americano, que, como os supletivos brasileiros, permite aos que não concluíram os estudos na idade apropriada fazê-lo posteriormente. (N. T.)

quanto de troco ela lhes devia — a cada resposta certa ganhavam um bombom Kiss da Hershey.

Speed começou a arrumar os produtos nas prateleiras para que cada rótulo ficasse visível, depois gritou sobre o ombro para mim: "Como foi que você conseguiu chegar aqui?".

Contei sobre os quatro mapas, e ela atirou uma caixa de banha na estante. "Agora temos a síndrome dos quatro mapas", ela disse. "Eles vivem tentando nos expulsar da face da Terra, mas Deus não permitirá. Louvado seja o Senhor, ele nos traz as pessoas com quem realmente precisamos conversar."

Ela limpou as mãos na blusa branca. "Agora que Ele a trouxe aqui, o que posso fazer por você?"

"Estou querendo saber sobre Henrietta Lacks", eu disse.

Courtney suspirou, seu rosto subitamente empalidecendo. Deu vários passos para trás e perguntou num tom contrariado: "Você conhece o senhor Cofield? Foi ele quem te mandou?".

Eu estava confusa. Respondi que nunca tinha ouvido falar de Cofield e que ninguém havia me mandado.

"Como você soube de mim?", ela retrucou, afastando-se ainda mais.

Peguei a velha e amarrotada reportagem de jornal na bolsa e lhe entreguei.

"Você já conversou com a família?", ela quis saber.

"Estou tentando", respondi. "Conversei com Deborah uma vez, e era para eu me encontrar com Sonny hoje, mas ele não apareceu."

Ela fez um movimento com a cabeça de *eu sabia*. "Não posso te contar nada até você ter o apoio da família. Não posso arriscar."

"E aquela placa que a senhora conseguiu para o museu?", perguntei. "Posso dar uma olhada?"

"Não está aqui", ela retrucou. "Não tem nada aqui, porque coisas ruins aconteceram em relação a tudo aquilo."

Ela me fitou por um longo momento, depois seu rosto se abrandou. Com uma das mãos pegou na minha e tocou meu rosto com a outra.

"Gostei dos seus olhos", disse. "Venha comigo."

Saiu às pressas pela porta e desceu os degraus até sua velha caminhonete marrom. Um homem estava sentado no banco do passageiro, olhando para a rua como se o carro estivesse em movimento. Ele não ergueu o olhar quando ela entrou e disse: "Venha atrás de mim".

Dirigimos por Turner Station até o estacionamento da biblioteca pública local. Quando abri a porta do meu carro, Courtney apareceu, batendo palmas, sorrindo e dando pulinhos. As palavras jorravam dela: "Primeiro de fevereiro é dia de Henrietta Lacks aqui em Baltimore County", disse. "Este 1º de fevereiro será o grande evento inicial aqui na biblioteca! Continuamos tentando criar um museu, embora a situação de Cofield causasse tantos problemas. Pobre Deborah. Já era para o museu estar pronto — estávamos muito perto disso antes de todo aquele horror. Mas estou contente d'Ele ter enviado você", disse, apontando para o céu. "Esta história simplesmente *tinha* que ser contada! Louvado seja o Senhor, as pessoas *precisam* saber sobre Henrietta!"

"Quem é Cofield?", perguntei.

Ela se encolheu e levou a mão à boca. "Realmente não posso falar enquanto a família não der o sinal verde", disse, e depois agarrou minha mão e correu para dentro da biblioteca.

"Esta é a Rebecca", ela disse à bibliotecária, dando outro pulinho. "Está escrevendo sobre Henrietta Lacks!"

"Ah, isso é maravilhoso!", disse a bibliotecária. Depois olhou para Courtney. "Você está conversando com ela?"

"Preciso da fita", Courtney disse.

A bibliotecária percorreu uma fileira de vídeos, apanhou uma caixa branca da estante e entregou-lhe.

Courtney meteu o vídeo debaixo do braço, agarrou minha mão e voltou correndo comigo ao estacionamento, onde saltou para dentro de seu carro e partiu em disparada, acenando para que eu a seguisse. Paramos em frente a uma loja de conveniência e o homem do banco do passageiro saltou e comprou uma bisnaga. Depois o deixamos diante de sua casa, e Courtney gritou para mim: "É meu primo surdo! Ele não sabe dirigir!".

Por fim ela me levou a um pequeno salão de beleza de sua propriedade, não longe da Mercearia Speed's. Abriu duas trancas na porta da frente e ergueu a mão no ar, dizendo: "Pelo cheiro, um camundongo caiu na ratoeira". O salão era estreito, cadeiras de cabeleireiro ao longo de uma parede e secadores ao longo da outra. O lavatório, sustentado por um pedaço de compensado, escoava a água num balde branco grande, as paredes em volta salpicadas de anos de tintura de cabelo. Ao lado do lavatório havia uma tabela de preços: corte e penteado, dez dólares; alisamento, sete. E apoiada na parede dos fundos, sobre um armário de produtos, a xerox de uma foto de Henrietta Lacks, mãos nos quadris, numa moldura de madeira clara e grande demais.

Apontei para a foto com ar de espanto. Courtney assentiu com a cabeça.

"Vou contar tudo que sei", ela sussurrou, "assim que você falar com a família e eles derem o sinal verde. Não quero mais problemas. E não quero ver a Deborah doente de novo por causa disso."

Ela apontou para uma cadeira de cabeleireiro de vinil vermelha rachada, que virou de frente para uma televisão pequena ao lado dos secadores de cabelo. "Você precisa assistir esta fita", disse, entregando-me o controle remoto e um molho de chaves. Foi saindo pela porta, depois virou: "Não abra esta porta de jeito nenhum para ninguém a não ser eu, está ouvindo?", disse. "E preste bastante atenção no vídeo — use a tecla *rewind*, assista duas vezes se precisar, mas preste bem atenção."

Depois saiu, trancando a porta.

O que passou diante de meus olhos na tela da televisão foi um documentário de uma hora da BBC sobre Henrietta e as células HeLa, chamado *The way of all flesh*, do qual eu vinha tentando obter uma cópia havia meses. Começava com uma música agradável e uma jovem negra, que não era Henrietta, dançando diante das câmeras. Com voz melodramática, um homem britânico começou a narrativa, como se estivesse contando uma história de fantasma que poderia muito bem ter acontecido.

"Em 1951, uma mulher morreu em Baltimore, nos Estados Unidos", ele disse, fazendo uma pausa de efeito. "Seu nome: Henrietta Lacks." A música foi ficando mais alta e sinistra enquanto ele contava a história das células: "Essas células transformaram a medicina moderna. [...] Elas moldaram as políticas de países e presidentes. Foram até envolvidas na Guerra Fria. Porque os cientistas estavam convencidos de que nas células de Henrietta Lacks jazia o segredo de como derrotar a morte [...]".

O que realmente me impressionou foram as imagens de Clover, uma antiga cidade numa área de fazendas de monoculturas no sul da Virgínia, onde alguns parentes de Henrietta ainda pareciam viver. A última imagem na tela foi de Fred Garret, primo de Henrietta, de pé atrás de uma antiga choupana de escravos em Clover, de costas para o cemitério da família, onde, segundo o narrador, Henrietta estava enterrada em um túmulo não identificado.

Fred apontou para o cemitério e olhou sério para a câmera.

"Vocês acham que as células continuam vivendo?", ele perguntou. "Estou falando daquelas no túmulo." Fez uma pausa, depois deu uma risada longa e retumbante. "Claro que não", disse. "Não acredito que estejam. Mas continuam vivendo nos tubos de ensaio. Isso é um milagre."

O documentário terminou e me dei conta de que, se os filhos

e o marido de Henrietta não queriam falar comigo, eu teria que ir a Clover e descobrir seus primos.

Naquela noite, de volta ao hotel, consegui enfim falar com Sonny pelo telefone. Ele disse que havia decidido não se encontrar comigo, mas não diria por quê. Quando pedi que me pusesse em contato com sua família em Clover, mandou que eu fosse até lá e os achasse sozinha. Depois riu e me desejou boa sorte.

10. Do outro lado da via férrea

1999

Clover fica a alguns morros de distância da Route 360 no sul da Virgínia, logo depois da área de preservação Difficult Creek às margens do rio da Morte. Adentrei a cidade sob um céu azul de dezembro e um ar quente suficiente para maio, um Post-it amarelo colado no painel com a única informação que Sonny fornecera: "Não acharam o túmulo dela. Chegue de dia — não há iluminação, fica escuro feito breu. Pergunte a qualquer um onde fica Lacks Town".

O centro de Clover começava num posto de gasolina fechado com tábuas que tinham um RIP [*requiescat in pace* — descanse em paz] grafitado na frente, e terminava num terreno vazio onde antes ficava a estação em que Henrietta pegava o trem para Baltimore. O telhado do antigo cinema na rua principal desmoronara anos atrás, a tela indo parar num matagal. Os outros estabelecimentos davam a impressão de que o dono havia saído para almoçar décadas atrás e se esquecido de voltar: diante de uma parede da loja de roupas Abbott's, caixas de botas Red Wing novas estavam empilhadas até o teto, cobertas de poeira; dentro de seu balcão de vidro comprido, sob uma caixa registradora antiga, jaziam fileiras e mais fileiras de camisas sociais masculinas, ainda dobradas e engomadas no plástico. O saguão do restaurante Rosie's estava repleto de cadeiras estofadas, sofás e um tapete de xerga, tudo em tons empoeirados de marrom, laranja e amarelo. Um letreiro na janela da frente dizia: ABERTO 7 DIAS, bem em cima de outro que dizia: FECHADO. No supermercado Gregory and Martin, carrinhos de compras semicheios repousavam nos corredores ao lado de comidas enlatadas de décadas atrás, e o relógio de parede havia estacionado em 6h34, depois que Martin, a certa altura dos anos 1980, fechou a loja para virar agente funerário.

Mesmo com os jovens consumindo drogas e a geração mais velha abotoando o paletó, as mortes em Clover eram insuficientes para manter um agente funerário em atividade: em 1974 tinha uma população de 227 habitantes; em 1998, de 198. Naquele mesmo ano, Clover perdeu o *status* de município. Ainda restavam diversas igrejas e alguns salões de beleza, mas eles raramente abriam. O único estabelecimento regular existente no centro era o correio, situado em uma casa de tijolos com uma só sala. Mas estava fechado quando cheguei lá.

A rua principal parecia um lugar onde se podia ficar sentado por horas sem ver nenhum pedestre ou carro. Mas um homem estava postado diante do Rosie's, encostado em sua bicicleta vermelha motorizada, esperando para acenar para quaisquer carros que porventura passassem. Um homem branco, baixo e rechonchudo, de bochechas vermelhas e idade indeterminada, entre cinquenta e setenta anos. As pessoas dali o chamavam de Saudador, e ele passara a maior parte da vida naquela esquina acenando para qualquer um que passasse de carro, o rosto sem expressão. Perguntei se ele podia me dizer onde ficava Lacks Town. Eu pretendia procurar caixas postais com o nome Lacks e depois bater nas portas perguntando sobre Henrietta. O homem não emitiu nenhuma palavra, apenas acenou para mim, depois lentamente apontou atrás dele, para o outro lado da via férrea.

A linha divisória entre Lacks Town e o restante de Clover era desoladora. De um lado da estrada de duas pistas que vinha do centro, havia morros imensos, ondulantes e bem cuidados, hectares e hectares de uma propriedade com cavalos, um laguinho, uma casa bem conservada mais distante da estrada, uma minivan e uma cerca branca de estacas. Do outro lado da estrada, erguia-se um casebre de um só quarto com uns dois metros de largura e quase quatro de comprimento. Feito de madeira sem pintura, nos grandes vãos entre os painéis de parede cresciam videiras e ervas daninhas.

Aquele casebre era o início de Lacks Town, uma única estrada com pouco mais de um quilômetro e meio orlada por dezenas de casas — algumas pintadas de amarelo ou verde-brilhante, outras sem pintura, meio desmoronadas ou semi-incendiadas. Percorri a estrada Lacks Town repetidas vezes, passando pela placa FIM DA MANUTENÇÃO ESTADUAL onde a estrada se transformava em cascalho, atravessando um campo de tabaco com uma quadra de basquete — apenas um retângulo de terra vermelha e um aro sem rede preso no alto de um tronco de árvore castigado pelo clima.

O silencioso do meu velho Honda preto caíra em algum ponto entre Pittsburgh e Clover, o que significava que todo mundo em Lacks Town me ouvia. As pessoas iam até as varandas ou espiavam através de janelas quando eu passava. Por fim, na minha terceira ou quarta passagem, um homem que parecia ter uns setenta anos saiu de uma cabana de madeira verde de dois aposentos trajando um suéter verde-brilhante, um xale da mesma cor e um boné preto de motorista. Acenou com o braço rijo e um ar de espanto.

"Está perdida?", gritou mais alto do que o barulho do carro.

Abri a janela e disse que não exatamente.

"Bem, pra onde a senhora está querendo ir?", ele perguntou. "Porque sei que a senhora não é daqui."

Perguntei se ele já tinha ouvido falar de Henrietta.

Ele sorriu e se apresentou como Cootie, primo em primeiro grau de Henrietta.

Seu nome verdadeiro era Hector Henry — as pessoas começaram a chamá-lo de Cootie [Piolho] quando ele contraiu paralisia infantil décadas antes. Ele não sabia direito a razão do apelido. Como a pele de Cootie era suficientemente clara para fazê-lo parecer um latino-americano, quando ele adoeceu, aos nove anos, um médico branco da região internou-o no hospital mais próximo dizendo que Cootie era seu filho, pois os hospitais não tratavam pacientes negros. Cootie passou um ano dentro de um pulmão de aço que respirava por ele, e desde então tivera que voltar várias vezes ao hospital.

A pólio deixou-o parcialmente paralisado no pescoço e braços, com lesões nervosas que causavam uma dor constante. Ele usava um xale com qualquer tempo que fizesse, porque o calor aliviava a dor.

Contei-lhe por que eu estava lá, e ele apontou estrada acima e abaixo. "Todo mundo em Lacks Town é parente de Henrietta, mas ela foi embora há tanto tempo... até sua lembrança está morta agora", disse. "Tudo em Henrietta está morto, exceto aquelas células."

Apontou para o meu carro. "Desligue essa barulheira e entre. Vou fazer um suco."

Sua porta da frente dava para uma cozinha minúscula onde havia uma cafeteira, uma torradeira antiga e um velho fogão a lenha com duas panelas em cima, uma vazia, a outra cheia de pimenta. Ele pintara as paredes da cozinha com a mesma cor verde-oliva escura do exterior e, ao longo delas, colocara extensões elétricas e mata-moscas. Tinha acabado de receber instalações sanitárias dentro de casa, mas ainda preferia a privada externa.

Embora Cootie mal conseguisse mexer os braços, construíra a casa sozinho, aprendendo sobre construção enquanto trabalhava, martelando as paredes de compensado e emboçando o interior. Mas se esquecera do isolamento térmico e, depois que terminou, teve que derrubar as paredes e começar tudo de novo. Anos depois, a casa inteira pegou fogo quando ele adormeceu sob um cobertor elétrico, mas ele a reconstruiu. As paredes estavam um pouco tortas, disse, mas ele usara tantos pregos que achava que a casa nunca desabaria.

Cootie me ofereceu um copo de suco vermelho e me enxotou da cozinha para uma sala de estar escura, revestida de lambris. Não havia sofá, apenas umas cadeiras dobráveis de metal e uma cadeira de barbeiro fixada no chão de linóleo, suas almofadas totalmente cobertas de fita vedante. Cootie havia sido o barbeiro de Lacks Town durante décadas. "Esta cadeira agora custa 1200 dólares, mas na época consegui por oito", ele gritou da cozinha. "Cortar cabelo só custava um dólar — às vezes eu cortava 58 cabelos num dia." Acabou tendo de parar por não conseguir manter os braços levantados tempo suficiente para cortar cabelos.

Um pequeno radiogravador encostado numa parede transmitia um programa gospel em alto volume, um pregador berrando algo sobre o Senhor curando um ouvinte de hepatite.

Cootie abriu uma cadeira dobrável para mim, depois foi até o quarto. Levantou o colchão com um braço, apoiou-o na cabeça e começou a remexer em pilhas de papéis escondidas embaixo dele.

"Sei que eu tenho algumas informações da Henrietta em algum lugar por aqui", murmurou sob o colchão. "Onde foi que enfiei aquele... A senhora sabia que tem países comprando as células delas por 25 dólares, às vezes cinquenta? A família nunca recebeu um centavo."

Depois de procurar pelo que pareciam ser centenas de papéis, voltou à sala.

"Aqui está a única foto que eu tenho dela", disse, mostrando uma cópia da reportagem da *Rolling Stone* com a onipresente foto das mãos nos quadris. "Não sei o que diz aqui. A única instrução que eu tive foi por minha conta. Eu nunca soube contar e mal consigo ler ou escrever meu nome, porque minha mão treme muito." Ele perguntou se o artigo dizia alguma coisa sobre a infância dela em Clover. Fiz que não com a cabeça.

"Todo mundo gostava da Henrietta porque ela era uma pessoa maravilhosa", ele disse. "Ela era afetuosa, estava sempre rindo, sempre cuidando da gente quando a gente ia à casa dela. Mesmo depois de ficar doente, ela nunca foi uma pessoa de dizer 'Estou me sentindo mal e vou descontar em você'. Ela não era desse tipo, nem quando estava sofrendo. Mas parecia que ela não queria entender o que estava acontecendo. Não queria achar que ia morrer."

Ele balançou a cabeça. "A senhora veja só, disseram que, se a gente juntasse todos os pedaços dela, eles agora iam pesar quase quatrocentos quilos", ele me contou. "E a Henrietta nunca foi uma moça grandona. Ela continua crescendo."

Ao fundo, o pregador do rádio gritou "Aleluia!" várias vezes enquanto Cootie falava.

"Ela cuidava de mim quando eu piorei da pólio", ele contou. "Ela sempre disse que queria dar um jeito naquilo. Não deu pra ela me ajudar porque eu tive aquilo antes de ela ficar doente, mas ela viu como a coisa ficou ruim. Acho que foi por isso que ela usou as células para ajudar outras pessoas a se livrar disso." Fez uma pausa. "Ninguém aqui nunca entendeu como é que ela pode estar morta e aquele negócio ainda estar vivo. É aí que está o mistério."

Ele olhou pelo aposento, acenando com a cabeça em direção a espaços entre a parede e o teto onde enfiara alho e cebolas secas.

"A senhora sabe, muitas coisas são feitas pelo homem mesmo", ele disse, reduzindo a voz a um sussurro. "A senhora sabe o que eu quero dizer com *são feitas pelo homem mesmo*, não sabe?"

Eu disse que não com a cabeça.

"Feitiço", ele sussurrou. "Tem gente dizendo que a doença de Henrietta e o negócio das células foi tudo feito por algum homem ou por alguma mulher, já outros dizem que foi feito pelos médicos."

Enquanto ele falava, a voz do pregador no rádio foi se tornando mais alta: "O Senhor irá ajudar você, mas você tem que me ligar agora. Se minha filha ou irmã tivesse câncer! Eu pegaria o telefone, porque o tempo está se esgotando!".

Cootie berrou mais alto que o rádio.

"Os médicos falam que nunca viram outro caso como o da Henrietta! Tenho certeza que ele foi feito pelo homem mesmo ou pelos espíritos — por um dos dois."

Depois ele contou sobre espíritos em Lacks Town que às vezes visitavam as casas das pessoas e causavam doenças. Disse que viu o espírito de um homem na sua casa, às vezes encostado na parede ao lado do fogão a lenha, às vezes ao lado da cama. Mas o espírito mais perigoso, ele disse, foi o porco sem cabeça de várias toneladas que ele viu perambulando por Lacks Town anos antes, sem rabo. Elos de uma corrente quebrada pendiam de seu pescoço manchado de sangue, arrastada por estradas de terra e retinindo quando o espírito andava.

"Vi aquele negócio atravessando a estrada, indo pro cemitério da família", Cootie me contou. "Esse espírito estava bem na estrada, sua corrente balançando e balançando na brisa." Cootie disse que olhou para ele e pisou em seu pé, lançando poeira vermelha por todo o corpo dele, preparando-se para atacar. Bem nessa hora, um carro veio descendo pela estrada com um só farol aceso.

"O carro chegou e iluminou aquilo, juro que era um porco", Cootie disse. Depois o espírito sumiu. "Ainda consigo ouvir a corrente se arrastando." Cootie achava que aquele carro o salvou de ter alguma doença nova.

"Agora não sei direito se foi um espírito que prejudicou Henrietta ou um médico", Cootie disse, "mas tenho certeza que o câncer não foi do tipo normal, porque o câncer normal não continua crescendo depois que a pessoa morre."

11. "O diabo da dor em pessoa"

1951

Em setembro, o corpo de Henrietta estava quase totalmente tomado por tumores. Eles haviam crescido em seu diafragma, na bexiga e nos pulmões. Haviam bloqueado seu intestino e feito sua barriga inchar como se ela estivesse grávida de seis meses. Ela recebia uma transfusão de sangue depois da outra, porque os rins já não conseguiam filtrar as toxinas do sangue, deixando-a nauseada pelo veneno de seu próprio corpo. Ela recebeu tanto sangue que um médico fez uma anotação em seu prontuário interrompendo as transfusões "até que seu déficit com o banco de sangue fosse coberto".

Quando Emmett Lacks, primo de Henrietta, ouviu alguém em Sparrows Point dizer que Henrietta estava doente e precisava de sangue, largou o tubo de aço que estava cortando e correu em busca do irmão e de alguns amigos. Eram trabalhadores, com aço e amianto nos pulmões, calos e as unhas dos dedos rachadas por anos de trabalho pesado. Todos haviam dormido no chão da casa de Henrietta e comido seu espaguete quando chegaram a Baltimore vindos do interior, ou a qualquer hora em que o dinheiro faltasse. Ela os acompanhava no bonde até Sparrows Point e de volta para que eles não se perdessem nas primeiras semanas na cidade. Havia preparado suas marmitas até eles se tornarem independentes, depois enviava comida extra ao trabalho por intermédio de Day, para que não passassem fome entre um pagamento e outro. Ela dizia, brincando, que precisavam de esposas e namoradas, e às vezes os ajudou a encontrá-las. Emmett pernoitara na casa de Henrietta tantas vezes que tinha sua própria cama no corredor no alto da escada. Ele saíra de lá fazia apenas alguns meses.

A última vez em que Emmett viu Henrietta, levou-a para visitar Elsie em Crownsville. Eles a encontraram sentada atrás de arame farpado no canto de um pátio em frente ao alojamento de tijolos onde ela dormia. Quando ela os viu chegando, fez um ruído como que de pássaro, depois correu até eles e ficou olhando. Henrietta deu um abraço em Elsie, olhou-a firme e longamente nos olhos, depois voltou-se para Emmett.

"Ela parece melhor", Henrietta disse. "Sim, Elsie parece bem e limpa e tudo mais." Ficaram sentados em silêncio por um longo tempo. Henrietta parecia aliviada por ver Elsie parecendo bem. Aquela foi a última vez que viu a filha — Emmett acha que ela sabia que estava dizendo adeus. O que ela não sabia era que ninguém nunca mais visitaria Elsie.

Meses depois, quando Emmett soube que Henrietta precisava de sangue, ele, seu irmão e seis amigos se amontoaram num caminhão e foram direto ao Johns Hopkins. Uma enfermeira os conduziu pela enfermaria de negros, passando por fileiras de leitos até aquele onde Henrietta jazia. Ela definhara de 64 quilos para uns 45. Sadie e Gladys, irmã de Henrietta, estavam sentadas a seu lado, olhos inchados de tanto chorar e por falta de sono. Gladys viera de Clover de ônibus assim que ficou sabendo que Henrietta estava hospitalizada. As duas nunca foram próximas, e as pessoas ainda zombavam de Gladys dizendo que ela era mesquinha e feia demais para ser irmã de Henrietta. Mas Henrietta era da família, portanto Gladys estava ali sentada a seu lado, agarrando um travesseiro no colo.

Uma enfermeira ficou no canto observando os oito homens enormes aglomerados em torno da cama. Quando Henrietta tentou mover o braço para se erguer, Emmett viu as tiras ao redor dos pulsos e tornozelos dela, prendendo-a no estrado da cama.

"O que vocês estão fazendo aqui?", Henrietta gemeu.

"Viemos torcer para você melhorar", Emmett disse acompanhado por um coro de "É isso aí" dos outros homens.

Henrietta não disse nada. Apenas deitou a cabeça de volta no travesseiro.

Subitamente seu corpo ficou rígido como uma tábua. Ela gritou, e a enfermeira veio até a cama, apertando as tiras em torno dos braços e pernas de Henrietta, para impedir que ela caísse no chão como já acontecera várias vezes. Gladys pegou o travesseiro do colo e colocou-o na boca de Henrietta, para evitar que ela mordesse a língua nas convulsões de dor. Sadie chorou e afagou os cabelos de Henrietta.

"Meu Deus", Emmett me contava anos depois. "A Henrietta se levantou da cama gemendo, como se estivesse possuída pelo diabo da dor em pessoa."

A enfermeira enxotou Emmett, seu irmão e amigos da enfermaria para a sala de coleta de sangue dos negros, onde eles doaram quase quatro litros. Ao se afastar do leito de Henrietta, Emmett virou para olhar exatamente quando a convulsão começava a passar e Gladys removia o travesseiro da boca de Henrietta.

"É uma lembrança que vou carregar comigo até o túmulo", ele me contou anos depois. "Quando a dor atacou, parecia que a mente dela estava dizendo: *Henrietta, é melhor você partir*. Ela estava doente como eu nunca vi. A garota mais doce da face da Terra, e a mais bonita de todas. Mas suas células, cara, suas células são uma coisa diferente. Não é à toa que nunca conseguiram matar elas... Aquele câncer foi uma coisa terrível."

Pouco depois da visita de Emmett e seus amigos, às quatro da tarde de 24 de setembro de 1951, um médico injetou uma dose forte de morfina em Henrietta e escreveu em seu boletim: "Descontinuar todas as medicações e tratamentos, exceto analgésicos". Dois dias depois, Henrietta acordou aterrorizada, desorientada, querendo saber onde estava e o que os médicos estavam fazendo com ela. Por um momento, esqueceu seu nome. Logo depois, voltou-se para Gladys e contou que ia morrer.

"Cuide para que Day tome conta das crianças", Henrietta disse para a irmã, lágrimas rolando pelo rosto. "Especialmente da minha bebê Deborah." Deborah tinha pouco mais de um ano quando Henrietta foi para o hospital. Henrietta tinha querido segurar Deborah no colo, vesti-la com roupas vistosas e fazer tranças em seu cabelo, ensiná-la a pintar as unhas, ondular os cabelos e lidar com os homens.

Henrietta olhou para Gladys e sussurrou: "Não deixe nada de ruim acontecer com as crianças depois que eu for embora".

Em seguida, virou de costas para Gladys e fechou os olhos.

Gladys saiu do hospital e voltou de ônibus para Clover. À noite, ligou para Day.

"Henrietta vai morrer esta noite", ela lhe contou. "Pediu que você cuide das crianças — eu disse que ia falar com você. Não deixe nada de ruim acontecer com elas."

Henrietta morreu à 0h15 do dia 4 de outubro de 1951.

PARTE DOIS

MORTE

12. A tempestade

1951

Henrietta Lacks não teve obituário, mas a notícia de sua morte chegou rapidamente ao laboratório de Gey. Enquanto o corpo de Henrietta era mantido na geladeira para "pessoas de cor", Gey perguntou aos médicos dela se podiam fazer uma autópsia. Cultivadores de tecidos no mundo inteiro vinham tentando criar uma biblioteca de células imortais como as de Henrietta, e Gey queria amostras do máximo de órgãos de seu corpo para ver se cresceriam como as células HeLa. Mas, para obter tais amostras após sua morte, alguém teria de pedir permissão ao marido de Henrietta.

Embora nenhuma lei ou código de ética exigisse que os médicos pedissem permissão para retirar tecidos de pacientes vivos, a lei deixava claro que realizar uma autópsia ou remover tecidos de um morto sem permissão era ilegal.

Pelo que Day recorda, alguém do Johns Hopkins ligou para informar a morte de Henrietta e pedir permissão para uma autópsia, e Day respondeu que não. Poucas horas depois, quando Day foi ao hospital com um primo para ver o corpo de Henrietta e assinar alguns papéis, os médicos perguntaram de novo sobre a autópsia. Disseram que queriam fazer testes que poderiam ajudar seus filhos algum dia. O primo de Day disse que não custava nada, de modo que Day acabou concordando e assinando um formulário de permissão da autópsia.

Logo o corpo de Henrietta jazia numa mesa de aço inoxidável no necrotério cavernoso do porão, e Mary, a assistente de Gey, estava na porta respirando rápido, sentindo como se fosse desmaiar. Ela nunca tinha visto um morto. Agora estava ali com um cadáver, uma pilha de placas de Petri e o patologista, o dr. Wilbur, debruçado sobre a mesa de autópsia. Os braços de Henrietta estavam esticados, como que pegando alguma coisa acima da cabeça. Mary caminhou até a mesa, murmurando para si mesma: *Você não vai fazer papel de boba e desmaiar.*

Contornou um dos braços de Henrietta e ocupou seu lugar ao lado de Wilbur, seu quadril na altura da axila de Henrietta. Ele disse oi, Mary devolveu o oi. Depois ficaram calados. Day queria que Henrietta estivesse apresentável para o funeral, portanto autorizara somente uma autópsia parcial, o que significava nenhuma incisão no peito nem remoção de seus membros ou cabeça. Mary abriu as placas uma por uma, segurando-as para coletar amostras à medida que Wilbur as cortava do corpo de Henrietta: bexiga, intestinos, útero, rins, vagina, ovário, apêndice, fígado, coração, pulmões. Após depositar cada amostra numa placa de Petri, Wilbur pôs pedaços do colo do útero de Henrietta coberto por tumores em recipientes cheios de formol, a fim de preservá-los para uso futuro.

A causa oficial da morte de Henrietta foi uremia terminal: envenenamento do sangue pelo acúmulo de toxinas que normalmente o corpo expele pela urina. Os tumores haviam bloqueado completamente a uretra, impossibilitando que os médicos inserissem um cateter em sua bexiga para esvaziá-la. Tumores do tamanho de bolas de beisebol haviam praticamente substituído rins, bexiga, ovários e útero. E seus outros órgãos estavam tão cobertos por pequenos tumores brancos que pareciam ter sido enchidos de pérolas.

Mary permaneceu ao lado de Wilbur, esperando que ele costurasse o abdômen de Henrietta. Sua vontade era sair correndo do necrotério e voltar para o laboratório, mas em vez disso fitou os braços e as pernas de Henrietta — tudo para não contemplar seus olhos sem vida. Depois o olhar de Mary recaiu sobre os pés de Henrietta, e ela suspirou: as unhas dos pés de Henrietta estavam pintadas com esmalte vermelho-brilhante todo lascado.

"Quando vi aquelas unhas dos pés", Mary me contou anos depois, "quase desmaiei. Pensei: *Ah, meu Deus, ela é uma pessoa de verdade.* Comecei a imaginá-la sentada no banheiro pintando aquelas unhas, e pela primeira vez me ocorreu que aquelas células com que vínhamos trabalhando o tempo todo e que enviávamos para o mundo inteiro haviam saído de uma mulher viva. Eu nunca tinha pensado daquela maneira."

Dias depois, o corpo de Henrietta fez a longa e tortuosa viagem de trem de Baltimore para Clover num caixão de pinho simples, que foi tudo que Day pôde pagar. Chovia quando o agente funerário foi buscar o caixão de Henrietta na estação de Clover e colocou-o na traseira de um caminhão enferrujado. Ele percorreu o centro de Clover, passou pela loja de ferragens onde Henrietta costumava ficar vendo a partida de damas dos homens velhos brancos e pegou a estrada Lacks Town, virando um pouco antes de The Shack, onde ela havia dançado meses antes. Enquanto o agente funerário entrava em Lacks Town, primos e primas acorreram às varandas para ver Henrietta passar, com as mãos nos quadris ou segurando crianças, enquanto lamentavam com a cabeça e oravam ao Senhor.

Cootie arrastou os pés até o pátio, olhou direto para a chuva que caía e gritou: "Meu bom Jesus, deixa esta pobre mulher repousar, está me ouvindo? Ela já sofreu bastante!".

Améns ecoaram de uma varanda próxima.

Uns quatrocentos metros estrada abaixo, Gladys e Sadie estavam sentadas nos degraus de madeira quebrados da casa-lar, um vestido rosa comprido sobre o colo delas e uma cesta aos pés com maquiagem, bobes, esmalte de unha vermelho e as duas moedinhas que colocariam nos olhos de Henrietta para que ficassem fechados no velório. Observaram em silêncio o agente funerário percorrer o campo entre a estrada e a casa, os pneus afundando em poças de lama vermelha.

Cliff e Fred estavam postados no cemitério atrás da casa, seus macacões encharcados e pesados por causa da chuva. Haviam passado boa parte do dia enfiando a pá no solo rochoso do cemitério, abrindo uma cova para Henrietta. Cavaram num ponto, depois em outro, mudando cada vez que suas pás atingiam os caixões de parentes desconhecidos enterrados sem lápide. Acabaram encontrando um ponto vazio para Henrietta perto da lápide da mãe dela.

Quando Cliff e Fred ouviram o caminhão do agente funerário, caminharam até a casa-lar para ajudar a descarregar Henrietta. Depois que a levaram até a entrada, abriram o caixão de pinho e Sadie desatou a chorar. O que mais a impressionou não foi a visão do corpo inerte de Henrietta, mas as unhas dos pés: Henrietta preferia morrer a ver seu esmalte lascado daquela maneira.

"Meu Deus", Sadie disse. "A dor de Hennie deve ter sido pior que a morte."

Durante vários dias, o corpo de Henrietta permaneceu na entrada da casa-lar, as portas escoradas dos dois lados para que a brisa úmida e fresca entrasse, conservando seu corpo. Familiares e vizinhos atravessaram o campo em frente para prestar as últimas homenagens, e o tempo todo não parou de chover.

Na manhã do funeral de Henrietta, Day transpôs a lama com Deborah, Joe, Sonny e Lawrence. Mas não Elsie. Ela continuava em Crownsville e nem sabia que a mãe havia morrido.

As primas Lacks não lembram muita coisa da cerimônia religiosa — acham que houve algumas palavras, provavelmente uma ou duas canções. Mas todas se lembram do que aconteceu depois. Quando Cliff e Fred baixaram o caixão de Henrietta na cova e começaram a cobri-lo com punhados de lama, o céu se tornou negro como piche. A chuva caiu grossa e rápida. Em seguida, vieram longos e estrondosos trovões, gritos dos bebês e uma rajada de vento tão forte que arrancou o teto de metal do celeiro abaixo do cemitério, lançando-o pelos ares sobre o túmulo de Henrietta, suas longas inclinações de metal batendo como se fossem as asas de uma gigantesca ave prateada. O vento provocou incêndios que queimaram campos de tabaco. Arrancou árvores do chão, desativou quilômetros de linhas de transmissão e arrancou do chão a cabana de madeira de um primo Lacks, lançando-o da sala de estar para o jardim, caindo sobre ele em seguida e matando-o instantaneamente.

Anos depois, quando Peter, primo de Henrietta, recordou esse dia, balançou sua cabeça calva e riu: "Hennie nunca foi o que você chamaria de uma mulher de meias palavras", disse. "A gente deveria ter percebido que ela estava tentando dizer alguma coisa com aquela tempestade."

13. A fábrica de células HeLa
1951-3

Não muito depois da morte de Henrietta, uma fábrica de células HeLa começou a ser planejada — uma operação maciça que acabaria produzindo trilhões de células HeLa semanalmente. Sua construção teve um objetivo: ajudar a deter a poliomielite.

No final de 1951, o mundo vivia a maior epidemia de poliomielite da história. Escolas fecharam, pais estavam em pânico e as pessoas ansiavam, desesperadas, por uma vacina. Em fevereiro de 1952, Jonas Salk, da Universidade de Pittsburgh, anunciou que havia desenvolvido a primeira vacina antipólio do mundo, mas ela só poderia ser oferecida às crianças depois de testada em larga escala, até que se provasse sua segurança e eficácia. Para isso seria preciso cultivar células em escala industrial, o que até então ninguém fizera.

A Fundação Nacional para a Paralisia Infantil (National Foundation for Infantile Paralysis, NFIP) — organização beneficente criada pelo presidente Franklin Delano Roosevelt, ele próprio vítima da paralisia infantil — começou a organizar o maior teste de campo já conduzido para a vacina antipólio. Salk inocularia 2 milhões de crianças, e a NFIP faria testes no sangue delas para verificar se tinham ficado imunes. Mas aquilo exigiria milhões de testes de neutralização, o que envolvia misturar soro sanguíneo de crianças recém-vacinadas com vírus da pólio vivo e células em cultura. Se a vacina funcionasse, o soro sanguíneo de uma criança vacinada bloquearia o vírus da poliomielite e protegeria as células. Caso contrário, o vírus infectaria as células, causando danos que os cientistas poderiam observar através de um microscópio.

O problema, àquela altura, era que as células utilizadas em testes de neutralização vinham de macacos, que eram mortos no processo. Tratava-se de um problema, e não por preocupação com o bem-estar dos animais — naquela época eles não tinham a importância que têm hoje —, mas porque os macacos custavam caro. Milhões de testes de neutralização com células de macacos custariam milhões de dólares. Por isso a NFIP procurava desesperadamente células que pudessem ser cultivadas em larga escala e que fossem mais baratas do que usar macacos.

A NFIP pediu ajuda a Gey e a outros especialistas em cultura de células, e este reconheceu a oportunidade como uma mina de ouro para aquele campo. A Marcha dos Dimes [a moeda de dez centavos de dólar] da NFIP arrecadava em média 50 milhões de dólares em doações todos os anos, e seu diretor pretendia repassar grande parte desse dinheiro aos cultivadores de células, para que eles pudessem encontrar um meio de produzi-las em massa, o que já vinham querendo fazer havia anos.

O momento foi perfeito: por acaso, logo depois que a NFIP pediu ajuda a Gey, ele percebeu que as células de Henrietta cresciam de um modo diferente de quaisquer células humanas que já tinha visto.

A maioria das células em cultura crescia numa única camada em um coágulo sobre uma superfície de vidro, o que significava que rapidamente podia faltar espaço. Aumentar o número delas exigia muito trabalho: os cientistas precisavam raspar repetidamente as células de um tubo e distribuí-las em tubos novos para conseguir mais espaço. As células HeLa não se mostravam tão exigentes: não precisavam de uma superfície de vidro para crescer. Conseguiam crescer flutuando num meio de cultura que fosse constantemente agitado por um dispositivo magnético, uma técnica importante desenvolvida por Gey, agora chamada de crescimento em suspensão. Isso significava que as células HeLa não estavam espacialmente limitadas como as outras. Elas podiam simplesmente continuar se dividindo até que o meio de cultura acabasse. Quanto maior o tanque do meio, mais as células cresciam. Essa descoberta significava que se as células HeLa fossem suscetíveis ao vírus da pólio, algo que nem todas as células eram, estaria resolvido o problema da produção em massa e seria possível testar a vacina sem os milhões de células de macacos.

Desse modo, em abril de 1952, Gey e um de seus colegas do conselho consultivo da NFIP — William Scherer, um jovem pesquisador de pós-doutorado da Universidade de Minnesota — tentaram infectar células de Henrietta com o vírus da pólio. Depois de alguns dias, descobriram que as células HeLa eram ainda *mais* suscetíveis ao vírus do que quaisquer outras células em cultura do passado. Perceberam então que haviam achado exatamente o que a NFIP vinha buscando.

Sabiam também que, antes de produzir em massa quaisquer células, teriam de encontrar uma nova maneira de despachá-las. O sistema de entrega aérea de Gey funcionava bem para enviar umas poucas células a alguns colegas, mas seria caro demais em grande escala. E de nada serviria cultivar bilhões de células se elas não pudessem ser levadas aonde eram necessárias. Assim eles começaram a fazer experiências.

No Memorial Day de 1952, Gey reuniu alguns tubos contendo células HeLa e meio de cultura suficiente para sobreviverem alguns dias, e embalou-os numa lata revestida de cortiça e cheia de gelo, para evitar o superaquecimento. Depois datilografou instruções minuciosas de alimentação e manuseio e enviou Mary ao correio para que ela despachasse tudo para Scherer em Minnesota. Todos os correios de Baltimore estavam fechados por causa do feriado, exceto a agência central. Mary teve que pegar vários ônibus elétricos para chegar lá, mas conseguiu. As células também tiveram sucesso: quando o pacote chegou a Minnesota cerca de quatro dias depois, Scherer pôs as células numa incubadora e elas começaram a crescer. Foi a primeira vez que células vivas foram enviadas sem problemas pelo correio.

Nos meses seguintes, a fim de testar diferentes métodos de entrega e ter certeza de que as células conseguiriam sobreviver a viagens longas em qualquer clima, Gey e Scherer enviaram tubos de células HeLa através dos Estados Unidos por avião, trem e caminhão, de Minnesota a Norwich, dali a Nova York, e de volta. Somente o conteúdo de um tubo morreu.

Quando a NFIP ficou sabendo que as células HeLa eram suscetíveis ao vírus da pólio e podiam ser cultivadas em grandes quantidades a um baixo custo, imediatamente contratou William Scherer para supervisionar o desenvolvimento de um Centro de Distribuição de Células HeLa no Instituto Tuskegee, uma das universidades de negros mais prestigiosas do país. A NFIP escolheu o Instituto Tuskegee para o projeto por causa de Charles Bynum, diretor de Atividades para Negros da fundação. Bynum — um professor de ciência, ativista pró-direitos civis e primeiro executivo de fundação negro do país — quis que o centro se localizasse em Tuskegee porque proporcionaria centenas de milhares de dólares em verbas, muitos empregos e oportunidades de treinamento para jovens cientistas negros.

Em poucos meses, uma equipe de seis cientistas e técnicos negros construiu uma fábrica em Tuskegee diferente de qualquer outra já vista. Ao longo de suas paredes havia autoclaves de aço industriais para a esterilização por vapor, fileiras sobre fileiras de tanques de cultura enormes e mecanicamente agitados, incubadoras, garrafas de vidro de cultura empilhadas ao lado e ministradores automáticos de células — engenhocas altas com braços de metal longos e finos que esguichavam células HeLa em um tubo de ensaio após outro. A equipe de Tuskegee misturava milhares de litros de meio de cultura de Gey todas as semanas usando sais, minerais e soro sanguíneo coletado dos muitos estudantes, soldados e fazendeiros de algodão que responderam aos anúncios do jornal da região que buscavam doadores de sangue remunerados.

Diversos técnicos trabalharam como numa linha de montagem de controle da qualidade, examinando em microscópios centenas de milhares de culturas de células HeLa por semana, certificando-se de que as amostras estavam vivas e saudáveis. Outros as remetiam, de acordo com uma rígida programação, a pesquisadores de 23 centros de teste de poliomielite em todo o país.

A equipe de Tuskegee chegou a ter 35 cientistas e técnicos produzindo 20 mil tubos de células HeLa — cerca de 6 trilhões de células — por semana. Foi a primeira fábrica de produção celular da história, e tudo começou com um único frasco de células HeLa que Gey enviara a Scherer na primeira experiência de remessa, pouco depois da morte de Henrietta.

Com essas células, os cientistas ajudaram a provar a eficácia da vacina Salk. Logo o *New York Times* mostraria fotos de mulheres negras debruçadas em microscópios examinando células, mãos negras segurando frascos de células HeLa e a seguinte manchete:

UNIDADE DE TUSKEGEE AJUDA NA LUTA CONTRA A PÓLIO
Grupo de cientistas negros exerce papel fundamental
na avaliação da vacina do dr. Salk
CÉLULAS HELA SÃO CULTIVADAS.

Cientistas e técnicos negros, muitos deles do sexo feminino, usaram células de uma mulher negra para ajudar a salvar a vida de milhões de norte-americanos, a maioria composta de brancos. E o fizeram no mesmo campus — e na mesma época — em que pesquisadores do governo vinham conduzindo os deploráveis estudos de Tuskegee sobre a sífilis.

A princípio, o Centro Tuskegee forneceu células HeLa apenas para laboratórios que testavam a pólio. Mas, quando ficou claro que não havia risco de faltarem células, começaram a enviá-las a qualquer cientista interessado em comprá-las por dez dólares mais frete aéreo. Se os pesquisadores queriam descobrir como as células se comportavam em determinado ambiente, como reagiam a determinada substância química ou produzia determinada proteína, recorriam às células de Henrietta. Faziam isso porque, embora cancerosas, as células HeLa ainda compartilhavam várias características básicas com as células normais: produziam proteínas e se comunicavam entre si como células normais, dividiam-se e geravam energia, expressavam e regulavam genes e eram suscetíveis a infecções, o que as tornava ótimas ferramentas para sintetizar e estudar qualquer número de coisas em cultura, incluindo bactérias, hormônios, proteínas e especialmente vírus.

Os vírus se reproduzem ao se injetarem pedaços de seu material genético em uma célula viva, basicamente reprogramando a célula para que ela reproduza o vírus em vez de a si mesma. Quando se tratava de cultivar vírus — como com muitas outras coisas —, o fato de as células HeLa serem malignas tornava-as ainda *mais* úteis. Como as células HeLa cresciam bem mais rápido que as células normais, produziam resultados também mais rápido. As células HeLa eram verdadeiros burros de carga: resistentes, baratas e estavam em toda parte.

E o momento era perfeito. No início dos anos 1950, os cientistas começavam a entender os vírus; assim, quando as células de Henrietta chegaram a laboratórios de todo o país, pesquisadores começaram a expô-las a todos os tipos de vírus — herpes, sarampo, caxumba, bouba, encefalite equina — para estudar como cada um deles penetrava nas células, se reproduzia e se espalhava.

As células de Henrietta ajudaram a propagar o nascente campo da virologia, mas isso era só o começo. Nos anos após a morte de Henrietta, utilizando alguns dos primeiros tubos de suas células, pesquisadores do mundo todo conseguiram avanços científicos importantes em rápida sucessão. Primeiro, utilizando as células HeLa, um grupo de pesquisadores desenvolveu métodos de congelamento de células que não as danificavam ou modificavam. Isso possibilitou o envio de células mundo afora através do já padronizado para a remessa de alimentos congelados e de esperma congelado para inseminação de gado. Também permitiu que os pesquisadores armazenassem células entre os experimentos sem se preocupar em mantê-las alimentadas e esterilizadas. Mas o que mais entusiasmou os cientistas foi o fato de o congelamento fornecer um meio de suspender células em seus diferentes estágios de existência.

Congelar uma célula era como pressionar uma tecla *pause*: a divisão celular, o metabolismo e tudo o mais simplesmente paravam, para recomeçarem logo após o degelo como se a tecla *play* tivesse sido pressionada. Os cientistas, agora, podiam pausar as células em diferentes intervalos durante um experimento e assim comparar como certas células reagiam a remédios específicos uma semana, depois duas, depois seis semanas após a exposição a ele. Podiam examinar células idênticas em diferentes instantes do tempo e estudar como elas mudavam com a idade. E, congelando células em diferentes estágios, acreditavam que podiam ver o momento em que uma célula normal em cultura se tornava maligna, um fenômeno que chamaram de *transformação espontânea*.

O congelamento foi apenas a primeira das diversas melhorias substanciais que as células HeLa trouxeram ao campo da cultura de tecidos. Uma das maiores foi a padronização do próprio campo, que, a certa altura, mostrava-se bastante caótico. Gey e seus colegas vinham reclamando que desperdiçavam tempo demais no preparo do meio e nos esforços para manter as células vivas. Mas a preocupação principal era que, como os ingredientes do meio, fórmulas, células e técnicas diferiam de pesquisador para pesquisador, e poucos conheciam os métodos dos colegas, seria difícil, se não impossível, reproduzir os experimentos uns dos outros. E a repetição é um fundamento essencial da ciência: uma descoberta só é considerada válida quando outros podem repetir o trabalho e obter o mesmo resultado. Sem materiais e métodos padronizados, temia-se pela estagnação do campo da cultura de tecidos.

Gey e diversos colegas já haviam organizado uma comissão para desenvolver procedimentos que pretendiam "simplificar e padronizar a técnica da cultura de tecidos". Também haviam convencido duas empresas novas de suprimentos biológicos — a Microbiological Associates e a Difco Laboratories — a começarem a produzir e a vender ingredientes para meios de cultura, tendo lhes ensinado técnicas para isso. Essas empresas haviam começado a vender os ingredientes, mas ainda cabia aos cultivadores de células preparar eles próprios o meio de cultura, cada qual usando uma receita diferente.

A padronização só se tornou possível depois de vários acontecimentos: primeiro, a Tuskegee começou a produção em massa das células HeLa; segundo, um pesquisador chamado Harry Eagle, do National Institutes of Health (NIH), usou as células HeLa para desenvolver o primeiro meio de cultura padronizado capaz de ser produzido em galões e enviado pronto para o uso; e terceiro, Gey e vários outros, empregando as células HeLa, descobriram quais recipientes de vidro e tampas de tubos de ensaio eram os menos tóxicos para as células.

Somente então, pela primeira vez, pesquisadores do mundo todo podiam trabalhar com as mesmas células, cultivadas no mesmo meio, usando o mesmo equipamento, e tudo isso podia ser adquirido e entregue em seus laboratórios. E logo iriam poder até lançar mão dos primeiros clones de células humanas, algo que vinham desenvolvendo fazia anos.

Hoje, quando ouvimos a palavra *clone*, imaginamos cientistas criando animais vivos inteiros — como a famosa ovelha clonada Dolly — com o DNA de um dos pais. Mas antes da clonagem de animais inteiros, houve a clonagem de células individuais — as células de Henrietta.

Para entender por que a clonagem celular foi importante, você precisa saber duas coisas: primeiro, as células HeLa não cresceram de *uma* das células de Henrietta. Elas cresceram de um pedaço de seu tumor, que era um aglomerado de células. Segundo, as células costumam se comportar de maneira diferente, ainda que sejam da mesma amostra, o que significa que algumas crescem mais rápido do que outras, algumas produzem mais vírus da poliomielite do que outras e algumas são resistentes a determinados antibióticos. Os cientistas queriam desenvolver clones celulares — linhagens de células descendentes de células individuais — para poderem aproveitar aqueles traços únicos. Com as células HeLa, um grupo de cientistas do Colorado teve sucesso, e logo o mundo da ciência passou a dispor não apenas daquelas células mas de centenas, depois milhares de clones.

A tecnologia inicial de cultura de células e clonagem desenvolvida a partir de células HeLa acarretou muitos outros avanços que requeriam a capacidade de cultivar células individuais, entre eles o isolamento de células-tronco, a clonagem de animais inteiros e a fertilização *in vitro*. Enquanto isso, as células HeLa, as células humanas padrão na maioria dos laboratórios, também vinham sendo usadas em pesquisas que trariam o desenvolvimento do novo campo da genética humana.

Por muito tempo os pesquisadores acreditaram que as células humanas contivessem 48 cromossomos, os filamentos de DNA dentro das células que encerram todas as nossas informações genéticas. Mas os cromossomos se agrupavam, impossibilitando uma contagem precisa. Até que, em 1953, um geneticista do Texas acidentalmente misturou o líquido errado às células HeLa e a algumas outras células, e o erro acabou se revelando uma sorte. Os cromossomos dentro das células incharam e foram expostos, e pela primeira vez os cientistas puderam ver claramente cada um deles. Aquela descoberta acidental foi a primeira de diversas evoluções que permitiriam que dois pesquisadores — da Espanha e da Suécia — descobrissem que as células humanas normais possuem 46 cromossomos.

Uma vez que os cientistas haviam descoberto quantos cromossomos as pessoas *deveriam* ter, podiam saber quando uma pessoa tinha cromossomos a mais ou a menos, possibilitando o diagnóstico de doenças genéticas. Pesquisadores do mundo inteiro logo começariam a identificar distúrbios dos cromossomos, descobrindo que pacientes com síndrome de Down possuíam um cromossomo extra de número 21, pacientes com síndrome de Klinefelter tinham um cromossomo seis extra e aqueles com síndrome de Turner careciam parcial ou totalmente de um cromossomo.

Com todos os novos avanços, a demanda por células HeLa cresceu, e Tuskegee já não era grande o bastante para conseguir supri-la. O proprietário da Microbiological Associates — um militar chamado Samuel Reader — nada sabia sobre ciência, mas seu sócio, Monroe Vincent, era um pesquisador que entendeu o potencial do mercado de células. Muitos cientistas precisavam de células, mas poucos dispunham de tempo ou habilidade para cultivá-las em quantidades suficientes. Eles simplesmente queriam comprá-las. Desse modo, juntos, Reader e Vincent usaram as células HeLa como um trampolim para a criação do primeiro centro de distribuição de células em escala industrial com fins lucrativos.

Isso deu início ao que Reader carinhosamente chamou de sua Fábrica de Células. Em Bethesda, Maryland, no meio de um depósito enorme que havia sido uma fábrica da Fritos, Reader construiu um salão todo envidraçado que abrigava uma correia transportadora giratória com centenas de suportes de tubos de ensaio. Fora do salão de vidro, a configuração se assemelhava à de Tuskegee, com tanques enormes de meio de cultura, só que ainda maiores. Quando as células estavam prontas para a remessa, ele tocava alto uma campainha e todos os trabalhadores do prédio, inclusive os auxiliares da sala de correspondência, paravam o que estavam fazendo, se limpavam na estação de esterilização, apanhavam boné e jaleco e se enfileiravam na correia transportadora. Alguns enchiam tubos, outros inseriam tampas de borracha, vedavam tubos ou os empilhavam dentro de uma incubadora, onde permaneceriam até ser embalados para remessa.

Os maiores clientes da Microbiological Associates eram laboratórios como o NIH, que tinha pedidos permanentes de milhões de células HeLa entregues em datas fixas. Mas cientistas do mundo inteiro podiam fazer encomendas pagando menos de 50 dólares: no dia seguinte a Microbiological Associates entregava os frascos das células HeLa. Reader tinha contratos com várias grandes companhias aéreas. Desse modo, sempre que recebia um pedido, enviava um emissário com células para despachá-las no próximo voo e providenciar que fossem apanhadas no aeroporto e entregues de táxi aos laboratórios. Aos poucos, nasceu uma indústria multibilionária de comercialização de materiais biológicos humanos.

Reader recrutou os melhores cérebros dessa área para que informassem de que produtos mais precisavam e mostrassem como produzi-los. Um dos cientistas que orientavam Reader era Leonard Hayflick, comprovadamente o mais famoso dos primeiros cultivadores de células e que ainda hoje atua nessa área. Quando conversamos, ele disse: "A Microbiological Associates e Sam Reader foram uma revolução absoluta no campo, e eu não sou de usar a palavra *revolução* em vão".

Com o aumento dos negócios de Reader, a demanda por células de Tuskegee despencou. A NFIP fechou seu centro de produção de células HeLa porque empresas como a Microbiological Associates agora supriam os cientistas com todas as células de que precisavam. E logo as células HeLa não eram as únicas sendo compradas e vendidas para pesquisa — com a padronização do meio e equipamento, a cultura foi facilitada e os pesquisadores passaram a cultivar células de todas as espécies. Mas nenhuma crescia nas quantidades das células HeLa.

Com a escalada da Guerra Fria, alguns cientistas expuseram as células de Henrietta a doses maciças de radiação, a fim de estudar como as bombas nucleares destruíam as células e descobrir meios de reverter o dano. Outros as puseram em centrífugas especiais que giravam com tanta rapidez que a pressão interna atingia mais de 100 mil vezes a da gravidade, para ver o que acontecia com células humanas sob as condições extremas do mergulho subaquático ou dos voos espaciais.

As possibilidades pareciam infinitas. A certa altura, um diretor de educação em saúde da Young Women's Christian Association, ao tomar conhecimento da cultura de tecidos, escreveu uma carta a um grupo de pesquisadores dizendo que esperava que pudessem ajudar as mulheres mais velhas da associação. "Elas se queixam de que a pele e os tecidos do rosto e pescoço inevitavelmente revelam o desgaste dos anos", escreveu. "Então pensei que, se vocês sabem como manter tecidos vivos, deve haver um meio de equilibrar o suprimento das reservas na área do pescoço e rosto."

Se as células de Henrietta não ajudaram a trazer juventude ao pescoço das mulheres, empresas farmacêuticas e de cosméticos nos Estados Unidos e na Europa passaram a usá-las, em vez de animais de laboratório, para testar se produtos e remédios novos causavam algum dano celular. Os cientistas cortaram as células HeLa pela metade para mostrar que células conseguiam permanecer vivas depois de seus núcleos terem sido removidos, e as usaram para desenvolver métodos de injeção de substâncias em células sem as destruir. Por meio das células HeLa, testaram os efeitos de esteroides, remédios quimioterápicos, hormônios, vitaminas e do estresse ambiental. Infectaram-nas com tuberculose, salmonela e a bactéria causadora da vaginite.

A pedido do governo americano, em 1953 Gey levou as células de Henrietta consigo ao Extremo Oriente para estudar a febre hemorrágica, que vinha matando soldados americanos. Também as injetou em ratos a fim de ver se causariam câncer. Mas, principalmente, ele procurou ir além das células HeLa, concentrando-se no cultivo de células normais e cancerosas do mesmo paciente a fim de poder compará-las. Não conseguiu, porém, escapar das perguntas, ao que parece sem fim, dos cientistas sobre a cultura de células HeLa. Várias vezes por semana, pesquisadores iam ao seu laboratório aprender suas técnicas, e ele com frequência viajava para laboratórios do mundo todo com o objetivo de ajudá-los a criar instalações de cultura de células.

Muitos colegas pressionaram Gey a publicar artigos sobre as pesquisas para que ele pudesse obter crédito por seu trabalho, mas ele sempre respondia que estava ocupado demais. Em casa costumava ficar acordado a noite inteira para trabalhar. Solicitava que as subvenções fossem prorrogadas, muitas vezes levava meses para responder às cartas e certa vez continuou pagando por três meses o salário de um funcionário morto até que alguém percebesse. Mary e Margaret tiveram que insistir por um ano até George publicar algo sobre o cultivo das células HeLa. Ele acabou escrevendo um breve resumo para uma conferência, e Margaret submeteu-o para publicação. Depois disso, ela regularmente escreveu e submeteu seus trabalhos para ele.

Em meados dos anos 1950, à medida que mais cientistas começavam a trabalhar com culturas de tecidos, Gey foi ficando aborrecido. Ele escreveu para amigos e colegas dizendo: "Alguém deveria cunhar uma expressão contemporânea e dizer, ao menos por ora: 'O mundo enlouqueceu com a cultura de tecidos e suas possibilidades'. Espero que parte desse frenesi sobre a cultura de tecidos tenha tido ao menos alguns pontos positivos e ajudado os outros... Mas eu gostaria que as coisas se acalmassem um pouquinho".

Gey estava aborrecido com a fixação generalizada nas células HeLa. Afinal, havia outras células com que trabalhar, inclusive algumas que ele próprio cultivara: A.Fi. e D-I Re, iniciais dos pacientes de que se originaram. Regularmente as oferecia aos cientistas, mas eram mais difíceis de cultivar, de modo que nunca deslancharam como as células de Henrietta. Gey ficou aliviado quando empresas se incumbiram da distribuição das células HeLa, livrando-o dessa tarefa, mas não gostava do fato de agora estarem completamente fora de controle.

Desde a abertura da fábrica de produção de células HeLa em Tuskegee, Gey vinha escrevendo cartas constantes a outros cientistas, tentando restringir o modo como estavam utilizando as células de Henrietta. A certa altura, escreveu a seu velho amigo e colega Charles Pomerat, lamentando o fato de que outros cientistas, inclusive alguns do próprio laboratório de Pomerat, vinham usando as células HeLa em pesquisas que Gey estava "mais apto" a fazer, e em alguns casos em pesquisas já realizadas mas ainda não publicadas. Pomerat respondeu:

> Em relação à sua [...] desaprovação de uma ampla exploração da linhagem das células HeLa, não vejo como você pode esperar inibir o progresso nessa direção, já que você liberou a linhagem tão amplamente que agora ela pode ser comprada comercialmente. Isso é um pouco como pedir às pessoas que não trabalhem com o hamster dourado! [...] Percebo que foi a bondade de seu coração que tornou disponível a célula HeLa e por isso você agora constata que todos querem participar da obra.

Pomerat sugeriu que Gey devia ter concluído sua própria pesquisa das células HeLa antes de "liberá-las para o público, pois, uma vez liberadas, elas tinham se tornado propriedade científica".

Mas Gey não agira assim. E, tão logo as células HeLa se tornaram "propriedade científica", as pessoas começaram a indagar sobre a mulher por trás das células.

14. Helen Lane

1953-4

Tantas pessoas sabiam o nome de Henrietta que alguém o acabaria revelando. Gey contara-o a William Scherer e seu conselheiro Jerome Syverton em Minneapolis, depois ao pessoal da NFIP, que provavelmente o revelou à equipe de Tuskegee. Todos no laboratório de Gey conheciam o nome dela, assim como Howard Jones, Richard TeLinde e os demais médicos do Hospital Johns Hopkins que trataram dela.

Como era de esperar, em 2 de novembro de 1953 o *Minneapolis Star* tornou-se a primeira publicação a divulgar o nome da mulher por trás das células HeLa. Mas com um detalhe: o repórter errou seu nome. As células HeLa, segundo a matéria, provinham "de uma mulher de Baltimore chamada Henrietta Lakes".

Ninguém sabe quem deixou vazar a versão quase correta do nome de Henrietta ao *Minneapolis Star*. Logo depois da publicação do artigo, Gey recebeu uma carta de Jerome Syverton dizendo: "Estou escrevendo para lhe assegurar que nem Bill nem eu fornecemos [ao *Minneapolis Star*] o nome da paciente. Como você sabe, Bill e eu concordamos com a sua convicção de que a linhagem de células deve ser denominada HeLa e de que o nome da paciente não deve ser usado".

No entanto, um nome fora divulgado. E dois dias depois de ele ter se tornado público, Roland H. Berg, secretário de imprensa da NFIP, enviou uma carta a Gey dizendo que planejava escrever um artigo mais detalhado sobre as células HeLa para uma revista popular. Berg escreveu que estava "intrigado com elementos de interesse científico e humano naquela história" e queria descobrir mais sobre ela.

Gey respondeu dizendo: "Discuti a questão com o dr. Te-Linde e ele concordou que esse material fosse apresentado num artigo de uma revista popular. Precisamos, contudo, omitir o nome da paciente".

Mas Berg insistiu:

Talvez eu deva descrever com mais detalhes minhas ideias sobre esse artigo, especialmente em vista de sua afirmação de que o nome da paciente deve ser omitido. [...] Para informar [o público] você precisa também despertar seu interesse. [...] Não dá para envolver o leitor sem que sua matéria contenha elementos de interesse humano básico. E a história das células HeLa, pelo pouco que sei a respeito agora, possui todos esses elementos. [...]

Uma parte intrínseca dessa matéria seria descrever como essas células, originalmente obtidas de Henrietta Lakes, estão sendo cultivadas e usadas em benefício da humanidade. [...] Numa matéria como essa, o nome do indivíduo é fundamental. Na verdade, se eu fosse adiante na tarefa, meu plano seria entrevistar os parentes da sra. Lakes. Tampouco eu publicaria a matéria sem a plena cooperação e aprovação da família da sra. Lakes. Aliás, talvez você não saiba, mas a identidade da paciente já é de conhecimento público, visto que matérias dos jornais identificaram completamente o indivíduo.

Por exemplo, posso lhe indicar a matéria no *Minneapolis Star*, datada de 2 de novembro de 1953.

Entendo suas razões para omitir o nome da paciente e assim impedir uma possível invasão da privacidade. Porém acredito que, no tipo de artigo que estou projetando, os direitos de todos os indivíduos estariam completamente protegidos.

Berg não explicou como a divulgação do nome de Henrietta ao público teria protegido a privacidade ou os direitos de sua família. Na verdade, aquilo associaria para sempre Henrietta e sua família às células e a quaisquer informações médicas derivadas de seu DNA. Não protegeria a privacidade da família Lacks, mas certamente mudaria o curso de suas vidas. Ficariam sabendo que as células de Henrietta continuavam vivas e que haviam sido extraídas, compradas, vendidas e usadas em pesquisas sem o conhecimento da própria Henrietta ou da família.

Gey encaminhou a carta a TeLinde e outros no Hospital Johns Hopkins, inclusive o chefe de relações públicas, perguntando como achavam que ele deveria responder.

"Não vejo nenhuma razão por que não se pode escrever uma matéria interessante sem citar o nome dela", TeLinde respondeu. "Como não existe nenhum motivo para citá-lo, não faz sentido correr o risco de arrumar um problema ao revelá-lo."

TeLinde não disse que "problemas" o preocupavam caso o nome de Henrietta fosse divulgado. A confidencialidade das informações dos pacientes vinha emergindo como uma prática-padrão, mas não era obrigatória por lei, de modo que divulgá-las não estava fora de cogitação. Na verdade, ele escreveu a Gey, "se você discorda fortemente de mim, será um prazer conversarmos".

Gey escreveu a Berg dizendo: "Uma matéria interessante poderia ainda ser escrita com um nome fictício". Mas ele não se opunha de todo à divulgação do nome real dela. "Você ainda pode ter uma chance de nos convencer", escreveu. "Percebo plenamente a importância de elementos de interesse humano básico numa matéria assim e proponho que venha aqui conversar comigo e com o dr. TeLinde."

Gey nunca revelou a Berg que o *Minneapolis Star* errara o nome de Henrietta, e Berg nunca escreveu seu artigo. Mas a imprensa não dava trégua. Alguns meses depois, um repórter da revista *Collier's* chamado Bill Davidson entrou em contato com Gey — estava planejando escrever uma matéria idêntica àquela proposta por Berg. Desta feita, Gey adotou uma posição mais rígida, talvez porque Davidson, ao contrário de Berg, não estivesse ligado a uma das organizações que financiavam suas pesquisas. Gey concordou em ser entrevistado sob duas condições: que fosse autorizado a ler e aprovar o artigo final e que a revista não incluísse a história pessoal ou o nome completo da paciente de onde as células vieram.

A editora da matéria discordou. Como fizera Berg, ela escreveu que "a história humana por trás dessas células seria de grande interesse público". Mas Gey não cedeu. Se ela queria que ele ou qualquer um de seus colegas conversassem com Davidson, a *Collier's* teria de publicar o artigo sem o nome da paciente.

A editora acabou concordando e, em 14 de maio de 1954, a *Collier's* publicou uma matéria sobre o poder e a promessa da cultura de tecidos. Observar as células HeLa se dividindo numa tela, Davidson escreveu, "era como um vislumbre da imortalidade". Por causa da cultura de células, ele disse, o mundo estava "no limiar de uma era de esperança em que o câncer, doenças mentais e, na verdade, quase todas as doenças agora consideradas incuráveis cessariam de atormentar o homem". E tudo aquilo graças às células de uma só mulher, "uma heroína não celebrada da medicina". A matéria dizia que seu nome era Helen L., "uma jovem na casa dos trinta anos quando foi admitida no Hospital Johns Hopkins com um câncer incurável no colo do útero". Dizia também que Gey havia cultivado células de Helen L. de uma amostra extraída *após* sua morte, não antes.

Não se sabe de onde vieram essas duas informações errôneas, mas podemos presumir que tenha sido de dentro do Johns Hopkins. Conforme combinado, a editora da *Collier's* enviara a matéria para Gey revisar antes da publicação. Uma semana depois, Joseph Kelly, o chefe de relações públicas do Johns Hopkins, devolveu a versão corrigida. Kelly havia reescrito o artigo, supostamente com a ajuda de Gey, corrigindo diversos erros científicos, mas deixando duas incorreções: o momento do cultivo das células e o nome Helen L.

Décadas depois, quando um repórter da *Rolling Stone* perguntou a Margaret Gey qual a origem do nome Helen Lane, ela respondeu: "Ah, não sei. Uma editora de Minneapolis se confundiu. O nome não deveria ser revelado. Só que alguém se confundiu".

Um dos colegas de Gey me contou que Gey criou o pseudônimo para desviar os jornalistas do rastro da identidade real de Henrietta. Se foi verdade, o estratagema funcionou. Desde a publicação do artigo da *Collier's* até os anos 1970, a mulher por trás das células HeLa seria mais frequentemente conhecida como Helen Lane e, às vezes, como Helen Larson, mas nunca como Henrietta Lacks. E por causa disso sua família não tinha a menor ideia de que suas células continuavam vivas.

15. "Jovem demais para lembrar"
1951-65

Após o funeral de Henrietta, primas vieram de Clover e de toda Turner Station ajudar a cozinhar para sua família e cuidar dos bebês. Vinham e iam às dezenas, trazendo filhos e netos, sobrinhos e sobrinhas. E uma delas — ninguém nunca soube ao certo quem — trouxe a tuberculose. Poucas semanas depois da morte de Henrietta, Sonny, Deborah e o bebê Joe — todos entre um e quatro anos — deram positivo no teste de tuberculose.

O médico mandou Deborah para casa com pílulas contra tuberculose do tamanho de balas de revólver, mas seu irmãozinho Joe foi um caso diferente. Ele mal havia completado um ano, e a tuberculose quase o matou. Joe passou grande parte de seu segundo ano no hospital, tossindo sangue numa câmara de isolamento. Depois disso, durante meses ficou passando de uma prima para outra.

Como Day trabalhava em dois empregos, Lawrence largou a escola e passava grande parte do tempo cuidando dos irmãos e de Deborah, mas vez ou outra gostava de sair de casa para ir ao salão de bilhar. Aos dezesseis anos, era jovem demais para entrar, mas mentia a idade e tirou um título de eleitor dizendo que tinha dezoito anos. Ninguém podia provar que estava mentindo, pois nascera no chão da casa-lar e não possuía certidão de nascimento ou um cartão da Previdência Social. Mas o tiro saiu pela culatra. Devido à guerra da Coreia, o Congresso acabara de reduzir a idade mínima de serviço militar para dezoito anos e meio, de modo que Lawrence foi convocado aos dezesseis. Enviado à Virgínia, serviu dois anos numa unidade médica em Forte Belvoir. Com Lawrence distante, alguém tinha de cuidar das crianças Lacks.

Ninguém contou a Sonny, Deborah ou Joe o que acontecera com sua mãe, e eles tinham medo de perguntar. Naquela época, a regra em casa era "faça o que os adultos mandam se não quiser levar pancada". Eles deviam ficar sentados, de braços cruzados, sem proferir nenhuma palavra até que alguém fizesse uma pergunta. Na cabeça das crianças, a mãe estava lá um dia e no outro dia não estava mais. Ela nunca retornou, e Ethel ocupou seu lugar.

Ethel era a mulher de quem Sadie e Henrietta certa vez se esconderam no salão de danças, aquela que Sadie e Margaret juravam sentir ciúmes de Henrietta. Elas a chamavam de "aquela mulher detestável", e quando ela e seu marido Galen se mudaram para a casa, dizendo que estavam ali para cuidar das crianças, Sadie e Margaret imaginaram que Ethel estava tentando conquistar Day. Logo se espalharam histórias de que ela dormia com Day e não com Galen. Vários primos ainda acreditam que Ethel se mudou para aquela casa e começou um caso com Day para descontar nos filhos de Henrietta o ódio que sentira por ela.

Os filhos de Henrietta cresceram famintos. Toda manhã, Ethel os alimentava com um biscoito que tinha de durar até o jantar. Colocava trancas e ferrolhos nas portas da geladeira e dos armários para manter as crianças longe dali entre as refeições. Não podiam pôr gelo na água porque fazia barulho. Quando se comportavam bem, ela de vez em quando dava a eles uma fatia de mortadela ou uma salsicha fria, despejava a gordura de sua frigideira de bacon nos biscoitos deles ou fazia uma mistura de água, vinagre e açúcar como sobremesa. Mas ela raramente achava que eles tinham se comportado bem.

Lawrence retornou do serviço militar em 1953 e se mudou para uma casa própria — ele não tinha a menor ideia do que Ethel vinha fazendo com seus irmãos e Deborah. Quando as crianças cresceram, Ethel as acordava de madrugada para limpar a casa, cozinhar, fazer compras e lavar roupas. Nos verões, levava-as até Clover, onde as mandava aos campos para apanharem pragas nas folhas de tabaco. A seiva do tabaco manchava seus dedos e, quando entrava pela boca, as deixava doentes. Mas elas se acostumaram. As crianças Lacks tinham de trabalhar do nascer ao pôr do sol. Não podiam parar para descansar e não recebiam comida ou água até o anoitecer, mesmo no calor escorchante do verão. Ethel as observava do sofá ou de uma janela, e, se uma delas interrompesse o trabalho antes que ela mandasse, batia até sangrar. Certa vez, bateu tanto em Sonny com uma extensão elétrica que ele foi parar no hospital. Mas Joe era a maior vítima da ira de Ethel.

Às vezes ela surrava Joe sem nenhum motivo quando ele estava deitado na cama ou sentado à mesa do jantar. Batia nele com os punhos ou com qualquer objeto próximo: sapatos, cadeiras, paus. Obrigava-o a ficar sobre um só pé num canto escuro do porão, nariz contra a parede, sujeira enchendo seus olhos. Às vezes ela o amarrava com uma corda e o deixava lá embaixo por horas. Outras vezes o deixava lá a noite toda. Se a perna dele não estava levantada quando ela ia verificar, batia em suas costas com um cinto. Se ele chorava, batia com mais força. E não havia nada que Sonny ou Deborah pudessem fazer para ajudá-lo. Caso reclamassem, Ethel batia ainda mais em todos eles. Mas após algum tempo as surras já não aborreciam Joe. Ele parou de sentir dor; sentia apenas raiva.

A polícia foi à casa deles mais de uma vez mandar Day ou Ethel tirar Joe do telhado, onde, deitado de bruços, ficava atirando com sua espingarda de ar comprimido em estranhos na calçada. Quando a polícia perguntava o que ele estava fazendo lá em cima, Joe respondia que estava treinando para ser franco-atirador quando crescesse. Os policiais achavam que ele estivesse brincando.

Ao crescer, Joe se tornou a criança mais malvada e malcriada que qualquer Lacks já havia conhecido, e a família começou a achar que algo havia acontecido em seu cérebro enquanto ele crescia no útero de Henrietta junto àquele câncer.

Em 1959, Lawrence mudou-se para uma casa nova com sua namorada, Bobbette Cooper. Cinco anos antes, ela viu Lawrence descendo a rua com seu uniforme, e foi paixão à primeira vista. Sua avó avisou: "Não se meta com aquele rapaz, com aqueles olhos verdes dele, com aquele uniforme de Exército verde dele e com aquele carro verde dele. Não dá pra confiar nele". Mas Bobbette não deu ouvidos. Foram morar juntos quando Bobbette tinha vinte anos e Lawrence, 24, e o primeiro filho nasceu naquele mesmo ano. Eles também descobriram que Ethel vinha batendo em Deborah e em seus irmãos. Bobbette insistiu que a família inteira fosse morar com ela e Lawrence, e ajudou a criar Sonny, Deborah e Joe como se fossem seus próprios filhos.

Deborah tinha dez anos. Embora a saída da casa de Ethel tivesse posto fim aos maus-tratos a seus irmãos, ela continuou sofrendo. Galen, o marido de Ethel, tornou-se o maior problema de Deborah, perseguindo-a aonde ela fosse.

Ela tentou reclamar com Day que Galen a tocava de forma inadequada, mas Day nunca acreditou nela. E Ethel chamava Deborah de palavras que ela nunca tinha ouvido, como *puta* e *piranha*. No carro, com Day dirigindo e Ethel no banco do passageiro, e todos bebendo menos ela, Deborah ia sentada atrás, encostada na porta do carro para se afastar o mais possível de Galen. Mas ele ia se aproximando. Enquanto na frente Day dirigia abraçado a Ethel, Galen agarrava Deborah no banco traseiro, enfiando a mão à força sob sua camisa, em suas calças, entre suas pernas. Depois da primeira vez que ele a tocou, Deborah jurou nunca mais usar *jeans* com botões de pressão em vez de zíper. Mas os zíperes tampouco o detinham, nem cintos apertados. Assim Deborah ficava olhando pela janela, torcendo para Day dirigir mais rápido, enquanto ia afastando repetidas vezes as mãos de Galen.

Até que um dia ele ligou para Deborah, dizendo: "Dale, venha aqui pegar um dinheiro. Ethel quer que você compre refrigerante pra ela".

Quando Deborah chegou à casa de Galen, encontrou-o nu na cama. Ela nunca vira um pênis e não sabia o significado de uma ereção ou por que ele estava esfregando o membro. Sabia apenas que aquilo não estava certo.

"Ethel quer um pacote de seis refrigerantes", Galen disse a Deborah e depois deu um tapinha no colchão a seu lado. "O dinheiro está aqui."

Deborah manteve os olhos voltados para o chão e depois começou a fazer tudo bem depressa: pegou o dinheiro na cama, esquivou-se quando ele tentou agarrá-la, depois desceu correndo as escadas com Galen atrás dela, nu e gritando: "Volte aqui pra eu terminar de fazer o que eu quero, Dale! Sua putinha. Espera só até eu contar pro seu pai!". Deborah fugiu depressa, deixando-o ainda mais furioso.

Apesar dos espancamentos e do assédio sexual, Deborah sentia-se mais próxima de Galen do que de Day. Quando não estava batendo nela, Galen a enchia de atenção e presentes. Comprava-lhe roupas vistosas e a levava para tomar sorvete. Naqueles momentos, Deborah fingia que ele era seu pai e se sentia como uma garotinha comum. Mas depois que ele a caçou nu pela casa aquilo não parecia mais valer a pena, e ela acabou dizendo a Galen que não queria mais presentes.

"Vou te dar um sapato", ele disse, depois fez uma pausa, acariciando o braço dela. "Você não precisa se preocupar com nada. Eu uso camisinha, não precisa ter medo de engravidar." Deborah nunca ouvira falar de uma camisinha nem sabia o que significava engravidar; sabia apenas que queria que ele a deixasse em paz.

Deborah começara a fazer faxina na casa das pessoas e a passar roupa por pequenas quantias. Tentava voltar sozinha para casa depois do trabalho, mas Galen costumava apanhá-la no caminho e tentava boliná-la no carro. Um dia, pouco depois do seu 12º aniversário, ele parou o carro ao lado de Deborah e disse para ela entrar. Dessa vez, ela continuou andando.

Galen freou bruscamente o carro e gritou: "Entra nesta porra deste carro, menina!".

Deborah se recusou. "Por que eu tenho que entrar?", ela respondeu. "Não estou fazendo nada de errado, ainda é dia e estou caminhando pela rua."

"Seu pai está procurando você", ele retrucou.

"Ele que venha me buscar! Você vem fazendo coisas com o meu corpo que não devia", ela gritou. "Não quero mais ficar em nenhum lugar sozinha com você. O Senhor me deu juízo bastante para saber disso."

Ela se virou para fugir, mas ele bateu nela, agarrou-a pelo braço, atirou-a dentro do carro e fez com ela o que queria. Algumas semanas depois, quando Deborah voltava do trabalho para casa com um rapaz do bairro chamado Alfred "Chita" Carter, Galen parou o carro ao lado deles, gritando que ela entrasse. Quando Deborah se recusou, Galen subiu correndo a rua, pneus cantando. Minutos depois, voltou a parar o carro ao lado dela, dessa vez com Day no banco do passageiro. Galen saltou do carro, praguejando, berrando e dizendo que ela era uma puta. Agarrou Deborah pelo braço, atirou-a para dentro do carro e deu um soco em seu rosto. O pai não disse uma palavra, apenas ficou olhando pelo para-brisa.

Deborah chorou por todo o trajeto até a casa de Bobbette e Lawrence, o sangue pingando de seu supercílio cortado. Depois saltou do carro e correu para dentro de casa direto para o armário onde se escondia quando estava chateada. Manteve a porta bem fechada. Bobbette viu Deborah correndo pela casa aos prantos, percebeu o sangue em seu rosto e seguiu-a até o armário. Com Deborah dentro soluçando, Bobbette bateu na porta, perguntando: "Dale, que diabo está acontecendo?".

Bobbette já estava na família tempo suficiente para saber que os primos às vezes transavam com outros primos. Mas não sabia que Galen assediava Deborah, porque Deborah nunca contava para ninguém — temia arranjar problema.

Bobbette arrancou Deborah do armário, agarrou-a pelos ombros e disse: "Dale, se você não me conta nada, não vou saber nada. Eu sei que você adora Galen como se fosse seu próprio pai, mas você tem que me contar o que está acontecendo".

Deborah contou a Bobbette que Galen havia batido nela e que às vezes dizia palavrões para ela no carro. Nada revelou sobre as bolinações de Galen, porque tinha certeza de que Bobbette o mataria, e, com Galen morto e Bobbette na prisão pelo homicídio, ela teria perdido as duas pessoas que mais cuidavam dela no mundo.

Bobbette dirigiu-se furiosa à casa de Galen e Ethel e entrou pela porta da frente gritando que, se um dos dois voltasse a tocar numa das crianças Lacks, ela própria o mataria.

Pouco tempo depois, Deborah perguntou a Bobbette o que significava *gravidez*. Bobbette respondeu, depois voltou a agarrar Deborah pelos ombros e pediu que ela prestasse atenção. "Eu sei que a sua mãe, o seu pai e todos os primos se misturavam lá ao modo deles, mas nunca faça isso, Dale. Primos não devem fazer amor um com o outro. Não é direito."

Deborah assentiu com a cabeça.

"Me prometa", Bobbette disse. "Lute com eles se tentarem molestar você — não tem importância se você tiver que machucá--los. Não deixe eles tocarem em você."

Deborah prometeu que não deixaria.

"Tudo que você tem que fazer é ir à escola!", Bobbette disse. "Não se meta com primos e não tenha bebês enquanto não for adulta."

Deborah não cogitava ter bebês tão cedo, mas na época em que completou treze anos *estava* pensando em se casar com aquele vizinho que todos chamavam de Chita, principalmente porque achava que Galen ia ter de parar de assediá-la se tivesse um marido. Estava pensando também em largar a escola.

Como seus irmãos, ela sempre tivera dificuldades na escola por não conseguir ouvir o professor. Nenhuma das crianças Lacks conseguia ouvir bem, a não ser que a pessoa estivesse perto, falando alto e devagar. Mas, como haviam sido educados para se calar diante dos adultos, nunca revelaram aos professores suas dificuldades auditivas. Nenhum deles perceberia o grau de sua surdez ou usaria aparelho auditivo até bem mais tarde na vida.

Quando Deborah contou a Bobbette que queria deixar a escola, Bobbette disse: "Sente-se na frente se não consegue ouvir. Não me importo com o que você faz, mas precisa obter instrução, porque é sua única esperança".

Assim Deborah permaneceu na escola. Passava os verões em Clover, e quando cresceu os primos a agarravam e tentavam transar com ela. Às vezes tentavam arrastá-la até um campo ou atrás da casa. Deborah reagia com punhos e dentes, e logo os primos a deixaram em paz. Zombavam dela, diziam que era feia e que "Dale é ruim — nasceu ruim e vai permanecer ruim". Mesmo assim, três ou quatro primos pediram Deborah em casamento. Ela apenas riu, dizendo: "Tá maluco? Isto não é brincadeira, pode prejudicar o filho!".

Bobbette havia contado a Deborah que talvez ela e os irmãos tivessem deficiências auditivas porque seus pais eram primos de primeiro grau. Deborah sabia que outros primos tinham filhos anões ou cujas mentes nunca se desenvolveram. Talvez aquela fosse a explicação do que havia acontecido com Elsie.

Durante grande parte da infância, Deborah não soube que tinha uma irmã. Quando Day enfim lhe contou, tudo que ele disse foi que Elsie era surda e muda e que morrera num hospício aos quinze anos. Deborah ficou desolada. Quis saber se alguém tinha tentado lhe ensinar a linguagem dos surdos-mudos. Ninguém havia tentado.

Deborah implorou a Lawrence que lhe falasse sobre sua irmã, mas a única coisa que ele disse foi que ela era bonita e que ele precisava levá-la aonde quer que fosse para que pudesse protegê-la. Deborah não conseguia tirar da cabeça a ideia de que, como Elsie não conseguia falar, não podia dizer não aos rapazes, como a própria Deborah fazia, ou contar a alguém se algo ruim acontecesse. Deborah insistiu que Lawrence lhe contasse tudo que lembrava sobre a irmã e a mãe. Lawrence acabou caindo no choro, e Deborah parou de perguntar.

Quando estava no ensino médio, Deborah ficava acordada à noite chorando, preocupada com as coisas terríveis que podiam ter acontecido com sua mãe e sua irmã. Perguntava a Day e aos primos de seus pais: "O que foi que aconteceu com a minha irmã? E quem foi a minha mãe? O que aconteceu com ela?". Day apenas repetia: "O nome dela era Henrietta Lacks e ela morreu quando você era jovem demais para lembrar".

16. "Passando a eternidade no mesmo lugar"

1999

Na minha primeira visita a Cootie, o primo de primeiro grau de Henrietta, ao nos sentarmos e bebermos o suco, ele me contou que ninguém nunca conversava sobre Henrietta. "A gente não dizia palavras como *câncer*", ele disse, "nem contamos histórias de gente morta." Àquela altura, a família passara tanto tempo sem falar de Henrietta que era como se ela nunca tivesse existido, exceto por seus filhos e aquelas células.

"É meio estranho", continuou, "mas as células dela conseguiram viver mais tempo do que a lembrança dela."

Se eu quisesse saber algo sobre Henrietta, ele me falou, teria de subir a estrada e conversar com o primo dela, Cliff, que havia crescido com Henrietta como um irmão.

Quando parei o carro na entrada da casa de Cliff, ele pensou que eu fosse uma testemunha de Jeová ou uma vendedora de seguros, os únicos tipos de branco que o visitavam. Mesmo assim, sorriu e acenou, dizendo: "Tudo bem?".

Cliff ultrapassara os setenta anos e continuava se ocupando do celeiro de tabaco atrás da casa de fazenda que seu pai construíra décadas antes, verificando as caldeiras várias vezes ao dia para que se mantivessem em cinquenta graus. Dentro da casa de Cliff, as paredes azuis e brancas estavam escurecidas por manchas de óleo e sujeira. Ele bloqueara as escadas para o segundo andar com papelão e lençóis, para que o ar quente não escapasse pelas janelas que faltavam lá em cima, e tapara os buracos no teto, nas paredes e nas janelas com jornal e fita isolante. Dormia no térreo numa cama de casal mais estreita e sem lençóis em frente ao refrigerador e ao fogão a lenha, junto a uma mesa dobrável onde empilhara tantos remédios que já se esquecera para que serviam. Talvez fossem para o câncer da próstata, ele disse. Talvez para a pressão.

Cliff passava grande parte do tempo no alpendre, sentado numa cadeira reclinável axadrezada, tão velha que quase se reduzira a espuma e molas expostas, acenando para todos os carros que passavam. Mesmo andando curvado, tinha mais de 1,8 metro de altura, sua pele marrom-clara estava ressecada e desgastada como a de um jacaré e seus olhos eram verde-mar no centro, com bordas azuis intensas. Décadas em estaleiros e campos de tabaco haviam deixado suas mãos grossas como aniagem, as unhas amareladas, rachadas e gastas até as cutículas. Ao falar, Cliff fitava o chão e cruzava seus dedos artríticos como que para dar sorte. Depois os descruzava e cruzava de novo.

Quando soube que eu estava escrevendo um livro sobre Henrietta, levantou-se da cadeira reclinável, vestiu uma jaqueta e andou até meu carro, gritando: "Então venha, vou mostrar onde ela está enterrada!".

Cerca de oitocentos metros adiante na estrada Lacks Town, Cliff mandou que eu estacionasse diante de uma casa de blocos de concreto e compensado cujo interior não devia ter mais de trinta metros quadrados. Abriu um portão de arame farpado e madeira que conduzia a um pasto e me convidou a entrar. No final do pasto, escondida entre as árvores, havia uma cabana feita de troncos do tempo dos escravos, com buracos tão grandes que se podia ver lá dentro. Suas janelas sem vidro estavam cobertas de pedaços finos de madeira e anúncios da Coca-Cola dos anos 1950. A casa estava torta, os cantos, sustentados por pilhas de rochas de diferentes tamanhos que a mantinham de pé havia mais de duzentos anos, sua base, distante do solo a ponto de uma criancinha poder engatinhar por baixo.

"É a antiga casa-lar onde Henrietta cresceu!", Cliff gritou, apontando para ela. Fomos caminhando em sua direção pela terra vermelha e por cima de folhas secas que estalavam sob nossos pés, o ar recendendo a rosas silvestres, pinheiros e vacas.

"Henrietta mantinha ela bem bonita — uma verdadeira casa-lar. Agora nem dá muito pra reconhecer."

O chão lá dentro estava coberto de palha e esterco, tendo desmoronado em vários pontos sob o peso das vacas que agora perambulavam livremente pela propriedade. Em cima, no quarto que Henrietta compartilhava com Day, restavam uns poucos vestígios de vida espalhados pelo chão: uma bota de trabalho em frangalhos com ilhós de metal mas sem cadarços, uma garrafa de refrigerante TruAde de rótulo branco e vermelho, um sapato de mulher minúsculo aberto na frente. Perguntei se era de Henrietta.

"Pode ter sido!", Cliff respondeu. "Parece mesmo um sapato dela."

Apontou para o que havia sido a parede dos fundos, que desmoronara anos antes, deixando pouco mais do que as molduras de duas janelas altas. "Era aqui que Henrietta dormia."

Ela costumava deitar de bruços e olhar por essas janelas, observando o bosque e o cemitério da família, uma pequena clareira de mil metros quadrados onde uns poucos arames farpados agora cercavam uma dispersão de túmulos. As mesmas vacas que haviam danificado o chão da casa destruíram várias partes da cerca do cemitério. Deixaram esterco e marcas de casco em túmulos, transformaram arranjos de flores em amontoados de caules, fitas e isopor, e derrubaram várias lápides, que agora jaziam no chão perto de suas bases.

Quando saímos, Cliff fez um sinal desanimado com a cabeça e apanhou fragmentos de uma placa quebrada. Um pedaço dizia AMAMOS e outro dizia MAMÃE.

Algumas lápides da família eram caseiras, de concreto. Umas poucas eram de mármore, compradas em lojas. "Esse é o pessoal com alguma grana", Cliff disse, apontando para uma lápide de mármore. Muitos túmulos estavam marcados com placas de metal do tamanho de um cartão-postal presas em paus, com nomes e datas. O resto não tinha identificação.

"A gente costumava marcar os túmulos com uma pedra para encontrar depois", Cliff contou. "Mas uma vez limparam o cemitério com uma escavadeira e as pedras todas foram tiradas daqui." Havia muitas pessoas enterradas no cemitério dos Lacks agora, ele disse; quando o espaço acabou décadas atrás, começaram a empilhar os túmulos uns sobre os outros.

Apontou para uma concavidade no chão sem nenhuma identificação. "Esse foi um grande amigo meu", disse. Depois começou a apontar no cemitério para outras concavidades do tamanho de corpos na terra. "Veja aquela cova ali... e aquela lá... e aquela outra ali... São túmulos sem identificação. Afundam depois de um tempo, quando a lama se acomoda em volta dos corpos." De vez em quando Cliff apontava para uma pequena pedra afundada na terra e dizia que era um primo ou uma tia.

"Aquela lá é a mãe de Henrietta", disse, apontando para uma lápide solitária perto da beira do cemitério, cercada de árvores e rosas silvestres. Com mais de um metro de altura, sua frente estava desgastada e escurecida pelos anos e pelas intempéries. A inscrição dizia:

ELIZA

ESPOSA DE J. R.

PLEASANT

12/7/1888

28/10/1924

MORTA MAS NÃO ESQUECIDA.

Até ler essas datas, eu não havia feito a conta: Henrietta tinha apenas quatro anos quando perdeu a mãe, mais ou menos a idade de Sonny quando Henrietta morreu.

"Henrietta vinha sempre conversar com a mãe aqui, cuidava mesmo do túmulo dela. Agora Henrietta está em algum lugar por aqui com ela", Cliff observou, acenando com os braços para a clareira entre a lápide de Eliza e a árvore seguinte, a mais ou menos cinco metros . "O túmulo de Henrietta não foi marcado, por isso não sei bem onde ela está, mas como as pessoas de uma mesma família sempre são enterradas perto, ela deve estar em algum lugar por aqui."

Ele apontou para três concavidades do tamanho de corpos na clareira e disse: "Qualquer um desses pode ser Henrietta".

Mantivemos silêncio enquanto Cliff chutava a terra com o dedão do pé.

"Não sei o que aconteceu com aquele negócio das células de Henrietta", acabou dizendo. "Aqui ninguém nunca falou nada sobre isso. Eu só soube que ela teve alguma coisa rara, porque está morta faz um tempão e as células dela continuam vivas, e isso é incrível." Chutou o chão. "Ouvi dizer que fizeram muitas pesquisas e que algumas células dela ajudaram a descobrir a cura de outras doenças. É um milagre, é tudo que posso dizer."

Aí subitamente ele gritou com o chão, como que falando diretamente com Henrietta: "Chamaram elas de HeLa! E elas ainda estão vivas!". Chutou a terra de novo.

Alguns minutos depois, aparentemente do nada, apontou para a terra e disse: "Quer saber, o pessoal branco e o pessoal negro estão todos enterrados uns sobre os outros. Acho que o velho vovô branco e seus irmãos estão enterrados aqui também. Não dá pra saber quem está neste chão agora". A única coisa de que ele tinha certeza, Cliff disse, era que havia algo de bonito na ideia dos Lacks brancos proprietários de escravos estarem enterrados debaixo de seus parentes negros.

"Estão passando a eternidade no mesmo lugar", disse, rindo. "Já devem ter resolvido suas diferenças a esta altura!"

A tataravó de Henrietta foi uma escrava chamada Mourning. Um homem branco chamado John Smith Pleasants herdou Mourning e o marido dela, George, de seu pai, um dos primeiros proprietários de escravos em Clover. O pai de Pleasants vinha de uma família de quacres, e um de seus parentes distantes havia sido o primeiro a lutar com sucesso nos tribunais da Virgínia para libertar seus próprios escravos. Mas Pleasants não deu continuidade à tradição antiescravagista da família.

Mourning e George trabalharam como escravos numa plantação de tabaco em Clover. Edmund, filho deles e bisavô paterno de Henrietta, adotou o sobrenome do proprietário, que perdeu o *s* para se tornar Pleasant [Agradável]. Ele acabou sendo alforriado aos quarenta anos, porém mais tarde foi internado num asilo de loucos. Antes da alforria, teve vários filhos, todos nascidos escravos, inclusive uma filha chamada Henrietta Pleasant — a tia-avó de Henrietta Lacks.

Do outro lado da família de Henrietta, seu bisavô materno foi um homem branco chamado Albert Lacks, que em 1885 herdou parte das Plantações Lacks, quando o pai dividiu sua terra entre os três filhos brancos: Winston, Benjamin e Albert.

Winston Lacks era um homem robusto com uma barba que ia até a barriga — quase todas as noites ele bebia num *saloon* escondido no porão sob o empório. Quando Winston se embebedava e começava a criar caso, estava na hora de o homem mais sóbrio ir a cavalo chamar Fannie. Não há registros da vida de Fannie, mas ela provavelmente nasceu escrava na propriedade dos Lacks. Como a maioria dos escravos dos Lacks que permaneceram na plantação como meeiros, ela nunca partiu. Costumava andar ao lado de Winston na carroça e, quando ele se embebedava e marchava até o *saloon*, arrancava-o da cadeira do bar pela longa barba e o arrastava para casa.

Os outros irmãos, Albert e Benjamin, viveram vidas mais discretas e deixaram pouca história, afora seus testamentos e escrituras de terras. A maioria dos Lacks negros com quem conversei ao longo dos anos se referia a Benjamin Lacks como "o velho vovô branco", embora alguns ainda o chamassem de "Massuh Ben", como os pais deles faziam.

Quando Albert morreu, em 26 de fevereiro de 1889, a escravidão havia sido abolida, mas poucos negros possuíam terras. O testamento de Albert legou terras para cinco herdeiros "de cor", a maioria lotes de quatro hectares, e um desses herdeiros foi Tommy Lacks, o avô de Henrietta e Day. O testamento de Albert se calou sobre seu parentesco com os herdeiros, mas as pessoas em Lacks Town sabiam que eram filhos que ele teve com uma ex-escrava chamada Maria.

Após a morte de Albert, seu irmão Benjamin moveu um processo para se apossar de parte das terras dos herdeiros negros de Albert, alegando que, como aquela terra fora originalmente de seu pai, ele tinha o direito de escolher qual lote queria. O tribunal concordou e dividiu a plantação original de Lacks em dois lotes "de mesmo valor". A parte inferior — à beira do rio — ficou para Benjamin Lacks; o lote superior — agora conhecido como Lacks Town — ficou para os membros negros da família.

Dezesseis anos após o processo, quando Benjamin Lacks ditou seu próprio testamento dias antes de morrer, legou pequenos lotes de terra a cada uma de suas irmãs, depois dividiu os cinquenta hectares restantes e seus cavalos entre sete herdeiros "de cor", inclusive seu sobrinho Tommy Lacks. Não há registros de que Benjamin ou Albert Lacks tenham se casado ou tido filhos brancos, e, como ocorreu com Albert, não há registro de que as crianças negras do testamento de Benjamin fossem seus filhos. Mas ele as chamava de seus "filhos negros" e, de acordo com a história oral dos Lacks negros, todos que moravam em Clover na antiga Plantação Lacks descendiam daqueles dois irmãos brancos e de suas amantes negras que haviam sido escravas.

Quando cheguei a Clover, a diferença racial ainda estava presente. Roseland era "o sujeito *de cor* amável" que dirigia o restaurante Rosie's antes de ele fechar as portas. Bobcat era "o homem *branco*" que dirigia o mercadinho. Henrietta frequentava St. Matthew's, "a igreja das *pessoas de cor*". Uma das primeiras coisas que Cootie disse quando o conheci foi: "Não se comporte de forma estranha comigo porque sou negro. Você não é daqui".

Todo mundo com quem conversei jurou que as relações entre as raças nunca foram ruins em Clover. Mas também disseram que Lacks Town ficava a apenas uns vinte quilômetros do local de linchamentos e que até os anos 1980 a Ku Klux Klan se reunia no campo de beisebol de uma escola a menos de dezesseis quilômetros da rua principal de Clover.

Ainda no cemitério, Cliff contou: "Os Lacks brancos sabem que seus parentes estão enterrados aqui com os nossos, porque são da família. Eles sabem disso, mas nunca vão admitir. Eles simplesmente dizem: 'Os Lacks negros não são parentes!'".

Quando fui visitar Carlton e Ruby Lacks, os membros brancos mais antigos da família Lacks em Clover, eles sorriram e foram tagarelando enquanto me conduziam da porta da frente para uma sala de estar repleta de cadeiras estofadas azul-pastel e bandeiras dos confederados — uma em cada cinzeiro, várias na mesa do café e uma de tamanho natural num cavalete no canto. Carlton e Ruby eram primos distantes antes de se tornarem marido e mulher. Ambos eram parentes de Robin Lacks, o pai de Albert, Ben e Winston Lacks, o que os tornava primos distantes de Henrietta e Day.

Carlton e Ruby estavam casados havia décadas e tinham mais filhos, netos e bisnetos do que conseguiam contar. Tudo que sabiam ao certo era que ultrapassavam uma centena. Carlton era um homem frágil de quase noventa anos, pele tão pálida que parecia translúcida. Tufos de cabelos como algodão selvagem brotavam de sua cabeça, testa, orelhas e narinas. Sentado em sua espreguiçadeira, murmurou sobre seus anos de trabalho como tesoureiro num depósito de tabaco.

"Eu preenchia os cheques", ele disse, quase que a si mesmo. "Eu era o rei do tabaco."

Ruby também beirava os noventa anos, com uma mente astuta que parecia décadas mais jovem do que seu corpo frágil. Falava ao mesmo tempo que Carlton, contando sobre os parentes que cultivavam a Plantação Lacks e o parentesco dos dois com Ben e Albert Lacks. Quando mencionei que Henrietta era oriunda de Lacks Town, Ruby aprumou-se na cadeira.

"Bem, aquela foi uma mulher de cor!", ela retrucou. "Não sei do que a senhora está falando. Não está falando de pessoas de cor, está?"

Respondi que queria saber tanto sobre os Lacks brancos quanto sobre os negros.

"Bem, nós nunca nos conhecemos", ela disse. "Os brancos e negros não se misturavam naquela época, pelo menos não como fazem agora, o que não posso dizer que gosto, porque não acho que seja o ideal." Fez uma pausa e balançou a cabeça. "Misturados assim, na escola, na igreja e no resto, os brancos e os negros acabam se juntando e casando, e tudo mais... Não vejo sentido nisso."

Quando indaguei sobre o parentesco dela e de Carlton com os Lacks negros, o casal se entreolhou sobre a mesa de café como se eu tivesse perguntado se haviam nascido em Marte.

"O tio do meu pai mantinha uma porção de Lacks negros como escravos", Ruby disse. "Foi por isso que devem ter adotado o nome Lacks. Evidentemente fizeram isso depois que deixaram a plantação. É a única coisa que eu imagino."

Mais tarde, perguntei a Gladys, irmã de Henrietta, o que ela achava da teoria de Carlton e Ruby. Embora ela tivesse vivido a cerca de um quilômetro e meio do casal durante grande parte de seus noventa anos, Gladys respondeu que nunca tinha ouvido falar deles.

"Os Lacks negros e brancos são parentes", Gladys disse, "mas não nos misturamos."

Apontou embaixo do sofá onde eu estava sentada.

"Pega as cartas de Lillian", ela pediu ao filho Gary.

Pelo que Gladys sabia, todos os outros irmãos de Henrietta estavam mortos, com exceção talvez de Lillian, a mais nova. A última notícia que tiveram de Lillian foi uma carta que ela enviou nos anos 1980 e que Gladys guardava numa caixa de sapatos debaixo do sofá. Nela, Lillian escreveu: "Ouvi dizer que papai morreu num incêndio", e perguntava se era verdade. Era: ele morrera em 1969, duas décadas antes de Lillian enviar a carta. Mas o que ela realmente queria saber era quem estava conversando com as pessoas sobre a vida dela. Contou que havia ganhado na loteria e que achava que alguém estava tentando matá-la, porque pessoas brancas apareceram fazendo perguntas sobre sua vida em Clover e sobre sua família, especialmente Henrietta. "Eles sabiam de coisas que nem eu sabia", escreveu. "Não acho que ninguém deve falar sobre a vida das outras pessoas." Desde então ninguém mais na família tivera notícias dela.

"Lillian se converteu em porto-riquenha", Gladys disse, segurando a carta no peito.

Olhei para Gary, sentado ao lado dela.

"A pele da Lillian era bem clara, mais clara até que a da mamãe", Gary explicou. "Ela casou com um porto-riquenho em algum lugar de Nova York. Já que dava para se passar por branca, ela rejeitou sua condição — converteu-se em porto-riquenha porque não queria mais ser negra."

17. Ilegal, imoral e deplorável

1954-66

Enquanto as células HeLa cresciam como mato em laboratórios do mundo todo, um virologista chamado Chester Southam teve um pensamento assustador: e se as células cancerosas de Henrietta pudessem infectar os cientistas que trabalhavam com elas? Gey e vários outros já haviam mostrado que alguns ratos desenvolviam tumores quando injetados com células HeLa vivas. Por que não os seres humanos?

Pesquisadores vinham respirando o ar ao redor das células HeLa, tocando nelas e transferindo-as de um frasco para outro, até almoçando em mesas de laboratório ao lado delas. Um deles usara essas células para criar uma vacina contra um vírus parecido com o da gripe comum, que ele injetou — com pedaços das células HeLa — em mais de quatrocentas pessoas. No entanto, ninguém sabia se uma pessoa podia realmente contrair câncer a partir das células HeLa ou de outras células cancerosas.

"Existe o perigo", Southam escreveu, "de provocar a doença neoplástica pela inoculação acidental durante a investigação em laboratório, ou pela injeção de tais células ou produtos celulares se usados na produção de vacinas contra vírus."

Southam era um pesquisador respeitado do câncer, chefe de virologia do Sloan-Ketterling Institute for Cancer Research. Ele e muitos outros cientistas acreditavam que o câncer era causado por um vírus ou por uma deficiência do sistema imunológico. Desse modo, Southam decidiu usar as células HeLa para testar essas teorias.

Em fevereiro de 1954, Southam encheu uma seringa de solução salina misturada com células HeLa. Inseriu a agulha no antebraço de uma mulher que recentemente havia sido hospitalizada com leucemia, depois pressionou o êmbolo, injetando cerca de 5 milhões de células de Henrietta em seu braço. Usando uma segunda agulha, Southam tatuou um ponto minúsculo de tinta nanquim perto do pequeno inchaço que se formou no local da injeção. Assim saberia onde olhar quando reexaminasse a mulher dias, semanas e meses depois, para ver se o câncer de Henrietta estava crescendo no braço dela. Repetiu o processo com cerca de uma dúzia de outros pacientes com câncer. Informou-lhes que estava testando seus sistemas imunológicos. Não revelou que estava injetando células malignas de outra pessoa.

Passadas algumas horas, os antebraços dos pacientes ficaram vermelhos e inchados. Cinco a dez dias depois, nódulos duros começaram a crescer nos locais das injeções. Southam removeu alguns dos nódulos para verificar se eram cancerosos, mas deixou vários para ver se os sistemas imunológicos dos pacientes os rejeitariam ou se o câncer se espalharia. Após duas semanas, alguns nódulos atingiram dois centímetros — mais ou menos o tamanho do tumor de Henrietta quando ela começou os tratamentos com rádio.

Southam acabou removendo a maioria dos tumores, e aqueles não removidos desapareceram por si mesmos em poucos meses. Mas em quatro pacientes os nódulos voltaram a crescer. Ele os removeu, mas eles retornaram repetidamente. Em outro paciente, as células cancerosas de Henrietta entraram em metástase nos gânglios linfáticos.

Como aqueles pacientes já haviam tido câncer, Southam agora queria saber como pessoas saudáveis reagiriam às injeções. Desse modo, em maio de 1956, colocou um anúncio no boletim informativo da Penitenciária Estadual de Ohio: *Médico procura 25 voluntários para pesquisa de câncer.* Dias depois, recebeu 96 voluntários, que logo chegaram a 150.

Ele escolheu a prisão de Ohio porque seus reclusos haviam cooperado em diversos outros estudos sem resistência, inclusive um em que haviam sido infectados com uma doença potencialmente mortal chamada tularemia. As pesquisas com presidiários viriam a ser questionadas e começariam a ser fortemente regulamentadas cerca de quinze anos depois, porque eles seriam considerados uma população vulnerável, incapaz de um consentimento informado. Mas naquela época prisioneiros em todo o país vinham sendo utilizados em diversos tipos de pesquisas — desde teste de armas químicas até a investigação de como raios X nos testículos afetavam o número de espermatozoides.

Southam começou a fazer testes com os prisioneiros em junho de 1956, usando células HeLa que sua colega Alice Moore trouxera numa bolsa de Nova York para Ohio. Cinquenta e seis prisioneiros — assassinos, fraudadores, assaltantes e falsários — fizeram fila em bancadas de madeira para receber suas injeções. Alguns usavam roupa hospitalar branca; outros vieram de grupos de trabalhos forçados trajando macacões azuis.

Logo tumores cresceram nos braços dos prisioneiros como havia acontecido com os pacientes cancerosos. A imprensa publicou uma série de matérias sobre os corajosos homens da Penitenciária de Ohio, elogiando-os como "os primeiros seres humanos saudáveis a concordar com experimentos de câncer tão rigorosos". Citaram um prisioneiro que disse: "Eu estaria mentindo se dissesse que não fiquei preocupado. Você fica ali deitado no seu beliche sabendo que está com câncer no braço... É mesmo sinistro!".

Várias vezes os repórteres perguntaram: "Por que você foi voluntário do teste?".

As respostas dos prisioneiros eram como um refrão: "Fiz uma grande injustiça a uma moça, e acho que devo pagar um pouco pelo que fiz".

"Acredito que o erro que cometi aos olhos da sociedade pode ser compensado com isso."

Southam ministrou várias injeções de células cancerosas a cada prisioneiro e, ao contrário dos pacientes terminais, aqueles homens rechaçaram o câncer completamente. E a cada nova injeção seus corpos reagiam ainda mais rápido, o que parecia indicar que as células vinham aumentando a imunidade dos prisioneiros ao câncer. Quando Southam relatou suas descobertas, a imprensa as saudou como um tremendo avanço que poderia um dia levar à vacina contra o câncer.

Nos anos seguintes, Southam injetou células HeLa e outras células cancerosas vivas em mais de seiscentas pessoas para sua pesquisa, cerca de metade delas pacientes com câncer. Começou também a injetá-las em cada paciente de cirurgia ginecológica do Sloan-Ketterling's Memorial Hospital ou de seu Hospital James Ewing. A única explicação que dava era que estava verificando se elas tinham câncer. E acreditava naquilo: como as pessoas com câncer pareciam rejeitar as células mais lentamente do que as pessoas saudáveis, Southam achou que, ao medir a taxa de rejeição, poderia descobrir casos não diagnosticados de câncer.

Numa afirmação que repetiria diversas vezes no futuro durante audiências sobre sua pesquisa, Southam escreveu: "Claro que é indiferente se essas células são cancerosas ou não, já que são estranhas ao receptor e, portanto, rejeitadas. A única restrição ao uso de células cancerosas é a fobia e a ignorância que cerca a palavra *câncer*".

Por causa dessa "fobia e ignorância", Southam escreveu, ele não informava aos pacientes que as células eram cancerosas, porque não queria causar um temor desnecessário. Como ele diria: "Usar a temida palavra *câncer* em relação a qualquer procedimento clínico numa pessoa enferma é potencialmente danoso ao bem-estar do paciente, porque pode sugerir (corretamente ou não) que seu diagnóstico é câncer ou que seu prognóstico é ruim. [...] Omitir tais detalhes emocionalmente perturbadores mas medicinalmente não pertinentes [...] está na melhor tradição da prática clínica responsável".

No entanto Southam não era o médico deles e não estava omitindo informações de saúde perturbadoras. A mentira era em benefício dele próprio — estava sonegando informações porque os pacientes poderiam ter se recusado a participar de seu estudo se soubessem o que era injetado neles. E Southam provavelmente continuaria fazendo isso por anos e anos se não tivesse combinado, em 5 de julho de 1963, com Emanuel Mandel, diretor de medicina do Jewish Chronic Disease Hospital em Brooklyn, de realizar sua pesquisa em pacientes do hospital.

O plano era que Mandel faria médicos de sua equipe injetar células cancerosas de Southam em 22 pacientes do JCDH. Mas, quando ele instruiu sua equipe a aplicar as injeções sem informar os pacientes de que elas continham células cancerosas, três jovens médicos judeus se recusaram a fazer isso, dizendo que não realizariam pesquisas com seus pacientes sem o consentimento deles. Os três sabiam das pesquisas que os nazistas haviam realizado com prisioneiros judeus. Sabiam também dos famosos julgamentos de Nuremberg.

Dezesseis anos antes, em 20 de agosto de 1947, um tribunal de guerra liderado pelos Estados Unidos em Nuremberg, na Alemanha, condenara sete médicos nazistas à morte na forca. Seus crimes foram conduzir pesquisas impensáveis em judeus sem seu consentimento: costurar irmãos para criar siameses, dissecar pessoas vivas para estudar o funcionamento dos órgãos.

O tribunal criou um código de ética de dez pontos conhecido como Código de Nuremberg, que governaria todos os experimentos com seres humanos no mundo inteiro. A primeira linha daquele código dizia: "O consentimento voluntário do ser humano é absolutamente essencial". A ideia era revolucionária. O Juramento de Hipócrates, redigido no século IV a.C., não exigia o consentimento do paciente. E, embora a Associação Médica Americana tivesse criado regras protegendo os animais de laboratório em 1910, antes de Nuremberg inexistiam regras semelhantes para seres humanos.

Mas o Código de Nuremberg — como outros códigos que surgiriam depois — não tinha força de lei. Era, em essência, uma lista de recomendações. Não era rotineiramente estudado nas faculdades de medicina, e muitos pesquisadores americanos — inclusive Southam — alegaram desconhecer sua existência. Aqueles que o conheciam consideravam-no "o código dos nazistas" aplicável a bárbaros e ditadores, não a médicos americanos.

Quando em 1954 Southam começou a injetar células HeLa nas pessoas, não existia uma supervisão formal das pesquisas nos Estados Unidos. Desde a virada do século, políticos vinham propondo leis estaduais e federais na esperança de regulamentar as experiências com seres humanos, mas médicos e pesquisadores sempre protestavam. Os projetos eram repetidamente rejeitados, temendo-se que interferissem no progresso da ciência, embora outros países — inclusive, ironicamente, a Prússia — tivessem aprovado normas reguladoras da pesquisa com seres humanos já em 1891.

Nos Estados Unidos, a única forma de preservar a ética nas pesquisas era nas varas cíveis. Ali, advogados podiam invocar o Código de Nuremberg para verificar se um cientista estava agindo dentro das fronteiras éticas da profissão. Mas levar um pesquisador ao tribunal requeria dinheiro, *know-how* e a informação de que pessoas estavam sendo usadas em pesquisas.

A expressão *consentimento informado* surgiu pela primeira vez em documentos judiciais em 1957, na decisão judicial do processo de um paciente chamado Martin Salgo. Ele foi anestesiado para o que julgou ser um procedimento de rotina e acordou permanentemente paralisado da cintura para baixo. O médico não o havia informado de que o procedimento envolvia riscos. O juiz condenou o médico, dizendo: "Um médico viola o dever para com seu paciente e pode ser responsabilizado caso sonegue quaisquer fatos necessários para o paciente formar a base de um consentimento inteligente ao tratamento proposto". Ele escreveu que era preciso uma "plena divulgação dos fatos necessários ao consentimento informado".

O consentimento informado tratava do que os médicos deveriam dizer a seus pacientes. Pouco se mencionava sua aplicação a pesquisas como a de Southam, em que as cobaias não eram pacientes do pesquisador. E decorreriam décadas até que ocorresse a alguém indagar se o consentimento informado deveria se aplicar a casos como o de Henrietta, em que cientistas realizam pesquisas com tecidos não mais ligados ao corpo de uma pessoa.

Mas, para os três médicos que se recusaram a colaborar com a pesquisa de Southam, injetar células cancerosas em uma pessoa sem seu consentimento constituía uma violação clara dos direitos humanos básicos e do Código de Nuremberg. Mandel não concordou. Mandou um residente aplicar as injeções no lugar dos três médicos, e em 27 de agosto de 1963 estes entregaram uma carta de demissão denunciando práticas antiéticas de pesquisa. Enviaram-na a Mandel e para pelo menos um repórter. Quando Mandel recebeu a carta, convocou uma reunião com um dos médicos e acusou os três de excessivamente melindrosos por causa da ascendência judaica deles.

Um membro da diretoria do hospital, um advogado chamado William Hyman, não achou que os médicos estivessem sendo excessivamente melindrosos. Quando soube do pedido de demissão deles, pediu para ver os prontuários dos pacientes do estudo. Mas seu pedido foi negado. Nesse ínterim, poucos dias após o pedido de demissão dos médicos, o *New York Times* publicou uma pequena notícia escondida no meio do jornal sob a manchete SUÉCIA PUNE ESPECIALISTA EM CÂNCER, sobre um pesquisador do câncer chamado Bertil Björklund. Ele vinha aplicando em si mesmo e em pacientes injeções intravenosas de vacinas feitas de células HeLa obtidas no laboratório de George Gey em tal quantidade que as pessoas comentaram, em tom de brincadeira, que em vez de injetá-las Björklund poderia ter enchido uma piscina com células HeLa — ou talvez um lago — e mergulhado ali para obter imunidade. As injeções aplicadas por Björkund levaram à sua expulsão do laboratório, e Hyman esperava resultados semelhantes com Southam. Desse modo, em dezembro de 1963, ele processou o hospital para ter acesso aos prontuários médicos relacionados ao estudo.

Hyman comparou o estudo de Southam às pesquisas dos nazistas e obteve declarações juramentadas dos três médicos que haviam se demitido — elas descreveram a pesquisa de Southam usando palavras como *ilegal, imoral* e *deplorável*. Hyman obteve também uma declaração juramentada de um quarto médico explicando que os pacientes no estudo não teriam sido capazes de dar consentimento informado mesmo que Southam tivesse pedido: um deles sofria de mal de Parkinson avançado e não conseguia falar, outros falavam apenas iídiche, um sofria de esclerose múltipla e "psicose depressiva". Mesmo assim, Hyman escreveu, "fui informado de que o consentimento não era necessário... e que dificilmente pacientes judeus concordariam com injeções de células cancerosas vivas".

Aquilo atraiu a atenção da mídia. O hospital tachou o processo de "enganador e falacioso". Mas os jornais e as revistas publicaram manchetes dizendo:

PACIENTES INJETADOS COM CÉLULAS NÃO FORAM INFORMADOS DE QUE ELAS ERAM CANCEROSAS [...]. *EXPERTS* EM CIÊNCIA CONDENAM A ÉTICA DA INJEÇÃO DE CÂNCER.

Essas publicações diziam que o Código de Nuremberg aparentemente não se aplicava aos Estados Unidos e que não havia leis protegendo as cobaias de pesquisas. A revista *Science* chamou o episódio de "o debate público mais quente sobre ética médica desde os julgamentos de Nuremberg" e registrou: "A situação atual parece bem perigosa para todos". Um repórter da *Science* perguntou a Southam por que, se as injeções eram tão seguras como ele jurava, não as tinha injetado em si próprio.

"Convenhamos", Southam respondeu, "existem relativamente poucos pesquisadores de câncer qualificados, e parecia estúpido correr mesmo que um pequeno risco."

Pacientes em quem Southam havia injetado células de câncer sem seu consentimento leram os artigos e começaram a procurar os repórteres. O general Louis Lefkowitz, procurador-geral de Nova York, ficou sabendo da pesquisa de Southam também pela mídia e imediatamente lançou sua própria investigação. Num documento mordaz de cinco páginas repleto de pontos de exclamação, acusou Southam e Mandel de fraude e conduta antiprofissional e exigiu que o Conselho de Regentes da Universidade do Estado de Nova York revogasse a licença médica deles. Lefkowitz escreveu: "Todo ser humano tem o direito inalienável de decidir o que será feito com seu corpo. Esses pacientes, portanto, tinham o direito de conhecer [...] o conteúdo da seringa; e, se esse conhecimento causasse medo e ansiedade ou os assustasse, tinham o direito de ficar temerosos e assustados e portanto de dizer NÃO ao experimento".

Muitos médicos deram depoimentos ao Conselho de Regentes e à mídia em defesa de Southam, afirmando que eles mesmos vinham conduzindo pesquisas semelhantes havia décadas. Argumentaram que era desnecessário revelar todas as informações às cobaias das pesquisas ou obter consentimento em todos os casos, e que o comportamento de Southam era considerado ético no meio. Os advogados de Southam argumentaram: "Se todos os profissionais estão agindo assim, como se pode chamar isso de 'conduta antiprofissional'?".

Aquilo preocupou o Conselho de Regentes. Em 10 de junho de 1965, seu Comitê de Reclamações Médicas considerou Southam e Mandel culpados de "fraude ou logro e conduta antiprofissional na prática da medicina" e recomendou que suas licenças médicas fossem suspensas por um ano. O Conselho escreveu: "Está evidente nos registros desse procedimento uma atitude por parte de alguns médicos de que podem ir em frente e fazer qualquer coisa [...] e de que o consentimento do paciente é uma formalidade vazia. Com isso não podemos concordar".

A decisão do comitê preconizou diretrizes mais específicas na pesquisa clínica: "Temos confiança de que essa medida disciplinar servirá como um aviso firme de que o empenho na pesquisa não deve ser levado a ponto de violar os direitos básicos e as imunidades da pessoa humana".

Em vez de terem suas licenças suspensas, Southam e Mandel ficaram em observação por um período de um ano. E o caso pareceu ter pouco impacto sobre o prestígio profissional de Southam:

pouco depois de encerrado esse período, Southam foi eleito presidente da American Association for Cancer Research. Mas seu caso provocou uma das maiores mudanças na supervisão das pesquisas da história da experimentação em seres humanos.

Antes de o Conselho de Regentes anunciar sua decisão, a cobertura negativa na imprensa do trabalho de Southam havia chamado a atenção do National Institutes of Health, financiador das pesquisas de Southam, que exigiu que os investigadores da instituição obtivessem o consentimento em todos os estudos envolvendo seres humanos. Em resposta à situação de Southam, o NIH investigou todas as suas instituições beneficiadas e constatou que somente nove entre as 52 possuíam alguma política de proteção aos direitos das cobaias. Apenas dezesseis delas adotavam formulários de consentimento. O NIH concluiu: "No ambiente em que o paciente é envolvido numa pesquisa experimental, o julgamento do investigador não é suficiente como base para uma conclusão sobre o conjunto de questões éticas e morais daquele relacionamento".

Como resultado de sua investigação, o NIH determinou que, para fazerem jus ao financiamento, todas as propostas de pesquisa com cobaias humanas deveriam ser aprovadas por juntas de revisão — órgãos independentes constituídos de profissionais e leigos de diversas raças, classes e origens —, a fim de assegurar que cumprissem as exigências éticas do NIH, incluindo o consentimento informado detalhado.

Os cientistas disseram que a pesquisa médica estava condenada. Em carta ao editor da *Science*, um deles alertou: "Quando somos impedidos de tentar estudos aparentemente inócuos do comportamento do câncer em seres humanos [...] podemos assinalar 1966 como o ano em que todo o progresso médico cessou".

Mais tarde naquele ano, um anestesista de Harvard chamado Henry Beecher publicou um estudo no *New England Journal of*

Medicine mostrando que a pesquisa de Southam era apenas um entre centenas de estudos igualmente antiéticos. Beecher publicou uma lista detalhada dos 22 piores infratores, que incluía pesquisadores que haviam inoculado hepatite em crianças e outros que haviam envenenado pacientes sob anestesia usando dióxido de carbono. O estudo de Southam foi incluído como o exemplo de número dezessete.

Apesar dos temores dos cientistas, a onda ética não retardou o progresso científico. Na verdade, as pesquisas floresceram. E grande parte delas envolveu as células HeLa.

18. "Híbrido estranho"

1960-6

Nos anos 1960, os cientistas diziam, brincando, que as células HeLa eram tão robustas que provavelmente conseguiriam sobreviver em ralos de pia ou em maçanetas de porta. Estavam por toda parte. O público em geral podia cultivar as células HeLa seguindo instruções de um artigo tipo faça você mesmo da *Scientific American*, e tanto os cientistas russos como os americanos haviam conseguido cultivá-las no espaço.

As células de Henrietta subiram no segundo satélite posto em órbita, lançado pelo programa espacial russo em 1960, e quase imediatamente depois a Nasa lançou vários frascos delas ao espaço no satélite *Discoverer XVIII*. Os cientistas sabiam, com base em estudos de simulação de gravidade zero com animais, que as viagens espaciais poderiam causar alterações cardiovasculares, degradação de ossos e músculos e uma perda de glóbulos vermelhos. Também sabiam que os níveis de radiação eram mais altos além da camada de ozônio. Mas não sabiam quais os efeitos daquilo nos seres humanos: causaria mudanças celulares ou mesmo a morte de células?

Quando os primeiros seres humanos entraram em órbita, as células de Henrietta foram junto, para que os pesquisadores pudessem estudar os efeitos das viagens espaciais, bem como as necessidades nutricionais das células no espaço, e o modo como células cancerosas e não cancerosas reagiam à gravidade zero. O que descobriram foi perturbador: em uma missão após a outra, as células não cancerosas cresceram normalmente em órbita, enquanto as células HeLa tornaram-se mais poderosas, dividindo-se mais depressa a cada viagem.

As células HeLa não eram as únicas que se comportavam de forma estranha. Desde o início da década, os pesquisadores vinham observando duas coisas novas sobre as células em cultura. A primeira é que parecia que todas as células normais em cultura acabavam morrendo ou passavam por uma transformação espontânea e se tornavam cancerosas. Esse fenômeno empolgou os pesquisadores que tentavam entender os mecanismos do câncer, porque sugeria que eles seriam capazes de observar o momento em que uma célula normal se torna maligna. Mas era perturbador para aqueles que tentavam usar a cultura de células a fim de desenvolver terapias médicas.

George Hyatt, um médico da Marinha que trabalhava no Instituto Nacional do Câncer, experimentara o fenômeno em primeira mão. Ele cultivara células de pele humana para tratar soldados com queimaduras graves, depois criou uma ferida no braço de um jovem oficial voluntário e espalhou as células nela, esperando que formassem uma camada nova de pele. Se o método funcionasse, os médicos poderiam transplantar células de pele para tratar feridas no campo de batalha. As células cresceram, mas, quando Hyatt as submeteu à biópsia algumas semanas depois, descobriu que estavam todas cancerosas. Em pânico, removeu as células e nunca mais tentou transplantar células de pele.

O outro fato incomum que os cientistas observaram na cultura de células foi que, uma vez transformadas em células cancerosas, todas se comportavam da mesma forma — dividindo-se identicamente e produzindo exatamente as mesmas proteínas e enzimas, embora antes de se tornar malignas produzissem proteínas e enzimas diferentes. Lewis Coriell, um renomado cultivador de células, achou que podia ter uma explicação para isso. Publicou um artigo sugerindo que talvez as células "transformadas" se comportassem igualmente não porque se tornaram cancerosas, mas porque haviam sido contaminadas por alguma coisa — provavelmente um vírus ou bactéria — que fazia com que se comportassem de forma semelhante. Quase como um aparte, destacou uma possibilidade que os outros pesquisadores ignoraram: todas as células transformadas pareciam se comportar de forma idêntica às células HeLa, ele escreveu, o que podia significar que as células HeLa fossem o contaminador.

Logo após a publicação de seu artigo, Coriell e alguns outros grandes cultivadores de tecidos reuniram-se com urgência para conversar sobre a situação da área deles, que temiam estar se tornando desastrosa. Eles haviam dominado as técnicas da cultura de células, simplificando-as tanto que, nas palavras de um pesquisador, haviam "tornado possível que até o amador comum produzisse algumas culturas".

Nos últimos anos, usando amostras de tecidos de si próprios, de suas famílias e de seus pacientes, os cientistas haviam desenvolvido todos os tipos de célula — de câncer na próstata, do apêndice, do prepúcio, até pedaços de córnea humana —, muitas vezes com uma facilidade espantosa. Os pesquisadores vinham empregando aquela biblioteca crescente de células para fazer descobertas históricas: que os cigarros causavam câncer do pulmão; como os raios X e certas substâncias químicas transformavam células normais em malignas; por que as células normais paravam de crescer e as células cancerosas não. E o Instituto Nacional do Câncer vinha usando diferentes células, inclusive as células HeLa, para examinar mais de 30 mil substâncias químicas e extratos de plantas, o que resultaria em vários dos mais eficazes e amplamente utilizados remédios de quimioterapia atuais, incluindo Vincristine e Taxol.

Apesar da importância dessas pesquisas, muitos cientistas pareciam negligenciar suas culturas. Poucos mantinham registros claros de quais células tinham se originado de quais doadores e muitos rotulavam errado suas culturas, quando as rotulavam. Os cientistas que *não* pesquisavam células específicas — investigavam, por exemplo, os efeitos da radiação sobre o DNA — poderiam não ver o resultado de seu trabalho afetado quando ignoravam que tipo de célula tinham nas mãos. Mas, se elas fossem contaminadas ou erroneamente rotuladas em pesquisas sobre células específicas — a maioria delas —, os resultados se tornariam inúteis. À parte isso, os cultivadores que convocaram a reunião disseram que precisão era essencial em ciência e que os pesquisadores tinham obrigação de saber quais células estavam usando e se elas estavam contaminadas.

De acordo com Robert Stevenson, um dos cientistas que participaram da reunião, o objetivo era impedir que o meio "degenerasse no caos total". O grupo encorajou os pesquisadores a adotar medidas protetoras, como trabalhar sob coifas que sugassem o ar e com potenciais contaminadores dentro de um sistema de filtragem. E recomendaram que o NIH criasse uma coleção de células de referência: um banco central onde todas as culturas pudessem ser testadas, catalogadas e armazenadas sob a máxima segurança, usando técnicas de esterilização modernas. O NIH concordou e formou o Comitê de Coleta de Cultura de Células, constituído de cultivadores de tecidos, entre eles William Scherer, Lew Coriell e Robert Stevenson. Sua missão foi criar um banco de células federal sem fins lucrativos na American Type Culture Collection (ATCC), que desde 1925 vinha distribuindo e monitorando a pureza de bactérias, fungos, levedo e vírus, mas nunca de culturas de células.

Os cientistas do Comitê de Coleta criaram a Casa da Moeda da cultura de células puras, não contaminadas. Transportaram culturas em malas trancadas e desenvolveram uma lista de critérios a ser cumpridos por todas as células antes de serem armazenadas no banco: cada uma tinha de passar no teste da contaminação e proceder diretamente da fonte original.

A célula número um da coleção ATCC foi a célula L, a linhagem original de células de camundongo imortal cultivada por Wilton Earle. Para a célula número dois, o comitê contatou Gey e pediu uma amostra da cultura de células HeLa original. Mas, no seu entusiasmo inicial, Gey tinha fornecido todas as células HeLa originais a outros pesquisadores, e não mantinha mais nenhuma consigo. Acabou localizando algumas no laboratório de William Scherer, que usara parte da amostra de células HeLa originais em sua pesquisa sobre a poliomielite.

Inicialmente o comitê só conseguia testar a contaminação viral e bacteriana das amostras, mas logo alguns membros desenvolveram um teste da contaminação interespécies, podendo assim descobrir se culturas rotuladas como sendo de um tipo de animal não seriam na verdade de outro. Logo descobriram que, das dez linhagens de células que se acreditava originárias de nove espécies diferentes — inclusive de cães, porcos e patos —, todas menos uma eram de fato de primatas. Prontamente corrigiram os rótulos dessas culturas, controlando aparentemente a situação sem atrair publicidade negativa.

A mídia, como se observou depois, acabou se interessando acima de tudo por um aspecto das notícias relacionadas com as células HeLa quase tão sensacional quanto o coração de frango imortal de Alexis Carrel. E tudo começou com o sexo celular.

Em 1960, pesquisadores franceses descobriram que, ao serem infectadas com certos vírus em cultura, as células se agrupavam e às vezes se fundiam. Ao se fundirem, o material genético das duas células se combinava, como no encontro do espermatozoide com o óvulo. O nome técnico era *fusão de células somáticas*, mas alguns pesquisadores chamaram aquilo de "sexo celular". Diferia do sexo entre espermatozoide e óvulo em vários aspectos importantes: as células somáticas eram células do corpo, como células da pele, e sua união produzia descendência a cada poucas horas. Talvez mais importante, o sexo celular era inteiramente controlado por pesquisadores.

Geneticamente falando, os seres humanos são terríveis como objeto de pesquisa. Somos geneticamente promíscuos — nos acasalamos com qualquer um que escolhemos — e não aceitamos que os cientistas nos digam com quem reproduzir. Além disso, ao contrário das plantas e camundongos, levamos décadas até produzirmos descendentes suficientes para fornecer aos cientistas dados significativos. Desde meados do século XIX, os cientistas têm estudado os genes cruzando plantas e animais de formas específicas — uma ervilha lisa com outra enrugada, um camundongo marrom com um branco — e depois cruzando seus descendentes para ver como os traços genéticos passam de uma geração para a seguinte. Mas nunca puderam estudar a genética humana da mesma maneira. O sexo celular resolveu esse problema, permitindo aos pesquisadores combinar células com quaisquer traços desejados e estudar como esses traços são transmitidos.

Em 1965, dois cientistas britânicos, Henry Harris e John Watkins, levaram o sexo celular a um importante passo. Eles fundiram células HeLa com células de camundongo e criaram os primeiros híbridos de ser humano e animal — células contendo quantidades iguais do DNA de Henrietta e de um camundongo. Com isso, contribuíram para o estudo da ação e funcionamento dos genes.

Além dos híbridos de HeLa e camundongo, Harris fundiu células HeLa com células de frango que haviam perdido a capacidade de reprodução. Seu palpite era que, quando aquelas células de frango desativadas se fundissem com as células HeLa, algo dentro das células HeLa reativaria as células de frango. Ele estava certo. Ainda não sabia como aquilo funcionava, mas sua descoberta mostrou que algo nas células regulava os genes. E, se os cientistas conseguissem descobrir como desativar genes de doenças, poderiam criar uma forma de terapia genética.

Pouco depois do estudo de Harris dos híbridos de HeLa e frango, uma dupla de pesquisadores da Universidade de Nova York descobriu que híbridos de ser humano e camundongo perdiam seus cromossomos humanos com o tempo, mantendo apenas os cromossomos de camundongo. Isso permitiu aos cientistas começarem a correlacionar os genes humanos com cromossomos específicos, observando a ordem em que os traços genéticos desapareciam. Se um cromossomo desaparecesse e a produção de certa enzima cessasse, os pesquisadores sabiam que o gene para aquela enzima devia estar no cromossomo mais recentemente desaparecido.

Cientistas em laboratórios da América do Norte e da Europa começaram a fundir células e utilizá-las para correlacionar traços genéticos com cromossomos específicos, criando um precursor do mapa do genoma humano atualmente existente. Usaram híbridos para criar terapias para o câncer como Herceptin e para identificar os grupos sanguíneos que aumentavam a segurança das transfusões. Também os usaram para estudar o papel da imunidade no transplante de órgãos. Os híbridos provaram que era possível que os DNAs de dois indivíduos sem nenhum parentesco, e mesmo de espécies diferentes, sobrevivessem conjuntamente *dentro* de células sem rejeitar um ao outro, o que significava que o mecanismo da rejeição de órgãos transplantados devia ser exterior às células.

Os cientistas estavam eufóricos com os híbridos, mas por toda parte nos Estados Unidos e na Grã-Bretanha as pessoas entraram em pânico quando a mídia passou a publicar uma manchete sensacionalista após a outra:

CÉLULAS DE HOMEM-ANIMAL CULTIVADAS EM LABORATÓRIO [...]. O PASSO SEGUINTE PODERÁ SER HOMEM-ÁRVORE [...]. CIENTISTAS CRIAM MONSTROS.

O *Times* de Londres chamou as células HeLa de camundongo de a "mais estranha forma de vida híbrida já vista em laboratório — ou fora dele". Um editorial do *Washington Post* afirmou: "Não podemos nos permitir nenhum camundongo-homem artificialmente induzido". Tachou a pesquisa de "horrenda" e disse que os pesquisadores deveriam deixar os seres humanos em paz e "retornar a seus levedos e fungos". Um artigo mostrou a imagem de uma criatura meio humana, meio camundongo com uma longa e assustadora cauda. Outro publicou um cartum de uma mulher-hipopótamo lendo jornal no ponto de ônibus. A imprensa britânica chamou os híbridos de células HeLa de um "ataque à vida" e retratou Harris como um cientista maluco. E Harris não ajudou a serenar os ânimos: ele causou um quase pandemônio ao aparecer num documentário da BBC dizendo que óvulos de ser humano e macaco poderiam ser juntados para criar um "homacaco".

Harris e Watkins escreveram cartas aos editores reclamando que haviam sido citados fora de contexto e que suas pesquisas haviam sido distorcidas de forma sensacionalista e aterrorizante. Asseguraram ao público que estavam apenas criando células, não "tentando produzir centauros". Mas de nada valeram seus esclarecimentos. Uma pesquisa de opinião sobre o trabalho dos dois foi esmagadoramente negativa, tachando-o de inútil e perigoso, um exemplo de "homens tentando ser deuses". E o problema das relações públicas com a cultura de células só fez piorar desde então.

19. "A época mais crítica neste mundo"

1966-73

Quando Deborah cursava a terceira série do ensino médio, aos dezesseis anos, engravidou de seu primeiro filho. Bobbette ficou uma fera. Deborah parou de ir à escola e Bobbette disse: "Esqueça a boa vida: você tem que se formar". Deborah gritou de volta, dizendo que não podia ir à escola imensa e grávida.

"Isso não é problema", Bobbette retrucou, "você vai para aquela escola especial de moças onde todas as grávidas têm barrigonas como você."

Deborah se recusou, mas Bobbette matriculou-a e arrastou-a para lá no primeiro dia de aula. Em 10 de novembro de 1966, Deborah deu à luz Alfred Jr., mesmo nome de seu pai, Alfred "Chita" Carter, o rapaz de quem Galen outrora sentira ciúmes. Todas as manhãs, Bobbette preparava o almoço de Deborah, levava-a à escola, depois tomava conta de Alfred o dia inteiro e grande parte da noite, para que Deborah pudesse ir à aula e estudar. Quando Deborah se formou, Bobbette fez com que obtivesse seu primeiro emprego — Deborah querendo ou não, Bobbette iria ajudar a ela e o bebê.

Os irmãos mais velhos de Deborah estavam se saindo bem. Lawrence abriu seu próprio negócio, uma loja de conveniência no porão de uma velha casa. Sonny concluíra o ensino médio, ingressara na Força Aérea e se tornara um homem bonito e paquerador. Vivia lá suas aventuras, mas se mantinha longe de confusões. Já com o irmão mais novo, Joe, a história foi outra.

Joe era um inimigo da autoridade. Discutia com os professores e brigava com outros alunos. Abandonou a escola na sétima série e foi parar no tribunal por "agressão" logo depois de completar dezessete anos. Entrou nas Forças Armadas aos dezoito, mas sua raiva e seu comportamento lhe trouxeram mais problemas lá. Brigava com seus superiores e com outros soldados. Às vezes ia parar no hospital, mas com frequência suas brigas faziam com que fosse mandado para a solitária escura, com paredes sujas, sinistramente semelhante ao porão onde Ethel o trancava quando criança. Preferia estar na solitária, porque ali ninguém o incomodava. Assim que o soltavam, brigava com outro soldado ou desrespeitava um oficial e ia parar lá de novo. Passou nove meses prestando serviço militar, a maioria do tempo de castigo na solitária, cada vez mais agressivo. Após várias avaliações e tratamentos psiquiátricos, Joe foi dispensado por incapacidade de se ajustar emocionalmente à vida militar.

Sua família tivera esperança de que o ingresso nas Forças Armadas o ajudasse a controlar a raiva e lhe inculcasse alguma disciplina e respeito pela autoridade. Em vez disso, Joe saiu de lá mais agressivo do que nunca.

Cerca de uma semana depois que Joe voltou para casa, Ivy, um rapaz alto e magrela do bairro, aproximou-se dele com uma faca e perguntou se estava a fim de uma briga. A maioria das pessoas não aceitaria o desafio. Com dezenove anos, Joe era ao menos dez centímetros mais baixo do que Ivy e pesava apenas setenta quilos, mas o pessoal do bairro o chamava de Crazy Joe, porque ele parecia curtir a violência. Para Ivy isso não parecia um problema. Bebia muito e se drogava com heroína havia anos, e estava coberto de cicatrizes das lutas. Disse a Joe que iria matá-lo.

Na primeira vez Joe ignorou Ivy. Uns três meses depois, em 12 de setembro de 1970, Joe descia uma rua de East Baltimore com seu amigo June. Era sábado à noite, eles haviam tomado umas bebidas e tinham acabado de puxar conversa com um grupo de garotas quando três outros homens subiram a rua na direção deles. Um deles era Eldridge Lee Ivy.

Quando Ivy viu Joe e June conversando com as garotas, gritou que uma delas era sua prima e que era melhor os dois não se meterem com ela.

"Estou cansado da sua baboseira", June gritou em resposta.

Os dois começaram a discutir, e, quando Ivy ameaçou dar um murro no rosto de June, Joe se interpôs, dizendo calmamente que Ivy não ousaria fazer aquilo.

Ivy agarrou Joe pelo pescoço, sufocando-o, enquanto seus dois amigos tentavam contê-lo. Joe dava chutes e gritava: "Vou matar você, seu filho da puta!". Mas Ivy o espancou até sangrar, enquanto June observava, aterrorizado.

Naquela noite, Joe bateu à porta de Deborah. Olhava para a frente, coberto de sangue, olhos ardendo de raiva enquanto ela limpava seu rosto e o colocava no sofá, aplicando compressas de gelo. Ele fitou a parede a noite toda, mais assustado e furioso do que Deborah jamais tinha visto alguém ficar.

Na manhã seguinte, Joe foi à cozinha de Deborah e pegou sua faca de trinchar com cabo de madeira preto. Dois dias depois, em 15 de setembro de 1970, Joe foi para o seu emprego de motorista em uma transportadora local. Às cinco da tarde, ele e um colega haviam compartilhado um quinto de uma garrafa de uísque Old Granddad, depois mais meio litro. A luz do dia ainda brilhava quando Joe saiu do trabalho e caminhou até a esquina das avenidas Lanvale e Montford, em East Baltimore, onde Ivy conversava diante de sua casa com alguns amigos. Joe atravessou a rua e disse: "Oi, Ivy". Depois o apunhalou no peito com a faca de Deborah. A lâmina atravessou o coração de Ivy. Ele cambaleou rua abaixo até a casa de um vizinho, com Joe logo atrás, depois desabou de bruços numa poça do próprio sangue, gritando: "Ai, estou morrendo — chamem uma ambulância!". Tarde demais. Quando um bombeiro chegou, minutos depois, Ivy estava morto.

Joe afastou-se da cena do crime, atirou a faca num beco próximo e foi até um telefone público ligar para seu pai, mas a polícia foi mais rápida. Ela informou Day de que seu filho havia matado um rapaz. Sonny e Lawrence recomendaram que o pai despachasse Joe para Clover, de volta às fazendas de tabaco, onde poderia se esconder dos homens da lei e permanecer seguro. Deborah disse que eles estavam malucos.

"Ele vai ter que se entregar", ela disse. "A polícia deu uma ordem de prisão, estão procurando ele vivo ou morto."

Mas os homens não deram ouvidos. Day entregou vinte dólares a Joe e o pôs num ônibus para Clover.

Em Lacks Town, Joe bebeu o dia inteiro, puxou briga com os primos e ameaçou matar vários deles, inclusive Cootie. Ao final da primeira semana de Joe, Cootie ligou para Day dizendo que era melhor alguém ir buscar Joe antes que ele matasse alguém ou levasse um tiro. Sonny pegou o carro de Day, buscou Joe em Clover e levou-o ao Distrito de Colúmbia para ficar com um amigo. Mas Joe tampouco sossegou lá. Na manhã seguinte ligou para Sonny e disse: "Venha me buscar, quero me entregar à polícia".

Na manhã de 29 de setembro de 1970, Joe entrou na sede da polícia de Baltimore e disse calmamente: "Sou Joe Lacks, estou sendo procurado porque matei Ivy". Depois preencheu um formulário:

O acusado possui emprego?	Não
Dinheiro à mão ou no banco?	Zero
Nome dos pais?	David Lacks
Eles vieram vê-lo?	Não
Possui algum amigo ou membro da família que possa contratar um advogado?	Não. Não tenho dinheiro.

Depois daquilo, Joe aguardou. Sabia que iria se confessar culpado — só queria resolver logo aquilo. Após cinco meses aguardando julgamento numa cela, Joe escreveu esta carta um tanto confusa para o juiz da corte criminal:

Caro Senhor ou Excelência,
Na época mais crítica neste mundo é agora nesta atmosfera hoje do meu erro não digo compreensão errada da corrupção que coloquei sobre mim. Um problema muito enganoso que não deveria ter sido. Sinto tanta frustração em me fazer odioso dentro de mim, Pedindo um (julgamento rápido) para poder saber o que jaz à frente no futuro, sinto que serei castigado ou punido pelo erro que fiz, portanto estou pronto para encerrar esse negócio.

Joe Lacks

(Apresse o julgamento)

(Obrigado)

(Excelência)

Finalmente, em 6 de abril de 1971 — sete meses após a morte de Ivy —, Joe compareceu à sala do tribunal e se declarou culpado de homicídio não premeditado, com Sonny observando ali perto. A juíza advertiu Joe repetidamente de que uma admissão de culpa significava abrir mão do direito a um julgamento, do direito de depor e do direito de apelar da sentença. Enquanto a juíza falava,

Henrietta e David Lacks, por volta de 1945.

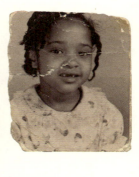

Esquerda: *Elsie Lacks, filha mais velha de Henrietta, cerca de cinco anos antes de ser internada no Hospital Estadual Crownsville com diagnóstico de "idiotismo".* Direita: *Deborah Lacks com cerca de quatro anos.*

A casa-lar onde Henrietta foi criada, uma cabana de madeira de quatro aposentos em Clover, Virgínia, que no passado servira de alojamento de escravos, 1999.

Eliza Pleasant, mãe de Henrietta, morreu quando ela tinha quatro anos. Henrietta está enterrada em algum lugar na clareira perto da lápide da mãe, num túmulo não identificado.

Anos 1930: a rua principal no centro de Clover, Virgínia, onde Henrietta foi criada. CORTESIA DE FRANCES WOLTZ.

Anos 1920: leilão de tabaco no sul de Boston. Henrietta e a família vendiam suas colheitas nesta casa de leilões.

Anos 1940: para limpar a fornalha, operários de Sparrows Point removem a escória, um subproduto tóxico de metal fundido. CORTESIA DA SOCIEDADE HISTÓRICA DUNDALK-PATAPSKO NECK.

Howard W. Jones nos anos 1950: o ginecologista que diagnosticou o tumor de Henrietta.

George Gey, que dirigia o laboratório onde as células HeLa foram originalmente cultivadas, por volta de 1951.
© ALAN MASON CHESNEY MEDICAL ARCHIVE.

Certidão de óbito de Henrietta Lacks.

Sadie Sturdivant, prima e amiga íntima de Henrietta, no início dos anos 1940.

Em 1949, os laboratórios tinham de preparar seu próprio meio de cultura, um processo trabalhoso. Nesta foto, o homem mexe o caldo num tanque enquanto as mulheres filtram o caldo em garrafas menores. Com as células HeLa, tornou-se possível encomendar pelo correio um meio já pronto.
© HULTON-DEUTSCH COLLECTION/CORBIS (DC)/LATINSTOCK

Margaret Gey e Minnie, uma técnica de laboratório, no laboratório de Gey no Hospital Johns Hopkins, em meados dos anos 1960. CORTESIA DE MARY KUBICEK.

Mary Kubicek, a técnica do laboratório de Gey que processou a amostra do tumor de Henrietta e cultivou suas células. CORTESIA DE MARY KUBICEK.

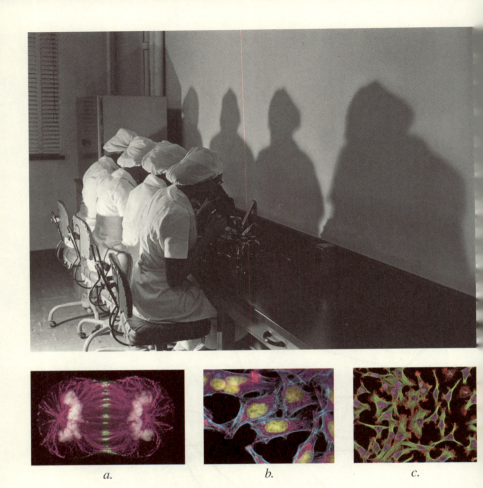

a.

b.

c.

Quatro técnicas do centro de produção de células HeLa em massa do Instituto Tuskegee inspecionam as células antes de expedi-las. © MARCH OF DIMES FOUNDATION.

a. Uma célula HeLa dividindo-se em duas. CORTESIA DE PAUL D. ANDREWS.
b. Essas células HeLa foram tingidas com corantes especiais que realçam partes específicas. Aqui, o DNA no núcleo é amarelo, os filamentos de actina são azul-claros e as mitocôndrias — as geradoras de energia da célula — são rosa. © OMAR QUINTERO.
c. Essas células HeLa foram tingidas com corante fluorescente e fotografadas sob um microscópio confocal. CORTESIA DE TOM DEERINCK.

Deborah com cerca de treze anos, idade em que tentava fugir do assédio de seu primo Galen.

Abaixo: Deborah com seus filhos, LaTonya e Alfred, e seu segundo marido, James Pullum, em meados dos anos 1980.

Em 2001, Deborah sofreu de graves urticárias após receber informações novas e perturbadoras sobre sua mãe e sua irmã.

Deborah e seu primo Gary Lacks em 2001. Atrás deles, fileiras de tabaco seco.

Esquerda: Davon, neto de Deborah, em 2000. Centro: Deborah com as netas de seu irmão Sonny: JaBrea (esquerda) e Aiyana, 2007. Direita: Sonny, filho de Henrietta, com sua neta JaBrea, que acabara de ser batizada, em 2001.

A família Lacks em 2009. No sentido horário a partir do canto superior direito: Sonny (com boné de beisebol), filho do meio de Henrietta; Jeri, filha mais velha de Sonny; Zakariyya, filho mais novo de Henrietta; Lawrence, filho mais velho de Henrietta; Ron, filho de Lawrence; Alfred, neto de Deborah; Courtnee, neta de Lawrence; Sheryl, mulher de Sonny; David, filho de Sonny; Antonetta, filha de Lawrence; Tom, cunhado de Sonny. Centro: Bobbette (de vermelho), mulher de Lawrence, com Erika (de óculos), neta sua e de Lawrence.

ele dizia "Sim, senhora" e "Não, senhora". Contou que o álcool o levou a cometer o crime e que não pretendia matar Ivy.

"Tentei atingir ele no alto do ombro, mas ele entrou em pânico, virou e a faca pegou no peito", Joe disse. "Eu estava tentando ferir ele para ele não me agredir. [...] Ele disse que ia me matar naquele sábado à noite e começamos a discutir. Só espero que a senhora entenda que eu estava tentando proteger a minha vida. Eu não estava querendo me meter em confusão."

Mas o vizinho de catorze anos de Ivy, que vira o crime, disse que Joe foi andando na direção de Ivy e o apunhalou no peito, depois tentou esfaqueá-lo de novo nas costas enquanto Ivy se afastava, cambaleando.

Quando Joe desceu do banco dos réus, o advogado designado pelo tribunal aproximou-se da juíza para sua consideração final:

> A única coisa que eu acrescentaria, Excelência, é que conversei com o irmão deste jovem, e sobre o problema que teve também no Exército, problema que possivelmente o levou à situação pela qual está sendo julgado. Por alguma razão, a certa altura da vida, ele adquiriu um complexo de inferioridade. E parece ser bem grande. Parece que, sempre que confrontado por qualquer indivíduo, ele reage agressivamente, mais do que o indivíduo comum. [...] Só para constar, [ele] recebeu auxílio psiquiátrico no serviço militar, mas nunca esteve internado em nenhum hospital.

Sem saber nada sobre a vida de Joe ou os maus-tratos que sofreu na infância, seu advogado disse: "Ele sente mais necessidade de se proteger do que um indivíduo comum. E possivelmente isso o faz explodir em situações em que uma pessoa comum não explodiria".

"As pessoas chamam você de Crazy Joe?", a juíza perguntou.

"Tinha uns poucos amigos que me chamavam assim", Joe respondeu.

"Você sabe por que chamam você assim?"

"Não, senhora", ele disse.

A juíza aceitou a admissão de culpa de Joe, mas pediu para ver os relatórios médicos e psiquiátricos antes de dar sua sentença. Esses relatórios são confidenciais, mas, qualquer que seja seu conteúdo, fez com que ela o sentenciasse a apenas quinze anos, quando a pena máxima é de trinta anos. O estado enviou Joe para a Penitenciária de Maryland, em Hagerstown, uma prisão de segurança média a cerca de 120 quilômetros a oeste de Baltimore.

No começo, Joe passou seu tempo na prisão como tinha feito no serviço militar: na solitária por insubordinação e brigas. Mas acabou parando de brigar e concentrando sua energia para dentro. Joe descobriu o Islã e começou a se dedicar ao estudo do Alcorão em sua cela. Logo mudou seu nome para Zakariyya Bari Abdul Rahman.

Enquanto isso, do lado de fora, a situação parecia favorável aos demais irmãos Lacks. Sonny acabara de dar baixa honrosa na Força Aérea, e Lawrence tinha um bom emprego na companhia ferroviária. Mas as coisas não andavam tão bem para Deborah. Na época em que Zakariyya foi parar na prisão, Deborah se casara com Chita, com um vestido de *chiffon* azul, na sala de estar de Bobbette e Lawrence. Tinha dezoito anos. Quando ela e Chita se conheceram, ele jogou uma bola de boliche em Deborah na calçada diante da casa dela. Ela achou que fosse brincadeira, mas as coisas só pioraram após o casamento. Logo depois que a segunda filha, LaTonya, nasceu, Chita envolveu-se com drogas e começou a bater em Deborah quando se drogava. Depois passou a sair de casa, desaparecendo com outras mulheres durante noites seguidas, e só retornando para vender drogas em casa, enquanto Deborah e as crianças ficavam observando.

Um dia, quando Deborah estava na pia lavando louça, mãos cobertas de bolhas de sabão, Chita entrou correndo na cozinha gritando que ela o traía. Em seguida bateu nela.

"Não faça isso de novo", Deborah advertiu, imóvel feito pedra, suas mãos ainda na água.

Chita agarrou um prato no escorredor e quebrou-o no rosto dela.

"Nunca mais encoste a mão em mim!", Deborah gritou, tirando a mão da água e agarrando uma faca de churrasco dentada.

Chita ergueu o braço para bater nela de novo, mas estava alterado pelas drogas e bebidas. Deborah deteve-o com a mão livre e encostou-o contra a parede. Enfiou a ponta da faca no peito dele o suficiente para furar a pele, depois desceu com ela passando pelo umbigo enquanto Chita a xingava de louca.

Ele a deixou em paz por uns dias depois do incidente, mas acabou voltando para casa bêbado e drogado e bateu nela de novo. Uma noite, quando Chita deu-lhe um pontapé na sala de estar, Deborah gritou: "Por que você está sempre discutindo e mexendo comigo?". Diante do silêncio dele, Deborah concluiu naquele instante que queria vê-lo morto. Ele se virou e foi cambaleando até a escada para o quarto deles, ainda berrando, e Deborah empurrou-o com toda a força. Ele despencou lá para baixo e ali ficou, deitado, sangrando. Deborah fitou-o do alto da escada, sem sentir nada — nem medo nem emoção. Quando ele se mexeu, ela desceu os degraus e arrastou-o pelo porão até a calçada lá fora. Era inverno e estava nevando. Deborah largou-o no chão em frente à casa, sem casaco, bateu a porta e subiu para dormir.

Na manhã seguinte, acordou esperando que ele tivesse morrido congelado, mas em vez disso ele estava sentado diante da entrada, machucado e com frio.

"Tenho a impressão de que uns caras me atacaram e me espancaram", ele disse.

195

Ela o conduziu para dentro de casa, o lavou e alimentou, ao mesmo tempo que pensava como ele era um idiota. Enquanto Chita dormia, Deborah ligou para Bobbette dizendo: "Fim da linha, ele vai morrer esta noite".

"Do que você está falando?", Bobbette quis saber.

"Estou com a chave inglesa", Deborah disse. "Vou espalhar o cérebro dele por toda a parede. Estou farta disso tudo."

"Não faça isso, Dale", Bobbette alertou. "Veja onde Zakariyya foi parar — na cadeia. Se você mata esse homem, como ficam as crianças? Livre-se da chave-inglesa."

No dia seguinte, depois que Chita saiu para o trabalho, uma caminhonete de mudanças parou em frente da casa. Deborah apanhou as crianças e tudo que possuíam, depois se escondeu na casa do pai até conseguir encontrar seu próprio apartamento. Enquanto Deborah batalhava em dois empregos tentando sobreviver na nova vida de mãe solteira, ela nem sequer desconfiava de que estava prestes a receber notícias bem mais difíceis de enfrentar do que qualquer coisa que Chita fizera.

20. A bomba HeLa

1966

Em setembro de 1966, um geneticista chamado Stanley Gartler subiu ao palco de um hotel de Bedford, na Pensilvânia. Ali, diante de George Gey e de outros gigantes da cultura de células, Gartler anunciou que havia descoberto um "problema técnico" no campo deles.

Ele participava da Segunda Conferência de Revisão Decenal de Tecidos Celulares e Cultura de Órgãos com mais de setecentos outros cientistas. Eles tinham vindo de empresas de biotecnologia e do mundo acadêmico. Saíram de Nova York, Inglaterra, Holanda, Alasca, Japão e de muitos outros lugares para discutirem o futuro da cultura de células. O salão fervilhava de entusiasmo, todos falando sobre clonagem celular e híbridos, mapeamento dos genes humanos e uso de culturas na cura do câncer.

Poucos ali tinham ouvido falar de Stanley Gartler, mas isso estava para mudar. Gartler inclinou-se sobre o microfone e contou à plateia que, no processo de procurar novos marcadores genéticos para suas pesquisas, descobrira que dezoito das culturas de células mais usadas tinham algo em comum: todas continham um marcador genético raro chamado glicose-6-fosfato desidrogenase-A (G6PD-A), presente quase exclusivamente em negros americanos. E mesmo entre eles era razoavelmente raro.

"Não consegui apurar a suposta origem racial de todas as dezoito linhagens", Gartler informou ao público. "Sabe-se, porém, que ao menos algumas delas são de caucasianos e que pelo menos uma, HeLa, é de uma negra." Ele sabia disso porque, meses antes, escrevera para George Gey:

> Estou interessado na origem racial da pessoa que deu início à sua linhagem de células HeLa. Verifiquei muitos dos primeiros artigos que descrevem o desenvolvimento da linhagem de células HeLa, mas não consegui encontrar nenhuma informação pertinente à raça do doador.

Quando Gey respondeu que as células HeLa tinham vindo de "uma mulher de cor", Gartler percebeu que havia descoberto a origem do problema.

"A explicação mais simples parece ser", ele contou à plateia, "que todas foram contaminadas por células HeLa."

Os cientistas sabiam que precisavam manter suas culturas livres da contaminação bacteriana e viral, e sabiam que células podiam contaminar umas às outras quando misturadas em cultura. Mas, no tocante às células HeLa, não faziam ideia do que estavam enfrentando. Pelo que se sabia, as células de Henrietta conseguiam flutuar no ar em partículas de poeira. Podiam se deslocar de uma cultura para outra em mãos sujas ou pipetas usadas. Podiam viajar de um laboratório a outro nos casacos e sapatos dos pesquisadores ou através dos sistemas de ventilação. E eram fortes: se uma *única* célula HeLa fosse parar numa placa de cultura, assumia o controle, consumindo todo o meio e ocupando todo o espaço.

A descoberta de Gartler não foi muito bem recebida. Nos quinze anos desde que George Gey cultivara pela primeira vez as células HeLa, o número de artigos publicados sobre a cultura de células mais do que triplicara a cada ano. Os cientistas haviam despendido milhões de dólares pesquisando aquelas células para estudar o comportamento de cada tipo de tecido, comparando-os entre si, testando as reações singulares de diferentes tipos de células a remédios, substâncias químicas ou ambientes específicos. Se todas aquelas eram de fato células HeLa, milhões de dólares haviam sido desperdiçados, e os pesquisadores que haviam descoberto que células diversas se comportavam de formas diferentes em cultura se veriam obrigados a dar algumas explicações.

Anos depois, Robert Stevenson, que se tornou presidente da American Type Culture Collection, me descreveu a palestra de Gartler nestes termos: "Ele apareceu naquele encontro sem nenhuma experiência ou tradição em cultura de células e começou a jogar merda no ventilador".

Stevenson e outros membros do Comitê de Coleta de Cultura de Células ficaram aturdidos no auditório, enquanto Gartler apontava para um quadro na parede listando as dezoito linhagens de células que haviam sido contaminadas pelas células HeLa, além do nome das pessoas ou dos lugares de onde as obtivera. Pelo menos seis das linhagens contaminadas procediam da ATCC. As células HeLa haviam penetrado na Casa da Moeda.

Àquela altura, a coleção da ATCC atingira dezenas de tipos diferentes de células, todas supostamente livres de contaminação viral e bacteriana e testadas para assegurar que não haviam sido contaminadas por células de outra espécie. Mas não havia como testar se uma célula humana contaminara outra. E, a olho nu, a maioria das células em cultura parecem iguais.

O que Gartler dizia agora à plateia era que, durante todos aqueles anos em que os pesquisadores pensaram estar criando uma biblioteca de tecidos humanos, provavelmente apenas cultivaram e recultivaram células HeLa. Ele observou que anos antes, quando os cientistas começaram a adotar medidas preventivas contra a contaminação interespécies — como trabalhar sob coifas esterilizadas —, subitamente ficou mais difícil cultivar linhagens de células novas. E de fato "pouquíssimas [linhagens de células humanas novas] foram relatadas desde então". Além disso, desde então não havia exemplos novos das "denominadas culturas de células humanas espontaneamente transformadas".

Todos na plateia sabiam o que aquilo significava. Além de afirmar que eles possivelmente desperdiçaram mais de uma década e milhões de dólares em pesquisas, Gartler também estava sugerindo que a transformação espontânea — uma das perspectivas mais celebradas para se encontrar a cura do câncer — poderia não existir. As células normais não se tornaram espontaneamente cancerosas, ele disse. Simplesmente foram dominadas por células HeLa.

Gartler concluiu sua palestra dizendo: "Onde o pesquisador pressupôs um tecido específico de origem da linhagem de células — digamos, fígado [...] ou tutano — o trabalho está sujeito a um sério questionamento e, na minha opinião, deveria ser descartado".

O auditório caiu em um silêncio aturdido até que T. C. Hsu, o chefe da plenária de conferências de Gartler, se pronunciou. Hsu era o geneticista da Universidade do Texas cujo trabalho anterior com células HeLa e outras células possibilitara a descoberta do número correto de cromossomos humanos.

"Há alguns anos, manifestei certa suspeita sobre a contaminação das linhagens de células", Hsu disse. "Portanto fico contente com o estudo do doutor Gartler, e também tenho certeza de que ele deixou muita gente descontente."

Ele tinha razão, e aquela gente rapidamente começou a fazer perguntas.

"Por quanto tempo você as manteve em seu laboratório?", um cientista perguntou, sugerindo que o próprio Gartler havia contaminado as células depois que elas chegaram ao seu laboratório.

"Elas foram analisadas antes de ser cultivadas no meu laboratório", Gartler respondeu.

"Elas não foram enviadas para você já congeladas?", o cientista perguntou, sabendo que a contaminação poderia ter ocorrido durante o degelo.

Gartler respondeu que aquilo não fazia diferença — as células não precisavam ser degeladas para ser testadas.

Outro cientista quis saber se a semelhança que Gartler estava vendo entre as linhagens de células não seria o mero efeito da transformação espontânea, fazendo todas as células agirem da mesma forma.

No final, Robert Stevenson, do Comitê de Coleta de Cultura de Células, se manifestou: "Tudo indica que será preciso mais trabalho de detetive para ver [...] se teremos de começar do zero para isolar algumas linhagens novas de células humanas".

Hsu interveio: "Gostaria de dar prioridade especial àqueles que introduziram as linhagens de células, atacados pelo doutor Gartler. Caso haja alguma contestação, gostaríamos de ouvi-la".

Robert Chang, de Harvard — cuja linhagem de Células de Fígado Chang, amplamente utilizada, constava no quadro de Gartler de células contaminadas por HeLa —, olhou furioso do seu lugar. Chang havia usado aquelas células para descobrir enzimas e genes específicos para células do fígado. Se Gartler tinha razão e as células eram realmente do colo do útero de Henrietta, de nada valia a pesquisa do fígado que Chang fizera com elas.

Leonard Hayflick tinha uma ligação pessoal especial com sua linhagem de células WISH, que Gartler listara como contaminada: cultivara-a usando células da bolsa amniótica onde sua filha em gestação havia flutuado. Ele perguntou a Gartler se era possível encontrar G6PD-A em amostras de pessoas brancas.

"Não há relatos de cobaias caucasianas com G6PD-A", Gartler informou.

Mais tarde naquele dia — numa conferência presidida por George Gey —, Hayflick apresentou um estudo sobre os "fatos e teorias" da transformação espontânea de células em cultura. Antes de começar sua palestra, Hayflick subiu ao pódio e anunciou que, como as células WISH supostamente deram positivo para um marcador genético encontrado somente em pessoas negras, havia ligado para a sua mulher durante o intervalo para perguntar se ele era, de fato, o pai de sua filha. "Ela me garantiu que meus piores temores eram infundados", Hayflick disse. A sala caiu na gargalhada e ninguém disse mais nada publicamente sobre a descoberta de Gartler.

Algumas pessoas, no entanto, levaram Gartler a sério: antes de deixar a conferência, Stevenson almoçou com alguns dos maiores cultivadores de células. Pediu que retornassem a seus laboratórios após a conferência e começassem a testar células em busca do marcador genético G6PD-A, para ver quão generalizado podia ser o problema. Muitas de suas linhagens de células deram positivo no teste, inclusive as células da pele que George Hyatt havia transplantado no braço de um soldado anos antes. Como Hyatt não tinha células HeLa em seu laboratório na época, as células de seu experimento devem ter sido contaminadas antes de chegarem. E, embora poucos o percebessem, a mesma coisa vinha ocorrendo em laboratórios mundo afora.

Mesmo assim, muitos cientistas se recusaram a acreditar que a contaminação por células HeLa fosse real. Após a conferência na qual Gartler lançou o que passou a ser conhecido como "a bomba HeLa", a maioria dos pesquisadores continuou trabalhando com as células que segundo ele estariam contaminadas. Mas Stevenson e alguns outros cientistas perceberam o alcance potencial do problema da contaminação por células HeLa e começaram a trabalhar no desenvolvimento de testes genéticos capazes de identificar especificamente as células HeLa em cultura, em vez de testar apenas a presença de G6PD-A. E aqueles testes genéticos acabariam levando-os até a família de Henrietta.

21. Médicos da noite

2000

Dois meses depois de Sonny Lacks me deixar na mão, voltei a esperar por ele, desta vez no saguão do Baltimore Holiday Inn. Era dia de Ano-Novo, e ele chegou quase duas horas atrasado. Achei que ele fosse faltar novamente ao encontro e já estava me preparando para ir embora quando ouvi uma voz masculina gritar: "Então a senhora é que é a dona Rebecca!".

Subitamente, Sonny estava ao meu lado com um sorriso doce e acanhado, deixando entrever seus dentes falhos e parecendo um adolescente de cinquenta anos. Ele riu e deu um tapinha nas minhas costas.

"A senhora não desiste mesmo, hein?", disse. "Vou dizer uma coisa pra senhora: a única pessoa mais teimosa que eu conheço é a minha irmã Dale." Sorriu e ajeitou seu boné preto de motorista. "Tentei fazer ela vir ao nosso encontro de hoje, mas ela não escuta muito bem."

Sonny tinha uma risada sonora e olhos travessos que quase se fechavam quando sorria. Seu rosto era bonito e cordial, aberto para o mundo. Era magro, media no máximo 1,75 metro e seu bigode era bem aparado. Apanhou minha valise.

"Tá certo então", disse, "vamos nessa."

Segui-o até um Volvo que ele tinha deixado destrancado e com o motor ligado no estacionamento ao lado do hotel. Pedira o carro emprestado a uma das filhas. "Ninguém quer andar na minha velha caminhonete caindo aos pedaços", ele disse, colocando o carro em movimento. "Está pronta para ver o Grande Pajé?"

"O Grande Pajé?"

"É...", ele confirmou, sorrindo. "Deborah diz que você precisa conversar com o nosso irmão Lawrence antes. Ele vai te avaliar, decidir o que fazer. Se ele der o sinal verde, talvez a gente converse com você."

Percorremos em silêncio vários quarteirões.

"Lawrence é o único que lembra da nossa mãe", Sonny acabou dizendo. "Deborah e eu não sabemos nada sobre ela." Depois, sem desgrudar os olhos da rua, Sonny contou tudo que sabia sobre a mãe.

"Todo mundo diz que ela era bem legal e que cozinhava bem", ele disse. "Bonita também. Suas células explodiram em bombas nucleares. Das células dela vieram todas aquelas criações diferentes — milagres da medicina como as vacinas da pólio, alguma cura para o câncer e outras coisas, até da aids. Ela gostava de cuidar das pessoas, então faz sentido o que ela fez com aquelas células. Quer dizer, as pessoas sempre comentam que ela era a hospitalidade em pessoa, sabe, arrumando tudo direitinho, deixando a casa confortável, acordando, preparando o café da manhã para todo mundo, mesmo que fossem vinte pessoas."

Ele parou numa alameda vazia atrás de uma fileira de casas de tijolos vermelhos e olhou para mim pela primeira vez desde que tínhamos entrado no carro.

"É pra cá que trazemos os cientistas e repórteres que querem saber da nossa mãe. É aqui que a nossa família assalta eles", disse, rindo. "Mas você parece maneira, por isso vou te fazer o favor de não chamar o meu irmão Zakariyya desta vez."

Saltei do carro e Sonny foi embora, gritando "Boa sorte!" pela janela.

Tudo que eu sabia sobre os irmãos de Sonny era que eram estourados e que um deles assassinara alguém — eu não sabia qual deles, nem por que motivo. Alguns meses antes, quando Deborah me forneceu o telefone de Lawrence e jurou que jamais conversaria comigo, havia dito: "Meus irmãos ficam furiosos quando gente branca vem perguntar sobre a nossa mãe".

Enquanto eu percorria um pátio estreito e parcialmente cimentado, da alameda até a casa de Lawrence, um filete de fumaça escapou pela porta de tela da cozinha, de onde se ouvia a estática de uma pequena televisão numa mesa dobrável. Bati na porta e esperei. Nada. Meti a cabeça na cozinha, onde costeletas de porco gordurosas cozinhavam no fogão. Gritei oi. Nenhuma resposta.

Respirei fundo e entrei. Tão logo fechei a porta atrás de mim, Lawrence surgiu, parecendo maior do que duas de mim, seu corpo de 125 quilos e 1,80 metro ocupando toda a largura da estreita cozinha, uma mão na bancada, a outra na parede oposta.

"Ei você aí, dona Rebecca", ele disse, relanceando os olhos para mim. "Quer dar uma provada na carne que preparei?"

Fazia uns dez anos que eu não comia carne de porco, mas de repente aquilo me pareceu irrelevante. "Está simplesmente irresistível", respondi.

Um sorriso doce se espalhou pelo rosto de Lawrence. Estava com 64 anos, mas, a não ser pelos cachos grisalhos, parecia décadas mais novo, com uma pele cor de avelã macia e olhos castanhos joviais. Arregaçou seus jeans azuis folgados, limpou as mãos na camiseta manchada de gordura e bateu palmas.

"Legal então", disse, "isso é bom. Muito bom mesmo. Vou fritar uns ovos também. A senhora tá magra demais."

Enquanto cozinhava, Lawrence conversou sobre a vida no interior. "Quando o pessoal mais velho ia pra cidade vender tabaco, voltava com um pedaço de mortadela pra gente, as crianças, dividir. E às vezes, se a gente se comportasse bem, deixavam mergulhar uma fatia de pão na gordura do bacon." Sua memória para detalhes era impressionante. Fez alguns desenhos da charrete que Day construíra com tábuas. Mostrou, com barbante e guardanapos, como ele amarrava tabaco em trouxas para secar, quando criança.

Mas, quando perguntei sobre sua mãe, Lawrence silenciou. Acabou dizendo: "Ela era bonita". Depois voltou a falar sobre tabaco. Voltei a indagar sobre Henrietta e ele disse: "Meu pai e os amigos dele apostavam corrida de cavalos na estrada Lacks Town". Ficamos nesse círculo vicioso até que ele suspirou e contou que não se lembrava da mãe. Na verdade, esquecera quase todos os anos da adolescência.

"Apaguei da minha cabeça por causa da tristeza e do sofrimento", ele disse. E não tinha intenção de desbloqueá-la.

"A única lembrança que tenho da minha mãe é que ela era rigorosa", ele contou. Lembrava de ela obrigá-lo a lavar fraldas no tanque. Ele as pendurava para secar, mas ela as colocava de volta na água, reclamando que não estavam suficientemente limpas. Mas as únicas vezes que bateu nele foi por nadar em frente ao píer de Turner Station. "Ela me mandava ir buscar uma vara para ela me bater, depois me mandava de novo lá fora dizendo para eu pegar uma maior, depois uma maior ainda, e no final ela juntava todas as varas e dava uma surra no meu traseiro."

Enquanto ele falava, a cozinha se encheu de novo de fumaça — havíamos esquecido que ele estava cozinhando. Lawrence me enxotou da mesa da cozinha para a sala de estar, onde fez com que eu me sentasse diante de um jogo americano de plástico com motivos natalinos, com um prato de ovos fritos e uma fatia de porco tostado do tamanho da minha mão, só que mais grossa. Depois desabou numa cadeira de madeira ao meu lado, pôs os cotovelos nos joelhos e fitou o chão em silêncio, enquanto comia.

"A senhora está escrevendo um livro sobre a minha mãe", ele disse afinal.

Assenti com a cabeça enquanto mastigava.

"As células dela estão se tornando do tamanho do mundo, cobrindo a Terra inteira", ele disse, olhos marejados enquanto com os braços fazia um planeta no ar. "Isso é bem estranho... Elas continuam crescendo e crescendo, combatendo seja lá o que estão combatendo."

Inclinou-se para a frente, o rosto perto do meu, e sussurrou: "Sabe o que eu ouvi falar? Ouvi falar que lá pelo ano 2050 vão injetar soro feito com as células da minha mãe nos bebês, para eles poderem viver até oitocentos anos". Sorriu como quem diz *Aposto que sua mãe não é capaz disso*. "Elas vão acabar com as doenças", ele disse. "Elas são um milagre."

Lawrence voltou a se reclinar na cadeira, olhou para o colo e seu sorriso desapareceu. Após um longo momento de silêncio, virou e olhou nos meus olhos.

"A senhora sabe me dizer o que as células de minha mãe realmente fizeram?", ele sussurrou. "Sei que fizeram alguma coisa importante, mas ninguém conta nada pra gente."

Quando perguntei se ele sabia o que era uma célula, baixou o olhar como se eu fosse sua professora e ele não tivesse feito o dever de casa.

"Mais ou menos", disse. "Não muito bem."

Arranquei uma folha de papel do meu caderno, desenhei um círculo grande com um pequeno ponto preto dentro e expliquei o que era uma célula, depois contei algumas das coisas que as células

HeLa fizeram pela ciência e como a cultura de células avançara desde então.

"Os cientistas conseguem até cultivar córneas agora", contei, pegando na minha bolsa um artigo que havia recortado de um jornal. Entreguei a ele e contei que, usando técnicas de cultura que as células HeLa ajudaram a desenvolver, os cientistas conseguiam agora retirar uma amostra da córnea de alguém, desenvolvê-la em cultura, depois transplantá-la para o olho de outra pessoa para ajudar a tratar a cegueira.

"Imagina só", Lawrence disse, balançando a cabeça. "É um milagre!"

De repente, Sonny abriu a porta de tela, gritando: "Dona Rebecca ainda está viva aí?". Debruçou-se na porta entre a cozinha e a sala de estar.

"Parece que você passou no teste", ele disse, apontando para o meu prato semivazio.

"A dona Rebecca está me contando sobre as células da nossa mãe", Lawrence disse. "Ela me contou umas coisas fascinantes. Sabia que as células da nossa mãe vão ser usadas para fazer o Stevie Wonder enxergar?"

"Bem, na verdade não são as células *dela* que estão sendo colocadas nos olhos das pessoas", eu disse, hesitante. "Usando tecnologia que as células dela ajudaram a desenvolver, os cientistas estão cultivando córneas de *outras* pessoas."

"Isso é um milagre", Sonny exclamou. "Eu não sabia disso, mas outro dia o presidente Clinton disse que a vacina antipólio é uma das coisas mais importantes que aconteceram no século XX, e as células dela também tiveram a ver com isso."

"É um milagre", Lawrence repetiu.

"E também isso", Sonny disse, lentamente abrindo os braços e saindo da frente para revelar seu pai de 84 anos, Day, cambaleando sobre pernas instáveis atrás dele.

Day não saía de casa por quase uma semana devido a uma hemorragia nasal que não cessava. Agora estava parado na porta com um jeans desbotado, camisa de flanela e sandália de dedo de plástico azul, embora fosse inverno. Magro e frágil, mal conseguia se manter ereto. Seu rosto marrom-claro sofrera a ação da idade, era enrugado mas suave, como uma bota de trabalho gasta. Os cabelos grisalhos estavam cobertos por um boné preto de motorista idêntico ao de Sonny.

"Ele teve gangrena nos pés", Sonny disse, apontando para os dedos dos pés de Day, bem mais escuros do que o resto do pé e cobertos de feridas. "O pé dele dói demais com sapato normal." A gangrena estava se espalhando dos dedos dos pés para o joelho de Day. O médico disse que ele tinha de amputar os dedos, mas Day se recusou. Disse que não queria que os médicos o retalhassem como fizeram com Henrietta. Aos 52 anos, Sonny se sentia do mesmo modo. Seus médicos recomendaram uma angioplastia, mas ele jurou que nunca a faria.

Day sentou-se do meu lado, óculos de sol de plástico marrons encobrindo seus olhos constantemente lacrimosos.

"Papai", Lawrence gritou, "sabia que as células da mamãe vão fazer o Stevie Wonder enxergar?"

Day fez um sinal de não em câmera lenta com a cabeça. "Negativo", ele murmurou. "Até agora eu não sabia. Mas não me surpreende."

Depois se ouviram batidas no teto e o ruído de alguém andando; Lawrence saltou da mesa e correu até a cozinha. "Minha mulher é um dragão sem o café da manhã", disse. "Melhor preparar alguma coisa." Eram duas da tarde.

Minutos depois, Bobbette Lacks desceu as escadas e entrou devagar na sala de estar, vestindo um roupão felpudo azul e desbotado. Todos pararam de conversar quando ela passou e foi até a cozinha sem dizer uma palavra nem olhar para ninguém.

Bobbette parecia uma pessoa ruidosa temporariamente calada, uma mulher geniosa com uma risada barulhenta, o mau humor ou o riso podendo irromper a qualquer momento. Olhava para a frente, severa, e dava a entender: *Não se meta comigo*. Sabia por que eu estava ali, e tinha muito a dizer sobre o assunto, mas parecia sem nenhuma vontade de falar comigo, mais uma pessoa branca querendo alguma coisa da família.

Ela desapareceu na cozinha e Sonny colocou uma folha de papel amassada na mão de Day, uma foto impressa de Henrietta com as mãos nos quadris. Apanhou meu gravador no centro da mesa, entregou-o a Day e disse: "Certo, pai, dona Rebecca tem perguntas para você, pai. Diga o que o senhor sabe".

Day pegou o gravador da mão de Sonny e não disse nada.

"Ela só quer saber tudo aquilo que Dale vive lhe perguntando", Sonny disse.

Quando perguntei a Sonny se ele podia tentar chamar Deborah, os homens fizeram um sinal negativo com a cabeça, rindo.

"Dale não está querendo conversa com ninguém agora", Sonny disse.

"Ela está cansada disso", Day resmungou. "Estão sempre fazendo perguntas e outras coisas, ela vive dando informações e não recebe nada. Não dão nem um cartão-postal."

"É...", Sonny concordou, "está certo. Eles só querem saber das coisas. É o que dona Rebecca também quer. Por isso vai fundo, pai, diga pra ela, livre-se disto."

Mas Day não queria falar sobre a vida de Henrietta.

"A primeira coisa que eu soube foi que ela tinha câncer", ele disse, repetindo quase textualmente a história que contara a dezenas de repórteres através dos anos. "Hopkins ligou dizendo para eu ir lá, que ela tinha morrido. Pediram que eu lhes desse Henrietta, e eu disse não. Eu disse: 'Não sei o que vocês fizeram, mas vocês a mataram. Parem de cortá-la'. Mas depois de algum tempo meu primo disse que aquilo não ia fazer mal, então eu disse tudo bem."

Day trincou os três únicos dentes que lhe restavam. "Não assinei nenhum papel", disse. "Apenas falei que podiam fazer uma autópsia. Só isso. Os médicos nunca falaram nada sobre manter ela viva em tubos ou cultivar células. Tudo que eles disseram foi que queriam fazer uma autópsia para ver se podiam ajudar os meus filhos. E tudo que eu sempre soube foi que eles são os médicos e você tem de fazer o que eles mandam. Eu não sei tudo que eles sabem. E os médicos disseram que, se eu desse a minha mulher para eles, eles iam poder usar ela para estudar o câncer e talvez ajudar os meus filhos, os meus netos."

"Sim!", Sonny gritou. "Disseram que aquilo ia ajudar os filhos dele se um dia tivessem câncer. Ele tinha cinco filhos, o que mais poderia fazer?"

"Eles sabiam que aquelas células já estavam crescendo quando fui lá depois que ela morreu", Day disse, abanando a cabeça. "Mas não me disseram nada. Só perguntaram se poderiam cortá-la para examinar aquele câncer."

"Bem, e o que você espera do Hopkins?", Bobbette gritou da cozinha, onde, sentada, assistia a uma novela. "Eu não iria lá nem pra cortar as unhas do pé."

"Mmm hmm", Day exclamou assentindo, batendo com a bengala de prata no chão como um ponto de exclamação.

"Naquele tempo faziam umas coisas", Sonny disse. "Especialmente com o pessoal negro. John Hopkins era famoso por fazer experiências com negros. Raptavam eles na rua..."

"É isso mesmo!", Bobbette concordou, aparecendo à porta da cozinha com seu café. "Todo mundo sabe disso."

"Simplesmente raptavam eles na rua", Sonny disse.

"Raptavam as pessoas!", Bobbette berrou, sua voz cada vez mais alta.

"Faziam experiências com elas!", Sonny gritou.

"Você ia ficar surpresa se soubesse quantas pessoas desapareceram de East Baltimore quando eu era menina", Bobbette disse, balançando a cabeça. "Vou lhe contar, morei aqui nos anos 1950, quando pegaram Henrietta, e a gente era proibida de chegar perto do Hopkins. Quando escurecia e a gente era jovem, tínhamos que *ficar ligados*, senão o Hopkins podia nos pegar."

Os Lacks não são os únicos que ouviram dizer desde jovens que o Johns Hopkins e outros hospitais raptavam pessoas negras. Desde pelo menos o século XIX, a história oral dos negros está repleta de relatos de "médicos da noite" que raptavam negros para fazer pesquisas. E havia verdades perturbadoras por trás dessas histórias.

Algumas foram criadas por proprietários brancos de plantações que se aproveitavam das crenças tradicionais dos africanos de que espíritos causavam doenças e morte. Para desencorajar os escravos a se agrupar ou fugir, seus senhores contavam histórias de pesquisas pavorosas realizadas com corpos de negros, depois se cobriam com lençóis brancos e circulavam à noite, fingindo-se de espíritos vindos para infectar os negros com doenças ou roubá-los para pesquisas. Aqueles lençóis acabaram dando origem aos mantos com capuzes brancos da Ku Klux Klan.

Mas os médicos da noite não eram simples ficções criadas como táticas assustadoras. Muitos médicos testavam remédios em escravos ou os operavam para desenvolver novas técnicas cirúrgicas, muitas vezes sem anestesia. O medo dos médicos da noite aumentou ainda mais no início do século XX, quando negros migraram para Washington, D. C. e Baltimore, ao norte, e correram notícias de que faculdades de medicina vinham oferecendo dinheiro por corpos. Corpos de negros eram rotineiramente exumados para pesquisas, e uma indústria clandestina de violação de túmulos supria os cursos de anatomia das faculdades do norte com corpos de negros do sul. Os corpos às vezes chegavam, às dezenas, em barris rotulados de *terebintina*.

Por causa desse histórico, os moradores negros das proximidades do Johns Hopkins desde muito tempo acreditavam que o hospital fora construído num bairro negro para beneficiar os cientistas — facilitando o acesso a potenciais cobaias. Na verdade, ele foi construído para beneficiar pobres de Baltimore.

Johns Hopkins nasceu numa plantação de tabaco em Maryland, onde seu pai posteriormente libertou seus escravos, quase sessenta anos antes da Emancipação. Hopkins ganhou milhões de dólares como banqueiro e merceeiro e vendendo sua própria marca de uísque, mas nunca se casou e não teve filhos. Assim, em 1873, pouco antes de morrer, doou 7 milhões de dólares para a criação de uma faculdade de medicina e de um hospital de caridade. Escreveu uma carta aos doze homens que escolhera para o conselho de administração, delineando seus desejos. Nela explicou que o propósito do Hospital Hopkins era ajudar aqueles sem condições de obter tratamento médico:

> Os doentes indigentes desta cidade e de sua periferia, independentemente de sexo, idade ou cor, que necessitam de tratamento cirúrgico ou médico e que possam ser recebidos no hospital sem oferecer risco aos demais internados, e os pobres da cidade e do estado, de todas as raças, que sejam acometidos por qualquer desgraça, deverão ser recebidos no hospital sem nenhum pagamento.

Especificou que os únicos pacientes que deveriam pagar seriam aqueles com condições para tal, e que qualquer dinheiro que trouxessem deveria ser gasto no tratamento daqueles sem dinheiro. Também reservou uma quantia adicional de 2 milhões de dólares em propriedades e 20 mil dólares anuais em dinheiro especificamente para o auxílio de crianças negras:

> Será seu dever doravante proporcionar [...] prédios adequados para a recepção, manutenção e educação de crianças de cor órfãs. Instruo-os a fornecerem acomodações para trezentas ou quatrocentas crianças dessa classe; também estão autorizados a receber nesse asilo, a seu critério, como pertencentes a tal classe, crianças de cor que perderam apenas um dos pais e, em casos excepcionais, a receberem crianças de cor que não sejam órfãs, mas estejam em circunstâncias que requerem a ajuda da caridade.

Hopkins morreu pouco depois de escrever essa carta. Seu conselho administrativo — constituído em grande parte de amigos e familiares — criou uma das melhores faculdades de medicina dos Estados Unidos e um hospital cujas enfermarias públicas proporcionaram milhões de dólares em cuidados gratuitos aos pobres, muitos deles negros.

Mas a história do Hospital Johns Hopkins não é imaculada quando se trata de pacientes negros. Em 1969, um pesquisador do hospital usou amostras de sangue de mais de 7 mil crianças das redondezas — a maioria de famílias negras pobres — em busca de uma predisposição genética à conduta criminosa. O pesquisador não pediu consentimento. A União das Liberdades Civis Americanas abriu um processo reclamando que o estudo violava os direitos civis dos meninos e rompia a confidencialidade da relação médico-paciente ao divulgar resultados a tribunais do Estado e de menores. O estudo foi interrompido para recomeçar meses depois usando formulários de consentimento.

No final dos anos 1990, duas mulheres processaram o Johns Hopkins. Alegaram que seus pesquisadores haviam intencionalmente exposto os filhos delas ao chumbo e não as haviam prontamente informado quando exames de sangue revelaram que as crianças possuíam níveis elevados do metal — mesmo quando um deles apresentou envenenamento por chumbo. A pesquisa fazia parte de um estudo que examinava métodos de redução do chumbo, e todas as famílias envolvidas eram negras. Os pesquisadores submeteram várias casas a um tratamento com diferentes graus de chumbo e depois encorajaram os senhorios a alugar essas casas a famílias com crianças, para monitorarem seus níveis de chumbo. Inicialmente, o processo foi indeferido. Na apelação, um juiz comparou o estudo às injeções de células HeLa de Southam, ao estudo de Tuskegee e às pesquisas dos nazistas, e o caso acabou tendo repercussões fora do tribunal. O Departamento de Saúde e Serviços Humanos encetou uma investigação e concluiu que os formulários de consentimento do estudo "não forneceram uma descrição adequada" dos níveis diferentes de redução de chumbo nas casas.

Mas hoje, quando as pessoas falam sobre a história do relacionamento do Johns Hopkins com a comunidade negra, o caso que muitos consideram mais afrontoso é o de Henrietta Lacks — uma mulher negra cuja corpo, eles dizem, foi explorado por cientistas brancos.

Sentados na sala de estar de Lawrence, Sonny e Bobbette torpedearam por quase uma hora o rapto de pessoas negras pelo Johns Hopkins. No final, Sonny voltou a se reclinar na cadeira e disse: "O John Hopkins não informou a gente de nada. Essa foi a parte ruim. Não a parte triste, mas a parte ruim, porque eu não sei se eles não deram informações porque estavam ganhando dinheiro com as células dela ou se queriam apenas nos manter por fora do assunto. Acho que eles ganharam dinheiro com as células, porque estavam vendendo no mundo inteiro e enviando os tubos em troca de dólares".

"O Hopkins diz que deu as células de graça", Lawrence berrou, "mas eles ganharam milhões! Não é justo! Ela é a pessoa mais importante do mundo e a família dela está vivendo na pobreza. Se a nossa mãe é tão importante para a ciência, por que não podemos receber um seguro-saúde?"

Day teve câncer na próstata e seus pulmões estavam cheios de amianto. Sonny sofreu de problemas cardíacos e Deborah teve artrite, osteoporose, surdez neural, ansiedade e depressão. Com tudo isso mais a hipertensão arterial e a diabetes da família inteira, os Lacks achavam que estavam contribuindo para a indústria farmacêutica, além de dar dinheiro a vários médicos. Porém o seguro-saúde deles era incerto. Alguns estavam cobertos pelo Medicare, outros às vezes sim, às vezes não pelo do cônjuge, mas todos passavam períodos sem nenhuma cobertura nem dinheiro para tratamento.

Enquanto os homens da família Lacks conversavam sobre o Johns Hopkins e seguro-saúde, Bobbette bufou contrariada e foi caminhando até sua cadeira reclinável na sala de estar. "Minha pressão está subindo e eu não vou esquentar por causa disso, está sabendo?" Não valia a pena se irritar por causa daquilo, ela disse. Mas não conseguiu se controlar. "Todo mundo sabia que pessoas negras estavam desaparecendo porque o Hopkins fazia experiências com elas!", gritou. "Acho que boa parte disso foi verdade."

"É bem provável", Sonny disse. "Mas muita coisa pode ter sido mito também. Nunca se sabe. Mas de uma coisa a gente sabe: aquelas células da minha mãe não são nenhum mito."

Day voltou a bater com a bengala.

"Sabe o que *é* um mito?" Bobbette saltou da cadeira reclinável. "Todo mundo vive dizendo que Henrietta Lacks doou aquelas células. Ela não doou coisa nenhuma. Eles pegaram sem pedir permissão." Respirou profundamente para se acalmar. "O que realmente ia deixar a Henrietta aborrecida é o doutor Gey nunca ter contado nada para a família — nós não sabíamos nada sobre essas células e ele nem se preocupou. Isso só trouxe chateação pra gente. Eu vivia perguntando a todo mundo: 'Por que não disseram nada para a família?'. Eles sabiam como entrar em contato com a gente! Se o doutor Gey já não estivesse morto, acho que eu mesma o teria matado."

22. "A fama que ela tanto merece"
1970-3

Uma tarde no final da primavera de 1970, George Gey estava com suas botas de pescador favoritas nas margens do rio Potomac, onde havia anos ele e vários outros pesquisadores do Hospital Johns Hopkins iam pescar todas as quartas-feiras. Subitamente Gey sentiu-se tão exausto que mal conseguia segurar a vara de pescar. Os colegas o levaram barragem acima até o jipe branco que ele comprara com o dinheiro recebido em um prêmio de pesquisa de câncer.

Pouco depois daquela pescaria, aos 71 anos, Gey soube que sofria da doença que passou a vida inteira tentando combater. E de uma de suas formas mais mortais: câncer do pâncreas. Se os médicos não o operassem, Gey sabia que iria morrer em poucos meses. Se operassem, poderia ganhar algum tempo. Ou não. Em 8 de agosto de 1970, por volta das seis da manhã, Margaret convocou todos os membros da equipe do laboratório de Gey, inclusive um estudante de pós-doutorado que acabara de chegar no voo noturno da Europa.

"Desçam ao laboratório o mais rápido possível", ela ordenou.

"Vai haver um procedimento de emergência esta manhã." Ela não informou que procedimento seria.

Antes de entrar na sala de cirurgia, George informou a seus cirurgiões que gostaria que eles extraíssem amostras de seu tumor, como o dr. Wharton fizera com o tumor de Henrietta décadas antes. Gey forneceu ao pessoal do laboratório instruções precisas para cultivarem GeGe, uma linhagem de células cancerosas extraída de seu pâncreas. Ele esperava que suas células, como as de Henrietta, se tornassem imortais.

"Trabalhem dia e noite se precisarem", disse a seus pós-doutorandos e assistentes. "Façam isso acontecer."

Logo depois, com Gey anestesiado na mesa de cirurgia, os médicos o abriram e constataram que o câncer era inoperável — tumores cobriam seu estômago, baço, fígado e intestinos. Temeram que cortar o câncer pudesse matá-lo. Apesar do pedido de Gey, costuraram-no sem retirar nenhuma amostra. Quando ele acordou e descobriu que não haveria uma linhagem GeGe, ficou furioso. Se aquele câncer iria matá-lo, queria que ao menos ajudasse o progresso da ciência.

Assim que se recuperou da cirurgia o suficiente para poder viajar, Gey começou a contatar pesquisadores de câncer pelo país, perguntando quem estava pesquisando o câncer pancreático e necessitava de um paciente para experiências. Foi inundado de respostas — algumas de cientistas que ele não conhecia, outras de amigos e colegas.

Nos três meses entre sua cirurgia e a morte, Gey foi à Clínica Mayo de Minnesota para uma semana de tratamento com um remédio japonês experimental que o deixou terrivelmente doente. Seu filho, George Jr., que acabara de se formar na faculdade de medicina, acompanhou Gey em todo o processo e fez questão de que ele tivesse à sua disposição um terno recém-passado todos os dias. Após deixar a Clínica Mayo, Gey permaneceu vários dias em

Nova York, no Sloan-Ketterring, para outro estudo, e submeteu-se a quimioterapia no Johns Hopkins com um remédio ainda não aprovado para seres humanos.

Gey media quase dois metros e pesava quase cem quilos quando recebeu o diagnóstico, mas definhou depressa. Com frequência se contorcia por causa das dores abdominais, vomitava constantemente e os tratamentos logo o confinaram a uma cadeira de rodas. Mas continuou aparecendo no laboratório e escrevendo cartas aos colegas. Pouco antes de sua morte, disse a sua antiga assistente Mary Kubicek que ela poderia revelar o nome de Henrietta se alguém perguntasse, já que tantos anos haviam se passado. Mas Mary nunca contou a ninguém.

George Gey morreu em 8 de novembro de 1970.

Poucos meses depois da morte de Gey, Howard Jones e diversos colegas do Hospital Johns Hopkins — inclusive Victor McKusick, um importante geneticista — decidiram escrever um artigo sobre a história da linhagem de células HeLa como um tributo à carreira de Gey. Antes de escrever o artigo, Jones pegou os prontuários médicos de Henrietta para recordar os detalhes de seu caso. Quando viu as fotos de sua biópsia, de imediato percebeu que seu tumor havia sido diagnosticado incorretamente. Para se certificar, apanhou a amostra original da biópsia, que estava guardada numa estante desde 1951.

Em dezembro de 1971, quando Jones e seus colegas publicaram seu tributo a Gey na revista *Obstetrics and Gynecology*, relataram que o patologista original havia "interpretado e rotulado erradamente" o câncer de Henrietta. Seu tumor era invasivo, mas não um carcinoma epidermoide como originalmente fora diagnosticado. Pelo contrário, segundo o artigo, tratava-se de um "adenocarcinoma muito agressivo do colo do útero", o que significava que havia se originado de tecido glandular de seu colo do útero, e não de tecido epitelial.

Tal erro de diagnóstico não era incomum na época. Em 1951, o mesmo ano em que Jones realizou a biópsia do tumor de Henrietta, pesquisadores da Universidade de Colúmbia informaram que os dois tipos de câncer eram facilmente e com frequência confundidos.

De acordo com Howard Jones e outros oncologistas ginecológicos com quem conversei, o diagnóstico certo não teria mudado a forma como o câncer de Henrietta foi tratado. Em 1951, pelo menos doze estudos haviam descoberto que adenocarcinomas cervicais e carcinomas epidermoides respondiam da mesma maneira à radioterapia, que era o tratamento recomendado para ambos os tipos.

Embora não mudasse o tratamento de Henrietta, aquele novo diagnóstico ajudava a explicar por que o câncer se espalhara por seu corpo tão mais rapidamente do que os médicos esperavam. Os adenocarcinomas cervicais costumam ser mais agressivos do que os carcinomas epidermoides. (A sífilis de Henrietta, por sinal, também poderia ter influenciado — a sífilis pode debilitar o sistema imunológico, permitindo que o câncer se espalhe de forma mais rápida que o normal.)

De qualquer modo, Jones e seus colegas escreveram, o novo diagnóstico foi "mais um pequeno detalhe da genialidade de George Gey. [...] Muitas vezes se disse que a descoberta científica ocorre quando o homem certo está no lugar certo no momento certo". Gey, eles disseram, era precisamente tal homem. E as células HeLa foram o resultado daquela sorte. "Se deixadas crescendo irrestritamente sob condições de cultura ótimas, [as células HeLa] teriam dominado o mundo àquela altura", eles escreveram. "A biópsia [...] assegurou à paciente, Henrietta Lacks, conhecida como HeLa, uma imortalidade que agora alcança vinte anos. Viverá ela para sempre se cuidada pelas mãos de trabalhadores futuros? Henrietta Lacks, primeiro como Henrietta e depois como HeLa, tem agora uma idade combinada de 51 anos."

Aquela era a primeira vez que o nome real de Henrietta aparecia impresso. Com ele, também pela primeira vez, se divulgava a foto agora ubíqua de Henrietta de pé com as mãos nos quadris. A legenda a chamava de "Henrietta Lacks (HeLa)". Com aquela publicação, o médico de Henrietta e seus colegas associaram para sempre Henrietta, Lawrence, Sonny, Deborah, Zakariyya, seus filhos e todas as gerações futuras dos Lacks às células HeLa e ao DNA dentro delas. E a identidade de Henrietta logo se espalharia de um laboratório a outro com a mesma rapidez de suas células.

Apenas três semanas depois que o nome de Henrietta foi publicado pela primeira vez, Richard Nixon assinou a Lei Nacional do Câncer e deflagrou a Guerra ao Câncer, alocando 1,5 bilhão de dólares para as pesquisas do câncer nos três anos seguintes. Num lance que, muitos acreditam, visava desviar a atenção da Guerra do Vietnã, Nixon anunciou que os cientistas descobririam a cura do câncer dentro de cinco anos, em tempo para o Bicentenário da Independência dos Estados Unidos.

Com os novos recursos, os cientistas passaram a sofrer forte pressão política para cumprir o prazo do presidente. Os pesquisadores correram para descobrir o que acreditavam ser o esquivo vírus do câncer, na esperança de desenvolver uma vacina que o neutralizasse. E, em maio de 1972, Nixon prometeu que cientistas americanos e russos trabalhariam juntos num programa de intercâmbio biomédico para descobrir o vírus.

Embora grande parte da Guerra ao Câncer dependesse de pesquisas que usassem culturas de células, poucas pessoas sabiam que aquelas culturas haviam sido contaminadas pelas células

HeLa. Um repórter do *Washington Post* estivera na conferência quando Gartler anunciou o problema da contaminação, mas não tinha feito a cobertura do evento, e a maioria dos cientistas continuava negando a existência do problema. Alguns vinham até realizando estudos na tentativa de refutar as descobertas de Gartler.

O problema, no entanto, persistiria. No final de 1972, quando cientistas russos afirmaram haver descoberto um vírus do câncer em células de pacientes russos, o governo americano pediu que amostras dessas células fossem entregues pessoalmente ao Laboratório Naval de Pesquisas Biomédicas na Califórnia para teste. Verificou-se então que as células não eram de pacientes de câncer russos. Eram de Henrietta Lacks.

O homem que descobriu esse fato foi Walter Nelson-Rees, um especialista em cromossomos que era diretor de cultura de células do Laboratório Naval. Nelson-Rees estava na plateia quando Gartler apresentou sua inquietante pesquisa, e foi um dos poucos cientistas que acreditaram nela. Depois daquilo, Nelson-Rees havia sido contratado pelo Instituto Nacional do Câncer para ajudar a deter o problema da contaminação. Ele se tornaria conhecido como um especialista vigilante que publicava as "HeLa Hit Lists" na *Science*, listando quaisquer linhagens contaminadas que encontrasse, além dos nomes dos pesquisadores que haviam fornecido as células. Ele não avisava os pesquisadores quando descobria que suas células haviam sido contaminadas com as células HeLa. Apenas publicava seus nomes, o equivalente a ter um *H* escarlate colado na porta de seu laboratório.

Apesar de todos os indícios, a maioria dos pesquisadores continuava se recusando a acreditar que havia um problema. E a mídia parecia não percebê-lo, até que estourou a notícia de que as células russas haviam sido contaminadas por células americanas. Somente então os jornais de Londres, Arizona, Nova York e Washington publicaram manchetes dizendo coisas como CÉLULAS

CANCEROSAS DE MULHER MORTA HÁ MUITO TEMPO INVADEM OUTRAS CULTURAS. Eles noticiaram "grave confusão", "pesquisas equivocadas" e milhões de dólares desperdiçados.

De repente, pela primeira vez desde o artigo da *Collier's* nos anos 1950, a imprensa estava muito interessada na mulher por trás daquelas células. Escreveram sobre seu "tipo incomum de imortalidade" em um artigo após outro. Chamaram-na de Helen Larsen ou Helen Lane, mas nunca de Henrietta Lacks, porque Jones e McKusick haviam publicado seu nome numa pequena revista científica que poucas pessoas leram.

Rumores se espalharam sobre a identidade daquela misteriosa Helen L. Alguns acharam que havia sido a secretária de Gey ou talvez sua amante. Outros disseram ter sido uma prostituta que fazia ponto perto do Johns Hopkins ou uma criatura da imaginação de Gey, uma personagem fictícia criada por ele para ocultar a verdadeira identidade da mulher por trás das células.

À medida que Helen aparecia repetidamente em artigos com diferentes sobrenomes, uns poucos cientistas começaram a sentir a necessidade de esclarecer as coisas. Em 9 de março de 1973, a revista *Nature* publicou uma carta de J. Douglas, um biólogo da Universidade Brunel:

> Há 21 anos George Gey criou a cultura das famosas células HeLa. Estima-se que o peso dessas células no mundo atualmente exceda a da negra americana de cujo tumor cervical elas se originaram. Essa senhora alcançou a verdadeira imortalidade, tanto no tubo de ensaio como nos corações e mentes de cientistas mundo afora, já que o valor das células HeLa para pesquisas, diagnósticos etc. é inestimável. No entanto, não sabemos seu nome! Tem sido amplamente declarado que He e La são as iniciais de seu nome, mas, enquanto um compêndio diz que o nome foi Helen Lane, outro diz que foi Henrietta Lacks. Minhas cartas aos autores, indagando sobre a ori-

gem de sua informação, como a carta ao hospital do qual se originou o artigo de Gey, permanecem sem resposta. Será que alguém sabe ao certo? Seria contrário à ética médica no ano da maioridade das células HeLa autenticar o nome e permitir que He... La... desfrute da fama que ela tanto merece?

Douglas recebeu uma enxurrada de respostas. Não há registro de leitores abordando sua pergunta sobre ética médica, mas eles corrigiram sua gramática e seu emprego da palavra inglesa *negro* em vez do feminino pouco usual *negress*. Muitas respostas revelaram o nome de mulheres que acreditavam estar por detrás das células HeLa: Helga Larsen, Heather Langree, até a atriz Hedy Lamarr. Em uma carta complementar de 20 de abril de 1973, Douglas declarou que todas aquelas mulheres deveriam "sair de cena com toda a dignidade", já que ele recebera uma carta de Howard W. Jones que não deixava "nenhuma dúvida de que as células HeLa receberam seu nome por causa de Henrietta Lacks".

Jones não foi o único a esclarecer as coisas sobre o nome de Henrietta: logo Victor McKusick, um dos coautores de Jones, enviaria carta semelhante a uma repórter da *Science*, corrigindo o uso incorreto que ela fizera do nome Helen Lane. A jornalista respondeu com um breve artigo complementar na *Science* intitulado "HeLa (de Henrietta Lacks)". Ali explicou que havia inadvertidamente "repetido a crença predominante sobre a origem daquelas células". Depois, numa das revistas de ciência mais lidas do mundo, corrigiu seu erro: "Helen Lane, ao que parece, nunca viveu. Mas Henrietta Lacks sim, por muito tempo protegida pelo pseudônimo Helen Lane". Ela também informou que o tumor de Henrietta havia sido incorretamente diagnosticado.

"Nada disso altera a validade do trabalho realizado com as células HeLa", ela escreveu, "mas deve ser mencionado — só como registro."

PARTE TRÊS

IMORTALIDADE

23. "Está viva"

1973-4

Em um dia enevoado de 1973, numa casa geminada de tijolos marrons a cinco portas de sua própria casa, Bobbette Lacks estava sentada à mesa de jantar de sua amiga Gardenia. O cunhado de Gardenia viera de Washington, D. C. e eles haviam acabado de almoçar. Enquanto Gardenia lavava a louça na cozinha, seu cunhado perguntou a Bobbette qual a profissão dela. Quando ela respondeu que era enfermeira no Hospital Municipal de Baltimore, ele disse: "É mesmo? Eu trabalho no Instituto Nacional do Câncer".

Conversaram sobre medicina e sobre as plantas de Gardenia, que cobriam as janelas e bancadas. "Essas coisas morreriam na minha casa", Bobbette disse, e eles riram.

"De onde você é?", ele quis saber.

"Norte de Baltimore."

"Não brinca, eu também. Qual o seu sobrenome?"

"Bem, era Cooper, mas meu nome de casada é Lacks."

"Seu sobrenome é Lacks?"

"Sim, por quê?"

"Engraçado", ele disse. "Venho trabalhando há anos com

aquelas células no meu laboratório e acabei de ler um artigo dizendo que elas vieram de uma mulher chamada Henrietta Lacks. Nunca ouvi esse nome em nenhum outro lugar."

Bobbette riu. "A minha sogra é Henrietta Lacks, mas você não deve estar falando dela — ela morreu faz quase 25 anos."

"Henrietta Lacks é sua sogra?", ele perguntou, subitamente entusiasmado. "Ela morreu de câncer cervical?"

Bobbette parou de sorrir e retrucou: "Como você sabe?".

"Aquelas células no meu laboratório devem ser dela", ele observou. "São de uma mulher negra chamada Henrietta Lacks que morreu de câncer cervical no Hopkins nos anos 1950."

"O quê?", Bobbette exclamou, saltando da cadeira. "Como é possível as células dela estarem no seu laboratório?"

Ele ergueu as mãos como querendo dizer: *Epa, espera aí!* "Eu pedi para um fornecedor, como todo mundo."

"O que você quer dizer com 'todo mundo'?!", Bobbette indagou. "*Qual* fornecedor? Quem é que está com as células da minha sogra?"

Aquilo foi como um pesadelo. Ela lera no jornal sobre o estudo da sífilis em Tuskegee, que acabara de ser descontinuado pelo governo após quarenta anos, e agora ali estava o cunhado de Gardenia dizendo que o Hospital Johns Hopkins mantinha uma parte de Henrietta viva e que cientistas de toda parte vinham fazendo pesquisas com ela, e a família não tinha a menor ideia. Era como se todas aquelas histórias aterrorizantes que ela ouvira sobre o Hopkins durante a vida toda de repente se confirmassem e estivessem acontecendo com ela. *Se eles estão fazendo pesquisas com Henrietta,* pensou, *é só uma questão de tempo até virem atrás dos filhos de Henrietta, e talvez dos netos dela.*

O cunhado de Gardenia contou a Bobbette que as células de Henrietta haviam ocupado o noticiário ultimamente porque vinham causando problemas, contaminando outras culturas. Mas

Bobbette fez um sinal de incredulidade com a cabeça, dizendo: "Como é possível que ninguém contou à família que uma parte dela continua viva?".

"Eu também gostaria de saber", ele respondeu. Como a maioria dos pesquisadores, ele nunca refletiu se a mulher por trás das células HeLa as teria doado voluntariamente.

Bobbette pediu desculpas e correu para casa, irrompendo pela porta de tela da cozinha, berrando para Lawrence: "Parte da sua mãe está viva!".

Lawrence ligou para o pai a fim de contar o que Bobbette ouvira, e Day ficou perplexo. *Henrietta viva?*, ele pensou. Não fazia sentido. Ele vira o corpo dela no funeral em Clover. Eles o teriam exumado? Ou tinham feito alguma coisa com ela durante a autópsia?

Lawrence ligou para a central telefônica do Hospital Johns Hopkins e disse: "Estou ligando para saber sobre a minha mãe, Henrietta Lacks — uma parte dela está viva aí com vocês". Quando a telefonista não conseguiu encontrar um registro de uma paciente chamada Henrietta Lacks no hospital, Lawrence desligou e ficou sem saber para quem mais ligar.

Em junho de 1973, pouco tempo depois de Lawrence telefonar para o Johns Hopkins, um grupo de pesquisadores se reuniu ao redor de uma mesa na Universidade de Yale no Primeiro Workshop Internacional sobre o Mapeamento de Genes Humanos, um primeiro passo em direção ao Projeto do Genoma Humano. Estavam conversando sobre como deter o problema da contaminação das células HeLa, quando alguém observou que toda aquela confusão poderia ser resolvida se encontrassem marcadores genéticos específicos de Henrietta e os utilizassem para identificar quais células eram dela e quais não eram. Mas aquilo exigiria amostras do DNA de sua família imediata — de preferência o marido, bem como filhos —, para compararem com o DNA das células HeLa e criarem um mapa dos genes de Henrietta.

Victor McKusick, um dos primeiros cientistas a publicar o nome de Henrietta, estava presente. Ele informou aos colegas que poderia ajudar. O marido e os filhos de Henrietta ainda eram pacientes do Hopkins, e não seria difícil localizá-los. Como médico da equipe, McKusick tinha acesso aos prontuários médicos deles e a informações para contato.

Os geneticistas da conferência ficaram exultantes. Se tivessem acesso ao DNA dos filhos de Henrietta, poderiam não apenas solucionar o problema da contaminação como também estudar as células de Henrietta de maneira totalmente nova. McKusick concordou e virou-se para uma de suas colegas do pós-doutorado, Susan Hsu, e pediu: "Assim que retornar a Baltimore, providencie isto".

McKusick não deu instruções a Hsu de como explicar a pesquisa à família Lacks. Tudo que ela sabia era que Victor McKusick havia pedido que ela telefonasse para a família.

"Ele era como um deus", Hsu me contou anos depois. "Um homem pra lá de famoso que treinou a maioria dos médicos geneticistas mais famosos do mundo. Quando o doutor McKusick disse 'Assim que retornar a Baltimore, consiga esse sangue', obedeci."

Quando retornou da conferência, Hsu ligou para Day perguntando se poderia coletar sangue de sua família. "Disseram que estavam com a minha mulher e que ela estava parcialmente viva", ele me contou anos depois. "Disseram que vinham fazendo experimentos com ela e queriam vir examinar meus filhos para saber se eles tinham pegado aquele câncer que matou a mãe deles."

Mas Hsu não havia dito nada sobre examinar os filhos para saber se tinham câncer. Não existia nada chamado "exame de câncer", e mesmo que existisse o laboratório de McKusick não se dedicaria a isso, porque ele não era um pesquisador de câncer.

McKusick era um geneticista renomado, fundador do primeiro departamento de genética humana no Hopkins, onde mantinha um catálogo com centenas de genes, muitos descobertos por ele mesmo nas populações amish. Ele compilava informações sobre genes conhecidos e as pesquisas de que participaram em um banco de dados chamado Herança Mendeliana no Homem, a bíblia da área, que agora contém cerca de 20 mil registros e continua crescendo.

McKusick e Hsu esperavam usar a hibridização de células somáticas para procurar diversos marcadores genéticos diferentes na família Lacks, inclusive proteínas específicas chamadas *marcadores HLA*. Ao testar os filhos de Henrietta, esperavam descobrir quais poderiam ter sido os marcadores HLA de Henrietta, podendo assim usá-los para identificar suas células.

Hsu tinha vindo da China para os Estados Unidos, e o inglês não era sua língua nativa. Segundo ela conta, ao ligar para Day em 1973 Hsu teria dito estas palavras: "Nós vamos extrair sangue para obter o marcador HLA, fazemos o perfil de marcadores genéticos porque podemos deduzir muita coisa do genótipo de Henrietta Lacks com base nos seus filhos e marido".

Quando lhe perguntei se Day deu a impressão de ter entendido, Hsu respondeu: "Eles foram muito receptivos conosco quando telefonei. São bem inteligentes. Acho que o senhor Lacks já sabia até certo ponto que sua esposa tinha feito uma contribuição e eles estavam bem conscientes do valor das células HeLa. Eles provavelmente ouviram pessoas comentando que a linhagem celular é algo muito importante. Na época, todo mundo falava sobre as células HeLa. São uma família muito legal e gentilmente permitiram que coletássemos o sangue".

O sotaque de Hsu era forte, assim como o de Day — ele tinha uma pronúncia arrastada, rural, sulina tão acentuada que seus próprios filhos muitas vezes não conseguiam entendê-lo. Mas a língua não era a única barreira entre eles. Day não teria entendido o conceito de células imortais ou de marcadores HLA mesmo que alguém sem nenhum sotaque lhe tivesse explicado. Ele só frequentara a escola durante quatro anos de sua vida e jamais estudara ciências. O único tipo de célula de que tinha ouvido falar era a célula penitenciária em que Zakariyya estava vivendo em Hagerstown. Portanto, fez o que sempre fizera quando não entendia o que um médico dizia: assentiu com a cabeça e disse sim.

Anos depois, quando perguntei a McKusick se alguém tentou obter o consentimento informado da família Lacks, ele disse: "Desconfio que não tenha havido nenhum esforço para explicar nada com mais detalhes. Mas não acredito que alguém tenha dito que estávamos aplicando um exame de câncer, porque não era verdade. Devem ter simplesmente dito: 'A sua mãe teve câncer, as células daquele câncer vêm crescendo por toda parte e sendo estudadas com grande detalhe. Para entender melhor isso, gostaríamos de coletar sangue de vocês'".

Quando fiz a Susan Hsu a mesma pergunta, ela respondeu: "Não. Nós nunca demos um formulário de consentimento porque você só vai extrair sangue. Não estamos realizando nenhum tipo de pesquisa médica, veja bem, de longo prazo. Tudo que queríamos eram uns poucos tubos de sangue para fazer um teste de marcadores genéticos. Aquilo não envolvia um comitê de pesquisas humanas ou algo semelhante".

Embora essa atitude não fosse incomum na época, as diretrizes do National Institutes of Health (NIH) estipulavam que toda pesquisa com cobaias humanas financiada pelo instituto — caso da pesquisa de McKusick — requeria tanto o consentimento informado como a aprovação da junta de revisão do Hospital Johns Hopkins. Essas diretrizes haviam sido implementadas em 1966, após o julgamento de Southam, sendo depois expandidas em 1971 de modo a incluírem uma definição detalhada do consentimento

234

informado. Estavam em vias de ser transformadas em lei quando Hsu ligou para Day.

McKusick iniciou sua pesquisa da família Lacks numa época de grandes mudanças na supervisão das pesquisas. Apenas um ano antes, como consequência de Tuskegee e de vários outros estudos antiéticos, o Departamento de Saúde, Educação e Assistência Social (Department of Health, Education and Welfare, HEW) realizara uma investigação da supervisão federal das pesquisas com cobaias humanas e constatara sua inadequação. Nas palavras de um relatório do governo, era uma época repleta de "confusão generalizada sobre como avaliar riscos", bem como de "recusa de alguns pesquisadores em cooperar" com a supervisão e "indiferença daqueles encarregados de gerir as pesquisas e suas regras nas instituições locais". Após interromper o estudo de Tuskegee, o HEW propôs regulamentos novos de Proteção de Cobaias Humanas que exigiriam, entre outras coisas, o consentimento informado. Um anúncio convidando o público a comentar a nova lei proposta seria publicado no *Federal Register* em outubro de 1973, poucos meses depois de Hsu ligar para Day.

Depois que Day terminou de falar com Hsu, ligou para Lawrence, Sonny e Deborah, dizendo: "Vocês precisam vir aqui em casa amanhã, os médicos do Hopkins vão examinar o sangue de todo mundo para ver se vocês estão com o câncer que a sua mãe teve".

Quando Henrietta morreu, Day concordara em permitir que os médicos dela fizessem uma autópsia porque havia sido informado de que ela poderia ajudar seus filhos um dia. *Eles devem estar dizendo a verdade*, Day pensou. Zakariyya estava no útero de Henrietta quando ela contraiu o câncer, e desde então ele tivera todos aqueles problemas de revolta. Agora Deborah tinha quase 24 anos, não muito mais jovem do que quando Henrietta morreu. Fazia sentido ligarem dizendo que estava na hora de fazer o exame.

Deborah entrou em pânico. Ela sabia que sua mãe adoecera com trinta anos, e fazia muito tempo temia seu próprio trigésimo aniversário, achando que o que aconteceu com a mãe naquela idade aconteceria com ela também. E Deborah não podia suportar a ideia de seus próprios filhos crescerem sem mãe como acontecera com ela. Àquela altura, LaTonya estava com dois anos e Alfred, com seis, e Chita jamais pagara pensão alimentícia. Deborah tentara viver da assistência social por três meses, mas detestou, de modo que agora vinha trabalhando de dia numa filial suburbana da Toys "R" Us, que exigia mais de uma hora de viagem em três ônibus diferentes, e à noite em uma lanchonete chamada Gino's, atrás de seu apartamento.

Como Deborah não podia pagar uma babá, seu chefe na Gino's permitia que Tonya e Alfred ficassem sentados num canto da lanchonete, à noite, enquanto Deborah trabalhava. No intervalo do jantar, às oito e meia, Deborah dava a volta correndo por trás do prédio e ia até o seu apartamento pôr as crianças na cama. Eles sabiam que só podiam abrir a porta se ouvissem a batida secreta da mãe e que não podiam aproximar as lamparinas de querosene de alguma cortina ou lençol. Deborah treinou com eles exercícios de incêndio caso algo saísse errado enquanto ela estava no trabalho, ensinando os dois a ir rastejando até a janela, lançarem para fora uma corda de lençóis que ela mantinha amarrada à perna da cama, e descerem em segurança.

Aquelas crianças eram tudo que Deborah tinha, e ela não ia deixar que nada de ruim acontecesse com elas. Assim, quando seu pai ligou dizendo que o Johns Hopkins queria examiná-la para saber se ela estava com o câncer da mãe, Deborah soluçou: "Senhor, não me afaste dos meus bebês, não agora, depois de tudo que passamos".

Alguns dias após o telefonema de Susan Hsu, Day, Sonny, Lawrence e Deborah sentaram-se em volta da mesa de jantar de Lawrence, e Hsu e um médico do laboratório de McKusick coletaram tubos de sangue de cada um deles.

Nos dias que se seguiram, Deborah ligou repetidamente para o Hospital Johns Hopkins, dizendo à telefonista: "Estou ligando para saber do meu resultado do câncer". Mas nenhuma telefonista sabia de que exames se tratava ou para onde encaminhá-la.

Não muito tempo depois, Hsu escreveu uma carta para Lawrence perguntando se podia enviar uma enfermeira até Hagerstown para coletar amostras de Zakariyya na prisão. Ela incluiu uma cópia do tributo a George Gey escrito por McKusick e Jones, dizendo que achava que Lawrence gostaria de ver um artigo sobre as células de sua mãe. Ninguém da família se recorda de ter lido o artigo — acreditam que Lawrence o esqueceu em uma gaveta.

Os homens da família Lacks não tinham tempo para pensar nas células da mãe ou nos exames de câncer. Lawrence vinha trabalhando em horário integral na ferrovia e morava numa casa repleta de crianças. Zakariyya ainda estava na prisão, e a vida se tornara dura para Sonny, que agora se ocupava de vender drogas.

Mas Deborah não conseguia parar de se preocupar. Estava apavorada com a possibilidade de desenvolver câncer e obcecada com a ideia de que os pesquisadores haviam feito — e talvez continuassem fazendo — coisas horríveis com sua mãe. Ouvira as histórias sobre o rapto de negros para pesquisas no Johns Hopkins e lera um artigo na *Jet* sobre o estudo de Tuskegee sugerindo que os médicos poderiam ter injetado sífilis naqueles homens para estudá-los. "A injeção de organismos causadores de doenças em cobaias humanas sem seu conhecimento já ocorreu antes na ciência médica americana", o artigo explicava. "Foi praticada há oito anos na cidade de Nova York pelo dr. Chester Southam, um especialista em câncer que injetou células de câncer vivas em pacientes idosos cronicamente doentes."

Deborah começou a imaginar que, em vez de estarem testando se os filhos de Henrietta tinham câncer, McKusick e Hsu poderiam, na verdade, estar injetando neles o mesmo sangue ruim que matara sua mãe. Começou a fazer a Day uma série de perguntas sobre Henrietta: Como ela ficou doente? O que aconteceu quando morreu? O que aqueles médicos fizeram com ela? As respostas pareciam confirmar seus temores. Day contou que Henrietta não parecia doente. Disse que a levou ao Hopkins, eles começaram a fazer tratamentos, depois o estômago dela ficou negro feito carvão e ela morreu. Sadie repetiu as mesmas coisas, assim como os demais primos. Mas, quando ela perguntou que tipo de câncer sua mãe tinha, que tratamentos os médicos ministraram e que parte dela continuava viva, a família não soube responder.

Assim, quando um dos assistentes de McKusick ligou para Deborah pedindo que fosse ao Hopkins fornecer mais sangue, ela pensou que se sua família não tinha as respostas para as perguntas sobre sua mãe talvez os cientistas no hospital tivessem. Ela não sabia que o sangue era para um pesquisador da Califórnia que queria algumas amostras para suas próprias pesquisas das células HeLa. Tampouco sabia por que o assistente de McKusick estava ligando para ela e não para seus irmãos — achou que era porque o problema de sua mãe não afetava os homens. Ainda achava que estava sendo examinada para saber se tinha câncer.

Deborah foi ao escritório de McKusick fornecer mais sangue em 26 de junho de 1974, quatro dias antes de entrar em vigor uma nova lei federal exigindo a aprovação do Institutional Review Board (IRB) e o consentimento informado em todas as pesquisas financiadas pelo governo federal. A nova lei — publicada no *Federal*

Register um mês antes — aplicava-se a todas as "cobaias em risco", ou seja, a "qualquer indivíduo que possa estar exposto à possibilidade de lesão, inclusive física, psicológica ou social, como consequência da participação como cobaia". Mas o que vinha a ser "lesão" e "risco" foi objeto de um amplo debate. Numerosos pesquisadores haviam apelado ao HEW, pedindo que coletas de sangue e tecidos fossem dispensadas daquela lei nova. Afinal, os médicos extraíam sangue havia séculos para testes de diagnósticos e, com exceção da dor da picada da agulha, parecia não haver nenhum risco. Mas o HEW não dispensou aqueles procedimentos. Na verdade, mais tarde elucidou a lei para incluí-los de modo bastante específico.

A pesquisa de McKusick com a família Lacks coincidiu com o início de uma nova era da pesquisa genética, em que o conceito de risco aos pacientes mudaria por completo. Com a capacidade de identificar genes numa amostra de sangue ou mesmo em uma única célula, o risco de uma coleta de sangue não se limitava mais a apenas uma pequena infecção ou à dor da picada da agulha, mas ao fato de alguém poder descobrir as informações genéticas de outra pessoa. Tratava-se de violação de privacidade.

Deborah encontrou-se com McKusick uma única vez, quando foi ao Johns Hopkins doar sangue. Ele a cumprimentou e disse que Henrietta havia dado uma contribuição importante à ciência. Depois Deborah o bombardeou com perguntas: O que deixou Henrietta doente? Como uma parte dela ainda estava vivendo? O que significava aquilo? O que Henrietta fizera pela ciência? E aqueles exames de sangue que estava fazendo significavam que Deborah iria morrer jovem como a mãe?

McKusick não explicou por que estavam extraindo sangue de Deborah. Em vez disso, contou sobre as células de Henrietta usadas para a vacina antipólio e para pesquisas genéticas. Disse que elas haviam sido enviadas em missões espaciais e usadas em testes da bomba atômica. Deborah ouviu aquelas coisas e imaginou sua mãe na Lua e sendo explodida por bombas. Ficou aterrorizada e em dúvida se as partes de sua mãe usadas nas pesquisas conseguiam sentir as coisas que os cientistas vinham fazendo com elas.

Quando pediu a McKusick que explicasse mais sobre as células, ele entregou um livro editado por ele chamado *Medical genetics*, que se tornaria um dos compêndios mais importantes da área. Disse que lá ela encontraria tudo que precisava saber, depois autografou a capa interna. Sob sua assinatura escreveu um número de telefone, dizendo que ela o usasse para marcar novas coletas de sangue.

McKusick foi para a segunda página da introdução. Ali, entre gráficos de "Mortalidade Infantil Específica por Doenças" e uma descrição do "estado homozigótico dos erros congênitos garrodianos", estava a fotografia de Henrietta com as mãos nos quadris. Ele apontou para o parágrafo que a mencionava:

> Os médicos geneticistas que estudam células em vez do paciente inteiro têm tirado vantagem de um repositório de informações — morfológicas, bioquímicas e outras sobre a biologia celular — derivadas em grande parte do estudo da famosa linhagem de células em cultura da paciente retratada nesta página, Henrietta Lacks.

O livro estava repleto de frases complicadas explicando as células de Henrietta, dizendo que "sua histologia atípica talvez se correlacione com o comportamento anormalmente maligno do carcinoma" e algo sobre o "correlato da singularidade do tumor".

A leitura de revistas demandava muito tempo de Deborah, porque com frequência ela precisava parar para consultar palavras no dicionário. Agora ela estava sentada na clínica segurando o livro de McKusick, sem sequer tentar ler as palavras. Tudo que conseguiu pensar foi que nunca tinha visto aquela fotografia de sua mãe. *O que aconteceu com ela para ir acabar ali?*, ela se perguntou. *E como ele conseguiu esta foto?* Day jurou que nunca a dera a

McKusick nem a qualquer médico de Henrietta. Os irmãos de Deborah juraram o mesmo. A única coisa que ocorreu a Day foi que talvez Howard Jones tivesse pedido uma foto a Henrietta, acrescentando-a ao prontuário médico dela. Mas, pelo que Day sabia, ninguém nunca tinha pedido permissão para publicá-la.

Quando conversei com McKusick vários anos antes de sua morte, em 2008, ele tinha 79 anos e continuava realizando pesquisas e treinando jovens cientistas. Ele não se lembrou de onde havia obtido a foto, mas imaginou que a família de Henrietta a devia ter entregue a Howard Jones ou a outro médico do Hopkins. Embora McKusick se lembrasse da pesquisa que realizou com a família Lacks, não recordava ter encontrado Deborah ou entregado seu livro a ela, e disse que nunca teve contato direto com a família. Aquilo cabia a Hsu.

Quando conversei com Susan Hsu, agora diretora de genética médica na Cruz Vermelha Americana, ela me contou que trabalhar com McKusick nas células HeLa foi um ponto alto em sua carreira. "Fico muito orgulhosa", ela contou. "Provavelmente farei cópias daqueles artigos e direi aos meus filhos que aquilo foi importante." Mas, quando expliquei que a família Lacks achava que ela estava aplicando exames de câncer e que tinham ficado aborrecidos porque os cientistas usaram as células sem seu conhecimento, ela ficou chocada.

"Me sinto muito mal sobre isso", ela disse. "As pessoas deveriam ter contado a eles. Veja bem, jamais nos ocorreu na época que eles não entendiam o que estávamos fazendo."

Ela também me disse que gostaria que eu transmitisse um recado à família Lacks quando voltasse a encontrá-los: "Diga-lhes que sou muito grata. Eles deveriam estar muito orgulhosos da mãe ou esposa — acho que, se estão zangados, é porque provavelmente não perceberam o quanto as células dela são famosas no mundo. Foi triste o que aconteceu, mas mesmo assim eles deveriam se sentir muito orgulhosos; a mãe deles nunca morrerá. Enquanto a ciência médica existir, ela sempre será reconhecida".

Mais ao final da nossa conversa, Hsu mencionou que poderia descobrir muito mais examinando o sangue da família atualmente, pois a tecnologia do DNA avançara muito desde os anos 1970. Depois pediu que eu dissesse à família Lacks mais uma coisa: "Se estiverem dispostos, eu não me importaria de retornar para coletar mais sangue".

24. "O mínimo que podem fazer"
1975

A família Lacks não sabia do problema da contaminação por células HeLa que levou McKusick e Hsu a procurá-la até que Michael Rogers, um jovem repórter da *Rolling Stone*, aparecesse na casa deles de cabelos compridos e roupa de cantor de *rock-and-roll*.

Rogers era uma espécie de prodígio do jornalismo. Ao fazer dezenove anos, obteve um diploma universitário de escrita criativa e física e publicou sua primeira matéria na *Esquire*. Com pouco mais de vinte anos, quando começou a examinar a história das células HeLa, já havia publicado dois livros e integrava a equipe da *Rolling Stone*. Nos anos seguintes, viria a se tornar editor da *Newsweek* e depois do *Washington Post*.

Rogers tomou conhecimento das células HeLa após ver "Helen Lane Vive!" pichado sobre um urinol no banheiro de uma faculdade de medicina. Começou a ler reportagens sobre as células HeLa e o problema da contaminação e percebeu que aquilo daria uma excelente matéria na *Rolling Stone* — a mistura perfeita de ciência e interesse humano. Assim, Rogers resolveu sair em busca dessa misteriosa Helen Lane.

Ligou para Margaret Gey, que se mostrou amigável e falante até Rogers indagar sobre Helen Lane. Aí ela disse que não seria uma boa ideia se encontrarem e desligou. Rogers conseguiu localizar Walter Nelson-Rees, que mencionou, como um aparte, que Henrietta Lacks era o nome verdadeiro da mulher por trás das células. Sentado na cama do hotel de Baltimore e tendo como vista o relógio B-R-O-M-O-S-E-L-T-Z-E-R, Rogers logo encontrou Lawrence Lacks na lista telefônica.

Em pleno inverno de 1975, as ruas de Baltimore estavam geladas, e a caminho da casa de Lawrence o táxi de Rogers foi atingido por outro carro no meio de um cruzamento. O táxi rodopiou na rua e deu seis giros completos, como se alguma mão gigante tivesse lhe dado um peteleco. Rogers havia feito reportagens arriscadas no mundo inteiro. Agora, sentado no banco traseiro de um táxi, agarrado à maçaneta da porta, pensava: *Caramba! Seria um absurdo eu morrer em Baltimore trabalhando justamente nesta missão. E nem é uma matéria perigosa!*

Décadas depois, quando conversei com Rogers em seu apartamento no Brooklyn, concordamos, meio de brincadeira, que o táxi provavelmente não girou por acaso. Deborah mais tarde diria que tinha sido um aviso de Henrietta para que deixasse a família em paz, porque ele estava prestes a contar a eles algo perturbador. Ela também diria que Henrietta provocou o famoso incêndio em Oakland, na Califórnia, que mais tarde queimaria a casa de Rogers, destruindo todas as anotações e documentos que ele coletara sobre as células HeLa e a família de Henrietta.

Ao chegar à casa de Lawrence, Rogers esperava entrevistar os Lacks sobre Henrietta, mas em vez disso viu-se bombardeado por perguntas.

"Estava muito claro que eles não haviam sido bem tratados", Rogers me contou. "Eles não faziam a *mínima* ideia do que estava acontecendo, e realmente queriam entender. Mas os médicos apenas extraíam amostras de sangue sem explicar nada e deixavam a família preocupada."

Lawrence perguntou: "Tenho uma dúvida sobre essas células... Dizem que elas são mais fortes, que estão dominando — isso é ruim ou bom? Significa que se ficarmos doentes teremos mais chances de sobreviver?".

Rogers respondeu aos Lacks que não, que a imortalidade das células não significava nem que eles também se tornariam imortais nem que morreriam de câncer. Mas não teve certeza de que eles acreditaram. Explicou o conceito de células da melhor forma possível, contou-lhes sobre as notícias publicadas na mídia a respeito das células HeLa e prometeu enviar cópias para eles lerem.

Àquela altura, ninguém na família imediata de Henrietta, exceto Deborah, parecia particularmente aborrecido com a história de Henrietta ou a existência daquelas células.

"Não senti muita coisa sobre as células quando fiquei sabendo que elas estavam vivas", Sonny me disse anos depois. "Contanto que estejam ajudando alguém. Foi o que eu pensei."

Mas tudo mudou quando ele e seus irmãos leram o artigo de Rogers e souberam disto:

> Linhagens de células são permutadas, comercializadas, encaminhadas, solicitadas e emprestadas entre instituições de pesquisa ao redor do mundo. [...] As fontes institucionais das células agora variam desde instalações com apoio [governamental] como a de Nelson-Rees até organizações comerciais onde se pode encomendar, por cerca de 25 dólares, um frasco minúsculo de células HeLa.

Esse parágrafo fez os irmãos Lacks subitamente se interessar pela história das células HeLa. Eles também se convenceram de que George Gey e o Hospital Johns Hopkins haviam surrupiado as células de sua mãe e ganhado milhões com sua venda.

Mas na verdade a história de Gey mostra que ele não estava particularmente interessado em lucrar com a ciência: no início dos anos 1940, ele recusara um convite para criar e dirigir o primeiro laboratório comercial de cultura de células. Patentear linhagens de células é padrão hoje em dia, mas não era nos anos 1950. E, mesmo que fosse, é improvável que Gey tivesse patenteado as células HeLa. Ele nem sequer patenteou o tambor giratório, ainda hoje usado, que poderia tê-lo tornado rico.

No final, Gey ganhava um salário razoável no Johns Hopkins, mas não era rico. Ele e Margaret viviam numa casa modesta que ele havia comprado de um amigo por um dólar de entrada para depois passar anos restaurando-a e pagando o financiamento. Margaret dirigiu o laboratório de Gey por mais de uma década sem receber nada. Às vezes ela não conseguia pagar as prestações da casa ou fazer compras no supermercado porque George mais uma vez havia zerado a conta comprando equipamentos de laboratório acima de suas possibilidades. Ela acabou obrigando-o a abrir uma conta de banco separada para o laboratório e o manteve o máximo possível afastado da conta pessoal deles. No trigésimo aniversário de casamento, George presenteou Margaret com um cheque de cem dólares, acompanhado de um bilhete rabiscado nas costas de um invólucro de óxido de alumínio: "Os próximos trinta anos não serão tão difíceis. Com amor, George". Margaret jamais descontou o cheque, e a situação nunca melhorou.

Com o passar dos anos, diversos porta-vozes do Hospital Johns Hopkins, entre eles pelo menos um ex-presidente da universidade, declararam a mim e a outros jornalistas que o hospital jamais ganhou um centavo com as células HeLa e que George Gey as distribuía de graça.

Inexistem registros de que o hospital ou Gey aceitassem dinheiro pelas células HeLa, mas muitos bancos de células com fins lucrativos e empresas de biotecnologia aceitaram. A Microbiological

Associates — que mais tarde se tornou parte da Invitrogen e Bio-Whittaker, duas das maiores empresas de biotecnologia do mundo — começou suas atividades vendendo células HeLa. Como a Microbiological Associates era uma empresa privada e vendia muitos outros produtos biológicos, não há como saber quanto de sua receita provinha especificamente das células HeLa. O mesmo ocorre com muitas outras empresas. O que se sabe é que atualmente a Invitrogen vende produtos HeLa que custam entre cem e quase 10 mil dólares o frasco. Uma busca no banco de dados do Escritório de Patentes e Marcas Registradas norte-americano fornece mais de 17 mil patentes envolvendo células HeLa. E não há como quantificar o ganho profissional de muitos cientistas com a ajuda das células HeLa.

A American Type Culture Collection — organização sem fins lucrativos cujos recursos servem sobretudo para conservar e fornecer culturas puras para a ciência — tem vendido células HeLa desde os anos 1960. Quando este livro foi para o prelo, o frasco custava 256 dólares. A ATCC não revela quanto arrecada anualmente com as vendas das células HeLa, mas, por se tratar de uma das linhagens de células mais populares do mundo, deve ser uma soma significativa.

Lawrence e Sonny não sabiam de nada disso. Tudo que sabiam era que Gey cultivara as células de sua mãe no Hospital Johns Hopkins, que alguém em algum lugar estava ganhando dinheiro com elas e que aquele alguém não era ninguém da família de Henrietta Lacks. Assim, na tentativa de fazer com que o Hopkins lhes desse a sua parcela dos lucros das células HeLa, imprimiram folhetos sobre os direitos da família de Henrietta Lacks, distribuindo-os aos clientes da loja de Lawrence.

Deborah não queria se envolver na luta contra o Hopkins — estava ocupada demais criando seus filhos e tentando saber mais sobre as células de sua mãe. Comprou alguns compêndios básicos de ciência, um bom dicionário e um diário que usava para copiar passagens de livros de biologia: "A célula é uma parte minúscula de substância viva", ela escreveu. "Elas criam e renovam todas as partes do corpo." Mas a maioria das anotações de seu diário eram sobre o que vinha acontecendo:

continuo com dor

[...] deveríamos saber o que está acontecendo com as células dela através de todos que estão com elas. Seria natural perguntar por que essas informações demoram tanto, bom, a verdade é que há anos elas vêm e voltam em vídeos, artigos, livros, revistas, rádio, tevê, no mundo inteiro. [...] Fiquei chocada. Perguntava e ninguém me respondia. Me ensinaram a ser discreta, não falar, só ouvir. [...] Agora tenho algo a dizer, Henrietta Lacks se descontrolou, como minha mãe passou por toda aquela dor sozinha com aqueles médicos insensíveis. Ai, meu pai disse como eles a cozinharam viva com tratamentos de radiação. O que passou pela mente dela naqueles breves meses. Não melhorando e se afastando da sua família. Veja bem, estou tentando reviver aquele dia na minha mente. Bebê mais novo no hospital com tuberculose filha mais velha em outro hospital, e três outros em casa, e o marido tinha que, veja bem, aguentar isso tudo e se virar para garantir a comida dos bebês dele. E a mulher morrendo [...]. Ela naquela enfermaria gelada do Hospital John Hopkins, no lado só para negros, ah sim, eu sei. Quando aquele dia chegou, e minha mãe morreu, ela foi roubada de suas células e o Hospital John Hopkins soube daquelas células e não disse nada, e deu elas para quem eles bem entendiam e até mudaram o nome para célula HeLa e esconderam aquilo de nós por + de 20 anos. Eles dizem Doadas. Não Não Não. Roubadas.

Meu pai não assinou nenhum papel. [...] Quero que me mostrem a prova. Onde estão.

Quanto mais Deborah lutava para entender as células de sua mãe, mais as pesquisas com aquelas células a apavoravam. Quando viu na *Newsweek* um artigo intitulado PESSOAS-PLANTAS informando que cientistas haviam cruzado células de Henrietta Lacks com células de tabaco, Deborah pensou que haviam criado um monstro que era metade sua mãe, metade tabaco. Quando soube que cientistas vinham empregando as células HeLa para estudar vírus como o da aids e ebola, Deborah imaginou sua mãe sofrendo eternamente os sintomas de cada doença: dor excruciante nos ossos, olhos sangrando, sufocação. E ficou horrorizada com a história de um "curandeiro" que, durante pesquisas da cura espiritual do câncer, tentou matar células HeLa pondo as mãos sobre elas. Ele escreveu:

> Enquanto segurava o frasco, concentrei-me na imagem que formei na minha mente das células, visualizando uma perturbação nos campos das células e as células explodindo. [...] Enquanto eu trabalhava, consegui sentir praticamente um cabo de guerra ocorrendo entre minhas mãos e a capacidade aderente poderosa das células. [...] Aí senti o campo ceder, enquanto eu avançava [...] parecia que alguém havia posto uma granada minúscula em cada uma das células — toda a cultura havia simplesmente explodido! O número de células flutuando mortas havia aumentado vinte vezes!

Para Deborah, aquilo soava como um ataque violento contra sua mãe. Mas o que mais a incomodava era todos aqueles cientistas e jornalistas espalhados pelo mundo continuarem chamando-a de Helen Lane. *Já que eles foram em frente e pegaram as células dela e elas foram tão importantes para a ciência*, Deborah pensou, *o mínimo que podem fazer é dar a ela o devido crédito por isso.*

Em 25 de março de 1976, quando a reportagem de Mike Rogers na *Rolling Stone* chegou às bancas, era a primeira vez que alguém contava a verdadeira história de Henrietta Lacks e sua família, a primeira vez que a grande mídia informava que a mulher por trás das células HeLa era negra. Um momento explosivo. Notícias sobre o estudo de Tuskegee ainda estavam frescas na memória dos americanos; os Panteras Negras vinham montando clínicas gratuitas para pessoas negras em parques públicos, em protesto contra o que consideravam um sistema de saúde racista; e a história racial por trás das células HeLa não podia ser ignorada. Henrietta era uma negra oriunda da escravidão e do trabalho meeiro, que fugira para o norte em busca de prosperidade e acabou tendo suas células usadas como instrumento por cientistas brancos, sem o consentimento dela. Uma história de brancos vendendo negros, de culturas negras "contaminando" as brancas com uma única célula, numa época em que pessoas com uma "única gota" de sangue negro apenas recentemente haviam adquirido o direito legal de se casar com brancos. Era também a história das células de uma mulher negra não identificada que se transformaram em um dos instrumentos mais importantes da medicina. Uma notícia bombástica.

O artigo de Rogers chamou a atenção de diversos outros jornalistas, que procuraram os Lacks. Nos três meses que se seguiram à matéria de Rogers, *Jet, Ebony, Smithsonian* e vários jornais publicaram artigos sobre Henrietta, "uma das figuras centrais na cruzada contra o câncer".

Nesse ínterim, Victor McKusick e Susan Hsu haviam acabado de publicar os resultados de sua pesquisa na *Science*: numa tabela que ocupava cerca de meia página, sob os títulos "Marido", "Filho 1", "Filho 2", "H. Lacks" e "HeLa", McKusick, Hsu e diversos coautores mapearam 43 diferentes marcadores genéticos presentes no DNA de Day e de dois filhos de Henrietta, usando-os para criar um mapa do DNA de Henrietta que podia ajudar os cientistas a identificar células HeLa em cultura.

Atualmente, nenhum cientista sonharia em publicar o nome de uma pessoa com qualquer informação genética sua, porque sabemos quanta coisa se pode deduzir pelo DNA, inclusive os riscos de desenvolver certas doenças. Publicar informações médicas pessoais dessa maneira violaria a Lei da Portabilidade e Responsabilidade de Seguros-Saúde de 1996 e resultaria em multas de até 250 mil dólares e até dez anos de prisão. Poderia também violar a Lei da Não Discriminação das Informações Genéticas de 2008, criada para evitar que as pessoas percam seu seguro-saúde ou emprego em virtude da discriminação genética. Mas tal supervisão federal não existia na época.

Um advogado poderia ter orientado a família Lacks a abrir um processo de violação de privacidade e falta de consentimento informado. Mas a família não conversou com nenhum advogado — ela nem sequer sabia que haviam feito pesquisas com seu DNA, muito menos que haviam sido publicadas. Deborah continuava aguardando os resultados do que pensava ser o exame de câncer e Sonny e Lawrence ainda estavam ocupados tentando descobrir como obter dinheiro do Hospital Johns Hopkins. Eles não sabiam que, do outro lado do país, um homem branco chamado John Moore estava prestes a travar a mesma batalha. Ao contrário da família Lacks, ele sabia quem fizera o que com suas células, e quanto dinheiro haviam arrecadado. E dispunha de recursos para contratar um advogado.

25. "Quem os autorizou a vender meu baço?"

1976-88

Em 1976 — mesmo ano em que Mike Rogers publicou seu artigo na *Rolling Stone* e a família Lacks descobriu que havia pessoas comprando e vendendo as células de Henrietta —, John Moore estava trabalhando doze horas por dia, sete dias por semana, como topógrafo no Oleoduto do Alasca. Achou que seu trabalho o estava matando. Suas gengivas sangravam, sua barriga estava inchada, equimoses cobriram seu corpo. Descobriu-se que, aos 31 anos, Moore sofria de leucemia das células pilosas, um câncer raro e mortal que enchia seu baço de células de sangue malignas, fazendo-o inchar como uma câmara de ar inflada demais.

O médico de Moore encaminhou-o a David Golde, um proeminente pesquisador do câncer da UCLA, que disse que remover o baço seria a única solução. Moore assinou um formulário de consentimento dizendo que o hospital poderia "destruir por cremação quaisquer tecidos ou membros retirados", e Golde removeu-lhe o baço. Um baço normal pesa uns 45 gramas; o baço de Moore pesava quase dez quilos.

Após a cirurgia, Moore mudou-se para Seattle, tornou-se

vendedor de ostras e prosseguiu sua vida. Mas entre 1976 e 1983, com alguns meses de intervalo, ele pegava um avião e ia até Los Angeles para os exames de acompanhamento com Golde. A princípio, Moore não se incomodava muito com as viagens, mas, depois de anos voando de Seattle a Los Angeles para que Golde extraísse amostras de sua medula óssea, sangue e sêmen, começou a pensar: *Será que um médico aqui em Seattle não poderia fazer isso?* Quando Moore disse a Golde que gostaria de fazer o acompanhamento mais perto de sua casa, o médico se prontificou a pagar as passagens aéreas e hospedá-lo no luxuoso hotel Beverly Wilshire. Moore achou aquilo estranho, mas não desconfiou de nada, até o dia, em 1983 — sete anos após sua cirurgia —, que uma enfermeira lhe entregou um novo formulário de consentimento que dizia:

> Voluntariamente (concedo/não concedo) à Universidade da Califórnia todos os direitos que eu ou meus herdeiros possamos ter sobre qualquer linhagem de células ou de qualquer outro produto potencial que venha a ser desenvolvido do sangue e/ou medula óssea obtidos de mim.

A princípio Moore marcou "concedo". Anos depois, contou à revista *Discover*: "Você não quer causar problema. Você pensa que talvez aquele sujeito te tire do programa, e você pode acabar morrendo ou algo assim".

Moore, porém, desconfiou que Golde não estava sendo sincero, portanto, quando na visita seguinte a enfermeira lhe entregou um formulário idêntico, Moore perguntou a Golde se parte do trabalho de acompanhamento que vinha fazendo tinha algum valor comercial. De acordo com Moore, Golde respondeu que não, mas por via das dúvidas Moore marcou "não concedo".

Após sua consulta, Moore foi para a casa dos pais perto dali. Quando chegou, o telefone estava tocando. Era Golde, que já tinha ligado duas vezes desde que Moore deixara o hospital. Ele disse que Moore devia ter se enganado ao marcar a opção errada no formulário de consentimento, e pediu que voltasse para corrigir.

"Não me senti à vontade para enfrentá-lo", Moore contou a um jornalista anos depois, "de modo que eu disse: 'Ih, doutor, não sei como fui cometer esse erro.'" Mas explicou que não poderia retornar porque precisava pegar o avião para Seattle.

Não demorou para o mesmo formulário aparecer na caixa de correio de Moore com um adesivo indicando "Marque concedo". Ele não marcou. Algumas semanas depois, recebeu uma carta de Golde pedindo que deixasse de criar caso e assinasse o formulário. Moore, então, mandou o formulário a um advogado, que descobriu que Golde dedicara boa parte dos sete anos após a cirurgia de Moore desenvolvendo e comercializando uma linhagem de células chamada Mo.

Moore contou a outro repórter: "Foi muito desumanizador ser conhecido como Mo, ser chamado de Mo nos registros médicos: 'Eu vi Mo hoje'. De repente, eu não era a pessoa que Golde abraçava, eu era Mo, eu era a linhagem de células, como uma fatia de carne".

Semanas antes de entregar a Moore o novo formulário de consentimento — após anos de consultas de "acompanhamento" —, Golde havia solicitado a patente das células de Moore e de várias proteínas extremamente valiosas que aquelas células produziram. Golde ainda não havia vendido os direitos da patente, mas, de acordo com o processo que Moore acabou movendo, Golde fechara um contrato com uma empresa de biotecnologia que lhe ofereceu ações e financiamento no valor de mais de 3,5 milhões de dólares para "desenvolver comercialmente" e "investigar cientificamente" a linhagem de células Mo. Àquela altura o valor de mercado delas era estimado em 3 bilhões de dólares.

Nada que fosse biológico era considerado patenteável até alguns anos antes do processo de Moore, em 1980, quando a Suprema Corte decidiu sobre o caso de Ananda Mohan Chakrabarty, um cientista da General Electric que criou, por meio da engenharia genética, uma bactéria para consumir petróleo de vazamentos. Ele solicitou uma patente, que foi negada sob a justificativa de que nenhum organismo vivo podia ser considerado uma invenção. Os advogados de Chakrabarty argumentaram que, como uma bactéria normal não consome petróleo, as bactérias de Chakrabarty não ocorriam na natureza — elas só existiam porque ele as havia modificado usando a "engenhosidade humana".

A vitória de Chakrabarty abriu a possibilidade de patentear outras coisas vivas, geneticamente modificadas, inclusive animais e linhagens de células que não ocorressem naturalmente fora do corpo. E patentear linhagens de células requeria informar ou obter permissão dos "doadores de células".

Os cientistas foram rápidos em observar que as células de John Moore eram excepcionais e que só valia a pena patentear umas poucas linhagens de células. As células de Moore produziram proteínas raras que as empresas farmacêuticas podiam usar para tratar infecções e câncer. Elas também continham um vírus raro chamado HTLV, um primo distante do vírus HIV, que os pesquisadores esperavam usar para criar uma vacina que impedisse a epidemia da aids. Por esse motivo, as empresas farmacêuticas estavam dispostas a pagar somas extraordinárias para trabalhar com as células dele. Se Moore soubesse disso antes que Golde as tivesse patenteado, poderia ter procurado as empresas e fechado um contrato para ele próprio vender as células.

No início dos anos 1970, um homem chamado Ted Slavin havia feito exatamente isso com anticorpos de seu sangue. Slavin nasceu hemofílico nos anos 1950, quando o único tratamento disponível envolvia infusões de fatores coaguladores de sangue doado, sem nenhuma triagem para detectar doenças. Por causa disso, ele se expusera repetidamente ao vírus da hepatite B, embora só o descobrisse décadas depois, quando um exame de sangue mostrou concentrações altíssimas de anticorpos de hepatite B em seu sangue. Ao receber os resultados daquele exame de sangue, o médico de Slavin — ao contrário do médico de Moore — informou que seu corpo vinha produzindo algo valiosíssimo.

No mundo inteiro, pesquisadores tentavam desenvolver uma vacina para a hepatite B, o que requeria um suprimento regular de anticorpos como os de Slavin, pelos quais as empresas farmacêuticas estavam dispostas a pagar somas vultosas. Aquilo caiu do céu, porque Slavin precisava de dinheiro. Ele trabalhava em empregos ocasionais como garçom ou na construção civil, mas sofrera outro ataque de hemofilia e voltou a ficar desempregado. Desse modo, Slavin contatou laboratórios e empresas farmacêuticas, perguntando se eles queriam comprar seus anticorpos. A maioria respondeu que sim.

Slavin passou a vender seu soro sanguíneo por até dez dólares o mililitro — uma encomenda podendo chegar a quinhentos mililitros — para quem quisesse. Mas não estava apenas atrás do dinheiro. Queria que alguém curasse a hepatite B. Assim, escreveu uma carta ao virologista vencedor do prêmio Nobel Baruch Blumberg, que havia descoberto o antígeno da hepatite B e criado o exame de sangue que detectou os anticorpos de Slavin. Slavin ofereceu a Blumberg o uso gratuito ilimitado de seu sangue e tecidos para sua pesquisa, dando início a uma parceria de anos. Com a ajuda do soro sanguíneo de Slavin, Blumberg acabou descobrindo o vínculo entre a hepatite B e o câncer do fígado e criou a primeira vacina contra hepatite B, salvando milhões de vidas.

Slavin percebeu que ele provavelmente não era o único paciente com um sangue valioso, portanto recrutou outras pessoas igualmente dotadas e abriu uma empresa, a Essential Biologicals, que acabou se fundindo com outra corporação, maior, de produtos biológicos. Slavin foi apenas a primeira entre muitas pessoas que transformaram seu corpo em negócios; hoje quase 2 milhões de americanos vendem seu plasma sanguíneo, muitos deles regularmente.

Moore, porém, não podia vender as células Mo porque aquilo violaria a patente de Golde. Assim, em 1984, Moore moveu um processo contra Golde e a UCLA por o terem enganado e usado seu corpo em pesquisas sem seu consentimento. Também reivindicou direitos de propriedade sobre seus tecidos e processou Golde por roubá-los. Com isso, tornou-se a primeira pessoa a reivindicar legalmente seu próprio tecido e mover um processo por perdas e danos.

Quando o juiz Joseph Wapner, famoso por ser o juiz do programa de televisão *The People's Court*, acabou julgando os depoimentos, Moore percebeu que ninguém levaria o caso a sério. Mas cientistas no mundo inteiro entraram em pânico. Se amostras de tecidos — inclusive células sanguíneas — se tornassem propriedade dos pacientes, os pesquisadores que as extraíssem sem obter previamente o consentimento e os direitos de propriedade corriam o risco de ser acusados de roubo. A imprensa publicou uma matéria após outra citando a opinião de advogados e cientistas de que uma vitória de Moore iria "criar o caos para os pesquisadores" e soar "o dobre de finados do médico-cientista das universidades". Eles tacharam aquilo de "uma ameaça ao compartilhamento de tecidos para fins de pesquisa" e temeram que os pacientes bloqueassem o progresso da ciência exigindo lucros excessivos, mesmo com células que não valessem milhões como as de Moore.

Muitas pesquisas científicas já estavam em suspenso enquanto pesquisadores, universidades e empresas de biotecnologia moviam processos uns contra os outros relativos à propriedade de diferentes linhagens de células. Apenas dois desses casos mencionavam as pessoas das quais as células se originaram: o primeiro, em 1976, envolvia a propriedade de uma linhagem importante de células de feto humano. Leonard Hayflick, o pesquisador que originalmente cultivara as células, argumentou que, em quaisquer culturas de células, várias partes tinham direitos legítimos de propriedade, inclusive os cientistas que as cultivaram, os financiadores de qualquer trabalho relacionado e os "doadores" das amostras originais. Sem qualquer uma dessas contribuições, ele disse, as culturas de células não existiriam, e tampouco qualquer dinheiro resultante de sua venda. Esse caso não criou nenhum precedente porque acabou sendo resolvido através de um acordo amigável, os direitos às células foram divididos entre as partes envolvidas na ação judicial, em que não constava o "doador" das células. O mesmo aconteceu em outro processo logo depois, em que um jovem cientista fugiu para o Japão, sua terra natal, com uma linhagem de células que ajudara a desenvolver nos Estados Unidos. Ele reivindicou a propriedade porque as células originais tinham vindo de sua mãe.

As pessoas só perceberam que havia muito dinheiro envolvido nas linhagens de células quando o caso Moore estourou em manchetes por todo o país, afirmando coisas como:

PROPRIEDADE DAS CÉLULAS LEVANTA QUESTÕES ESPINHOSAS

QUEM DEVERIA TER OS DIREITOS ÀS CÉLULAS DE UM PACIENTE?

QUEM OS AUTORIZOU A VENDER MEU BAÇO?

Cientistas, advogados, especialistas em ética e estrategistas políticos debateram as questões: alguns propuseram uma legislação que proibisse aos médicos retirar células de pacientes ou as comercializarem sem o consentimento e a revelação de potenciais lucros. Outros argumentaram que isso criaria um pesadelo logístico que poria fim ao progresso da medicina.

O juiz julgou improcedente a ação de Moore. Ironicamente, em sua decisão, citou a linhagem de células HeLa como um precedente para o caso da linhagem de células Mo. O fato de que ninguém havia contestado o cultivo ou a propriedade da linhagem de células HeLa, ele disse, mostrava que os pacientes não se importavam quando os médicos pegavam suas células e as transformavam em produtos comerciais. O juiz acreditava que Moore fazia objeções incomuns. Mas a verdade é que ele foi o primeiro a perceber que algo potencialmente condenável vinha ocorrendo.

Moore apelou, e em 1988 a Corte de Apelação da Califórnia decidiu a seu favor, apontando a Lei da Proteção às Cobaias Humanas em Experimentos Médicos, uma lei da Califórnia de 1978 que exigia que as pesquisas com seres humanos respeitassem o "direito dos indivíduos de decidir o que é feito com seus próprios corpos". Os juízes escreveram: "Um paciente deve ter o poder supremo de controlar o que acontece com seus tecidos. Sustentar o contrário abriria a porta para uma invasão maciça da privacidade e dignidade humana em nome do progresso da medicina".

Mas Golde apelou e venceu. E a cada nova decisão judicial, as manchetes pipocavam:

CORTE DECIDE QUE CÉLULAS SÃO PROPRIEDADE DO PACIENTE...

CORTE APOIA O DIREITO DOS MÉDICOS DE USAR TECIDOS DE PACIENTES.

Quase sete anos após Moore ter originalmente movido o processo, a Suprema Corte da Califórnia decidiu contra ele no que se tornou a declaração definitiva sobre a questão: quando tecidos são removidos de seu corpo, com ou sem o seu consentimento, qualquer reivindicação que você possa ter tido sobre a propriedade deles desaparece. Quando você deixa tecidos no consultório ou laboratório de um médico, você os está abandonando como refugo, e qualquer um pode pegar os seus restos e vendê-los. Como Moore havia abandonado suas células, elas deixaram de ser um produto de seu corpo, segundo a decisão judicial. Haviam se "transformado" em uma invenção e eram agora o produto da "engenhosidade humana" e do "esforço inventivo" de Golde.

Moore não recebeu nenhuma parte nos lucros, mas o juiz concordou com ele em duas alegações: a falta de consentimento informado, porque Golde não havia revelado seus interesses financeiros, e a violação do dever fiduciário, significando que Golde havia tirado vantagem de sua posição de médico e violado a confiança do paciente. A corte disse que os pesquisadores deveriam revelar seus interesses financeiros nos tecidos dos pacientes, embora nenhuma lei o exigisse. Observou também a falta de regulamentação e de proteção aos pacientes na pesquisa de tecidos, e recomendou que os legisladores remediassem a situação. Mas afirmou que uma sentença a favor de Moore poderia "destruir o incentivo econômico à realização de pesquisas médicas importantes" e que dar aos pacientes direitos de propriedade a seus tecidos poderia "atrapalhar as pesquisas ao restringir o acesso às matérias-primas necessárias", criando um campo em que "com cada amostra de célula um pesquisador adquire um bilhete de uma loteria de litígios".

Os cientistas saíram vitoriosos e estavam exultantes. O reitor da faculdade de medicina da Universidade de Stanford afirmou a um repórter que, contanto que os pesquisadores revelassem seus interesses financeiros, os pacientes não deveriam se opor ao uso de seus tecidos. "Se você se opusesse", ele disse, "imagino que poderia se sentar ali com seu apêndice rompido e negociar."

Apesar da ampla cobertura da mídia do processo de Moore, a família Lacks não tinha a menor ideia do que vinha ocorrendo. Enquanto o debate sobre a propriedade de tecidos humanos se desenrolava em todo o país, os irmãos Lacks continuavam batendo na tecla de que o Hospital Johns Hopkins havia roubado as cé-

lulas de sua mãe e lhes devia milhões de dólares. E Deborah começou a distribuir panfletos sobre sua mãe e as células, dizendo:
"Quero apenas que vocês leiam o que está neste papel! E contem a
todo mundo! Distribuam. Queremos que todo mundo saiba sobre
a minha mãe".

26. Violação da privacidade
1980-5

Apesar de seus temores, Deborah não morreu ao completar trinta anos. Continuou criando seus filhos, trabalhando em diversos empregos como cabeleireira, tabeliã, misturadora de produtos químicos numa fábrica de cimento, balconista de mercearia, motorista de limusine.

Em 1980, quatro anos depois de se divorciar de Chita, Deborah levou seu carro a um mecânico chamado James Pullum, que também trabalhava numa usina siderúrgica local. Eles se casaram em 1981, quando Deborah tinha 31 anos e Pullum, 46, pouco depois que ele ouviu o chamado do Senhor e se tornou pregador nas horas vagas. Pullum teve alguns conflitos com a lei antes de sua salvação, mas com ele Deborah se sentia segura. Ele percorria Baltimore em sua Harley-Davidson com uma faca no bolso e sempre tinha uma pistola por perto. Quando perguntou sobre a mãe de Deborah, ela estendeu o artigo da *Rolling Stone* sobre a cama, para ele ler, e Pullum a aconselhou a consultar um advogado. Ela respondeu que aquilo não era da conta dele. Acabaram abrindo uma pequena igreja numa loja, e por um tempo Deborah parou de se preocupar tanto com as células da mãe.

Zakariyya foi solto da prisão após cumprir apenas sete anos de sua sentença de quinze anos. Ele se qualificou como técnico de ar-condicionado e motorista de caminhão, mas continuava lutando contra o sentimento de revolta e o alcoolismo, e, nas poucas ocasiões em que conseguia empregos, logo os perdia. Não tinha como pagar aluguel, por isso dormia quase todas as noites num banco em Federal Hill, no centro de Baltimore, ou na escadaria de uma igreja diante da casa de seu pai. Day às vezes olhava pela janela do quarto e via o filho deitado no concreto, mas quando o convidava para entrar Zakariyya resmungava e respondia que preferia dormir no chão. Zakariyya culpava o pai pela morte de Henrietta, o odiava por tê-la enterrado num túmulo sem lápide e nunca o perdoou por entregar seus filhos a Ethel. Depois de um tempo Day parou de chamá-lo, ainda que isso significasse passar por Zakariyya dormindo na calçada.

A certa altura, Zakariyya viu um anúncio pedindo voluntários para estudos médicos no Hospital Johns Hopkins e percebeu que poderia se tornar uma cobaia em troca de algum dinheiro, refeições e às vezes até uma cama para dormir. Quando precisou comprar óculos, permitiu que pesquisadores o infectassem com malária para o estudo de um remédio novo. Ofereceu-se como voluntário de uma pesquisa sobre alcoolismo para poder pagar um novo treinamento profissional, depois se ofereceu para um estudo da aids que lhe permitiria dormir numa cama por quase uma semana. Abandonou o estudo quando os pesquisadores começaram a falar sobre injeções, por temer que o infectassem com a aids.

Nenhum dos médicos sabia que estavam fazendo pesquisas com o filho de Henrietta Lacks, porque ele mudara de nome. Zakariyya e Deborah sempre acharam que, se o Hospital Johns Hopkins descobrisse que ele era um Lacks, não o teria deixado ir embora.

263

O máximo de dinheiro em que qualquer dos filhos de Henrietta pôs a mão foi numa indenização ganha por Day, quando ele e outros trabalhadores saíram vitoriosos numa ação coletiva movida contra um fabricante de caldeiras por causa dos danos causados a seus pulmões pela exposição ao amianto na Bethlehem Steel. Day recebeu um cheque de 12 mil dólares e deu 2 mil dólares a cada filho. Deborah usou sua parte para comprar um pequeno lote em Clover, para que um dia pudesse se mudar para o interior e morar perto do túmulo da mãe.

O período turbulento de Sonny só piorava: quase toda a sua renda provinha de um golpe com vales alimentação que ele aplicava na loja de conveniência de Lawrence, e não demorou muito para ele ser preso por tráfico de narcóticos. E parecia que Alfred, filho de Deborah, trilhava o mesmo caminho dos tios: aos dezoito anos, já havia sido preso várias vezes por pequenos delitos, como arrombamento. Depois de pagar várias vezes sua fiança, Deborah começou a deixá-lo na cadeia para lhe ensinar uma lição, dizendo: "Você vai ficar aí até que sua fiança caia para um valor que você consiga pagar". Mais tarde, quando ele ingressou nos fuzileiros navais e em seguida desertou, Deborah foi atrás dele e obrigou-o a se entregar à polícia militar. Ela esperava que um pequeno período preso o convenceria a jamais ir querer parar numa penitenciária outra vez. Mas as coisas só pioraram, com Alfred roubando e chegando em casa drogado, até Deborah perceber que não poderia fazer mais nada. Então ela disse a ele: "O diabo tomou conta de você, cara — essas drogas estão te deixando maluco. Não te conheço, e não quero mais te ver por aqui".

Em meio a tudo isso, alguém disse a Deborah que, como a parente mais próxima de Henrietta, ela poderia solicitar ao Hospital Johns Hopkins uma cópia dos prontuários da mãe e se informar sobre sua morte. Mas Deborah não solicitou, com medo do que poderia descobrir e de como aquilo iria afetá-la.

Até que em 1985 uma editora universitária publicou um livro de Michael Gold, repórter da revista *Science 85*, sobre a campanha de Walter Nelson-Rees para deter a contaminação por células HeLa. Chamava-se *A conspiracy of cells: One woman's immortal legacy and the medical scandal it caused* [Conspiração das células: o legado imortal de uma mulher e o escândalo que causou na medicina].

Ninguém na família Lacks recorda como souberam do livro de Gold, mas, quando Deborah obteve um exemplar, folheou o mais rápido possível, procurando sua mãe. Encontrou a foto de Henrietta, mãos nos quadris, no início do livro, e seu nome no final do primeiro capítulo. Depois leu a passagem em voz alta para si mesma, tremendo de emoção:

> Todas elas foram as células de uma americana que em toda a sua vida provavelmente jamais se afastou mais que alguns quilômetros de sua casa em Baltimore, Maryland. [...] Seu nome era Henrietta Lacks.

No capítulo de dez páginas que se seguia, Gold citava amplamente os prontuários médicos dela: o sangue manchando sua roupa íntima, a sífilis, seu rápido declínio. Ninguém na família de Henrietta jamais havia visto aqueles prontuários médicos, muito menos autorizado que o Johns Hopkins os cedesse a um jornalista para publicação num livro que o mundo inteiro poderia ler. Depois Deborah virou as páginas do livro de Gold e sem esperar deparou com os detalhes do falecimento de sua mãe: a dor torturante, febre e vômitos, venenos se acumulando em seu sangue, um médico escrevendo "Descontinuar todas as medicações e tratamentos, exceto analgésicos" e a ruína do corpo de Henrietta durante a autópsia:

Os braços da mulher morta haviam sido levantados e colocados atrás, para que o patologista pudesse alcançar seu peito [...] o corpo havia sido cortado na metade e bem aberto [...] glóbulos de tumores brancos acinzentados [...] enchiam o cadáver. Parecia que o interior do corpo estava coberto de pérolas. Fileiras delas se estendiam pelas superfícies do fígado, diafragma, intestino, apêndice, reto e coração. Aglomerados grossos se empilhavam sobre os ovários e trompas de Falópio. A área da bexiga era a pior, coberta por uma massa sólida de tecido canceroso.

Após ler esse trecho, Deborah entrou em colapso. Passou dias e noites chorando, imaginando a dor que Henrietta deve ter sentido. Não conseguia fechar os olhos sem ver o corpo da mãe dividido ao meio, braços tortos, repleto de tumores. Não conseguia dormir. E logo ficou tão furiosa com o Johns Hopkins quanto seus irmãos. Passava as noites em claro pensando: *Quem deu os prontuários médicos da minha mãe para um repórter?* Lawrence e Zakariyya acharam que Michael Gold devia ser parente de George Gey ou de algum outro médico do hospital, senão como teria obtido os prontuários da mãe deles?

Quando telefonei para Michael Gold anos depois, ele já não se lembrava de quem tinha lhe dado os prontuários. Disse que teve "boas e longas conversas" com Victor McKusick e Howard Jones, e tinha quase certeza de que Jones lhe dera a foto de Henrietta. Mas tinha dúvidas sobre os prontuários. "Estavam na gaveta da escrivaninha de alguém", ele me contou. "Não me lembro se foi Victor McKusick ou Howard Jones." Quando conversei com Jones, ele não se lembrava de Gold ou de seu livro, e negou que ele ou McKusick tivesse entregado os prontuários médicos de Henrietta a alguém.

Não era ilegal um jornalista publicar informações médicas fornecidas por uma fonte, mas não contatar a família do paciente para fazer perguntas adicionais, checar as informações e informá-la de que tais informações privadas iam ser publicadas certamente seria considerado questionável. Quando perguntei a Gold se ele tinha tentado falar com a família Lacks, ele respondeu: "Acho que escrevi algumas cartas e dei alguns telefonemas, mas os endereços e os números telefônicos pareciam sempre desatualizados. E, para ser sincero, a família não era realmente o meu foco. [...] Apenas pensei que poderiam dar um colorido interessante à matéria científica".

Mesmo assim, não era comum um médico entregar prontuários de um paciente a um repórter. A confidencialidade do paciente havia sido um princípio ético durante séculos: o Juramento de Hipócrates, feito por muitos médicos ao se graduarem na faculdade de medicina, inclui a promessa de confidencialidade, porque sem ela os pacientes jamais revelariam as informações profundamente pessoais necessárias aos diagnósticos médicos. Mas à semelhança do Código de Nuremberg e do Código de Ética da Associação Médica Americana, que afirmavam claramente que os médicos deveriam respeitar o caráter confidencial das informações dos pacientes, o Juramento de Hipócrates não constituía lei.

Atualmente, publicar prontuários médicos sem permissão poderia violar a lei federal. Mas no início dos anos 1980, quando alguém forneceu os prontuários médicos de Henrietta para Gold, essa lei não existia. Muitos estados — mais de trinta, de fato — haviam promulgado leis protegendo a confidencialidade dos prontuários médicos dos pacientes, mas Maryland não.

Vários pacientes haviam processado com sucesso seus médicos por violações de privacidade, inclusive uma paciente cujos prontuários médicos foram liberados sem o seu consentimento, e outros cujos médicos publicaram fotos ou mostraram vídeos deles publicamente, tudo sem consentimento. Mas aqueles pacientes desfrutavam de uma vantagem em relação a Henrietta: estavam vivos. E os mortos não têm direito à privacidade — ainda que parte deles continue viva.

27. O segredo da imortalidade
1984-95

Passados mais de trinta anos da morte de Henrietta, as pesquisas com as células HeLa finalmente ajudaram a descobrir como seu câncer começou e por que suas células nunca morriam. Em 1984 um virologista alemão chamado Harald zur Hausen descobriu uma nova cepa de um vírus sexualmente transmissível chamada Vírus do Papiloma Humano 18 (HPV-18). Ele acreditava que o HPV-18 e o HPV-16, que ele descobrira um ano antes, causavam o câncer cervical. As células HeLa em seu laboratório deram positivo no teste da cepa HPV-18, mas Zur Hausen solicitou ao Hospital Johns Hopkins uma amostra da biópsia original de Henrietta para se certificar de que as células dela não haviam sido contaminadas pelo vírus na cultura. A amostra não apenas deu positivo. Ela provou que Henrietta havia sido infectada com várias cópias do HPV-18, que acabou se revelando uma das cepas mais virulentas do vírus.

Existem mais de cem cepas do HPV, treze das quais causam câncer cervical, anal, oral e peniano — atualmente, cerca de 90% de todos os adultos sexualmente ativos são infectados com pelo menos uma cepa durante suas vidas. Nos anos 1980, usando as células HeLa e outras, cientistas estudaram as infecções do HPV e como ele causa câncer. Constataram que o HPV insere seu DNA no DNA da célula hospedeira, onde produz proteínas que levam ao câncer. Descobriram também que, quando eles bloqueavam o DNA do HPV, as células com câncer cervical deixavam de ser cancerosas. Essas descobertas ajudariam a criar a vacina anti-HPV e valeram a Zur Hausen um prêmio Nobel.

As pesquisas do HPV acabaram revelando como o câncer de Henrietta começou: o HPV inseriu seu DNA no longo braço de seu 11º cromossomo e essencialmente neutralizou seu gene supressor do tumor p53. O que os cientistas ainda não descobriram é por que isso produziu células tão monstruosamente virulentas dentro e fora do corpo de Henrietta, especialmente dado que as células com câncer cervical são das mais difíceis de manter em cultura.

Quando conversei com Howard Jones, cinquenta anos depois que ele descobriu o tumor no colo do útero de Henrietta, ele estava com noventa e poucos anos e havia visto milhares de casos de câncer cervical. Mas, quando perguntei se se lembrava de Henrietta, ele riu. "Nunca consegui esquecer aquele tumor", disse, "porque foi diferente de tudo que já vi."

Conversei com vários cientistas sobre as células HeLa e nenhum conseguiu explicar por que as células de Henrietta cresceram tão poderosamente, enquanto muitas outras nem sequer sobreviviam. Atualmente os cientistas conseguem imortalizar células expondo-as a certos vírus ou substâncias químicas, mas pouquíssimas células se tornaram imortais por si mesmas como as de Henrietta.

Os membros da família de Henrietta têm suas próprias teorias sobre por que suas células cresceram tão poderosamente: Gladys nunca perdoou sua irmã Henrietta por se mudar para Baltimore e abandonar o pai, de quem Gladys cuidou na velhice. Na visão de Gladys, aquele câncer foi o castigo de Deus por Henrietta ter saído de casa. Gary, o filho de Gladys, acreditava que todas as doenças provinham da ira divina — a punição por Adão ter comido a maçã de Eva. Cootie culpou os espíritos causadores de doenças. E Sadie, a prima de Henrietta, sempre ficou em dúvida.

"Ah, meu Deus", ela me contou certa vez, "quando ouvi falar naquelas células, pensei: será que alguma coisa viva entrou nela? Fiquei assustada, porque costumávamos andar juntas o tempo todo. Hennie e eu nunca mergulhamos naquelas águas imundas em Turners Station como as outras pessoas, não íamos à praia ou algo parecido, e nunca saíamos de casa sem calcinha ou outra coisa, portanto não sei como alguma coisa foi entrar na Hennie. Mas entrou. Alguma coisa viva entrou nela. Ela morreu, e aquilo continuou vivendo. Comecei a pensar certas coisas, veja bem, tipo talvez algo que veio do espaço, caiu e ela pisou naquilo."

Sadie riu ao dizer isso porque sabia que parecia loucura. "Mas aquilo passou pela minha cabeça", disse. "Não estou mentindo. Passa de tudo pela cabeça da gente, sabe? Senão como a gente consegue explicar aquelas células crescendo daquele jeito?"

Cada década teve seus momentos-chave nas pesquisas das células HeLa, e a ligação entre o HPV e o câncer cervical foi apenas um entre esses diversos momentos nos anos 1980. No princípio da epidemia de aids, um grupo de pesquisadores — entre eles um biólogo molecular chamado Richard Axel, que acabaria ganhando o prêmio Nobel — infectou células HeLa com o HIV. Normalmente o HIV só consegue infectar células sanguíneas, mas Axel inserira uma sequência de DNA específica de uma célula sanguínea em células HeLa, possibilitando sua infecção pelo HIV. Com isso os cientistas conseguiram descobrir o que era necessário para o HIV infec-

270

tar uma célula — um passo importante rumo à compreensão do vírus e à sua potencial neutralização.

A pesquisa de Axel atraiu a atenção de Jeremy Rifkin, escritor e ativista que estava profundamente envolvido num debate público crescente sobre se os cientistas deveriam alterar o DNA. Rifkin e muitos outros acreditavam que qualquer manipulação do DNA, mesmo num ambiente de laboratório controlado, seria perigoso, pois poderia levar a mutações genéticas e possibilitar a criação de "bebês projetados". Como não havia leis limitando a engenharia genética, Rifkin movia ações judiciais para detê-la, lançando mão de quaisquer leis que pudessem ser aplicáveis.

Em 1987, ele moveu uma ação numa corte federal para impedir a pesquisa de Axel, alegando que ela violava a Lei da Política Ambiental Nacional de 1975 por nunca ter se mostrado ambientalmente segura. Todos sabiam, Rifkin observou, que as células HeLa eram uma "linhagem extremamente virulenta e infecciosa", capaz de contaminar outras culturas. Uma vez que Axel infectou células HeLa com o HIV, Rifkin disse, elas poderiam infectar outras células e expor ao HIV pesquisadores de laboratório de todo o mundo, "aumentando o espectro de hospedeiros do vírus e potencialmente levando à disseminação mais perigosa do genoma do vírus da aids".

Axel respondeu ao processo judicial explicando que células não conseguiam crescer fora da cultura de tecidos e que havia um mundo de diferença entre a contaminação de culturas e a infecção por HIV. A revista *Science* publicou uma matéria sobre o processo, dizendo: "Até Rifkin admite que, no todo, esses eventos soam mais como a trama de um filme B de terror do que o desenrolar normal dos fatos nos laboratórios de pesquisa biomédica do país". O processo acabou sendo indeferido, Axel continuou usando células HeLa nas pesquisas do HIV, e o cenário de filme de terror de Rifkin não se concretizou.

Nesse ínterim, porém, dois cientistas haviam desenvolvido uma teoria sobre as células HeLa que, em termos de ficção científica, superou qualquer suposição de Rifkin: as células HeLa, eles disseram, não eram mais humanas.

As células continuam se modificando em cultura, assim como se modificam no corpo humano. Elas são expostas a substâncias químicas, luz do sol e a diferentes ambientes, e tudo isso pode causar mudanças no DNA. Depois elas transmitem essas mudanças a cada geração de células nova pela divisão celular, um processo aleatório que produz ainda mais mudanças. Como os seres humanos, elas evoluem.

Tudo isso aconteceu com as células de Henrietta depois que foram postas em cultura. E elas transmitiram essas mudanças a suas células-filhas, criando famílias novas de células HeLa que diferiam entre si da mesma forma como primos de segundo, terceiro e quarto grau diferem, embora compartilhem um ancestral comum.

No início dos anos 1990, a pequena amostra do colo do útero de Henrietta que Mary colocara em cultura no laboratório de Gey dera origem a muitas toneladas de outras células — ainda conhecidas como células HeLa, mas todas ligeiramente diferentes umas das outras, e diferentes de Henrietta. Por causa disso, Leigh Van Valen, um biólogo evolucionário da Universidade de Chicago, escreveu: "Nós aqui propomos, com toda a seriedade, que [as células HeLa] se tornaram uma espécie separada".

Van Valen explicou essa ideia anos depois. "As células HeLa estão evoluindo separadamente dos seres humanos, e ter uma evolução separada é a essência de uma espécie." Como o nome de espécie *Hela* já designava um tipo de caranguejo, os pesquisadores propuseram que a nova espécie de células HeLa se denominasse *Helacyton gartleri*, combinando *HeLa* com *cyton*, que é "célula" em grego, e *gartleri*, em homenagem a Stanley Gartler, que lançara a "Bomba HeLa" 25 anos antes.

Ninguém contestou essa ideia, mas ninguém tampouco tomou providências para que fosse posta em prática, de modo que as células de Henrietta continuaram classificadas como humanas. Mas mesmo atualmente alguns cientistas argumentam que é factualmente incorreto dizer que as células HeLa estão relacionadas a Henrietta, já que o DNA delas não é mais geneticamente idêntico ao de Henrietta.

Robert Stevenson, um dos pesquisadores, que dedicou grande parte da carreira para resolver o problema da contaminação por células HeLa, riu quando ouviu esse argumento. "É ridículo", ele me contou. "Os cientistas não gostam de pensar nas células HeLa como pequenos pedaços de Henrietta porque é bem mais fácil fazer ciência quando você dissocia seus materiais das pessoas das quais se originam. Mas se você conseguisse obter atualmente uma amostra do corpo de Henrietta e examinasse seu DNA, seria idêntico ao DNA das células HeLa."

Mais ou menos na época em que Van Valen sugeriu que as células HeLa não eram mais humanas, os pesquisadores começaram a explorar se as células de Henrietta poderiam conter o segredo do prolongamento da vida humana — talvez até da imortalidade —, e as manchetes mais uma vez afirmaram que os cientistas haviam descoberto a fonte da juventude.

No início do século XX, as células de coração de frango de Carrel supostamente provaram que todas as células tinham o potencial da imortalidade. Mas células humanas *normais* — quer em cultura ou no corpo humano — não podem crescer indefinidamente como acontece com células cancerosas. Elas se dividem somente um número finito de vezes, depois param de crescer e começam a morrer. O número de vezes que podem se dividir é um número específico chamado Limite Hayflick, em homenagem a

Leonard Hayflick, que publicara um artigo em 1961 mostrando que células normais alcançam seu limite depois de dobrar cerca de cinquenta vezes.

Após anos de descrença e discussões de outros cientistas, o estudo de Hayflick sobre os limites das células tornou-se um dos mais citados em sua área. Foi uma epifania: havia décadas os cientistas vinham tentando, sem sucesso, cultivar linhagens de células imortais usando células normais em vez de malignas. Atribuíam o problema à técnica que adotavam, quando na verdade se devia ao fato de que o tempo de vida das células normais estava pré-programado. Somente células que haviam sido transformadas por um vírus ou por uma mutação genética tinham o potencial de se tornar imortais.

Com base no estudo das células HeLa, os cientistas sabiam que células cancerosas podiam se dividir indefinidamente, e especularam durante anos se o câncer seria causado por um erro no mecanismo responsável pela morte das células ao atingirem o Limite Hayflick. Sabiam também que havia uma cadeia de DNA no final de cada cromossomo chamada *telômero*, que diminuía um pouquinho cada vez que uma célula se dividia, como o tique-taque de um relógio. À medida que as células normais passam pela vida, seus telômeros diminuem a cada divisão até quase desaparecerem. Então as células param de se dividir e começam a morrer. Esse processo acompanha a idade de uma pessoa: quanto mais velhos somos, mais curtos são os nossos telômeros, e menos divisões restam às nossas células antes de morrerem.

No início dos anos 1990, um cientista de Yale usara as células HeLa para descobrir que as células humanas cancerosas contêm uma enzima chamada *telomerase*, que reconstrói seus telômeros. A presença da telomerase permitia às células regenerarem seus telômeros indefinidamente. Isso explicou a mecânica da imortalidade das células HeLa: a telomerase constantemente dava uma nova corda ao relógio no final dos cromossomos de Henrietta, de modo que eles nunca envelheciam nem morriam. Foi essa imortalidade, e a força com que as células de Henrietta cresciam, que possibilitou às células HeLa dominarem tantas outras culturas — elas simplesmente viviam mais tempo e cresciam mais do que quaisquer outras células que os cientistas encontravam.

28. Após Londres

1996-9

A história de Henrietta Lacks acabou despertando a atenção de um produtor da BBC em Londres chamado Adam Curtis, e em 1996 ele começou a preparar o documentário sobre Henrietta que eu mais tarde veria no salão de beleza de Courtney Speed. Quando Curtis chegou a Baltimore com seus assistentes, câmeras e microfones, Deborah achou que tudo mudaria, que ela e o resto do mundo iriam conhecer a verdadeira história de Henrietta Lacks e das células HeLa, e que ela enfim superaria o trauma. Começou a se referir aos períodos de sua vida como "antes de Londres" e "depois de Londres".

Curtis e sua equipe abordaram a história da família Lacks mais profundamente do que já havia sido feito. Gravaram dezenas de horas de vídeo entrevistando Deborah, instruindo-a, antes de a câmera ser ligada, a proferir frases completas e a não fazer rodeios. Deborah dizia coisas como: "Eu costumava ir para um canto depois que me casei. Meu marido não sabia nada sobre mim, veja bem, eu simplesmente ficava triste e chorava sozinha. [...] Pela minha cabeça passa esta pergunta: [...] *Por que, Senhor, levaste a minha mãe quando eu precisava tanto dela?*".

O entrevistador perguntava: "O que é câncer?".

A BBC entrevistou Deborah em frente à casa-lar em Clover. Eles filmaram Day e Sonny encostados na lápide da mãe de Henrietta, conversando sobre como Henrietta cozinhava bem e como nunca tinham ouvido nada sobre as células até os pesquisadores ligarem pedindo sangue. E seguiram a família Lacks até Atlanta para uma conferência em homenagem a Henrietta organizada por Roland Pattillo, o cientista que logo me conduziria até Deborah.

Pattillo cresceu nos anos 1930, filho de um ferreiro que se tornou trabalhador ferroviário numa pequena cidade da Louisiana onde vigorava a segregação racial. Foi o primeiro da família a ir à escola e, quando ficou sabendo de Henrietta na época em que fazia seu pós-doutorado no laboratório de Gey, sentiu-se imediatamente ligado a ela. Desde então teve o desejo de homenagear suas contribuições à ciência. Desse modo, em 11 de outubro de 1996, na Faculdade de Medicina Morehouse, organizou o primeiro Simpósio HeLa de Controle de Câncer anual. Convidou pesquisadores do mundo inteiro para apresentarem estudos científicos sobre o câncer nas minorias e pleiteou à cidade de Atlanta que o 11 de outubro, data da conferência, fosse designado Dia Henrietta Lacks. A cidade concordou e a prefeitura promulgou oficialmente a data. Pattillo pediu que Howard Jones escrevesse um artigo com suas lembranças do diagnóstico do tumor de Henrietta. Jones escreveu:

> Do ponto de vista clínico, a sra. Lacks nunca se deu bem. [...] Como Charles Dickens disse no princípio de *Um conto de duas cidades*: "Aquele foi o melhor dos tempos, foi o pior dos tempos". Mas foi o melhor dos tempos para a ciência pelo fato de que aquele tumor tão peculiar deu origem à linhagem de células HeLa. [...] Para a sra. Lacks e a família que ela deixou, foi o pior dos tempos. O progresso

científico, e, aliás, qualquer espécie de progresso, geralmente se dá a um custo alto, como o sacrifício feito por Henrietta Lacks.

Pattillo conseguiu o telefone de Deborah com um médico amigo que trabalhava no Johns Hopkins, e ligou para ela. Quando ela soube dos planos dele sobre a conferência e o lançamento oficial do Dia Henrietta Lacks, ficou eufórica: finalmente um cientista estava homenageando sua mãe. Logo a família Lacks — Day, Sonny, Lawrence, Deborah, Bobbette, Zakariyya e Davon, neto de Deborah — espremeu-se num trailer alugado por Pattillo e rumou para Atlanta, com a equipe de filmagem da BBC logo atrás.

Num posto de gasolina no caminho, Deborah sorriu para a câmera e explicou por que estavam indo para Morehouse.

"Vai ter um monte de médicos lá falando sobre diferentes temas e diferentes áreas do campo da ciência", disse. "E vão entregar placas para meu irmão, meu pai e para mim em homenagem ao nome de nossa mãe. Vai ser um grande acontecimento."

E de fato foi. Pela primeira vez, os Lacks foram tratados como celebridades: foram acomodados num hotel, as pessoas pediam autógrafos. Mas houve alguns contratempos. Com toda a empolgação que antecedeu a cerimônia, a pressão arterial de Sonny subiu às alturas, ele foi parar no hospital e quase perdeu o evento inteiro. Zakariyya esvaziou o frigobar do seu quarto, depois esvaziou os de seu pai e o de Deborah. Gritou e atirou programas no chão quando viu que havia sido citado como "Joseph Lacks" e Henrietta como a mulher que "doou" as células HeLa.

Deborah fez o possível para ignorar tudo aquilo. Quando subiu ao palco, estava tão nervosa que o palanque balançou quando do ela o tocou. Temeu por semanas que houvesse um franco-atirador na plateia — um cientista que quisesse assassiná-la para fazer pesquisas com seu corpo ou para evitar que a família causasse problemas. Mas Pattillo garantiu que ela estava segura.

"Me desculpem se eu pronunciar errado algumas palavras", ela disse a todos na conferência, "mas tenho problemas e não tive a educação certa na idade de ir à escola. E só fui ter um aparelho auditivo quando fiquei adulta. Mas não me envergonho disso."

Depois, com Pattillo aplaudindo ao lado, Deborah pigarreou e começou seu discurso:

> Quando o doutor Pattillo me ligou, tudo se tornou real. Durante anos, parecia um sonho. Não saber o que estava acontecendo durante aqueles anos todos. Eu nem sabia como falar desse assunto. Aquilo sobre minha mãe seria verdade? Não sabia pra quem perguntar para eu poder entender. Ninguém do pessoal médico se deu ao trabalho.

Depois, sem sequer uma pausa, começou a falar diretamente para sua mãe:

> Sentimos tua falta, mãe. [...] Penso na senhora o tempo todo e gostaria de poder te ver e abraçar, como sei que me abraçou. Meu pai disse que a senhora pediu a ele no leito de morte que cuidasse de Deborah. Obrigada, mãe, nós te veremos de novo um dia. Lemos o possível e tentamos entender. Sempre me pergunto como seriam as coisas se Deus tivesse permitido que a senhora ficasse aqui comigo. [...] Conservo comigo tudo que sei a teu respeito nas profundezas da minha alma, porque sou parte da senhora, e a senhora é parte de mim. Nós te amamos, mãe.

Parecia que as coisas estavam melhorando para os Lacks, que Henrietta enfim começaria a obter o reconhecimento que Deborah esperava.

Logo a BBC apareceu em Turner Station, perguntando aos moradores sobre a vida ali nos anos 1940 e 1950. Notícias de sua visita, como a notícia de tudo o mais que acontece em Turner Station, logo chegaram à Mercearia Speed's, onde Courtney Speed ficou sabendo da história de Henrietta Lacks pela primeira vez. Aquilo parecia ter caído do céu: fazia pouco tempo ela e várias outras mulheres haviam fundado o Comitê da Tradição de Turner Station e estavam organizando eventos a fim de chamar a atenção para os negros de Turner Station que haviam contribuído positivamente para o mundo: um antigo congressista que se tornou presidente da Associação Nacional para o Progresso de Pessoas de Cor, um astronauta e o homem que ganhara diversos prêmios Emmy como a voz de Elmo em Vila Sésamo.

Quando ficaram sabendo sobre Henrietta e as células HeLa, Speed e uma socióloga da Morgan State University chamada Barbara Wyche se entusiasmaram. Escreveram cartas ao Congresso e à prefeitura solicitando o reconhecimento da contribuição de Henrietta para a ciência. Também entraram em contato com Terry Sharrer, curador do Museu Nacional Smithsonian de História Americana, que convidou a família Lacks para um pequeno evento no museu. Ali Day admirou antigos equipamentos de fazenda e insistiu que queria ver as células de sua mulher. (O museu dispunha de um frasco de células HeLa armazenado em alguma parte, seu meio de cultura tão escuro como uma lagoa turva, mas ele não estava exposto.) Pessoas abordavam Deborah com lágrimas nos olhos e contavam que as células de sua mãe as haviam ajudado a superar o câncer. Deborah estava empolgada. Após ouvir um pesquisador falar sobre clonagem, Deborah perguntou a Sharrer se seria possível extrair DNA das células HeLa e inoculá-las num de seus próprios óvulos para trazer sua mãe de volta à vida. Sharrer respondeu que não.

Após o evento, Sharrer escreveu uma carta a Wyche sugerindo que, para imortalizar Henrietta, ela e Speed refletissem sobre a possibilidade de abrirem um museu da saúde afro-americana em

Turner Station. As mulheres logo instituíram a Fundação do Museu da História da Saúde Henrietta Lacks, tendo Speed como presidente. Planejaram eventos que mostrariam sósias de Henrietta Lacks — algumas mulheres de Turner Station penteariam os cabelos como os de Henrietta e usariam blazers idênticos ao que ela trajava em sua foto icônica. Para conscientizar as pessoas sobre a contribuição de Henrietta, Speed usou seu próprio dinheiro para confeccionar e distribuir camisetas de Henrietta Lacks, enquanto outra pessoa fez canetas de Henrietta Lacks. Os jornais da região escreveram sobre o plano de inaugurar um museu de 7 milhões de dólares, e Speed e Wyche abriram uma conta bancária para a Fundação Henrietta Lacks, solicitaram um cadastro de pessoa jurídica e começaram a tentar coletar o máximo possível de dinheiro e informações para o museu. Um dos primeiros objetivos foi conseguir uma estátua de cera de Henrietta em tamanho natural.

Deborah não foi nomeada funcionária ou membro do conselho diretor da fundação, mas Speed e Wyche lhe telefonavam de vez em quando pedindo que falasse em vários eventos em homenagem à sua mãe — uma vez, debaixo de uma pequena barraca perto da Mercearia Speed's, outras vezes numa igreja próxima. Alguém acabou sugerindo que Deborah doasse a Bíblia de Henrietta e os cachos de cabelo de Henrietta e Elsie guardados dentro da Bíblia. Por medida de segurança, as pessoas alegaram, pois a casa de Deborah não estava livre de um incêndio. Quando Deborah ouviu aquilo, correu para casa e escondeu a Bíblia da mãe, dizendo ao marido: "Esta é a única coisa que eu tenho da minha mãe, e agora querem levar!".

Quando descobriu que Speed e Wyche haviam criado uma fundação e aberto uma conta bancária em nome de sua mãe, Deborah ficou furiosa. "A família não precisa de nenhum museu e muito menos de uma Henrietta de cera", disse. "Se alguém devia recolher dinheiro para alguma coisa, seriam os filhos de Henrietta recolhendo dinheiro para ir ao médico."

Deborah só concordou em ajudar no projeto do museu quando achou que Speed e Wyche poderiam descobrir informações sobre sua mãe. As três penduraram folhetos manuscritos na Mercearia Speed's e pela estação Turner, perguntando: "Quem conhecia o hino favorito dela? Quem conhecia seu trecho das Escrituras favorito? Quem conhecia sua cor favorita? Quem conhecia seu passatempo favorito?". As duas primeiras perguntas foram de Speed; as duas últimas, de Deborah.

A certa altura, Speed e Wyche convidaram Mary Kubicek, a antiga auxiliar de Gey, a participar de um evento no subsolo da igreja Batista Nova Siló, em Turner Station, para falar sobre como ela cultivou as células HeLa. Mary, envolta em xales numa pequena plataforma, estava nervosa e tinha problemas de visão, enquanto primos distantes da família Lacks e moradores locais sem parentesco com Henrietta gritavam perguntas lá da plateia, querendo saber quem havia ganhado dinheiro com as células e se Gey as tinha patenteado.

"Ah, não", Mary disse, claudicando. "Não, não, não [...] não havia como patentear células na época." Ela contou que nos anos 1950 ninguém imaginava que tal coisa pudesse se tornar possível. Gey distribuía as células de graça, ela disse, em prol da ciência.

O público no salão resmungava e a tensão aumentava. Uma mulher se levantou e disse: "Aquelas células me curaram do câncer; se eu tiver células que possam ajudar alguém como as dela me ajudaram, vou dizer: podem pegar!". Outra mulher disse que continuava achando que Gey havia patenteado as células, depois gritou: "Espero que no futuro isso seja corrigido!". Deborah ficou circulando no salão dizendo que sua mãe havia curado pessoas com câncer e que todos deviam se acalmar. Depois pediu que Mary contasse como viu as unhas dos pés de sua mãe pintadas de vermelho na autópsia — episódio que Deborah havia lido no livro de Gold. Mary contou, e o público se calou.

Enquanto Speed entrava em contato com outros moradores de Turner Station para colher lembranças de Henrietta, Wyche escrevia uma carta após a outra, tentando obter reconhecimento para Henrietta e atrair doadores que financiassem o museu. E obteve resultados: o Senado do estado de Maryland enviou uma resolução num belo papel timbrado dizendo: "Por meio desta, seja do conhecimento de todos que o Senado de Maryland oferece suas mais sinceras congratulações a Henrietta Lacks". Em 4 de junho de 1997, o congressista Robert Ehrlich Jr. falou na Câmara dos Representantes dos Estados Unidos: "Senhor presidente, venho hoje prestar meu tributo a Henrietta Lacks". Ele contou ao Congresso a história dela, dizendo: "A senhora Lacks não recebeu o reconhecimento como doadora das células". Disse que estava na hora de aquilo mudar. Para isso, todos pareciam acreditar, o Hospital Johns Hopkins deveria entrar em cena.

Wyche vinha trabalhando nisso: ela escrevera uma carta detalhada, de três páginas em espaço simples, para William Brody, então presidente do Johns Hopkins. Chamou Henrietta de "heroína local não celebrada", explicou a importância das células HeLa e citou as palavras de um historiador atestando que a história das células HeLa era "uma das mais dramáticas e importantes da história da pesquisa na Instituição Médica Johns Hopkins". Ela também escreveu estas linhas:

A família [Lacks] sofreu tremendamente. [...] Essa família está, como tantas outras hoje, tentando lidar com as muitas dúvidas e questões morais e éticas que cercam o "nascimento" das células HeLa e a "morte" da sra. Lacks. [...] As dúvidas de (1) se foi recebida permissão da "doadora" ou de sua família para o "uso" das células HeLa mundialmente ou para a produção, distribuição e comercialização "em massa" das células da sra. Lacks [...] (2) se os cientistas, a universidade, o pessoal do governo e outros agirem ou não eticamente nessas duas áreas ou em seus contatos com a família [...] Outras questões sociais também emergem, porque a sra. Lacks foi uma mulher afro-americana.

Um mês depois, Ross Jones, assistente do presidente do Johns Hopkins, respondeu. Disse que tinha "dúvidas sobre que papel o hospital poderia desempenhar em qualquer projeto para celebrar a vida da sra. Lacks", mas que gostaria de compartilhar esta informação com Wyche:

> Permita que eu enfatize que o Hospital Johns Hopkins jamais usou as células HeLa em um empreendimento comercial. O Hopkins nunca buscou, nem auferiu, nenhum dinheiro com o desenvolvimento, distribuição ou uso das culturas de células HeLa. De acordo com a prática quase universalmente aceita na época, os médicos e outros cientistas no Hopkins e em outras partes não pediam permissão para usar tecidos removidos como parte de procedimentos de diagnóstico e tratamento. Além disso, de acordo com as tradições da pesquisa acadêmica da época, as culturas eram compartilhadas gratuitamente, sem remuneração e em boa-fé com cientistas ao redor do mundo que as solicitavam. De fato, a disposição dos cientistas do Hopkins em dar acesso às culturas talvez seja a principal razão dos grandes benefícios que derivaram de seu uso.
>
> Como estou certo de que nós dois sabemos, muitos padrões da prática da medicina acadêmica mudaram substancialmente nos últimos anos, e espero e confio que haja uma maior sensibilidade e consciência em relação aos desejos e interesses dos pacientes quando buscam cuidados médicos ou participam de pesquisas. Tudo isso para o bem da medicina acadêmica e daqueles a quem servimos.

Ele também informou a Wyche que distribuíra sua carta a "outras pessoas no Hopkins para comentários e análise". Logo, sem contar nem a Wyche nem a Speed, um pequeno grupo de pessoas no hospital começou a se reunir extraoficialmente a fim de discutir o que a universidade poderia fazer para homenagear Henrietta e a família Lacks.

Foi então que ouviram falar de Cofield.

Sir Lord Keenan Kester Cofield era primo da antiga enteada do marido de Deborah, ou algo semelhante. Ninguém na família lembra ao certo. Eles também desconhecem como ou quando ele ficou sabendo das células de Henrietta. O que lembram é que um dia Cofield ligou para Deborah dizendo que era advogado e que ela precisava proteger a si e sua mãe registrando os direitos autorais do nome Henrietta Lacks. Ele também disse que acreditava que o Johns Hopkins era culpado de erro médico e que estava na hora de a família mover um processo por seu quinhão em todo o dinheiro que as células de Henrietta proporcionaram desde os anos 1950, do qual ele ficaria com uma porcentagem como honorários. Ele nada cobraria de início e a família Lacks não desembolsaria nada se ele não ganhasse.

Deborah nunca ouvira falar sobre a necessidade de registrar direitos autorais de alguma coisa, mas a família sempre achou que deveriam conversar com um advogado sobre as células, e Cofield parecia um advogado financeiramente acessível. Os irmãos de Deborah ficaram empolgados e ela logo apresentou Cofield a Speed e Wyche como sendo o advogado da família.

Cofield começou a passar os dias no Johns Hopkins, vasculhando os arquivos da faculdade de medicina, tomando notas. De todas as pessoas que haviam abordado os Lacks através dos anos para falar sobre as células, ele foi o primeiro a contar à família algo específico sobre o que aconteceu com Henrietta no Hopkins. Pelo que a família recorda, suas descobertas confirmaram os piores temores deles. Cofield contou que um dos médicos que tratou de Henrietta não tinha licença para o exercício profissional e que outro havia sido expulso da Associação Médica Americana. Além de tudo, Cofield disse, os médicos de Henrietta haviam diagnosticado erradamente seu câncer e podem tê-la matado com uma dose excessiva de radioterapia.

Ele disse a Deborah que precisaria ler os prontuários médicos de sua mãe para investigar como os médicos a trataram e documentar qualquer possível erro médico. Como apenas os membros da família de Henrietta estavam autorizados a solicitar seus prontuários, Deborah concordou em ir com ele ao Hopkins, onde preencheu um formulário de solicitação. Mas a máquina copiadora estava quebrada e a atendente informou a Deborah e Cofield que eles teriam de voltar outro dia, depois que a máquina estivesse consertada.

Quando Cofield retornou ao hospital sozinho, recusaram-se a lhe fornecer os prontuários, porque ele não era médico nem parente da paciente. Quando Cofield se apresentou como dr. Sir Lord Keenan Kester Cofield, a equipe responsável pelos prontuários médicos entrou em contato com Richard Kidwell, um dos advogados do Hospital Johns Hopkins. Kidwell desconfiou assim que ouviu dizer que alguém circulava pelo Hopkins usando o título "Dr. Sir Lord"; então, fez uma rápida investigação de antecedentes.

Keenan Kester Cofield não era médico nem advogado. Na verdade, cumprira sentença durante vários anos em diferentes prisões por fraude, grande parte envolvendo cheques sem fundos, e passou seus períodos na cadeia fazendo cursos de direito e movendo o que um juiz chamou de processos "frívolos". Cofield processava guardas e autoridades do estado ligados à prisão onde ele estava, e foi acusado de telefonar de sua cela para o governador do Alabama ameaçando-o de morte. Cofield processou o McDonald's e o Burger King por contaminarem seu corpo ao fritar batatas em gordura de porco e ameaçou processar diversos restaurantes por envenenamento alimentar — incluindo o luxuoso Four Seasons de Nova York —, tudo isso enquanto estava encarcerado e, portanto, impedido de comer em restaurantes. Ele processou a Coca-Cola, alegando que uma garrafa de refrigerante que comprou estava cheia de vidro moído, embora estivesse numa prisão que só oferecia produtos da marca Pepsi em latas de alumínio. Também havia sido condenado por fraude num golpe em que mandou publicar um obituário de si próprio e depois processou o jornal por difamação, pedindo uma indenização de até 100 milhões de dólares. Contou ao FBI que movera ao menos 150 processos semelhantes.

Em diferentes documentos legais, juízes descreviam Cofield como um "artista da fraude", "nada mais do que um explorador impertinente do sistema judiciário" e "o presidiário mais litigioso de nosso sistema". Na época em que Cofield procurou os Lacks para processar o Johns Hopkins, estava proibido de mover processos em pelo menos dois condados.

Mas Deborah não sabia nada disso. Cofield se dizia médico e advogado, e parecia capaz de obter e entender informações do Hopkins a que a família jamais tinha tido acesso. E sua conduta não era agressiva. Quando Courtney Speed o descreveu para mim anos depois, disse: "Carisma! Uau! Quer dizer, a polidez em pessoa! Muito bem-falante e informado sobre tudo".

Quando Kidwell ficou sabendo da verdade sobre Cofield, a primeira coisa que fez foi proteger Deborah — algo que a família Lacks jamais teria esperado de alguém do Hopkins. Contou a ela que Cofield era um vigarista e a fez assinar um documento proibindo o acesso de Cofield aos prontuários de sua família. Pelo que todos com quem conversei no hospital recordam, quando Cofield voltou e soube que a família proibira seu acesso, fez um escarcéu e exigiu cópias dos prontuários até que um segurança ameaçou retirá-lo à força e chamar a polícia.

Cofield, então, moveu um processo contra Deborah, Lawrence, Courtney Speed, a Fundação do Museu da História da Saúde Henrietta Lacks e uma longa lista de dirigentes do Johns Hopkins: o presidente, o administrador de prontuários médicos, um arquivista, Richard Kidwell e Grover Hutchins, o diretor dos serviços de autópsia. Processou ao todo dez pessoas, e diversos funcionários acusados do Johns Hopkins jamais tinham ouvido falar nem de Cofield nem de Henrietta Lacks até a chegada das intimações.

Cofield acusou Deborah, Speed e a Fundação do Museu de quebra de contrato por entrarem num acordo que requeria seu acesso aos prontuários médicos de Henrietta e depois lhe terem negado esse acesso. Alegou que Deborah não poderia proibi-lo legalmente de fazer pesquisas para a Fundação do Museu da História da Saúde Henrietta Lacks por não ser membro de sua diretoria nem estar oficialmente envolvida com a Fundação. Também alegou discriminação racial, dizendo ter sido "ameaçado pelo segurança negro do Johns Hopkins e pelo pessoal dos prontuários" e que "as ações dos acusados e funcionários foram todas racialmente motivadas e muito antinegras". Exigiu o acesso aos prontuários médicos e relatórios da autópsia de Henrietta e de Elsie, irmã de Deborah, além de uma indenização por perdas e danos de 15 mil dólares por acusado, mais juros.

O detalhe mais inacreditável do processo de Cofield foi sua afirmação de que a família Lacks não tinha direito a nenhuma informação sobre Henrietta Lacks, já que ela nascera Loretta Pleasant. Como não havia registro oficial de uma mudança de nome, Cofield argumentou, Henrietta Pleasant nunca existiu realmente, e menos ainda Henrietta Lacks. Quem quer que fosse, a família não tinha parentesco legal com ela. Numa declaração tão eivada de erros gramaticais que é difícil de entender, Cofield tachou aquilo de uma "óbvia fraude e conspiração" e alegou que seu processo "enfim levaria aos objetivos da justiça não apenas para a sra. Henrietta Lacks, e agora também para o querelante que se tornara a vítima de uma fraude pequena mas importante".

Pilhas de documento legais começaram a chegar quase diariamente à porta de Deborah: intimações, petições, atualizações, moções. Ela entrou em pânico. Foi até Turner Station e adentrou aos berros na Mercearia Speed's, exigindo que Speed lhe entregasse tudo que havia juntado que se relacionasse com Henrietta: os documentos que Speed mantinha numa fronha de super-herói, as camisetas e canetas de Henrietta Lacks, o vídeo de Wyche entrevistando Day no salão de beleza de Speed. Deborah xingou Speed, acusou-a de conspirar com Cofield e disse que iria contratar o advogado de O. J. Simpson, Johnnie Cochran, e processar Speed, deixando-a sem nada caso não fechasse a fundação e encerrasse as atividades ligadas a Henrietta.

Mas Speed era inocente e ficou tão apavorada quanto Deborah. Mãe solteira com seis filhos, ela planejava colocar todos na universidade com o dinheiro que ganhava cortando cabelo e vendendo batatas fritas, doces e cigarros. Sua loja vinha sendo roubada regularmente, e ela estava recebendo tantas correspondências judiciais de Cofield quanto Deborah. Speed parou de abrir as cartas e deixou que se empilhassem nos fundos da loja até chegarem a trinta envelopes. Depois começou uma nova pilha. Rogava a Deus que as cartas cessassem, e gostaria que seu marido ainda estivesse vivo para enfrentar Cofield.

A essa altura o documentário da BBC já tinha ido ao ar e os repórteres vinham ligando para Deborah, pedindo fotos de Henrietta e da família e fazendo perguntas sobre sua mãe e como ela morreu. Mas Deborah ainda não sabia nada além do que lera no livro de Gold. Estava na hora, ela decidiu, de descobrir o que os prontuários médicos de sua mãe diziam. Desse modo, solicitou uma cópia ao Hospital Johns Hopkins, bem como uma cópia dos prontuários de sua irmã.

Também se encontrou com Kidwell, que disse para ela não se preocupar e prometeu que o Johns Hopkins enfrentaria Cofield. Foi o que aconteceu. O processo acabou indeferido, mas todos os envolvidos se assustaram. Quando soube da ação judicial de Cofield, o grupo do Hopkins que vinha planejando homenagear Henrietta logo abandonou a ideia e jamais contou aos Lacks sobre o projeto.

Anos depois, quando conversei com Grover Hutchins, o patologista arrolado no processo de Cofield, ele balançou a cabeça e disse: "A coisa toda foi muito triste. Eles queriam obter algum tipo de reconhecimento para Henrietta, mas as coisas ficaram tão complicadas com Cofield e com as maluquices que ele vinha dizendo sobre o que a família pensava do Hopkins que decidiram deixar as coisas quietas e não se envolver com nada ligado aos Lacks".

Quando conversei com JoAnn Rodgers, a porta-voz do Johns Hopkins, ela disse que nunca houve um empenho oficial do hospital para homenagear Henrietta. "Foi um esforço individual — talvez uma ou duas pessoas —, e quando elas pararam a coisa toda parou. Nunca foi uma iniciativa institucional."

Embora as intimações tivessem enfim deixado de chegar, Deborah não acreditou que a ação realmente terminara. Não conseguia se livrar da ideia de que Cofield poderia mandar pessoas à sua casa para roubar a Bíblia de sua mãe ou a mecha de cabelos mantida dentro dela. Ou talvez ele tentasse roubar suas células, achando que pudessem ser valiosas como as da mãe.

Deixou de ler os e-mails e raramente saía de casa, exceto para trabalhar nos seus turnos como motorista de um ônibus escolar para crianças inválidas. Depois ocorreu um incidente bizarro: um adolescente no ônibus a atacou, jogando-se sobre ela, mordendo-a e arranhando-a até que dois homens correram para dentro do ônibus e o arrancaram de lá. Alguns dias depois, o mesmo rapaz voltou a atacá-la, dessa vez lesionando permanentemente vários discos de sua espinha dorsal.

Deborah pediu que o marido pendurasse cortinas escuras nas janelas e parou de atender o telefone. Depois, sentada na sua sala de estar escura, um ano e meio após o fim da ação de Cofield, ela enfim começou a ler e reler os detalhes completos da morte de sua mãe nos prontuários médicos. E pela primeira vez ficou sabendo que sua irmã havia sido internada numa instituição psiquiátrica chamada Crownsville.

Ela começou a temer que algo de ruim tivesse acontecido com sua irmã naquele hospital. *Talvez eles tenham usado Elsie em alguma espécie de pesquisa como aconteceu com nossa mãe*, pensou. Deborah ligou para Crownsville solicitando uma cópia dos prontuários de Elsie, mas um gerente informou que a maioria dos documentos anteriores a 1955, ano da morte de Elsie, haviam sido destruídos. Deborah imediatamente suspeitou de que Crownsville estivesse ocultando informações sobre sua irmã, assim como ainda acreditava que o Johns Hopkins estivesse escondendo informações sobre Henrietta.

Horas depois de seu telefonema para Crownsville, Deborah ficou desorientada e sentiu dificuldades respiratórias. Depois sofreu de urticárias generalizadas — marcas vermelhas que cobriram rosto, pescoço e corpo, até a sola dos pés. Quando chegou ao hospital dizendo "Todas essas coisas sobre minha mãe e minha irmã estão acabando com os meus nervos", seu médico informou-a de que sua pressão arterial estava tão alta que ela poderia ter sofrido um derrame.

Algumas semanas depois de Deborah retornar do hospital, Roland Pattillo deixou um recado em sua secretária eletrônica dizendo que tinha conversado com uma repórter que queria escrever um livro sobre Henrietta e suas células, e achava que Deborah deveria conversar com ela. A repórter era eu.

29. Uma aldeia de Henriettas
2000

Durante quase um ano após nossa primeira conversa, Deborah se recusou a falar comigo. Fiz várias viagens até Clover, sentei-me em vários alpendres e percorri os campos de tabaco com Cliff, Cootie e Gary, filho de Gladys. Revirei arquivos, porões de igreja e o prédio abandonado e caindo aos pedaços da escola de Henrietta. Enquanto eu estava na estrada, deixava recados para Deborah em intervalos de poucos dias, esperando convencê-la de que, se conversasse comigo, poderíamos descobrir sobre Henrietta juntas.

"Oi, estou no campo de tabaco de sua mãe ao lado da casa-lar", eu disse num dos recados. "Estou na varanda com o primo Cliff, ele está mandando lembranças." "Encontrei a certidão de batismo de sua mãe hoje." "Tia Gladys está se recuperando bem do derrame. Ela me contou umas histórias ótimas sobre a sua mãe." Eu imaginava Deborah debruçada na secretária eletrônica ouvindo, morrendo de curiosidade para saber o que eu havia descoberto.

Mas ela nunca atendia.

Um dia, seu marido, o reverendo James Pullum, atendeu o telefone ao segundo toque e começou a gritar sem sequer dizer

alô: "Eles querem ter certeza de que irão receber alguma RECOM-
PENSA MONETÁRIA. E, enquanto ninguém fechar um ACORDO ou
colocar tudo no PAPEL, eles não vão MAIS falar. Todo mundo recebeu alguma grana menos eles, e se tratava da MÃE deles. Eles se
sentem injustiçados com isso. Tem sido um período difícil para
minha mulher, e ela realmente já cansou. Antes ela só queria que
o John Hopkin desse à sua mãe algum crédito e explicasse aquele
negócio das células, para ela entender o que aconteceu com sua
mãe. Mas eles nos ignoraram, e agora estamos cheios". Depois
desligou na minha cara.

Alguns dias depois, dez meses após nossa primeira conversa,
Deborah ligou. Quando atendi o telefone, ela gritou: "Tudo bem,
vou falar com você!". Ela não se identificou, nem precisava. "Se eu
fizer isso, você vai ter que prometer umas coisas", ela pediu. "Primeiro, se minha mãe é tão famosa na história da ciência, você vai
ter que dizer para todos dizerem o nome dela direito. Ela não é
Helen Lane. E, segundo, todo mundo vive dizendo que Henrietta
Lacks teve quatro filhos. Não está certo, ela teve cinco. Minha irmã
morreu e não vai ficar fora do livro. Sei que você vai contar *toda* a
história dos Lacks e haverá partes boas e ruins por causa dos meus
irmãos. Você vai ficar sabendo de tudo, não me importo. O que eu
mais quero é que você descubra o que aconteceu com a minha
mãe e com a minha irmã, porque preciso saber."

Ela respirou fundo, depois riu.

"Prepare-se, moça", ela disse. "Você não tem a menor ideia de
no que está se metendo."

Deborah e eu nos encontramos em 9 de julho de 2000, num
pequeno hotel que ficava numa esquina calçada de pedras perto
do porto de Baltimore, num bairro chamado Fell's Point. Quando
me viu de pé no saguão esperando por ela, apontou para seus ca-

belos e disse: "Está vendo isto? Sou a filha grisalha porque sou eu que esquento a cabeça com nossa mãe. Por isso não quis falar com você no último ano. Jurei que não voltaria a falar com ninguém sobre a minha mãe". Suspirou. "Mas aqui estou... Espero que eu não me arrependa."

Deborah era uma mulher corpulenta — cerca de 1,5 metro e noventa quilos. Seus cachos compactos tinham pouco mais de dois centímetros de comprimento e eram de um preto forte, exceto por uma faixa fina de grisalho natural emoldurando seu rosto como uma tiara. Estava com cinquenta anos, mas parecia dez anos mais velha e mais jovem ao mesmo tempo. Sua pele marrom--clara e macia estava pontilhada de grandes sardas e espinhas, e os olhos eram claros e travessos. Usava calças capri e tênis Keds e se movia devagar, apoiando grande parte do peso numa bengala de alumínio.

Ela me acompanhou até meu quarto, onde se podia ver, sobre a cama, um grande pacote plano, embrulhado em papel brilhante e florido. Contei que era um presente de um jovem pesquisador do câncer do Johns Hopkins chamado Christoph Lengauer. Meses antes ele me enviara um e-mail em resposta a um artigo que eu publicara na *Johns Hopkins Magazine* após um encontro com os homens da família Lacks. "Senti um mal-estar em relação à família Lacks", Lengauer escreveu. "Eles mereciam coisa melhor."

Ele trabalhava diariamente com as células HeLa havia muitos anos e agora não conseguia tirar a história de Henrietta e de sua família da cabeça. Como estudante de Ph.D., usara as células HeLa para ajudar a desenvolver algo chamado *hibridização* in situ *fluorescente*, conhecido pela sigla inglesa FISH, uma técnica para pintar cromossomos com corantes fluorescentes multicoloridos que brilham sob a luz ultravioleta. Para um olho treinado, a FISH consegue revelar informações detalhadas sobre o DNA de uma pessoa.

Para um olho leigo, simplesmente cria um bonito mosaico de cromossomos coloridos.

Christoph emoldurara uma gravura de 50 x 35 centímetros dos cromossomos de Henrietta que havia "pintado" usando a FISH. Parecia uma fotografia de um céu noturno repleto de vaga-lumes multicoloridos cintilando em tons vermelhos, azuis, amarelos, verdes, púrpura e turquesa.

"Gostaria de lhes contar um pouco sobre o que as células HeLa significam para mim, jovem pesquisador do câncer, e sobre minha gratidão por sua doação anos atrás", ele escreveu. "Eu não represento o Johns Hopkins, mas faço parte dele. Em certo sentido, gostaria até de pedir desculpas."

Deborah atirou sua sacola de lona preta no chão, rasgou o papel de embrulho da foto, depois segurou a moldura com os braços esticados diante de si. Não disse nada, apenas foi até uma pequena varanda para ver a foto à luz do poente.

"São lindas", ela gritou da varanda. "Nunca imaginei que fossem tão bonitas!" Voltou para dentro agarrando a foto, as bochechas enrubescidas. "Sabe o que é estranho? O mundo tem mais fotos das células da minha mãe do que dela própria. Acho que é por isso que ninguém sabe quem ela é. A única coisa que sobrou dela foram as células."

Sentou-se na cama e disse: "Quero ir aos laboratórios de pesquisa e seminários para descobrir o que as células da minha mãe fizeram, conversar com pessoas que foram curadas do câncer". Ela começou a saltitar, empolgada como uma menininha. "Só de pensar nisso dá vontade de sair de novo. Mas algo sempre acontece e eu volto a me esconder."

Eu disse que Lengauer gostaria que ela fosse ao seu laboratório. "Ele quer dizer obrigado e mostrar pessoalmente as células de sua mãe."

Com os dedos, Deborah delineou os cromossomos de sua

mãe na fotografia. "Gostaria de ir ver essas células, mas ainda não estou preparada", disse. "Meu pai e meus irmãos deveriam ir também, mas eles acham que sou louca de ter vindo aqui. Estão sempre reclamando 'daquele pessoal branco enriquecendo com nossa mãe enquanto não recebemos nada'." Deborah suspirou. "Nós não vamos ficar ricos com esse negócio das células de minha mãe. Ela está aí ajudando as pessoas na medicina e isso é bom, só quero que a história seja divulgada para as pessoas saberem que minha mãe, HeLa, foi Henrietta Lacks. E gostaria de achar algumas informações sobre minha mãe. Tenho a impressão de que ela me amamentou, mas nunca tive certeza. As pessoas não falam sobre minha mãe e minha irmã. É como se as duas nunca tivessem nascido."

Deborah pegou sua bolsa no chão e despejou o conteúdo na cama. "Isto é o que consegui sobre minha mãe", ela disse, apontando para uma pilha na cama. Havia horas de filmagens de vídeo não editadas do documentário da BBC, um dicionário de inglês surrado, um diário, um livro didático de genética, muitos artigos de revistas científicas, registros de patentes e cartões de felicitações não remetidos, inclusive vários cartões de aniversário que ela havia comprado para Henrietta e um cartão de Dia das Mães, que ela apanhou da pilha.

"Carreguei isto na minha bolsa por muito tempo", ela disse, entregando para mim. O lado de fora era branco com flores rosa, e dentro, numa letra fluida, o cartão dizia: "Que o espírito de nosso Senhor e salvador esteja contigo neste dia em que és homenageada por todo o amor que concedeste à tua família e aos entes queridos. Com orações e amor. Feliz Dia das Mães". Estava assinado: "Com amor, Deborah".

Mas predominavam na sua bolsa artigos de jornais e revistas amarfanhados. Ela apanhou uma matéria sobre sua mãe do tabloide *Weekly World News*. O título dizia A MULHER IMORTAL! e o artigo figurava entre dois outros: um sobre um cão telepata e outro sobre uma criança metade humana, metade jacaré.

"Quando vi este negócio na mercearia, quase morri de susto", Deborah me contou. "Pensei: que coisa maluca eles estão dizendo que aconteceu com minha mãe agora? Todo mundo vive dizendo que o Hopkins pegou gente negra e fez experiências com eles no porão. Ninguém conseguiu provar, por isso nunca acreditei realmente. Mas, quando descobri sobre as células da minha mãe, não sabia o que pensar, mas talvez todo aquele negócio das experiências com pessoas fosse verdade."

Deborah me contou que poucas semanas antes a nova esposa de Day, Margaret, tinha voltado de uma consulta médica reclamando de uma coisa que havia visto no portão do Hopkins. "Ela apertou o botão errado do elevador e foi parar no porão, onde estava escuro", Deborah contou. "A porta abriu, ela olhou em frente e viu todas aquelas gaiolas. Começou a gritar: 'Dale, você não vai acreditar, mas aquelas gaiolas estavam repletas de coelhos do tamanho de homens!'"

Deborah riu ao me contar a história. "Eu não acreditei naquilo. Pensei: 'Coelhos do tamanho de homens? Você pirou!'. Quer dizer, quem já ouviu falar de um coelho do tamanho de um homem? Mas Margaret costuma ser sincera comigo, por isso sei que ela viu alguma coisa assustadora. Acho que tudo é possível."

Depois, como se estivesse falando algo tão corriqueiro como *Acho que amanhã vai chover*, ela disse: "Os cientistas fazem todo tipo de experiências e você nunca sabe o que estão fazendo. Continuo me perguntando quantas pessoas que andam em Londres se parecem exatamente com a minha mãe".

"O quê?", eu exclamei. "Por que haveria de existir uma mulher em Londres que se parece com sua mãe?"

"Eles fizeram aquela clonagem da minha mãe ali", ela disse, surpresa por eu não ter descoberto esse fato nas minhas pesquisas.

"Um repórter veio da Inglaterra dizendo que clonaram uma ovelha. Agora tem um negócio sobre a clonagem da minha mãe." Ela brandiu um artigo do *The Independent* de Londres e apontou para um parágrafo marcado com um círculo: "As células de Henrietta Lacks se multiplicaram. Em peso, agora superam de longe o peso original de seu corpo e provavelmente seriam mais que suficientes para povoar toda uma aldeia de Henriettas". O repórter brincava que Henrietta deveria ter depositado dez dólares no banco em 1951, porque, se tivesse feito isso, seus clones agora estariam ricos.

Deborah fez um ar de espanto para mim como dizendo: *Viu? Não falei!*

Comecei a explicar que os cientistas haviam clonado apenas as *células* de Henrietta e não a própria Henrietta. Mas Deborah agitou a mão diante do meu rosto como se eu estivesse falando besteira, depois procurou um vídeo na pilha e mostrou para mim. A lombada dizia *Parque dos dinossauros*.

"Vi este filme um monte de vezes", disse. "Eles estão conversando sobre os genes e querem pegá-los das células para fazer aquele dinossauro reviver, e eu pensei: *Meu Deus, tenho um artigo sobre como fizeram isso com as células de minha mãe também!*" Ela mostrou outro vídeo, um filme para a tevê chamado *The clone*. Nele, um médico de infertilidade secretamente coleta embriões extras de uma de suas pacientes e cria uma colônia de clones do filho dela, que havia morrido jovem, num acidente.

"Esse médico tirou células da mulher e transformou em meninos que pareciam exatamente com seu filho", Deborah contou. "A pobre mulher nem sabia de todos aqueles clones até ver um deles saindo de uma loja. Eu não sei o que eu faria se visse um dos clones da minha mãe andando por aí."

Deborah sabia que aqueles filmes eram ficção, mas para ela o limite entre ficção científica e realidade havia se embaralhado anos antes, quando seu pai recebeu aquele primeiro telefonema dizendo que as células de Henrietta ainda estavam vivas. Deborah sabia que as células de sua mãe haviam crescido como *A bolha assassina* até existirem tantas que conseguiriam dar várias voltas ao redor da Terra. Parecia maluquice, mas era verdade.

"Nunca se sabe", Deborah disse, procurando dois outros artigos na pilha e entregando-os para mim. Um se intitulava CÉLULAS HUMANAS E DE PLANTA FUNDIDAS: CENOURAS ANDANTES A SEGUIR? O outro dizia CÉLULAS DE HOMEM-ANIMAL CRIADAS EM LABORATÓRIO. Ambos eram sobre as células de sua mãe, e nenhum deles tratava de ficção científica.

"Eu não sei o que eles fizeram", Deborah disse, "mas para mim isso tudo parece o *Parque dos dinossauros*."

Nos três dias seguintes, Deborah veio ao quarto do meu hotel todas as manhãs, sentou-se na cama e desabafou. Quando precisávamos de uma mudança de cenário, passeávamos de balsa e caminhávamos ao longo do porto de Baltimore. Comemos siris, hambúrgueres e batatas fritas e percorremos de carro as ruas da cidade. Visitamos as casas onde ela morou quando criança, a maioria fechada com tábuas e com avisos de CONDENADA em frente. Passamos dia e noite juntas enquanto eu absorvia o máximo que conseguia de sua história, constantemente temendo que ela mudasse de ideia e parasse de falar comigo. Mas, na realidade, parecia que, agora que Deborah começara a falar, nunca mais iria parar.

Deborah era um mundo sem silêncio. Gritava, entrecortava a maioria das frases com uma risada estridente e aguda e fazia comentários sobre tudo em volta: "Veja o tamanho daquelas árvores!", "Não é bonito o verde daquele carro?", "Ah, meu Deus, nunca vi flores tão belas!". Percorria as ruas falando com turistas, garis e mendigos, acenando com a bengala para cada pessoa por quem passava, dizendo repetidamente: "Ei, você aí, tudo bem?".

Deborah era cheia de manias curiosas. Levava uma garrafa de desinfetante Lysol no carro, que borrifava ao acaso, meio que de brincadeira. Borrifou bem na frente do meu nariz quando espirrei, mas na maioria das vezes borrifava pela janela quando parávamos em algum lugar que parecia particularmente insalubre, o que era frequente. Também gesticulava com a bengala quando falava, muitas vezes batendo-a de leve no meu ombro para chamar minha atenção, ou na minha perna para enfatizar um ponto.

Numa das primeiras vezes em que bateu em mim com a bengala, estávamos sentadas no meu quarto. Ela acabara de me entregar uma cópia de *Medical genetics*, de Victor McKusick, e disse: "Conheci esse homem porque ele queria meu sangue para uns exames de câncer".

Contei a ela que ele tinha recolhido o sangue para pesquisas sobre as células de Henrietta, não para testar se ela ou seus irmãos tinham câncer. Foi aí que ela bateu na minha perna com a bengala.

"Droga!", exclamou. "Agora é que você me diz! Quando comecei a fazer perguntas pra ele sobre aqueles exames e as células da minha mãe, ele me entregou uma cópia deste livro, deu um tapinha nas minhas costas e me mandou para casa." Ela pegou o livro, abriu-o e mostrou. "Ele autografou o livro para mim", disse, impaciente. "Teria sido bacana se ele explicasse o que este maldito livro diz."

Deborah e eu ficávamos esparramadas na cama durante horas todos os dias, lendo seus arquivos e conversando sobre a vida dela. Depois, quase no final do terceiro dia, vi uma pasta grossa de papel manilha em cima do meu travesseiro.

"São os prontuários médicos da sua mãe?", perguntei, tentando pegar a pasta.

"Não!", Deborah gritou, agitada, mergulhando na pasta como se ela fosse uma bola perdida, abraçando-a no peito, protegendo-a com o corpo.

Fiquei perplexa, a mão ainda na direção do travesseiro, gaguejando: "Olha... eu não ia...".

"Ah, *tá bom* que você não ia...", Deborah contra-atacou. "O que você ia fazer com os prontuários da minha mãe?"

"Achei que você tinha deixado eles lá para mim... Desculpe... Não preciso ler agora... Tudo bem."

"Não estamos prontas pra isso!", Deborah exclamou, olhos arregalados e em pânico. Apanhou a bolsa, enfiou seus objetos de volta lá dentro, depois correu até a porta.

Eu estava perplexa. A mulher ao lado da qual eu vinha me deitando durante dias, rindo, dando cotoveladinhas, consolando — estava agora fugindo de mim como se eu a perseguisse.

"Deborah", gritei indo atrás dela. "Não estou tentando fazer nada de ruim. Só quero saber a história da sua mãe, como você."

Ela olhou para trás, os olhos ainda em pânico. "Não sei em quem confiar", disse, contrariada. Depois correu para a porta e saiu, batendo-a.

30. Zakariyya

2000

No dia seguinte, Deborah ligou da recepção para o meu quarto como se nada tivesse acontecido. "Desça", ela disse. "Está na hora de você falar com Zakariyya. Ele tem perguntado sobre você."

Eu não estava lá muito animada para conhecer Zakariyya. Ouvira várias vezes que, de toda a família Lacks, ele era de longe o mais revoltado com o que acontecera à mãe e tentava se vingar fosse como fosse. Eu esperava chegar aos trinta anos, e não me parecia prudente ser a primeira pessoa branca a aparecer no apartamento de Zakariyya fazendo perguntas sobre sua mãe.

Lá fora, enquanto eu seguia Deborah até seu carro, ela disse: "As coisas nunca funcionaram bem com o Zakariyya depois que ele saiu da prisão. Mas não se preocupe. Tenho certeza de que ele está preparado para falar sobre a nossa mãe de novo".

"Você *tem mesmo* certeza?", eu perguntei.

"Bem, eu costumava tirar cópias das informações sobre nossa mãe e entregar para ele, mas ele se encheu tanto daquilo que um dia me botou pra correr. Veio pra cima de mim berrando: 'Não quero mais ouvir falar desse negócio da minha mãe e do maldito médico que estuprou as células dela!'. Depois desse dia não voltamos mais a falar disso." Ela deu de ombros. "Mas ele disse que tudo bem, que você pode fazer perguntas hoje. Só precisamos chegar lá antes que ele comece a beber."

Quando chegamos ao carro de Deborah, seus dois netos — Davon e Alfred, que estavam prestes a completar oito e quatro anos — estavam sentados no banco de trás berrando um com o outro. "Estes são meus dois amorzinhos", Deborah disse. Eram crianças extraordinariamente bonitas, de sorrisos enormes e olhos arregalados e escuros. Alfred usava dois pares de óculos escuros de plástico, bem pretos, um em cima do outro, ambos enormes para seu rosto.

"Senhorita Rebecca!", ele gritou quando entramos no carro. "Senhorita Rebecca!"

Voltei-me para ele. "Sim?"

"Eu te amo."

"Obrigada."

Voltei-me para Deborah, que estava explicando que eu não deveria falar certas coisas perto de Zakariyya.

"Senhorita Rebecca! Senhorita Rebecca!", Alfred voltou a gritar, escorregando devagar os dois óculos até a ponta do nariz e acenando com a sobrancelha para mim.

"Você é minha", disse.

"Ah, para com isso!", Deborah gritou, batendo nele do banco da frente. "Meu Deus, ele é como o pai, o Senhor Sedutor." Fez um gesto de contrariedade. "Meu filho está sempre zanzando pelas ruas, bebendo e se drogando como o pai dele. Meu medo é que ele se meta em encrenca — aí não sei o que vai acontecer com o Pequeno Alfred. Fico com medo de que ele já esteja aprendendo coisas demais." O Pequeno Alfred vivia batendo em Davon, embora Davon fosse mais velho e maior, mas Davon nunca revidava sem a permissão de Deborah.

Quando pedi aos meninos que me contassem sobre o tio

Zakariyya, Davon estufou o peito, fez uma careta, depois gritou "VAZA DAQUI JÁ!" com uma voz mais grave do que julguei possível para alguém de oito anos. Ele e Alfred caíram na gargalhada e desmoronaram no banco de trás. "Que nem aqueles lutadores da tevê!", Davon disse, ofegante.

Alfred berrava e se sacudia no banco. "WWF!! WWF!!"*

Deborah olhou para mim e sorriu. "Não esquenta", ela disse. "Sei como lidar com ele. Eu fico lembrando que ele tem que separar as coisas: Rebecca não é um desses pesquisadores, não está trabalhando para o John Hopkin. Está trabalhando por conta própria. Ele disse várias vezes: 'Estou legal, não vou fazer nenhuma loucura'. Mas, se eu perceber qualquer coisa de errado, damos o fora rapidinho."

Rodamos em silêncio por alguns quarteirões, passando por fachadas de lojas fechadas com tábuas, fileiras de restaurantes *fast-food* e lojas de bebidas. A certa altura, Davon apontou para sua escola e contou sobre os detectores de metal e como todos os alunos ficavam trancados lá dentro durante as aulas. Deborah se debruçou sobre mim e sussurrou: "Meu irmão mais novo sempre se sentiu prejudicado na vida, porque quando minha mãe o teve, depois de quatro meses a doença apareceu. O mano tem muita raiva. Você tem que tomar cuidado para chamar ele pelo nome certo".

Eu vinha pronunciando errado, ela explicou, mas não podia fazer isso diante dele. Pronunciava-se *Za-ca-ri-a*, e não *Za-ca-rai-a*. Bobbette e Sonny tinham dificuldade em lembrar disso, por isso o chamavam de Abdul, um de seus nomes do meio. Mas só quando ele não estava por perto.

"Faça o que fizer, não o chame de Joe", Deborah recomendou.

---

* World Wrestling Federation, Federação Mundial de Wrestling (luta livre). (N. T.)

"Um amigo de Lawrence chamou ele de Joe num Dia de Ação de Graças e Zakariyya encheu ele de porrada."

Zakariyya estava prestes a completar cinquenta anos e morava num asilo que Deborah encontrara para ele no tempo em que ele vivia nas ruas. Foi acolhido devido à surdez e por ser quase cego sem óculos. Morava lá havia pouco tempo, mas já corria o risco de expulsão por ser barulhento e agressivo com os demais residentes.

Quando Deborah, os meninos e eu caminhamos do carro até a porta da frente, Deborah pigarreou e indicou um homenzarrão de calças cáqui capengando para fora do prédio. Media pouco mais de 1,7 metro de altura e pesava uns 180 quilos. Usava sandálias ortopédicas azuis e brilhantes, uma camiseta de Bob Marley desbotada e um boné de beisebol branco com os dizeres: PRESUNTO, BACON, SALSICHA.

"Oi, Zakariyya", Deborah berrou, acenando com as mãos sobre a cabeça.

Zakariyya parou de andar e olhou para nós. Seus cabelos negros estavam cortados rente à cabeça, o rosto era suave e jovial como o de Deborah, exceto pela testa, vincada por décadas de revolta. Sob óculos de plástico grossos, seus olhos estavam inchados, injetados e cercados de círculos escuros profundos. Uma mão se apoiava numa bengala de metal idêntica à de Deborah e a outra segurava um grande prato de papel cheio de sorvete. Sob o braço, dobrara várias seções de classificados de jornais.

"Você disse que viria daqui a uma hora", ele reclamou.

"Ah... sim... desculpe", Deborah murmurou. "O trânsito estava bom."

"Não estou pronto ainda", ele disse, depois agarrou o maço de jornais sob o braço e bateu forte com ele no rosto de Davon.

"Por que você trouxe eles?", berrou. "Você sabe que não gosto de pirralhos zanzando por aqui."

Deborah abraçou a cabeça de Davon, acariciando seu rosto e balbuciando que os pais deles tinham que trabalhar e ninguém mais podia ficar com eles, mas jurou que ficariam quietos. Zakariyya virou e caminhou até um banco diante do prédio sem dizer nada.

Deborah deu um tapinha no meu ombro e apontou para outro banco defronte à entrada do prédio, a uns cinco metros do banco de Zakariyya. Ela sussurrou: "Sente-se aqui comigo", depois gritou: "Venham, rapazes, por que não mostram para a senhorita Rebecca como vocês conseguem correr rápido?".

Alfred e Davon correram em torno do beco sem saída de concreto diante do prédio de Zakariyya, gritando: "Olha só! Olha só! Tira uma foto minha!".

Zakariyya ficou sentado comendo seu sorvete e lendo os classificados como se não existíssemos. Deborah olhava para ele em intervalos de segundos, depois olhava de volta para mim, depois para os netos, depois para Zakariyya de novo. A certa altura, olhou de soslaio e mostrou a língua para Zakariyya, mas ele não percebeu.

Finalmente Zakariyya falou.

"Trouxeram a revista?", ele quis saber, olhando para a rua.

Zakariyya contara a Deborah que antes de conversar comigo gostaria de ler a matéria sobre sua mãe que eu escrevera na *Johns Hopkins Magazine*, e queria que eu me sentasse a seu lado enquanto lia. Deborah me cutucou para que eu fosse para o banco dele, depois se levantou de um salto dizendo que ela e os meninos esperariam no andar de cima, porque era melhor conversarmos ao ar livre, aproveitando o bom tempo, do que nos enfurnarmos lá dentro. Fazia uns trinta graus e a umidade estava atordoante, mas não convinha eu entrar naquele apartamento só com ele.

"Vou ficar observando daquela janela lá em cima", Deborah

sussurrou. Ela apontou para vários andares acima. "Se algo anormal acontecer, é só acenar que eu desço."

Enquanto Deborah e os meninos entravam no prédio, sentei-me ao lado de Zakariyya e comecei a contar por que estava ali. Sem olhar para mim nem proferir uma palavra, ele pegou a revista da minha mão e pôs-se a ler. Meu coração batia forte cada vez que ele suspirava, o que ocorria com frequência.

"Porra!", ele berrou subitamente, apontando para uma legenda que dizia que Sonny era o filho mais novo de Henrietta. "Ele não é o mais novo! Sou eu!" Jogou a revista no chão e fuzilou-a com o olhar, enquanto eu dizia que claro que eu sabia que ele era o mais novo, e que a revista é que tinha colocado as legendas, e não eu.

"Acho que meu nascimento foi um milagre", ele disse. "Acredito que minha mãe esperou eu nascer antes de ir ao médico, porque queria me ter. Uma criança nascida daquele jeito, de uma mãe cheia de tumores e tão doente como ela, e eu não sofri nenhum dano físico por isso... É possível que seja tudo obra de Deus."

Ergueu o olhar para mim pela primeira vez desde que eu havia chegado, depois levantou o braço e girou um botão no seu aparelho auditivo.

"Eu desliguei para não ter que ouvir aquelas crianças idiotas", disse, ajustando o volume até não ficar tão estridente. "Acredito que o que aqueles médicos fizeram foi errado. Eles mentiram para nós por vinte anos, esconderam as células da gente, depois inventaram que elas tinham sido *doadas* pela nossa mãe. As células foram roubadas! Aqueles idiotas vêm tirar sangue da gente dizendo que precisam fazer exames e nem contam que naqueles anos todos lucraram com ela? É como pregar um cartaz nas nossas costas dizendo: 'Sou um mané, me chuta na bunda'. As pessoas não sabem que somos pobres. Elas devem pensar, pelo que as células da nossa mãe fizeram, que estamos bem de vida. Espero que o George Grey queime no inferno. Se já não estivesse morto, eu pegava um forcado e enfiava no rabo dele."

Sem refletir, quase como um reflexo nervoso, eu disse: "É George *Gey*, não Grey".

Ele contra-atacou:

"Quem se importa com o nome dele? Ele não vive dizendo às pessoas que o nome de minha mãe era Helen Lane?" Zakariyya ergueu-se, avultando sobre mim e gritando: "O que ele fez estava errado! Totalmente errado. Essas coisas pertencem a Deus. As pessoas dizem que tirar as células e fazer elas viverem para sempre para criar remédios talvez tenha sido a vontade de Deus. Mas eu não concordo. Se Ele quer fornecer a cura de uma doença, Ele fornece sua própria cura, não precisa o homem interferir. E você não mente e clona as pessoas pelas costas. Está errado — é uma das partes mais violadoras desse negócio todo. É como se eu entrasse no seu banheiro enquanto você estivesse lá de calça arriada. É o cúmulo do desrespeito. Por isso digo que espero que ele queime no inferno. Se estivesse aqui agora, eu o mataria".

Subitamente Deborah surgiu ao meu lado com um copo d'água. "Achei que vocês podiam estar com sede", disse, com a voz severa como se dissesse *Que diabo está acontecendo aqui?*, porque vira Zakariyya de pé sobre mim, berrando.

"Tudo bem por aqui?", ela perguntou. "Ainda estão conversando?"

"Estamos", Zakariyya respondeu. Mas Deborah pôs a mão em seu ombro, dizendo que talvez estivesse na hora de entrarmos.

Enquanto nos dirigíamos para a porta da frente do prédio, Zakariyya voltou-se para mim. "Os médicos dizem que as células dela foram muito importantes e que fizeram isso e aquilo para ajudar as pessoas. Mas elas não fizeram nenhum bem pra ela e não fazem nenhum bem pra gente. Se eu e minha irmã precisamos de alguma coisa, não podemos nem consultar o médico porque não temos dinheiro. Só conseguem se beneficiar das células da minha mãe as pessoas com dinheiro e as que estão vendendo aquelas células — elas estão enriquecendo às custas da nossa mãe e nós não ganhamos nada." Balançou a cabeça: "Na minha opinião, todas essas malditas pessoas não mereceram a ajuda dela".

O apartamento de Zakariyya era um conjugado com uma cozinha minúscula, de onde Deborah e os meninos tinham estado nos observando da janela. Os pertences de Zakariyya caberiam numa picape: uma pequena mesa de fórmica, duas cadeiras de madeira, um colchão de solteiro, uma saia para cama de plástico claro e um conjunto de lençóis da Marinha. Nenhum cobertor, nenhum travesseiro. Em frente à cama havia uma televisão pequena com um videocassete equilibrado em cima.

As paredes de Zakariyya estavam vazias, exceto por uma fileira de fotos xerocadas. A de Henrietta com as mãos nos quadris estava ao lado da única outra foto dela conhecida. Nela, Henrietta está de pé com Day num estúdio, a certa altura dos anos 1940, costas empertigadas, olhos arregalados mirando em frente, bocas congeladas em não sorrisos forçados. Alguém retocara a foto e pintara o rosto de Henrietta com um amarelo artificial. Ao lado, havia uma foto impressionante da pequena Elsie diante de uma grade de varanda branca junto a uma cesta de flores secas. Ela tem uns seis anos e está com um vestido de alças e camiseta branca por baixo, soquetes e sapatos, tranças desfeitas, a mão direita segurando alguma coisa junto ao peito. Sua boca está ligeiramente aberta, testa franzida e preocupada, os olhos voltados para a extrema direita da moldura, onde Deborah imagina que sua mãe estivesse.

Zakariyya mostrou vários diplomas pendurados junto às fotos, de soldagem, refrigeração, diesel. "Consegui tantos malditos diplomas", disse, "mas não arranjei emprego por causa da minha ficha criminal e todo o resto, por isso só me meti em encrencas." Depois que saiu da prisão, Zakariyya voltou a se desentender com a lei, tendo várias acusações de agressão, bebedeira e perturbação da ordem.

"Eu acho que é por causa daquelas células que eu sou tão ruim", ele disse. "Tive que começar a lutar antes mesmo de eu ser uma pessoa. É a única explicação que eu encontro das células cancerosas não terem tomado conta de mim quando eu estava dentro da minha mãe. Comecei a combater essas células quando eu era só um bebê no útero dela e nunca soube fazer nada diferente."

Deborah acredita que foi mais do que isso. "Aquela malvada da Ethel ensinou ele a odiar", disse. "Na base da porrada, colocou cada gota do ódio no corpinho dele — colocou o ódio de um assassino dentro dele."

Zakariyya bufou ao ouvir o nome de Ethel. "Viver com aquela mulher maluca e agressiva foi pior do que viver na prisão!", ele exclamou, semicerrando os olhos. "É difícil conversar sobre o que ela fez comigo. Quando começo a pensar naquelas histórias, dá vontade de matar essa mulher e o meu pai. Por causa dele não sei onde minha mãe está enterrada. Quando aquele idiota morrer, nem vou querer saber onde ele vai ser enterrado. Está precisando ir para um hospital? Que pegue um táxi! O mesmo com o resto da família que enterrou ela. Não quero ver esses crioulos nunca mais."

Deborah procurou apoiá-lo. "Veja só", ela disse, olhando para mim. "Todos os outros nunca deixam ele falar, porque ele diz as coisas da maneira que quer. Eu prefiro deixar ele falar, mesmo que o que ele diz incomode. Ele está revoltado, precisa botar a raiva pra fora, senão nunca se livrará dela, e vai acabar explodindo."

"Me desculpem", Zakariyya disse. "Talvez as células dela tenham beneficiado algumas pessoas, mas eu preferia ter a minha mãe. Se ela não tivesse sido sacrificada, eu teria crescido como uma pessoa bem melhor do que eu sou hoje."

Deborah ergueu-se da cama onde estivera sentada com a cabeça dos netos no colo. Aproximou-se de Zakariyya e o enlaçou na cintura. "Venha nos levar até o carro", disse. "Trouxe uma coisa que quero te dar."

Lá fora, Deborah abriu a traseira do jipe e revirou lençóis, roupas e papéis até enfim exibir a foto dos cromossomos de Henrietta dada por Christoph Lengauer. Passou os dedos pelo vidro, depois entregou a Zakariyya.

"Estas são as células?", ele perguntou.

Deborah assentiu com a cabeça. "Está vendo estas manchas coloridas brilhantes? É onde está todo o DNA dela."

Zakariyya ergueu a foto à altura dos olhos, contemplando-a em silêncio. Deborah passou as mãos nas costas dele e murmurou: "Acho que se alguém merece isso é você, Zakariyya".

Zakariyya virou a foto para ver de todos os ângulos. "Você quer que eu fique com isto?", disse enfim.

"Sim, gostaria que você ficasse, pendure na sua parede", Deborah respondeu.

Os olhos de Zakariyya se encheram de lágrimas. Por um momento, os círculos escuros pareceram desaparecer, e seu corpo relaxou.

"Sim", ele disse, a voz suave, diferente de tudo o que tínhamos ouvido naquele dia. Pôs o braço em torno do ombro de Deborah. "Ei, obrigado!"

Deborah passou os braços pela cintura dele tentando abarcar o máximo que podia, e apertou com força. "O médico que me deu isso contou que trabalhou com as células de nossa mãe durante toda a carreira dele sem nunca saber nada sobre a origem dela. Ele pediu desculpas."

Zakariyya me olhou. "Qual o nome dele?"

Eu disse o nome, depois acrescentei: "Ele quer encontrar você e mostrar as células".

Zakariyya concordou com a cabeça, seus braços ainda nos ombros de Deborah. "Tá", disse. "Parece legal. Tudo bem." Depois retornou devagar ao prédio, segurando a foto diante de si, sem ver nada em volta a não ser o DNA nas células de sua mãe.

31. Hela, deusa da morte

2000-1

Um dia depois que voltei para casa após nossa maratona, um homem que Deborah não conhecia ligou perguntando se ela desfilaria num carro alegórico em homenagem a HeLa num rodeio de negros. Ele disse a ela para tomar cuidado com pessoas que tentassem descobrir onde estava o túmulo de Henrietta, porque poderiam querer roubar os ossos, já que seu corpo era tão valioso para a ciência. Deborah explicou ao homem que estava conversando comigo para um livro e ele a aconselhou a não conversar com gente branca sobre a sua história. Ela entrou em pânico e ligou para o irmão Lawrence, que disse que o homem estava certo. Assim, ela me deixou um recado dizendo que não poderia mais conversar comigo. Mas, quando recebi o recado e liguei de volta, ela já tinha mudado de ideia.

"Todo mundo vive reclamando: 'Racismo! Racismo! Aquele homem branco roubou as células da mulher negra! O homem branco matou a mulher negra!'. Esse papo é muito doido", disse. "Somos todos negros e brancos e todo o resto — não é uma questão de raça. Há dois lados na história, e é isso que queremos revelar. Nada sobre minha mãe é verdade se só queremos ferrar os pesquisadores. Não se trata de punir os médicos ou difamar o hospital. Não quero isso."

Deborah e eu continuamos nosso diálogo por um ano inteiro. Cada vez que eu a visitava, andávamos pelo porto de Baltimore, passeávamos de barco, líamos livros de ciência juntas e conversávamos sobre as células de sua mãe. Levamos Davon e Alfred ao Centro de Ciência de Maryland, onde eles viram uma parede de seis metros coberta de alto a baixo com uma foto de células tingidas de verde néon e ampliadas ao microscópio. Davon agarrou minha mão e me puxou até a parede de células, gritando: "Senhorita Rebecca! Senhorita Rebecca! Essa é a bisavó Henrietta?". As pessoas em volta nos olhavam enquanto eu dizia: "Na verdade, poderia ser", e Davon saltitou pelo recinto cantando: "Vovó Henrietta é famosa! Vovó Henrietta é famosa!".

A certa altura, enquanto Deborah e eu caminhávamos pelas ruas de pedra de Fell's Point tarde da noite, ela virou para mim e disse do nada: "Vou trazer os prontuários médicos quando achar que é o momento". Contou que, na noite em que saiu às pressas do meu hotel com os prontuários, achou que eu estivesse tentando roubá-los. Disse: "Só preciso de alguém em quem possa confiar, alguém que converse comigo e não me deixe no escuro". Pediu que eu prometesse que não esconderia nada dela. Prometi.

Entre uma viagem e outra, Deborah e eu passávamos horas conversando pelo telefone, todas as semanas. De vez em quando, alguém a convencia de que não devia confiar a história de sua mãe a uma pessoa branca e ela me ligava em pânico, querendo saber se o Hospital Johns Hopkins estava me pagando para extrair informações dela, conforme se comentava. Outras vezes ficava desconfiada sobre dinheiro, como quando a editora de um compêndio de genética ligou oferecendo trezentos dólares pela permissão para publicar uma foto de Henrietta. Quando Deborah exigiu 25 mil dólares e a editora se recusou a pagar, ela me telefonou perguntando quem estava me pagando para escrever meu livro, e quanto eu daria a ela.

Todas as vezes, respondi a mesma coisa: que ainda não havia vendido o livro e que, àquela altura, vinha custeando a minha pesquisa com empréstimos estudantis e cartões de crédito. Além disso, eu não poderia lhe pagar pela história. Em vez disso, eu disse, se o livro viesse a ser publicado, eu criaria um fundo de bolsas de estudo para os descendentes de Henrietta Lacks. Nos dias em que estava bem, Deborah se entusiasmava com a ideia. "Educação é tudo", dizia. "Se eu tivesse estudado mais, talvez todo esse negócio sobre a minha mãe não fosse tão traumático. Por isso vivo dizendo ao Davon: 'Continue estudando, aprendendo tudo que puder'." Mas nos seus dias ruins achava que eu estava mentindo e rompia relações comigo de novo.

Esses momentos nunca duravam muito e sempre terminavam com Deborah pedindo que eu prometesse outra vez que jamais esconderia nada dela. Acabei dizendo que, se ela quisesse, poderia me acompanhar em algumas de minhas pesquisas, e ela respondeu: "Quero ir aos centros e faculdades, e tudo isso. Lugares de aprendizado. E quero conseguir o prontuário médico e a autópsia de minha irmã".

Passei a lhe enviar pilhas de informações que eu descobria sobre sua mãe — artigos de revistas científicas, fotos das células, até um romance, poema ou conto ocasional baseado nas células HeLa. Num deles, um cientista maluco transformava as células HeLa em uma arma biológica para espalhar a hidrofobia. Outro falava de uma tinta amarela para casas feita de células HeLa que conseguiam falar. Enviei a Deborah notícias de exposições onde diversos artistas projetaram as células de Henrietta em paredes, uma delas exibindo uma cultura em forma de coração criada pela fusão das células do artista com as de Henrietta. Em cada pacote iam bilhetes explicando o que cada objeto significava, rotulando claramente o que era ficção e o que não era e alertando-a sobre qualquer detalhe que pudesse aborrecê-la.

Sempre que Deborah recebia um pacote, ligava para conversar sobre o que havia lido e aos poucos seus telefonemas em pânico foram rareando. Assim que se deu conta de que eu tinha a mesma idade de sua filha, começou a me chamar de "Boo" e fez questão de que eu comprasse um celular, porque se preocupava com minhas viagens solitárias pelas estradas interestaduais. Cada vez que eu falava com seus irmãos, ela dizia, meio de brincadeira: "Nem tente pegar a minha repórter! Arranje uma só pra você!".

Quando nos encontramos para a nossa primeira viagem, Deborah saltou do carro trajando uma saia preta até o tornozelo, sandálias pretas com saltos e uma camisa preta coberta com um cardigã preto aberto. Depois de nos abraçarmos, ela disse: "Coloquei minhas roupas de repórter!". Apontou para minha camisa abotoada até em cima, calças pretas e botas pretas e disse: "Você sempre põe roupa preta, por isso achei que deveria me vestir como você para combinar".

Em cada viagem, Deborah lotava o jipe do chão ao teto com todos os tipos de sapato e roupa de que poderia precisar. ("A gente nunca sabe quando o tempo vai mudar.") Trazia travesseiros e cobertores para a eventualidade de nos perdermos, um tremulante ventilador para o caso de fazer calor, além de todo seu equipamento de cabeleireira e manicure, caixas de vídeos, CDs de música, materiais de escritório e todos os seus documentos relacionados a Henrietta. Sempre íamos em dois carros, porque Deborah ainda não confiava em mim o suficiente para viajar de carona. Eu a seguia, observando seu boné de motorista subindo e descendo ao ritmo da música. Às vezes, quando virávamos numa curva ou parávamos nos faróis, eu conseguia ouvi-la cantando "Born to be wild", ou sua canção favorita de William Bell, "I forgot to be your lover".

Deborah acabou deixando que eu fosse à sua casa. Escura, cortinas grossas fechadas, sofás pretos, lâmpadas fracas e paredes forradas de lambris marrom-escuros com cenas religiosas em pôsteres luminosos. Passávamos o tempo todo em seu escritório, onde ela dormia quase todas as noites, em vez de no quarto que compartilhava com Pullum — eles brigavam demais, ela contou, e precisavam de alguma paz.

Seu quarto tinha pouco menos de dois metros de largura, uma cama de solteiro encostada na parede e uma pequena escrivaninha bem em frente, quase tocando na cama. Na escrivaninha, sob folhas de papel, caixas de envelopes, cartas e contas jazia a Bíblia de sua mãe, as páginas empenadas, rachando de velha e manchada de fungos, as mechas de cabelos da mãe e da irmã ainda enfiadas entre as páginas.

As paredes de Deborah eram cobertas do teto ao chão com fotos coloridas de ursos, cavalos, cães e gatos que ela arrancara de calendários, além de quase uma dúzia de quadrados de feltro brilhantes que ela e Davon haviam cortado à mão. Um deles era amarelo com OBRIGADO JESUS POR ME AMAR escrito em letras grandes. Outro dizia PROFECIAS CUMPRIDAS e estava coberto de moedas feitas de papel alumínio. Uma estante na cabeceira da cama estava atulhada de vídeos publicitários: de uma Jacuzzi, de um trailer, de uma viagem à Disneylândia. Quase todas as noites Deborah dizia: "Ei, Davon, quer sair de férias?". Quando ele respondia que sim com a cabeça, ela perguntava: "Pra onde você quer ir: para a Disneylândia, para um *spa* ou viajar de trailer?". Eles assistiam a cada vídeo várias vezes.

Um dia, ao final de uma visita, mostrei a Deborah como entrar na internet num computador velho que alguém lhe dera anos antes, depois ensinei-a a usar o Google. Logo ela começou a ingerir Ambien — um narcótico usado no tratamento da insônia —, passando noites em claro meio que drogada, ouvindo William Bell no fone de ouvido e pesquisando "Henrietta" e "HeLa" no Google.

Davon se referia ao Ambien de Deborah como um "remédio falsificado" porque a fazia vagar pela casa no meio da noite feito um zumbi, falando coisas sem sentido e tentando preparar o café da manhã cortando os cereais matinais com uma faca de carne. Quando ficava com ela, Davon muitas vezes acordava no meio da noite e encontrava Deborah dormindo diante do computador, cabeça caída e mãos no teclado. Ele a tirava da cadeira e a levava para a cama. Quando Davon não estava lá, Deborah várias vezes acordava com o rosto na escrivaninha, cercada de uma montanha de páginas que tinham caído da impressora para o chão: artigos científicos, pedidos de patente, artigos variados de jornais e postagens em blogs, vários, inclusive, sem nenhuma relação com sua mãe, mas em que constavam as palavras *Henrietta*, *lacks* ou *Hela*.

Por incrível que pareça, havia muitos Hela. Hela é o nome nativo do país Sri Lanka, onde ativistas carregam cartazes exigindo "Justiça para a Nação Hela". É também o nome de uma antiga companhia de tratores alemã já desaparecida e de um cão *shih-tzu* vencedor de prêmios; é um *resort* à beira-mar na Polônia, uma agência publicitária na Suíça, um barco dinamarquês onde as pessoas se reúnem para beber vodca e assistir a filmes, e um personagem de uma história em quadrinhos da Marvel que figura em vários games da internet: uma deusa de mais de dois metros de altura, meio negra, meio branca, em parte morta, em parte viva, com uma inteligência "imensurável", uma força "sobre-humana", energia e durabilidade "divinas" e mais de duzentos quilos de músculos rijos. Responsável por pestes, doenças e catástrofes, é imune a fogo, radiação, toxinas, corrosivos, doenças e envelhecimento. Consegue também levitar e controlar a mente das pessoas.

Quando Deborah achava páginas que descreviam a personagem Hela da Marvel, pensava que estivessem descrevendo sua mãe, pois cada um dos atributos da Hela coincidia de algum modo com o que Deborah ouvira falar das células de sua mãe. Mas na verdade a Hela dos quadrinhos se inspirava na antiga deusa da morte nórdica, que vivia aprisionada numa terra entre o inferno e os seres vivos. Deborah achava que aquela deusa também era baseada em sua mãe.

Uma vez, por volta das três da manhã, meu telefone tocou enquanto eu dormia, febril por causa de uma gripe. Deborah berrou do outro lado: "Eu não disse que Londres clonou minha mãe?!". Sua voz soava pastosa e indistinta por causa do Ambien.

Ela pesquisara *HeLa, clone, London* e *DNA* no Google e havia obtido milhares de resultados com resumos como este, de uma discussão em sala de bate-papo sobre as células HeLa: "Cada uma contém um modelo genético para construir Henrietta Lacks. [...] Podemos cloná-la?". O nome de sua mãe apareceu sob títulos como CLONAGEM e FAZENDAS DE HUMANOS, e ela achou que aqueles milhares de resultados fossem uma prova de que cientistas haviam clonado milhares de Henriettas.

"Ela não foi clonada", expliquei. "Apenas fizeram cópias de suas células. Eu juro a você."

"Obrigada, Boo, desculpe ter te acordado", ela murmurou. "Mas, se estão clonando as células dela, quer dizer que um dia poderiam clonar a minha mãe?"

"Não", respondi. "Boa noite."

Depois de várias semanas encontrando Deborah inconsciente, com o telefone na mão ou o rosto no teclado, Davon disse à sua mãe que precisava ficar na casa da avó o tempo todo, para cuidar dela depois que tomasse o remédio.

Deborah ingeria uma média de catorze comprimidos por dia, que lhe custavam uns 150 dólares mensais de acordo com o seguro-saúde do marido, além do Medicaid e Medicare. "Acho que são onze receitas", ela me contou certa vez, "talvez doze. Não consigo acompanhar, elas mudam o tempo todo." Uma para refluxo tinha saltado de oito dólares num mês para 135 dólares no seguinte, o que a fez parar de tomar o remédio. A certa altura, o seguro-saúde do marido cancelou a cobertura para remédios, fazendo com que ela passasse a cortar as pílulas ao meio para que durassem mais. Quando o Ambien terminava, ela ficava sem dormir até conseguir mais.

Ela me contou que os médicos começaram a lhe prescrever remédios em 1997, após o que ela denominou "o caso da oportunista", sobre a qual se recusou a falar. Foi quando entrou com o pedido de auxílio-invalidez na Previdência Social, que só conseguiu depois de diversas visitas ao tribunal.

"O pessoal da Previdência Social disse que estava tudo na minha cabeça", ela me contou. "Acabaram me mandando para uns cinco psiquiatras e um monte de médicos. Eles disseram que eu tinha paranoia, esquizofrenia, que eu era nervosa. Tive ansiedade, depressão, degeneração da patela, bursite, discos nas costas abaulados, diabetes, osteoporose, hipertensão, colesterol. Não sei o nome de tudo que está errado comigo", disse. "Nem sei se alguém sabe. Só sei que, quando fico nesse estado de espírito e me assusto, eu me escondo."

Foi o que aconteceu da primeira vez que eu telefonei, ela disse. "Eu estava toda empolgada, dizendo que queria que escrevessem um livro sobre minha mãe. Depois as coisas começaram a acontecer na minha cabeça e me apavorei.

"Sei que a minha vida poderia ser melhor, e eu gostaria que ela fosse", disse. "Quando as pessoas ouvem falar sobre as células da minha mãe, sempre dizem: 'Nossa, vocês poderiam estar ricos! Deviam processar o John Hopkin, deviam fazer isso e aquilo'. Mas eu não *quero*." Ela riu. "Verdade seja dita, não posso ficar zangada com a ciência, porque ela ajuda as pessoas a viverem, e eu estaria perdida sem ela. Sou uma farmácia ambulante! Não posso dizer nada de ruim sobre a ciência, mas não vou mentir: eu *gostaria* de um seguro-saúde para não precisar pagar um dinheirão todo mês pelos remédios que as células da minha mãe provavelmente ajudaram a criar."

Deborah acabou se familiarizando com a internet e começou a usá-la para mais do que se aterrorizar no meio da madrugada. Preparava listas de perguntas para me fazer e imprimia artigos sobre pesquisas realizadas sem o consentimento ou conhecimento das pessoas — do teste de uma vacina em Uganda até o teste de remédios em soldados americanos. Começou a organizar as informações em pastas cuidadosamente etiquetadas: uma sobre células, outra sobre câncer, outra repleta de definições de termos legais como *prescrição* e *confidencialidade do paciente*. Certa vez enfureceu-se com um artigo intitulado "O que resta de Henrietta Lacks?", que dizia que Henrietta provavelmente contraiu o vírus do papiloma humano porque "dormia com qualquer um".

"Essa gente não entende nada de ciência", ela me disse. "Só porque a minha mãe teve o HPV não quer dizer que ela era promíscua. A maioria das pessoas contrai esse vírus — li sobre isso na internet."

Então, em abril de 2001, quase um ano após nosso primeiro encontro, Deborah ligou para me contar que "o presidente de um clube de câncer" telefonara convidando-a para subir ao palco num evento em homenagem a sua mãe. Ela me disse que estava preocupada e queria que eu descobrisse se aquilo era sério.

Descobri que se tratava de Franklin Salisbury Jr., presidente da Fundação Nacional para a Pesquisa do Câncer (National Foundation for Cancer Research, NFCR). Ele decidira homenagear Henrietta na conferência de 2001 da fundação. Em 13 de setembro, setenta importantes pesquisadores do câncer do mundo inteiro se reuniriam para apresentar suas pesquisas, e centenas de pessoas compareceriam, inclusive o prefeito de Washington, D. C. e o secretário da Saúde Pública. Ele esperava que Deborah falasse alguma coisa e recebesse uma placa em homenagem à mãe.

"Entendo que a família se sente muito prejudicada", ele me contou. "Não podemos lhes dar dinheiro, mas espero que essa conferência esclareça a história e contribua para que eles se sintam melhor, ainda que com cinquenta anos de atraso."

Quando expliquei aquilo para Deborah, ela ficou eufórica. Seria como a conferência de Pattillo em Atlanta, disse, só que maior. Imediatamente começou a planejar o que vestiria e a fazer perguntas sobre qual seria o tema das palestras dos pesquisadores. E voltou a se preocupar com sua segurança no palco e com a possibilidade de um franco-atirador a estar espreitando.

"E se eles acharem que vou criar problemas por terem se apropriado das células ou algo parecido?"

"Não acho que você deva se preocupar com isso", eu disse. "Os cientistas estão doidos para conhecer você." Além disso, eu lhe contei, a conferência ocorreria num prédio federal altamente seguro.

"Tá bem", ela disse. "Mas primeiro quero ir ver as células da minha mãe. Assim saberei sobre o que todos estão falando na conferência."

Quando desligamos, eu ia telefonar para Christoph Lengauer, o pesquisador de câncer que presenteara Deborah com a foto do cromossomo pintado, mas, antes de eu conseguir achar seu número, meu telefone voltou a tocar. Era Deborah, em prantos. Pensei que estivesse em pânico, mudando de ideia sobre ir ver as células. Mas em vez disso ela lamentou: "Ah, meu bebê! Que Deus o ajude, ele foi pego com a boca na botija".

Seu filho Alfred e um amigo tinham cometido uma série de crimes, assaltado pelo menos cinco lojas de bebidas a mão armada. As câmeras de segurança flagraram Alfred gritando com um vendedor e o ameaçando com uma garrafa de Wild Irish Rose. Ele roubara uma garrafa pequena de cerveja, uma de Wild Irish Rose, dois maços de cigarros Newport e cerca de cem dólares em dinheiro. A polícia o prendeu em frente de casa e o enfiou no camburão enquanto seu filho, o Pequeno Alfred, via tudo do gramado.

"Ainda quero ver as células", Deborah disse, soluçando. "Não vou deixar que esse negócio me impeça de saber sobre minha mãe e minha irmã."

32. "Tudo isto é minha mãe"
2001

Quando Deborah se sentiu enfim preparada para ver as células de sua mãe pela primeira vez, Day não pôde ir. Ele dissera várias vezes que gostaria de ver as células da mulher antes de morrer, mas estava com 85 anos, vivia hospitalizado com problemas cardíacos e de pressão arterial, e acabara de perder uma perna por causa da diabetes. Sonny precisava trabalhar e Lawrence disse que queria consultar um advogado sobre processar o Hopkins em vez de ir ver as células, às quais se referiu como "uma corporação multibilionária".

Desse modo, em 11 de maio de 2001, Deborah, Zakariyya e eu marcamos um encontro na estátua de Jesus do Hospital Johns Hopkins para irmos ver as células de Henrietta. Naquela manhã, Deborah me avisara que Lawrence estava convencido de que o Hopkins vinha me pagando para reunir informações sobre a família. Já ligara várias vezes naquele dia ameaçando ir buscar os materiais que ela estava juntando sobre sua mãe. Assim, Deborah os trancou no escritório, levou a chave consigo e ligou para mim dizendo: "Não diga para ele onde você está nem vá se encontrar com ele sem que eu esteja junto".

Quando cheguei à frente da estátua de Jesus, ele continuava como no tempo em que Henrietta a visitara, uns cinquenta anos antes, erguendo-se por mais de três metros sob uma cúpula octogonal escalonada, olhos de mármore sem pupilas olhando à frente, braços estendidos e envoltos num manto de pedra. Aos pés de Jesus, as pessoas haviam atirado pilhas de moedas, margaridas agora murchas e duas rosas — uma fresca, com espinhos, a outra de tecido, com gotas de orvalho de plástico. Seu corpo era marrom-acinzentado e desbotado, exceto pelo pé direito branco e brilhante, polido durante décadas por mãos que o esfregavam para obter sorte.

Deborah e Zakariyya não estavam lá, portanto me apoiei numa parede distante, observando um médico com roupa cirúrgica verde se ajoelhar diante da estátua para rezar, enquanto outros passavam o dedo nela ao entrar no hospital, sem nem olhar ou diminuir o passo. Diversas pessoas pararam para escrever pedidos e agradecimentos em livros enormes que repousavam em pedestais de madeira ao lado da estátua: "Querido Pai Celestial: se for a sua vontade, permita que eu fale com Eddie pela última vez". "Por favor, ajude meus filhos a vencerem o vício." "Peço que arranje emprego para mim e meu marido." "Senhor, obrigada por me dar outra chance."

Caminhei até a estátua, os calcanhares ecoando no mármore, e repousei a mão no dedão dela — o mais próximo que já cheguei de orar. De repente, vi Deborah ao meu lado, sussurrando: "Espero que Ele nos proteja". Sua voz estava completamente calma, sem seu habitual riso nervoso.

Respondi que eu também esperava.

Deborah fechou os olhos e começou a rezar. Depois Zakariyya apareceu atrás de nós e deixou escapar uma risada profunda.

"Ele não pode fazer nada para ajudar vocês agora!", Zakariyya gritou. Tinha engordado desde a última vez que o vira, e suas calças de lã cinza pesada e sua jaqueta azul grossa faziam com que parecesse ainda maior. As hastes de plástico preto dos óculos estavam tão apertadas que cavaram sulcos profundos em sua cabeça, mas ele não tinha dinheiro para comprar outros óculos.

Olhou para mim e disse: "Esta minha irmã está maluca de não querer ganhar dinheiro com as células".

Deborah lançou-lhe um olhar impaciente e bateu com a bengala em sua perna. "Fique bonzinho senão você não vai poder ver as células", ameaçou.

Zakariyya parou de rir e nos seguiu ao laboratório de Christoph Lengauer. Minutos depois, Christoph veio andando em nossa direção pelo saguão do seu prédio, sorrindo. Tinha uns 35 anos, cabelos castanho-claros revoltos e vestia jeans perfeitamente desbotados e camisa azul axadrezada. Estendeu a mão para mim e Deborah, depois para Zakariyya. Mas Zakariyya nem se mexeu.

"Certo!", Christoph disse, olhando para Deborah. "Deve ser difícil para vocês virem a um laboratório no Hopkins depois de tudo por que passaram. Estou muito contente de vê-los aqui." Falava com um sotaque austríaco, o que fez Deborah acenar com a sobrancelha para mim quando ele virou para chamar o elevador. "Pensei em começarmos pela sala do refrigerador para eu poder mostrar como armazenamos as células de sua mãe, depois podemos vê-las vivas sob um microscópio."

"Maravilha!", Deborah exclamou, como se ele tivesse acabado de dizer algo totalmente comum. Dentro do elevador, encostou-se em Zakariyya, uma mão segurando a bengala, a outra agarrando seu dicionário surrado. Quando as portas se abriram, seguimos Christoph em fila indiana por um corredor estreito e comprido, as paredes e o teto vibrando com um som sussurrante e grave, que foi se elevando à medida que avançávamos. "É o sistema de ventilação", Christoph gritou. "Ele suga todas as substâncias químicas e células, para que não precisemos inspirá-las."

Abriu a porta de seu laboratório com um gesto teatral de *tchan-tchan-tchan-tchan* e acenou para que entrássemos. "É aqui que mantemos todas as células", gritou, sua voz abafada por um zumbido mecânico e ensurdecedor que fez os aparelhos auditivos de Deborah e Zakariyya guinchar. Zakariyya ergueu a mão e tirou seu aparelho do ouvido. Deborah ajustou o volume do seu, depois passou por Christoph e entrou numa sala repleta de congeladores brancos empilhados uns sobre os outros, ribombando como um mar de máquinas de lavar numa lavanderia industrial. Ela me lançou um olhar arregalado e apavorado.

Christoph puxou a maçaneta de um congelador branco que ia do chão ao teto, e ele abriu com um zumbido, liberando uma nuvem de vapor na sala. Deborah gritou e saltou para trás de Zakariyya, que estava postado impassivo, mãos nos bolsos.

"Não se preocupem", Christoph gritou. "Não é perigoso, é só frio. Não são vinte graus negativos como nos congeladores de casa, são só oito. Por isso quando abro sai vapor." Fez um sinal para Deborah se aproximar.

"Está cheio das células dela", ele disse.

Deborah afastou-se de Zakariyya e avançou até a brisa gelada atingir seu rosto. Ficou fitando os milhares de recipientes de plástico com 2,5 centímetros de altura repletos do líquido vermelho.

"Meu Deus", ela suspirou. "Não consigo acreditar que tudo isto é minha mãe." Zakariyya apenas contemplou em silêncio.

Christoph apanhou um frasco do congelador e apontou para as letras *H-e-L-a* escritas nele. "Existem milhões e milhões de células dela aí dentro", explicou. "Talvez bilhões. Você pode mantê-las aqui para sempre. Cinquenta anos, cem anos, até mais — depois é só descongelar que elas crescem."

Sacudiu o frasco de células HeLa na mão quando começou a falar sobre os cuidados necessários no manuseio. "Temos uma sala extra só para as células", disse. "Isso é importante, porque se você as contamina com alguma coisa, depois não poderá mais usá-las. E você não quer que as células HeLa contaminem outras culturas num laboratório."

"Foi o que aconteceu na Rússia, certo?", Deborah observou.

Ele ficou estupefato e deu um meio sorriso.

"Sim", disse. "Exatamente. Ótimo que você saiba disso." Explicou como aconteceu o problema da contaminação das células HeLa, depois disse: "As células dela causaram milhões de dólares em prejuízos. Parece até um pouquinho de justiça poética, não parece?".

"Minha mãe estava apenas se vingando dos cientistas por eles terem guardado segredo das células dela para a família", Deborah disse. "Cuidado com Henrietta — sua vingança é cruel!"

Todos riram.

Christoph apanhou outro frasco de células HeLa de dentro do congelador atrás dele e mostrou-o a Deborah, com um olhar afável. Ela se espantou por um momento, fitando a mão dele estendida, depois apanhou o frasco e começou a esfregá-lo rápido entre as palmas, como se estivesse se aquecendo no inverno.

"Ela está fria", Deborah disse, segurando o frasco e soprando nele. Christoph sinalizou que o seguíssemos até a incubadora onde ele aquecia as células, mas Deborah não se moveu. Enquanto Zakariyya e Christoph se afastavam, ergueu o frasco e levou-o aos lábios.

"Você é famosa", sussurrou. "Só que ninguém sabe."

Christoph nos conduziu a um pequeno laboratório abarrotado de microscópios, pipetas e recipientes com palavras como PATOGÊNICO e DNA escritas neles. Apontando para as coifas de ventilação sobre as mesas, disse: "Não queremos câncer por toda parte, por isso esse aparelho suga todo o ar para um sistema de filtragem que captura e mata quaisquer células que estejam flutuando".

Explicou o que era um meio de cultura e como transferia as células para a incubadora a fim de que elas crescessem. "Elas acabam enchendo todos aqueles frascos enormes lá atrás", disse, apontando para uma fileira de jarros de um galão. "Depois fazemos nossas experiências com elas; por exemplo, quando descobrimos um remédio novo para o câncer, despejamos nas células e vemos o que acontece." Zakariyya e Deborah assentiram com a cabeça enquanto ele explicava como os remédios são testados em células, depois em animais e finalmente nos seres humanos.

Christoph ajoelhou-se diante de uma incubadora, colocou a mão lá dentro e retirou uma placa com cultura de células HeLa. "Elas são muito, muito pequenas, as células", ele disse. "Por isso agora vamos até o microscópio para eu poder mostrá-las a vocês." Ligou interruptores, colocou a placa na plataforma do microscópio e apontou para um pequeno monitor ligado ao aparelho. Apareceu uma cor verde fluorescente, e Deborah suspirou.

"É uma cor tão bonita!"

Christoph inclinou-se sobre o microscópio para focalizar as células, e uma imagem mais parecida com a água verde turva de uma lagoa do que com células apareceu na tela.

"Neste grau de ampliação não dá para ver muito", Christoph explicou. "A tela é sem graça porque as células são pequenas demais. Mesmo com um microscópio você às vezes não consegue ver." Apertou um botão e foi aumentando o *zoom* até o mar verde turvo se transformar numa tela repleta de centenas de células individuais, com seus centros escuros e salientes.

"Ahhh", Deborah murmurou. "Olha elas lá." Esticou o braço e tocou na tela, passando seu dedo de uma célula para outra.

Christoph contornou a forma de uma célula com seu dedo. "Tudo isto é uma célula", disse. "Parece um triângulo com um círculo no meio, estão vendo?"

Pegou uma folha de papel de rascunho e passou quase meia

hora desenhando diagramas e explicando a biologia básica das células, enquanto Deborah fazia perguntas. Zakariyya ligou o aparelho de audição e se inclinou em direção a Christoph e o papel.

"Todo mundo vive falando de células e DNA", Deborah disse a certa altura, "mas não entendo a diferença entre o DNA e as células dela."

"Ah!", Christoph disse, entusiasmado, "DNA é o que está *dentro* da célula! Dentro de cada núcleo, se pudéssemos aumentar ainda mais o *zoom*, você veria um filamento de DNA com este aspecto." Ele desenhou uma linha comprida e contorcida. "Existem 46 desses filamentos de DNA em cada núcleo humano. É o que chamamos de cromossomos — as coisas com cores brilhantes na foto grande que dei para você."

"Ah! Meu irmão pendurou aquela foto na parede da casa dele ao lado da foto da nossa mãe e da nossa irmã", Deborah contou, depois olhou para Zakariyya. "Sabia que foi esse homem que te deu a foto?"

Zakariyya olhou para o chão e respondeu que sim com a cabeça, os cantos da boca esboçando um sorriso que mal se percebia.

"Dentro do DNA daquela foto estão todas as informações genéticas que fizeram com que Henrietta fosse *Henrietta*", Christoph contou. "Sua mãe era alta ou baixa?"

"Baixa."

"E tinha cabelos escuros, certo?"

Todos concordamos com a cabeça.

"Bem, todas essas informações vieram do DNA dela", ele explicou. "O câncer dela também — só que aí veio de um erro no DNA."

O rosto de Deborah se anuviou. Ela ouvira várias vezes que tinha herdado parte do DNA que havia dentro daquelas células de sua mãe. Não queria ouvir que o câncer da mãe também estava no DNA.

"Esses erros podem acontecer quando você se expõe a substâncias químicas ou radiação", Christoph disse. "Mas, no caso da sua mãe, o erro foi causado pelo HPV, o vírus do papiloma humano. A boa notícia é que os filhos não herdam esses tipos de mudança no DNA dos pais; elas só ocorrem quando você se expõe ao vírus."

"Quer dizer que a gente não tem aquilo que fez as células da minha mãe crescerem para sempre?", Deborah perguntou. Christoph fez um sinal negativo com a cabeça. "Só agora você me diz, depois de todos esses anos!", Deborah protestou. "Graças a Deus, porque eu *estava* pirando!"

Ela apontou para uma célula na tela que parecia mais comprida que as outras. "Esta é o câncer, certo? E o resto são as normais?"

"Na verdade, todas as células HeLa são cancerosas", Christoph respondeu.

"Espera lá", Deborah disse. "Quer dizer que nenhuma célula *normal* da nossa mãe continua viva? Só as células cancerosas?"

"Isso mesmo."

"Poxa! O tempo todo pensei que as células *normais* da minha mãe continuassem vivas!"

Christoph voltou a se inclinar sobre o microscópio e começou a mover as células rapidamente ao redor da tela, até que soltou um grito. "Olha lá! Está vendo aquela célula?" Apontou para o centro do monitor. "Vê como ela tem um núcleo grande que parece quase cortado ao meio? Essa célula está se dividindo em duas diante dos nossos olhos! E ambas as células vão ter o DNA da sua mãe dentro delas."

"Que Deus tenha piedade", Deborah murmurou, cobrindo a boca com a mão.

Christoph continuou falando sobre a divisão celular, mas Deborah não estava mais ouvindo. Como que hipnotizada, observava uma das células de sua mãe se dividindo em duas, assim como tinham feito quando Henrietta era um embrião no ventre materno.

Deborah e Zakariyya fitavam a tela como se estivessem em transe, bocas abertas, bochechas caídas. Foi ao máximo que chegaram de ver sua mãe viva desde que eram bebês.

Após um longo silêncio, Zakariyya falou:

"Se essas são as células da nossa mãe, como é possível não serem pretas se ela era preta?"

"Debaixo do microscópio, as células não têm cor", Christoph respondeu. "Todas parecem iguais — elas são transparentes até as colorirmos com um corante. Não dá para saber a cor de uma pessoa com base nas células." Fez sinal para que Zakariyya se aproximasse. "Quer olhar pelo microscópio? Assim elas parecem melhores."

Christoph explicou a Deborah e Zakariyya como usar o microscópio, dizendo: "Olhem assim... tirem os óculos... agora virem este botão para focalizar". Por fim as células se tornaram visíveis para Deborah. E através daquele microscópio, naquele momento, tudo que ela conseguia ver era um oceano das células de sua mãe, tingidas de um verde fluorescente etéreo.

"Como elas são *bonitas*", sussurrou, depois voltou a contemplar a lâmina do microscópio em silêncio. No final, sem desviar o olhar das células, exclamou: "Meu Deus, nunca imaginei que veria minha mãe em um microscópio — nunca sonhei que este dia chegaria".

"É, o Hopkins pisou na bola, acho", Christoph disse.

Deborah se empertigou e olhou para ele, espantada por ouvir um cientista — e além de tudo do Hopkins — dizer uma coisa daquela. Depois voltou a olhar para o microscópio e disse: "O John Hopkin é uma escola para o aprendizado, e isso é importante. Mas esta *é* a minha mãe. Parece que ninguém percebe".

"É verdade", Christoph concordou. "Sempre que lemos livros sobre ciência, é sempre HeLa *isto*, HeLa *aquilo*. Algumas pessoas sabem que são as iniciais de uma pessoa, mas não sabem quem é essa pessoa. Esta é uma história importante."

333

Deborah dava a impressão de querer abraçá-lo. "Isso é incrível", disse, balançando a cabeça e olhando para ele como se estivesse diante de uma miragem.

De repente, Zakariyya pôs-se a berrar alguma coisa sobre George Gey. Deborah bateu com a bengala no dedão do pé dele e ele parou no meio da frase.

"Zakariyya tem muita raiva de tudo que tem acontecido", ela explicou a Christoph. "Venho tentando ajudá-lo a se acalmar. Às vezes ele explode, mas está tentando."

"Não culpo você por sentir raiva", Christoph disse. Depois mostrou o catálogo que usava para encomendar as células HeLa. Uma lista comprida dos diferentes clones das células HeLa que qualquer um podia comprar por 167 dólares o frasco.

"Vocês deveriam obter isto", Christoph disse para Deborah e Zakariyya.

"Tá", Deborah disse. "E o que eu vou fazer com um frasco de células da minha mãe?" Ela riu.

"Não, estou dizendo que vocês deveriam obter o dinheiro. Pelo menos uma parte."

"Ah", ela disse, perplexa. "Está certo. Sabe, quando as pessoas ficam sabendo quem foi HeLa, a primeira coisa que dizem é: 'Vocês todos deviam estar milionários!'"

Christoph assentiu com a cabeça. "Tudo começou com as células dela", ele disse. "Quando houver uma cura para o câncer, será em grande parte graças às células da mãe de vocês."

"Amém", Deborah disse. Depois, sem nenhuma gota de raiva, ela observou: "As pessoas sempre irão ganhar dinheiro com essas células, não podemos fazer nada. Mas não vamos conseguir nada daí".

Christoph disse que achava aquilo errado. Por que não tratar células valiosas como petróleo?, ele perguntou. Quando você acha petróleo na propriedade de alguém, ele não passa a ser propriedade daquela pessoa, mas ela recebe uma parte dos lucros. "Atualmente ninguém sabe lidar com isso quando se trata de células", disse. "Quando sua mãe ficou doente, os médicos simplesmente faziam o que queriam e os pacientes não questionavam. Mas hoje em dia os pacientes querem saber o que está acontecendo."

"Amém", Deborah voltou a dizer.

Christoph deu o número do celular dele para os dois e disse que podiam ligar sempre que tivessem alguma dúvida sobre as células de sua mãe. Ao caminharmos até o elevador, Zakariyya ergueu o braço, tocou nas costas de Christoph e disse obrigado. Lá fora, fez o mesmo comigo, depois foi pegar o ônibus para casa.

Deborah e eu permanecemos em silêncio, vendo-o se afastar. Em seguida ela me abraçou e disse: "Moça, você acabou de presenciar um milagre".

33. O Hospital para Negros Insanos
2001

Eu prometera a Deborah que faríamos várias coisas juntas: ver as células de sua mãe foi a primeira; descobrir o que aconteceu com Elsie seria a segunda. Assim, um dia depois de visitarmos o laboratório de Christoph, Deborah e eu partimos numa viagem de uma semana que começaria em Crownsville, onde esperávamos encontrar os prontuários médicos de sua irmã, depois prosseguiria em Clover e se encerraria em Roanoke, na casa onde Henrietta nasceu.

Era Dia das Mães, que sempre fora um dia triste para Deborah, e aquele não começara bem. Ela havia planejado levar o neto Alfred para visitar o pai na prisão antes de deixarmos a cidade, mas seu filho ligara dizendo que não queria que nem Deborah nem o Pequeno Alfred o visitassem até que ele pudesse vê-los sem estarem separados por um vidro. Disse que queria saber sobre sua avó Henrietta e pediu que Deborah enviasse quaisquer informações que descobríssemos em nossa viagem.

"Esperei ouvir isso dele a vida inteira", ela me contou, chorando. "Só não queria que ele precisasse estar trancafiado numa prisão para fazer isso." Mas outra vez ela disse: "Não vou deixar que nada me atrapalhe. Só quero me concentrar nas coisas boas, ver as células da minha mãe e saber da minha irmã". Assim, nós duas partimos para Crownsville em nossos carros separados.

Eu não sei o que eu esperava do Hospital para Negros Insanos, mas certamente não era o que encontramos. O Centro Hospitalar Crownsville espalhava-se por um campus de quase quinhentos hectares, com morros verdejantes, gramados perfeitamente aparados, aleias, cerejeiras que mais pareciam chorões e mesas de piquenique. O prédio principal era de tijolos vermelhos com colunas brancas, o alpendre, decorado com amplas cadeiras e candelabros. Parecia um ótimo lugar para se bebericar julepo de hortelã ou chá doce. Um dos prédios antigos do hospital era agora um banco de alimentos. Outros abrigavam a Divisão de Investigações Criminais da Polícia, uma escola alternativa de nível médio e um Rotary Club.

No interior do prédio principal, passamos por escritórios vazios ao longo de um extenso corredor branco, enquanto dizíamos: "Olá?", "Onde está todo mundo?", "Que lugar estranho". No fim do corredor, havia uma porta branca coberta por anos de sujeira e marcas de mãos. As palavras PRONTUÁRIOS MÉDICOS estavam estampadas em letras de fôrma falhas. Abaixo, em letras menores, lia-se: ENTRADA PROIBIDA.

Deborah agarrou a maçaneta da porta e respirou fundo. "Estamos prontas para isto?", indagou. Eu assenti com a cabeça. Ela agarrou meu braço com uma mão, abriu a porta com a outra, e nós duas entramos.

Vimo-nos dentro de um cercado com barras de metal pesadas e pintadas de branco que dava para a sala de Prontuários Médicos — uma sala vazia, do tamanho de um depósito, sem funcionários, sem pacientes, sem cadeiras, sem visitantes e sem prontuários médicos. As janelas estavam trancadas e cobertas por tela e sujeira, o tapete cinza, deformado por décadas de pés caminhando sobre ele. Um muro de blocos de concreto erguido até a altura da cintura dividia a sala, separando a área de espera da área demarcada com um SOMENTE PESSOAL AUTORIZADO, onde se viam várias fileiras de estantes altas de metal vazias.

"Não acredito", Deborah sussurrou. "Todos os prontuários sumiram?" Percorreu as estantes vazias com a mão, murmurando: "Mil novecentos e cinquenta e cinco foi o ano em que mataram ela. [...] Quero aqueles prontuários. [...] Sei que não foi bom. [...] Senão por que teriam se livrado deles?".

Ninguém precisava nos dizer que algo terrível acontecera em Crownsville — dava para sentir nas paredes.

"Vamos procurar alguém que possa nos dar informações", sugeri.

Penetramos em outro corredor comprido, e Deborah começou a gritar: "Me desculpe! Precisamos achar os prontuários médicos! Alguém sabe onde é?".

Uma jovem pôs a cabeça para fora de um escritório e apontou para outro escritório corredor abaixo, onde alguém nos indicou ainda outro. Enfim nos encontramos no escritório de um homem alto com uma barba branca espessa tipo Papai Noel e sobrancelhas cerradas. Deborah dirigiu-se a ele, dizendo: "Oi, sou Deborah, e esta é a minha repórter. Talvez você já tenha ouvido falar de nós, minha mãe entrou para a história com as células, e precisamos achar um prontuário médico".

O homem sorriu. "Quem foi sua mãe", perguntou, "e que células são essas?"

Explicamos por que estávamos ali, e ele nos informou que os prontuários médicos atuais estavam em outro prédio e que não restara muita história em Crownsville. "Gostaria que tivéssemos um arquivista", disse. "Acho que sou a pessoa que mais se aproxima de um."

Seu nome era Paul Lurz, diretor de desempenho e desenvolvimento do hospital, mas também um assistente social graduado em história, sua paixão. Fez sinal para que nos sentássemos em seu escritório.

"Não havia muita verba para tratar dos negros nos anos 1940 e 1950", disse. "Sinto dizer que Crownsville não era um lugar agradável de estar naquela época." Olhou para Deborah. "Sua irmã esteve aqui?"

Ela assentiu com a cabeça.

"Me conte sobre ela."

"Meu pai conta que mentalmente ela sempre foi uma criança", disse, pegando na bolsa uma cópia amarrotada do atestado de óbito de Elsie, que começou a ler alto e devagar. "Elsie Lacks [...] causa da morte (a) insuficiência respiratória (b) epilepsia (c) paralisia cerebral. [...] Passou cinco anos no Hospital Estadual Crownsville." Entregou a Lurz a foto de sua irmã que Zakariyya tinha pendurada na parede. "Não acredito que minha irmã tivesse tudo isso."

Lurz fez que não com a cabeça. "Ela não parece ter paralisia nesta foto. Que criança adorável."

"Ela tinha aquelas convulsões", Deborah disse. "E nunca conseguiu aprender a usar o banheiro. Mas acho que era apenas surda. Eu e todos os meus irmãos temos um pouco de surdez neural porque nossa mãe e nosso pai eram primos e tiveram sífilis. Às vezes fico imaginando que, se alguém tivesse ensinado à Elsie a linguagem dos sinais, ela talvez ainda estivesse viva."

Sentado em sua cadeira, de pernas cruzadas, Lurz examinou a foto de Elsie. "Você precisa estar preparada", avisou a Deborah, com voz suave. "Às vezes, saber das coisas pode ser tão doloroso quanto não saber."

"Estou preparada", Deborah disse, assentindo com a cabeça.

"Tivemos um grave problema de contaminação de amianto

aqui", ele disse. "A maioria dos nossos prontuários dos anos 1950 e dos anos anteriores foi contaminada. Em vez de limpar página por página dos prontuários, para salvá-los, a administração decidiu colocá-los em malas e mandar que fossem levados daqui e enterrados."

Caminhamos até um cubículo que funcionava como depósito próximo a sua escrivaninha, com paredes repletas de estantes e arquivos. Nos fundos ele encaixara uma pequena escrivaninha voltada para a parede. Lurz trabalhava em Crownsville desde 1964, quando era um estagiário na casa dos vinte anos e tinha o hábito de colecionar documentos potencialmente históricos: prontuários de pacientes, cópias de antigos relatórios de admissão que chamaram sua atenção — uma criança admitida cega de um olho com deformidades faciais e nenhuma família, uma criança internada sem nenhum distúrbio psiquiátrico aparente.

Lurz desapareceu no depósito e pôs-se a murmurar em meio ao barulho de coisas sendo reviradas. "Tinha uns... eu vi umas semanas atrás... Ah! Aqui estão." Ele saiu do depósito carregando uma pilha de livros enormes com lombadas de couro grossas e capas de pano verde-escuras, empenados pela passagem do tempo, cobertos de pó e repletos de papel grosso e amarelecido.

"São relatórios de autópsias", ele disse, abrindo o primeiro livro, enquanto o cheiro de bolor invadia a sala. Encontrara-os ao revirar o porão de um prédio abandonado do hospital a certa altura dos anos 1980. Ao abri-los pela primeira vez, centenas de insetos debandaram das páginas para sua escrivaninha.

Entre 1910, quando o hospital foi inaugurado, e o final dos anos 1950, quando se constatou a contaminação dos prontuários, dezenas de milhares de pacientes haviam passado por Crownsville. Se eles tivessem sobrevivido, seus prontuários poderiam ter enchido a sala de depósito de Lurz várias vezes. Agora aquela pilha era tudo que restava em Crownsville.

Lurz abriu um volume onde estavam alguns prontuários de 1955, ano da morte de Elsie, e Deborah deu um gritinho de entusiasmo.

"Você disse que o nome dela era qual?", Lurz perguntou, descendo o dedo por uma lista de nomes escritos com uma letra caprichosa, ao lado de números de páginas.

"Elsie Lacks", eu respondi, espiando os nomes sobre o ombro dele enquanto meu coração disparava. Depois, atordoada, apontei para as palavras *Elsie Lacks* na página e disse: "Ah, meu Deus! Ali está ela!".

Deborah suspirou, o rosto subitamente pálido. Cerrou os olhos, agarrou meu braço para se firmar e se pôs a murmurar: "Obrigada, Senhor... Obrigada, Senhor".

"Uau. Isto realmente me surpreende", Lurz disse. "Era muito improvável que ela estivesse aqui."

Deborah e eu começamos a dar pulinhos e a bater palmas. Dissesse o que dissesse, o prontuário ao menos informaria algo sobre a vida de Elsie, o que achamos melhor do que não saber absolutamente nada.

Lurz abriu na página de Elsie, depois rapidamente fechou os olhos e apertou o livro contra o peito antes que pudéssemos ver qualquer coisa. "Eu nunca tinha visto uma foto num desses prontuários", murmurou.

Abaixou o livro para que todos pudéssemos ver, e subitamente o tempo pareceu parar. Nós três nos levantamos, nossa cabeça quase tocando a página, enquanto Deborah chorava: "Ah, meu bebê! Ela parece a minha filha!... Parece o Davon!... Parece o meu pai!... Tem a pele suave e a cor de oliva dos Lacks".

Lurz e eu apenas olhamos, emudecidos.

Na foto Elsie está de pé diante de uma parede com números pintados para medir a altura. Seus cabelos, que Henrietta passava horas penteando e trançando, estão encarapinhados, com tufos espessos descendo abaixo da marca de 1,5 metro atrás dela. Os olhos antes bonitos estão inchados, ligeiramente contundidos e quase fechados. Ela olha para algum lugar abaixo da câmera, chorando, seu rosto desfigurado e mal reconhecível, as narinas inflamadas e rodeadas de muco. Os lábios — com quase o dobro do tamanho normal de tão inchados — estão cercados de um anel profundo e escuro de pele rachada. Sua língua está grossa e sai da boca. Ela parece estar gritando. A cabeça está torcida anormalmente para a esquerda, queixo levantado e mantido na posição por duas grandes mãos brancas.

"Ela não quer a cabeça assim", Deborah murmurou. "Por que estão segurando a cabeça dela desse jeito?"

Ninguém falou nada. Ficamos ali parados, fitando aquelas grandes mãos brancas envolvendo o pescoço de Elsie. Mãos femininas, unhas bem cuidadas, o mindinho levemente erguido — mãos que você veria num comercial de esmalte, não em volta da garganta de uma criança chorando.

Deborah pôs sua foto antiga de Elsie criança ao lado da foto nova.

"Como ela era bonita", Lurz murmurou.

Deborah percorreu o rosto de Elsie com o dedo na foto de Crownsville. "Ela parece que está se perguntando que lugar é este onde eu estou", observou. "Como se precisasse da irmã dela."

A foto estava presa no canto superior do relatório da autópsia de Elsie. Lurz e eu começamos a ler alguns trechos em voz alta: "diagnóstico de idiotismo"... "diretamente ligada à sífilis"... "vômitos autoinduzidos enfiando os dedos dentro da garganta por seis meses antes da morte". No final, dizia que ela estava "vomitando matéria de borra de café", provável alusão a sangue coagulado.

No momento em que Lurz leu a expressão "vomitando matéria de borra de café" em voz alta, um homem baixo, rechonchudo e a caminho da calvície, trajando um terno escuro, entrou depressa na sala ordenando que eu parasse de tomar notas e perguntando o que estávamos fazendo ali.

"Esta é a família de uma paciente", Lurz esclareceu. "Estão aqui para consultar os prontuários médicos dela."

O homem refletiu em silêncio, olhou para Deborah, depois para mim: uma mulher negra e baixa na casa dos cinquenta e uma mulher branca e mais alta na casa dos vinte. Deborah agarrou sua bengala e o encarou como implorando que não se metesse com ela. Apanhou na bolsa três folhas de papel: sua certidão de nascimento, a certidão de nascimento de Elsie e o documento que lhe concedia a representação legal de Elsie, algo que ela levara meses para obter, apenas para o caso de alguém tentar impedi-la de fazer precisamente o que estávamos fazendo.

Entregou-as ao homem, que agarrou o livro com o relatório da autópsia e começou a ler. Deborah e eu o fuzilamos com o olhar, ambas tão furiosas por ele tentar nos deter que nenhuma de nós se deu conta na hora de que ele apenas tentava proteger a privacidade da família Lacks. E foi um dos poucos dirigentes do hospital que fizeram isso.

"Deborah pode obter uma cópia do relatório de autópsia?", perguntei a Lurz.

"Sim, pode", ele respondeu, "se solicitar por escrito." Pegou uma folha de papel de sua escrivaninha e entregou a Deborah.

"O que querem que eu escreva?", ela perguntou.

Lurz começou a ditar: "Eu, Deborah Lacks...".

Após alguns momentos, estava pronta uma solicitação oficial de prontuário médico numa folha de papel rasgada. Ela entregou-a a Lurz e disse: "Preciso também de uma boa cópia ampliada da foto".

Antes de sair para tirar as cópias, seguido pelo homem calvo, Lurz me entregou uma pilha de fotos e documentos para que eu desse uma olhada enquanto ele estivesse fora. O primeiro documento da pilha era um artigo do *Washington Post* de 1958, três anos depois da morte de Elsie, com a manchete:

HOSPITAL SUPERLOTADO "PERDE" PACIENTES CURÁVEIS
Falta de pessoal em Crownsville leva a um estágio crônico.

No momento em que vi o título, virei o artigo de cabeça para baixo no meu colo. Por um instante, passou pela minha cabeça não o mostrar a Deborah. Achei que eu talvez devesse lê-lo primeiro, a fim de prepará-la para quaisquer coisas ruins que viéssemos a saber. Mas ela o arrancou da minha mão, leu a manchete em voz alta e depois ergueu um olhar estupefato.

"Isto é bonito", disse, apontando para uma foto grande que mostrava um grupo de homens em diferentes estados de desespero, segurando a cabeça, deitados no chão ou amontoados nos cantos. "Queria pendurar na minha parede." Devolveu para mim e pediu que eu lesse em voz alta.

"Tem certeza?", indaguei. "Aqui deve dizer umas coisas bem perturbadoras. Não quer que eu leia primeiro e conte depois?"

"Não", ela retrucou. "Como ele disse, não havia dinheiro para tratar das pessoas negras." Postou-se atrás de mim para acompanhar minha leitura, depois examinou a página e apontou para várias palavras: "Horripilante?", ela disse. "Terríveis enfermarias de negros?"

O Hospital Estadual Crownsville em que Elsie morreu era bem pior do que tudo que Deborah havia imaginado. Os pacientes chegavam de uma instituição próxima apinhados num vagão ferroviário. Em 1955, ano da morte de Elsie, os internos de Crownsville atingiram um recorde de mais de 2700 pacientes, quase oitocentos acima da capacidade máxima. Em 1948, único ano com dados disponíveis, Crownsville dispunha em média de um médico para cada 225 pacientes, e o índice de mortalidade ali era bastante superior ao índice de altas. Os pacientes ficavam trancados em pavilhões mal ventilados com valas no chão em vez de privadas. Homens, mulheres e crianças negras, sofrendo de tudo, desde demência e tuberculose até "nervosismo", "falta de autoconfiança" e epilepsia, eram amontoados em todos os espaços concebíveis, inclusive em porões sem janelas e varandas fechadas. Quando dispunham de camas, geralmente dormiam duas ou mais pessoas num colchão de solteiro, a cabeça de uma junto ao pé da outra, os pacientes obrigados a rastejar entre um mar de corpos adormecidos para chegar à sua cama. Os internos não eram separados por idade ou sexo, e muitas vezes existiam criminosos sexuais entre eles. Havia tumultos e armas improvisadas. Pacientes turbulentos eram amarrados às camas ou isolados em quartos trancados.

Mais tarde eu soube que na época em que Elsie esteve em Crownsville cientistas muitas vezes fizeram pesquisas com pacientes sem consentimento, entre as quais um estudo intitulado "Estudos de raios X pneumoencefalográficos e do crânio em cem epilépticos". A pneumoencefalografia foi uma técnica desenvolvida em 1919 com o objetivo de obter imagens do cérebro, que flutua num meio líquido. Embora esse líquido proteja o cérebro de lesões, ele dificulta os raios X, pois as imagens tiradas através do líquido são turvas. Na pneumoencefalografia, um buraco era aberto no crânio das cobaias. Em seguida, através dele drenava-se o líquido em torno do cérebro e bombeava-se ar ou hélio para o interior do crânio no lugar do líquido, para que se pudesse obter raios X nítidos do cérebro. Os efeitos colaterais — dores de cabeça terríveis, tonturas, convulsões, vômitos — duravam até o corpo repor naturalmente o líquido raquidiano, o que geralmente levava de dois a três meses. Como a pneumoencefalografia podia causar lesões cerebrais permanentes e paralisia, ela foi abandonada nos anos 1970.

Não há indícios de que os cientistas que realizaram pesquisas em Crownsville tenham obtido o consentimento dos pacientes ou de seus pais. Com base no número de pacientes listados e nos anos em que foi conduzido, Lurz me contou mais tarde, o estudo da pneumoencefalografia deve ter envolvido crianças epilépticas do hospital, inclusive Elsie. O mesmo provavelmente aconteceu com pelo menos outro estudo, denominado "O uso de sondas temporais profundas no estudo da epilepsia psicomotora", que inseria sondas de metal no cérebro dos pacientes. Logo após a morte de Elsie, um novo diretor tomou posse em Crownsville e começou a liberar centenas de pacientes que haviam sido desnecessariamente internados. Um artigo do *Washington Post* citou suas palavras: "A pior coisa que você pode fazer a uma pessoa doente é fechar a porta e esquecê-la".

Quando li essa frase alto, Deborah sussurrou: "Nós não esquecemos a Elsie. Minha mãe morreu... Ninguém me contou que ela estava aqui. Eu a teria tirado daqui".

Ao deixarmos Crownsville, Deborah agradeceu a Lurz pelas informações, dizendo: "Esperei muito tempo por isso, doutor". Quando ele perguntou se ela estava bem, os olhos de Deborah se encheram de lágrimas, e ela respondeu: "Como vivo dizendo aos meus irmãos, se você quer entrar na história, não pode agir com ódio. Você tem que lembrar que aquela época era diferente".

Quando chegamos lá fora, perguntei a Deborah se ela estava bem mesmo. Ela apenas riu como se eu estivesse louca. "Foi uma ideia muito boa pararmos aqui", ela comentou, depois correu ao estacionamento, entrou no seu carro e abriu a janela. "Pra onde vamos agora?"

Lurz havia mencionado que outros registros antigos remanescentes de Crownsville estavam guardados nos Arquivos Estaduais de Maryland, em Annapolis, a uns onze quilômetros dali.

Ele não acreditava que restasse alguma coisa dos anos 1950 lá, mas achou que não custava ver.

"Vamos a Annapolis ver se eles têm mais prontuários médicos da minha irmã?"

"Não sei se é uma boa ideia", respondi. "Você não está precisando de um descanso?"

"De jeito nenhum!", ela exclamou. "Temos muito mais investigações a fazer — estamos só esquentando!" Partiu cantando os pneus, sorrindo e acenando com a foto nova de sua irmã pela janela enquanto eu entrava correndo no meu carro para segui-la.

Cerca de dez minutos depois, ao entrarmos no estacionamento dos Arquivos Estaduais, Deborah saracoteava no banco de seu carro, a música gospel tocando tão alto que eu conseguia ouvir mesmo com as minhas janelas fechadas. Quando entramos, ela foi direto à recepção, tirou da bolsa os prontuários médicos de sua mãe e agitou-os no ar sobre a cabeça, dizendo: "Chamam minha mãe de HeLa! Ela está em todos os computadores!".

Fiquei aliviada quando a recepcionista informou que os arquivos não tinham os prontuários médicos de Elsie. Eu não sabia quanta coisa mais Deborah conseguiria suportar, e temia o que poderíamos encontrar.

O resto do dia foi confuso. A caminho de Clover, cada vez que parávamos, Deborah saltava do carro segurando a foto nova da irmã e a colocava diante do rosto de cada pessoa que encontrávamos: uma mulher numa esquina, o frentista do posto de gasolina, um pastor numa igrejinha, nossas garçonetes. Toda vez, dizia: "Oi, meu nome é Deborah e esta é minha repórter, você provavelmente já ouviu falar de nós, minha mãe está na história com suas células, e acabamos de achar esta foto da minha irmã!".

Toda vez, a reação das pessoas era a mesma: espanto total. Mas Deborah não percebia. Apenas sorria e ria: "Estou tão contente que nossa investigação está indo tão bem!".

À medida que o dia avançava, a história por trás da foto ia ficando mais elaborada. "Ela está inchada de tanto chorar porque sente falta da mãe", Deborah disse a certa altura. Em outra ocasião, falou para uma mulher: "Minha irmã está chateada porque procurou por mim, mas não conseguiu encontrar".

De vez em quando, ela parava ao lado da estrada e fazia sinal para eu parar ao lado dela a fim de que pudesse me contar várias ideias que haviam lhe ocorrido enquanto dirigia. A certa altura, concluiu que precisava de um cofre para guardar a Bíblia e os cabelos de sua mãe. Mais tarde, perguntou se não seria necessário registrar a assinatura de Henrietta para que ninguém a roubasse. Num posto de gasolina, enquanto esperávamos na fila do banheiro, pegou um martelo na mochila e disse: "Gostaria que a família me cedesse a casa-lar para eu transformar num local histórico. Como não vão ceder, vou pegar a maçaneta para pelo menos ficar com uma lembrança".

A certa altura, Deborah saiu do carro parecendo estar à beira das lágrimas. "Está sendo difícil para mim manter o olho na estrada", explicou. "Não paro de olhar para a foto da minha irmã." Ela vinha dirigindo com as duas fotos de Elsie ao lado dela, no banco do passageiro, olhando para as duas enquanto dirigia. "Não consigo tirar todos esses pensamentos da cabeça. Penso o tempo todo no que ela deve ter sofrido naqueles anos antes de morrer."

Eu tinha vontade de confiscar a foto, para que Deborah não se torturasse tanto, mas ela não teria me deixado fazer isso se eu tentasse. Em vez disso, fiquei repetindo que talvez devêssemos voltar para casa, que aqueles dias haviam sido cansativos e que talvez ela não estivesse preparada para tantas investigações de uma vez. Mas Deborah sempre respondia que eu estava doida se pensava que ela iria parar agora. Portanto, fomos em frente.

Várias vezes durante o dia, Deborah disse que eu deveria levar os prontuários médicos de sua mãe para o meu quarto do hotel, quando parássemos à noite. "Sei que você tem que examinar cada página, fazer anotações e tudo mais, porque precisa de todos os fatos." E por fim, quando chegamos a um hotel em algum lugar entre Annapolis e Clover por volta das nove da noite, ela os entregou a mim.

"Vou dormir", disse, indo para o quarto ao lado do meu. "Bom proveito."

34. Os prontuários médicos
2001

Alguns minutos depois, Deborah bateu na minha porta. Havia trocado de roupa e vestia agora uma enorme camiseta branca que descia abaixo de seus joelhos — nela via-se o desenho de uma mulher pegando biscoitos do forno e a palavra vovó escrita em letras grandes e infantis.

"Resolvi não ir pra cama", ela disse pura e simplesmente. "Quero olhar esse material com você." Estava nervosa e agitada, como se tivesse acabado de tomar vários expressos. Numa mão segurava a foto de Elsie do Crownsville. Foi até a cômoda e, com a outra, pegou a bolsa onde estavam os prontuários médicos de sua mãe. Despejou o conteúdo da bolsa na minha cama como tinha feito na primeira noite que nos encontramos.

"Mãos à obra", propôs.

Havia mais de cem páginas, muitas delas amassadas, dobradas ou rasgadas, tudo fora de ordem. Perplexa e aflita, fiquei olhando tudo aquilo por um longo momento, depois disse que talvez pudéssemos examinar aquela papelada juntas. Mais tarde eu procuraria um local para tirar uma cópia do que precisava.

"Não!", Deborah protestou, dando depois um sorriso nervoso. "Podemos ler tudo aqui, e você pode tomar notas."

"Isso levará dias", objetei.

"Não, não levará", Deborah contestou, saltando de quatro sobre a pilha de papéis e sentando-se de pernas cruzadas no meio da cama.

Puxei uma poltrona, abri meu laptop e comecei a examinar a papelada. Havia uma escritura do pequeno terreno que Deborah comprou em Clover com os 2 mil dólares da indenização de seu pai pela intoxicação com amianto. Havia uma foto de jornal de 1997 do filho de Lawrence com uma legenda que dizia: PROCURADO, LAWRENCE LACKS, ASSALTO COM ARMA MORTÍFERA. Havia formulários de pedidos de células HeLa pela internet, recibos, boletins informativos da igreja de Deborah e um número aparentemente infinito de cópias da foto de Henrietta com as mãos nos quadris. E havia dezenas de páginas de caderno onde Deborah anotara definições de termos científicos e legais e poemas sobre sua vida:

câncer
check-up
não posso pagar
brancos e ricos obtêm
minha mãe era negra
gente pobre e negra não tem dinheiro pra
  pagar por isto
revoltada sim estou revoltada
fomos usados: pegaram nosso sangue e mentiram
Tivemos de pagar por nossos próprios exames médicos, você pode
  ajudar?
O Hospital John Hopkin e todos os outros lugares,
  com células de minha mãe, não dão a ela
Nada.

Enquanto eu lia, Deborah pegou várias páginas xerocadas de um manual de genealogia e me mostrou, dizendo: "Foi aqui que eu descobri como obter a procuração legal e fazer todo aquele negócio para conseguir as informações da minha irmã em Crownsville. Eles não sabiam com quem estavam lidando!". Ao falar, observou minhas mãos percorrendo a pilha de papéis.

Aproximei do rosto uma página dos prontuários para conseguir enxergar as letras miúdas, depois li em voz alta: "'Esta'... alguma coisa... não consigo entender a letra... 'de 28 anos'... 'Rh positivo'". A anotação datava de 2 de novembro de 1949.

"Uau!", exclamei subitamente. "Isto são três dias antes de você nascer — sua mãe está grávida de você aqui."

"O quê? Ah, meu Deus!", Deborah gritou, agarrando a folha e fitando-a boquiaberta. "Que mais diz aí?"

Tratava-se de um *check-up* normal, informei. "Veja aqui", eu disse, apontando para a página. "O colo do útero está dilatado dois centímetros [...]. Ela está se preparando para ter você."

Deborah saltou na cama, bateu palmas e apanhou outra página dos prontuários médicos.

"Leia esta!"

A data era 6 de fevereiro de 1951. "Mais ou menos uma semana depois que ela foi pela primeira vez ao hospital com o câncer cervical", eu disse. "Ela está acordando da anestesia após a biópsia. Aqui diz que ela se sente bem."

Nas horas seguintes, Deborah foi pegando papéis da pilha para eu ler e organizar. Num momento dava gritinhos de alegria por algum fato que eu tinha descoberto, no outro entrava em pânico por algum fato novo e desagradável ou ao me ver segurando uma página dos prontuários médicos de sua mãe. Cada vez que entrava em pânico, batia na cama e dizia: "Onde está o relatório da autópsia da minha irmã?" ou "Ah, não, onde foi que eu enfiei a chave do quarto?".

De vez em quando escondia papéis debaixo do travesseiro, depois voltava a pegá-los quando decidia que eu podia vê-los. "Aqui está a autópsia da minha mãe", disse a certa altura. Depois de alguns minutos, entregou-me uma folha dizendo que era a sua favorita porque trazia a assinatura da mãe — o único manuscrito que havia de Henrietta. Era o formulário de consentimento que ela havia assinado antes do tratamento de radioterapia, quando a amostra original de células HeLa foi extraída.

Deborah acabou se tranquilizando. Deitou-se de lado e se enroscou em torno da foto de Elsie em Crownsville por tanto tempo que achei que tivesse adormecido. Depois murmurou: "Ah, meu Deus. Não gosto da maneira como o pescoço dela está". Ergueu a foto e apontou para as mãos brancas.

"É", eu disse, "também não gosto."

"Eu sei que você esperava que eu não percebesse, não é?"

"Não. Eu sabia que você tinha percebido."

Ela voltou a reclinar a cabeça. Permanecemos assim durante horas, eu lendo e tomando notas, Deborah contemplando a foto de Elsie em longos silêncios entrecortados apenas por comentários esparsos: "Minha irmã parece assustada", "Não gosto dessa expressão no seu rosto", "Ela estava sufocando?". "Acho que, quando percebeu que não veria mais minha mãe, ela entregou os pontos." De vez em quando sacudia a cabeça, como se estivesse tentando fugir de alguma coisa.

Por fim, reclinei na minha poltrona esfregando os olhos. A noite ia pela metade e eu ainda tinha uma pilha grande de papéis para examinar.

"Que tal você pedir outra cópia do prontuário de sua mãe e grampeá-la com as outras páginas, para ficar tudo bem organizado?", sugeri.

Deborah me olhou de lado, subitamente desconfiada. Atravessou o quarto até a outra cama, deitou nela de bruços e começou a ler o relatório da autópsia da irmã. Alguns minutos depois, deu um salto e pegou o dicionário.

"O diagnóstico que a minha irmã recebeu foi idiotia?", ela disse, e depois começou a ler a definição em voz alta. "'Idiotia: totalmente irracional ou insensato.'" Deixou cair o dicionário. "É isso que eles dizem que estava errado com a minha irmã? Ela era *insensata*? Era uma idiota? Como podem fazer isso?"

Expliquei que os médicos costumavam usar a palavra *idiotia* para se referir ao retardamento mental e à lesão cerebral que acompanhava a sífilis hereditária. "Era uma espécie de palavra genérica para descrever alguém que era lerdo", eu disse.

Ela sentou do meu lado e apontou para outra palavra na autópsia da irmã. "O que significa esta palavra?", perguntou, e eu respondi. Depois seu rosto se anuviou e ela murmurou: "Não quero que você use esta palavra no livro".

"Não vou usar", eu disse, e depois cometi um erro. Eu sorri. Não porque achei engraçado, mas porque achei bonito ela proteger assim a irmã. Ela nunca havia vetado nada no livro, e aquela era uma palavra que eu jamais teria incluído — para mim, não parecia relevante. Portanto eu sorri.

Deborah me lançou um olhar furioso. "Não se atreva a usar esta palavra no livro!", exigiu.

"*Não* vou usar", confirmei, e estava falando sério. Só que eu continuava sorrindo, agora mais por nervosismo do que por qualquer outra coisa.

"Você está mentindo", Deborah acusou, desligando meu gravador e cerrando o punho.

"Não vou usar, juro. Veja, vou dizer isso no gravador e você pode me processar se depois eu usar essa palavra." Religuei o aparelho e disse no microfone que eu não colocaria aquela palavra no livro, depois desliguei.

"Você está mentindo!", ela voltou a acusar. Saltou da cama e assomou ao meu lado, o dedo apontado para o meu rosto. "Se você não está mentindo, por que está rindo?"

Começou a guardar freneticamente os papéis em sua bolsa de lona, enquanto eu tentava me explicar e acalmá-la. De repente ela jogou a bolsa na cama e investiu contra mim. Sua mão atingiu em cheio meu peito, enquanto ela me prensava contra a parede, me batendo até eu perder a respiração, minha cabeça batendo na parede.

"Para quem você está trabalhando?", ela queria saber. "John Hopkin?"

"O quê? Não!", eu gritei, ofegante. "Você sabe que eu trabalho para mim."

"Quem mandou você? Quem está lhe pagando?", ela gritou, a mão ainda me prendendo contra a parede. "Quem está pagando por este quarto?"

"Fizemos isto juntas!", eu me defendi. "Lembra? Cartões de crédito? Empréstimos estudantis?"

Então, pela primeira vez desde que nos conhecemos, perdi a paciência com Deborah. Desvencilhei-me dela e mandei que ela tirasse as mãos de mim, porra, e que tratasse de se acalmar, porra. Ela ficou a poucos centímetros de mim, me olhando com olhos arregalados pelo que me pareceram ser uns bons minutos. Depois, subitamente sorriu e esticou o braço para ajeitar meu cabelo, dizendo: "Eu nunca tinha te visto com raiva. Estava começando a achar que você não era humana, porque você nunca fala palavrões na minha frente".

Depois, talvez como uma explicação do que acabara de acontecer, ela enfim me contou sobre Cofield.

"Ele era um belo de um impostor", disse. "Eu falei que preferia caminhar sobre fogo do que deixar que ele levasse os prontuários médicos da minha mãe. Não quero que mais ninguém fique com eles. Todo mundo já ficou com as células dela, a única coisa que sobrou da nossa mãe foram os prontuários e a Bíblia. Por isso esse Cofield me perturba. Ele estava tentando pegar uma das únicas coisas que recebi da minha mãe."

Apontou para o laptop em cima da cama e disse: "Também não quero que você fique digitando cada palavra deles no seu computador. Digite o que precisar para o livro, mas não tudo. Quero que as pessoas da nossa família sejam as únicas a terem todos os prontuários".

Depois que prometi não copiar todos os prontuários, Deborah disse que ia dormir, mas nas horas seguintes bateu na minha porta a cada quinze ou vinte minutos. Na primeira vez, cheirava a pêssego e disse: "Precisei ir até o carro pegar a minha loção, por isso resolvi dizer um oi". Cada vez era uma história diferente: "Esqueci a minha lixa de unhas no carro!"... "Está passando *Arquivo X*!"... "Me deu uma vontade de comer panquecas!". Cada vez que ela batia, eu escancarava a porta para que ela pudesse ver que o quarto e os prontuários continuavam exatamente como quando ela saiu.

Na última vez que bateu à porta, foi correndo ao banheiro e debruçou-se na pia, o rosto perto do espelho. "Eu estou com erupções na pele?", ela gritou. Entrei no banheiro, onde ela apontava para uma marca grande na testa. Parecia urticária.

Ela se virou e abaixou a blusa para que eu pudesse ver o pescoço e as costas, que estavam cobertos de marcas vermelhas.

"Vou passar uma pomada", ela disse. "Acho que é melhor tomar o remédio para dormir." Voltou a seu quarto e, um momento depois, o volume de sua tevê aumentou. Gritos, choros e tiros reverberaram da televisão a noite toda, mas só voltei a vê-la às seis da manhã — uma hora depois de eu ter ido dormir —, quando ela bateu na minha porta apregoando: "Café continental grátis!".

Meus olhos estavam vermelhos e inchados com círculos escuros debaixo deles, e eu continuava com as roupas do dia anterior. Deborah me olhou e riu.

"Estamos horrorosas!", ela disse, apontando para as marcas que agora cobriam também seu rosto. "Meu Deus, eu estava tão aflita ontem à noite. Não sabia mais o que fazer, por isso fui pintar as unhas." Estendeu as mãos para eu ver. "Fiz um serviço *horrível*", ela criticou, rindo. "Acho que foi depois de tomar o remédio."

Suas unhas e grande parte da pele em volta estavam pintadas de vermelho do tom do corpo de bombeiros. "De longe parece legal", ela observou. "Mas eu seria despedida se ainda fosse manicure."

Descemos até o saguão para o nosso café da manhã gratuito. Ao embrulhar um punhado de pequeníssimos *muffins* num guardanapo para mais tarde, Deborah olhou para mim e disse: "Está tudo bem com a gente, Boo".

Concordei com um aceno de cabeça e disse que eu sabia que sim. Mas àquela altura já não tinha certeza de nada.

35. Lavando a alma

2001

Mais tarde naquele dia, as urticárias haviam se espalhado pelas costas de Deborah, suas bochechas estavam manchadas e vermelhas, e marcas longas preenchiam a região sob os olhos. Ambas as pálpebras estavam inchadas e brilhantes como se tivessem sido cobertas de sombra vermelho-sangue. Perguntei várias vezes se ela estava bem e sugeri pararmos em algum lugar para ela consultar um médico. Mas ela apenas riu.

"Isto acontece o tempo todo", explicou. "Estou legal. Só preciso de Benadryl." Ela comprou um vidro, que manteve na bolsa, tomando o remédio o dia inteiro. Ao meio-dia, cerca de um terço já havia sido consumido.

Quando chegamos a Clover, caminhamos ao longo do rio, descendo a rua principal e passando pelo campo de tabaco de Henrietta. E visitamos a casa-lar, onde Deborah disse: "Quero tirar uma foto minha aqui com a minha irmã".

Postou-se diante da casa, voltou as duas fotos de Elsie na minha direção e segurou-as junto ao peito. Pediu que eu tirasse fotos dela com Elsie no que restava do carvalho favorito de Henrietta e diante da lápide da mãe de Henrietta. Depois se ajoelhou no chão, junto aos sulcos de terra onde imaginou que sua mãe e sua irmã estivessem enterradas. "Tire uma de mim com a minha irmã ao lado do túmulo dela e de minha mãe", pediu. "Será a única foto no mundo com nós três quase juntas."

No final fomos parar na casa de Gladys, a irmã de Henrietta, uma pequena cabana amarela com cadeiras de balanço no alpendre. Lá dentro encontramos Gladys sentada na sua sala de estar forrada de lambris escuros. Fazia algum calor lá fora, mas o fogão a lenha preto grande de Gladys estava tão quente que ela, sentada ao lado dele, enxugava o suor da testa com um lenço. Suas mãos e seus pés estavam nodosos da artrite, as costas, tão recurvadas que o peito quase tocava os joelhos quando ela não se apoiava no cotovelo. Não usava nenhuma roupa de baixo, apenas uma camisola fina que se franzira na cintura devido às horas na cadeira de rodas.

Ela tentou ajeitar a camisola para se cobrir quando entramos, mas suas mãos não conseguiram segurá-la. Deborah puxou a camisola para baixo para ela, dizendo: "Onde está todo mundo?".

Gladys não disse nada. No quarto ao lado, seu marido gemia numa cama hospitalar, muito perto da morte.

"Tudo bem", Deborah disse. "Estão trabalhando, não é?"

Gladys não disse nada e Deborah elevou a voz para ter certeza de que ela ouvia: "Tenho internet!", berrou. "Vou criar uma página na web sobre minha mãe e espero conseguir algumas doações e verbas, para poder voltar aqui e erguer um monumento no túmulo dela e transformar aquela casa-lar num museu para que as pessoas se lembrem da minha mãe aqui!"

"O que você vai pôr lá?", Gladys perguntou, como se Deborah estivesse doida.

"Células", Deborah respondeu. "Células para que as pessoas possam ver ela se multiplicar."

Ela refletiu por um instante. "E uma foto grandona dela, e

talvez uma dessas estátuas de cera. Mais umas roupas antigas dela e aquele sapato. Todos esses objetos significam muito."

Subitamente a porta da frente se abriu e Gary, filho de Gladys, entrou gritando: "Oi, prima!". Gary tinha cinquenta anos, aquela pele macia dos Lacks, um tufo de pelos pequeno e fino como bigode e um espaço entre os dentes da frente que as garotas adoravam. Trajava uma camisa de rúgbi de mangas curtas vermelha e azul que combinava com a calça jeans e o tênis azul e vermelho.

Deborah deu uns gritinhos, enlaçou o pescoço de Gary e pegou a foto de Elsie no bolso. "Olha o que conseguimos em Crownsville! É a minha irmã!" Gary parou de sorrir e apanhou a foto.

"É uma foto ruim", Deborah comentou. "Ela está chorando porque estava fazendo frio."

"Que tal mostrar aquela foto dela no alpendre quando criança?", sugeri. "É uma boa foto." Gary olhou para mim como querendo dizer: *Que diabo está acontecendo aqui?*

"Esta foto a perturbou um pouco", esclareci.

"Dá pra entender por quê", ele murmurou.

"Além disso, ela acabou de ver as células da mãe pela primeira vez", contei.

Gary assentiu. Através dos anos, ele e eu passamos várias horas conversando. Mais do que ninguém na família, ele entendia Deborah e tudo pelo que ela passou.

Deborah mostrou as urticárias no rosto. "Estou tendo uma reação, com inchaço e erupções. Estou chorando e feliz ao mesmo tempo." Começou a andar para lá e para cá, o rosto brilhando de suor, enquanto o fogão a lenha crepitava e parecia sugar quase todo o oxigênio do aposento. "Todo esse negócio que estou descobrindo", ela disse, "me faz perceber que eu tive *mesmo* uma mãe, e toda a tragédia pela qual ela passou. Dói, mas quero saber mais, assim como quero saber sobre a minha irmã. Me faz sentir mais perto delas, mas tenho saudade delas. Queria que estivessem aqui."

De olho em Deborah, Gary atravessou a sala, sentou-se numa cadeira reclinável enorme e fez sinal para nos aproximarmos. Mas Deborah não se sentou. Ela andava de um lado para o outro no piso de linóleo, raspando o esmalte vermelho das unhas e proferindo um fluxo incoerente sobre um assassinato que ouvira no noticiário e o trânsito em Atlanta. Os olhos de Gary a acompanhavam pelo aposento, intensos e sem piscar.

"Prima", ele afinal disse. "Por favor, sente-se."

Deborah correu até uma cadeira de balanço não muito distante de Gary, desabou nela e começou a se balançar violentamente, lançando a parte superior do corpo para a frente e para trás e dando chutes com os pés como se estivesse tentando fazer a cadeira virar.

"Você não vai acreditar no que estamos descobrindo!", ela disse. "Injetaram as células da minha mãe com todo tipo de, ah, venenos e negócios para testar se elas iam matar as pessoas."

"Dale", Gary disse, "faça alguma coisa por você."

"Sim, eu estou tentando", ela disse. "Sabia que injetaram as células dela em assassinos na prisão?"

"Quero dizer, relaxe", Gary explicou. "Faça algo para *relaxar*."

"Não posso evitar", Deborah explicou, rejeitando sua sugestão com um aceno da mão. "Me preocupo o tempo todo."

"Como disse a Bíblia", Gary sussurrou, "o homem vem ao mundo de mãos vazias e dele nada levará. Às vezes esquentamos demais com as coisas. Ficamos preocupados sem nenhuma razão."

Num momento de lucidez, Deborah concordou com a cabeça, dizendo: "E prejudicamos nosso corpo com isso".

"Você não parece muito bem, prima. Reserve algum tempo para si", Gary recomendou. "Quando entro no meu carro e começo a dirigir, nem preciso ir a lugar nenhum, basta ficar circulando. Só preciso de um tempo para relaxar com a estrada embaixo de mim. Todo mundo precisa de uma coisa assim."

"Se algum dia eu conseguir algum dinheiro", Deborah prometeu, "vou arrumar um trailer para poder ir pra lá e pra cá e não precisar ficar no mesmo lugar o tempo todo. Ninguém consegue te incomodar quando você está em movimento."

Ela se levantou e começou a caminhar de novo.

"A única hora em que eu realmente relaxo é quando estou dirigindo por aqui", ela disse. "Mas desta vez, enquanto eu vinha para cá, fiquei pensando o tempo todo no que aconteceu com a minha irmã e a minha mãe."

No momento em que Deborah proferiu as palavras *irmã* e *mãe*, seu rosto ficou ainda mais vermelho e ela começou a entrar em pânico. "Você sabia que lançaram células da minha mãe no espaço e explodiram elas com bombas nucleares? Fizeram até aquele negócio... como se chama mesmo... hmm... *clonagem*!... é isso aí, fizeram aquela clonagem com ela."

Gary e eu lançamos um olhar nervoso um para o outro e começamos a falar ao mesmo tempo, lutando para trazê-la de volta à sanidade.

"Não há clones", eu disse. "Lembra disso?"

"Não precisa ficar com medo", Gary disse. "Segundo a palavra de Deus, se honrarmos nosso pai e mãe, poderemos viver longamente na terra, e você está fazendo isso, está honrando a sua mãe." Ele sorriu e cerrou os olhos. "Adoro esse texto dos Salmos", disse para ela. "Diz que, ainda que nosso pai e nossa mãe adoeçam, o Senhor cuidará de você. Ainda que você perca todo mundo, como sua mãe e sua irmã, o amor de Deus nunca nos abandonará."

Mas Deborah não escutou nada daquilo.

"Você não vai acreditar", ela disse. "Sabia que misturaram ela com camundongos para produzir um camundongo humano? Dizem que ela nem é mais humana!" Ela riu um riso alto e maníaco e correu para a janela. "Maldição!", exclamou, "está chovendo lá fora?"

"Precisávamos de chuva", Gary murmurou, balançando para a frente e para trás.

Deborah agarrou o chaveiro azul que ela sempre trazia pendurado no pescoço. Nele estava escrito WWJD. "O que é isto?", ela perguntou. "Uma emissora de rádio? Nunca ouvi falar de WWJD." Começou a puxar o chaveiro do pescoço.

"Qual é, prima?, quer dizer What Would Jesus Do [O Que Jesus Faria]." Gary disse. "Você sabe disso."

Deborah parou de mexer com as chaves e desabou de volta na cadeira. "Você acredita que até deram pra ela aquele vírus da aids e injetaram ela em macacos?" Fitou o chão, balançando-se violentamente, o peito subindo e descendo rápido a cada respiração.

Gary ficou sentado, balançando-se calmamente em sua cadeira, observando cada movimento de Deborah, como um médico examinando um paciente. "Não fique doente por um negócio que você não pode mudar", Gary murmurou para Deborah enquanto ela esfregava as marcas nos olhos. "Não vale a pena... deixe tudo nas mãos do Senhor." Seus olhos se entrefecharam enquanto ele murmurava: "O que a Deborah está fazendo pela Deborah?".

Como ela não respondesse, ele olhou para mim e disse: "Eu estava conversando com Deus bem agora — ele está tentando me fazer dizer umas coisas, tentando me fazer agir". Deborah chamava Gary de O Discípulo porque ele tinha o hábito de entrar em contato com Deus no meio de uma conversa. Aquilo havia começado cerca de vinte anos atrás, quando ele tinha trinta anos — num minuto, estava às voltas com birita e mulheres, no minuto seguinte sofreu vários ataques cardíacos, recebeu pontes de safena, para daí emergir como um pregador.

"Tentei mantê-Lo fora disso porque temos visita", ele disse, lançando-me um sorriso tímido. "Mas às vezes Ele não me deixa mantê-lo de fora."

Os olhos castanhos de Gary tornaram-se inexpressivos,

desconcentrados, quando ele se levantou devagar da cadeira, abriu os braços e estendeu-os para Deborah, que andou com dificuldade em sua direção e enlaçou-lhe a cintura. No momento em que ela o tocou, a parte superior do corpo dele entrou em convulsão, como se tivesse sido eletrocutado. Seus braços se fecharam, as mãos segurando os dois lados da cabeça de Deborah, palmas contra sua mandíbula, dedos espalhados da parte posterior do crânio até o alto do nariz. Depois ele começou a tremer. Comprimiu o rosto de Deborah contra seu peito, enquanto os ombros dela arfavam em soluços silenciosos e lágrimas rolavam dos olhos de Gary.

Enquanto eles balançavam para a frente e para trás, Gary inclinou a cabeça para o céu e se pôs a cantar numa voz de barítono de uma beleza impressionante.

"*Bem-vindo a este lugar.* [...] *Bem-vindo a este vaso quebrado.*" Seu canto, baixo de início, foi ficando mais alto a cada palavra, até encher a casa e se espalhar para os campos de tabaco. "*Desejas receber os louvores de teu povo, por isso ergo minha mão, e ergo meu coração, e ofereço esta louvação a ti, Senhor.*

"Sê bem-vindo a este vaso quebrado, Senhor", ele sussurrou, comprimindo a cabeça de Deborah em suas palmas. Seus olhos se abriam e fechavam e ele começou a pregar, o suor pingando do rosto.

"Disseste em tua palavra, Senhor, que o CRENTE descansará as mãos nos doentes, e eles se RECUPERARÃO!" Sua voz se elevava e abaixava, de um sussurro a um grito, e de novo assim. "PERCEBO, Senhor, que ESTA NOITE existem *certas coisas* que os médicos NÃO CONSEGUEM OBRAR!"

"Amém, Senhor", Deborah murmurou, rosto comprimido no peito dele, a voz abafada.

"Nós te agradecemos esta noite", Gary murmurou. "Porque precisamos da tua ajuda com essas CÉLULAS, Senhor... Precisamos da tua ajuda para tirar a CARGA dessas células desta mulher! Retira essa carga, Senhor, retira-a, não PRECISAMOS dela!"

Deborah começou a entrar em convulsão nos braços de Gary, chorando e sussurrando: "Obrigada, Senhor... Obrigada, Senhor". Gary comprimiu os olhos e bradou com ela: "OBRIGADO, SENHOR! OBRIGADO POR ESTA NOITE!". Suas vozes se elevaram juntas, até Gary parar, as lágrimas e o suor pingando no rosto de Deborah, enquanto ela gritava "Obrigada, Jesus!" e emitia um coro de aleluias e louvado seja Deus. Gary balançava para a frente e para trás, voltando a cantar, sua voz profunda e remota, como que vindo das gerações que trabalhavam nos campos de tabaco antes dele: "*Sei que o Senhor foi bondoso, sim... Sei que o Senhor foi bondoso*".

"Muito bondoso", Deborah murmurou.

"*Ele pôs comida na minha mesa...*" Gary abaixou a voz, sussurrando enquanto Deborah falava: "Mostra-me qual caminho seguir, Senhor", ela disse. "Mostra-me o que queres que eu faça com essas células, Senhor, *por favor*. Farei qualquer coisa que quiseres, Senhor, mas me ajuda com esta CARGA. Não consigo fazer isso sozinha — pensei que conseguisse. Mas não consigo AGUENTAR, Senhor."

Mmmmmmm mmmmmmmm mmmmmmmm, Gary entoou.

"Obrigada, Senhor, por essas informações sobre a minha mãe e a minha irmã, mas por favor ME AJUDE, pois sei que não consigo suportar essa carga sozinha. Leva essas CÉLULAS de mim, Senhor, leva essa CARGA. Leva-a embora e DEIXA-a ali! Não consigo carregá-la mais, Senhor. Quiseste que eu te desse essa carga, e eu não quis dar, mas podes ficar com ela agora, Senhor. Podes FICAR COM ELA! Aleluia, amém."

Pela primeira vez desde que Gary havia se levantado da cadeira, ele olhou diretamente para mim.

Eu vinha observando tudo aquilo de uma cadeira reclinável próxima, atônita, com medo de me mexer ou fazer barulho, tomando notas freneticamente. Em qualquer outra circunstância eu poderia ter achado aquela coisa toda uma maluquice. Mas o que estava acontecendo entre Gary e Deborah naquele momento foi a coisa menos maluca que eu vi naquele dia. Enquanto eu observava, tudo que conseguia pensar era: *Ah, meu Deus... eu fiz isso com ela.*

Gary olhava diretamente nos meus olhos enquanto abraçava o corpo soluçante de Deborah e sussurrava para ela: "Você não está sozinha".

Olhando para mim, Gary disse: "Ela não consegue mais suportar a carga dessas células, Senhor! Ela não pode fazer isso!". Depois ergueu os braços acima da cabeça de Deborah e bradou: "SENHOR, SEI que enviaste a senhorita Rebecca para ajudar a REMOVER A CARGA dessas CÉLULAS!". Lançou os braços na minha direção, mãos apontando para os dois lados da minha cabeça. "DÊ AS CÉLULAS PARA ELA!", ele berrou. "DEIXAI QUE ELA AS CARREGUE."

Eu olhava para Gary petrificada e pensava: *Espera aí, isto não estava no programa!*

Deborah se afastou do abraço de Gary sacudindo a cabeça, enxugando os olhos e exclamando: "Ufa!". Os dois riram. "Obrigada, primo", ela agradeceu. "Sinto-me tão leve!"

"Algumas coisas você tem que soltar", Gary disse. "Quanto mais você retém, pior você fica. Quando você solta, elas vão para outro lugar. A Bíblia diz que Ele consegue carregar toda essa carga."

Ela ergueu o braço e tocou-lhe o rosto. "Você sempre sabe do que eu preciso. Sabe como cuidar de mim."

"Não sou eu quem vê, é Ele", Gary disse, sorrindo. "Eu não sabia tudo aquilo que ia saindo da minha boca. Era o Senhor conversando com você."

"Bom, aleluia", Deborah disse, dando risadinhas. "Voltarei amanhã para uma nova sessão! Amém!"

Fazia tempo que chuviscava, mas de repente a chuva martelou o telhado de estanho e se transformou num granizo tão ruidoso que soava como aplausos. Nós três fomos até a porta da frente olhar.

"É o Senhor dizendo que nos ouviu", Gary disse, sorrindo. "Ele abriu a torneira lá no alto para purificá-la, prima!"

"Louvado seja o Senhor!", Deborah bradou.

Gary deu um abraço de despedida em Deborah, depois me abraçou. Deborah pegou sua longa capa preta de chuva, abriu-a bem, e ergueu-a sobre a cabeça como um guarda-chuva, acenando para que eu me aproximasse. Deixou a capa cair sobre nossas cabeças, depois pôs o braço em meus ombros.

"Está pronta para lavar a alma?", ela perguntou, abrindo a porta.

36. Corpos celestes

2001

Na manhã seguinte, as urticárias de Deborah haviam diminuído, mas seus olhos continuavam inchados, e ela concluiu que precisava voltar para casa e consultar um médico. Permaneci em Clover porque queria conversar com Gary sobre a noite anterior. Quando entrei na sua sala de estar, ele estava em cima de uma cadeira dobrável de plástico com uma camisa turquesa brilhante, trocando uma lâmpada.

"Aquela canção bonita não sai da minha cabeça", eu disse. "Venho cantando a manhã inteira." Depois entoei alguns compassos: *Bem-vindo a este lugar... Bem-vindo a este vaso quebrado.*

Gary saltou da cadeira, rindo e me fitando.

"E por que você acha que não sai da sua cabeça?", ele perguntou. "Sei que você não gosta de pensar nisto, mas é o Senhor te dizendo alguma coisa."

Ele disse que aquele era um hino, depois saiu correndo da sala e voltou trazendo uma Bíblia azul bonita com grandes letras douradas na capa. "Quero que você fique com isto", disse, dando um tapinha na capa com o dedo. "Ele morreu por nós para termos o direito à vida eterna. Um monte de pessoas não acredita nisso. Mas você *pode* ter a vida eterna. Veja Henrietta."

"Você acredita que Henrietta está nessas células?"

Ele sorriu e me lançou um olhar condescendente como dizendo: *sua tolinha*. "Aquelas células *são* Henrietta", ele disse, pegando a Bíblia de volta e abrindo-a no livro de João. "Leia isto", disse, apontando para um trecho. Comecei a ler silenciosamente e ele cobriu a Bíblia com a mão. "Em voz alta", disse.

Assim, li a Bíblia em voz alta pela primeira vez na vida: "Quem crê em mim, ainda que morra, viverá. E quem vive e crê em mim jamais morrerá".

Gary mudou de página para eu ler outra passagem: "Mas, dirá alguém, como ressuscitam os mortos? Com que corpo voltam? Insensato! O que semeias não readquire vida a não ser que morra. E o que semeias não é o corpo da futura planta que deve nascer, mas um simples grão [...]. Deus lhe dá corpo como quer; a cada uma das sementes ele dá o corpo que lhe é próprio".

"Henrietta foi escolhida", Gary murmurou. "E, quando o Senhor escolhe um anjo como seu representante, nunca se sabe com que aparência retornará."

Gary indicou outra passagem e pediu que eu continuasse lendo. "Há corpos celestes e corpos terrestres. São, porém, diversos o brilho dos celestes e o brilho dos terrestres."

Quando Christoph havia projetado as células de Henrietta no monitor de seu laboratório dias antes, Deborah observou: "Como elas são bonitas". Ela estava certa. Bonitas e sobrenaturais — com um brilho verde e movendo-se como água, calmas e etéreas, exatamente como corpos celestes poderiam parecer. Poderiam até flutuar no ar.

Continuei lendo: "O mesmo se dá com a ressurreição dos mortos; semeado corruptível, o corpo ressuscita incorruptível; semeado desprezível, ressuscita reluzente de glória; semeado na fraqueza, ressuscita cheio de força; semeado corpo psíquico, ressuscita corpo espiritual".

"Células HeLa?", perguntei a Gary. "Você está dizendo que as células HeLa são o corpo espiritual dela?"

Gary sorriu e assentiu.

Naquele instante, lendo aquelas passagens, compreendi perfeitamente como alguns dos Lacks acreditavam, sem sombra de dúvida, que Henrietta havia sido escolhida pelo Senhor para se tornar um ser imortal. Se você acredita que a Bíblia é a verdade literal, a imortalidade das células de Henrietta faz todo sentido. *Claro* que estavam crescendo e sobrevivendo décadas após sua morte, *claro* que flutuavam no ar e *claro* que permitiram a cura de doenças e foram lançadas no espaço. Assim são os anjos. É o que a Bíblia diz.

Para Deborah e sua família — e certamente para muitas outras pessoas no mundo —, tal explicação era bem mais concreta do que a oferecida pela ciência: que a imortalidade das células de Henrietta esteve ligada a seus telômeros e a como o HPV interagiu com o DNA dela. A ideia de que Deus escolheu Henrietta como um anjo que renasceria como células imortais fazia muito mais sentido para eles do que a explicação que Deborah havia lido anos antes no compêndio de genética de Victor McKusick, com seu discurso clínico de "histologia atípica" e "comportamento maligno incomum" das células HeLa. Ele usava expressões como "a singularidade do tumor" e chamava as células de "um reservatório de informações morfológicas, bioquímicas e outras".

Jesus disse a seus seguidores: "Eu lhes dou a vida eterna e elas jamais perecerão". Claro, simples, objetivo.

"Melhor você tomar cuidado", Gary me disse. "Logo estará convertida."

"Duvido", respondi, e nós dois rimos.

Ele pegou a Bíblia das minhas mãos e mudou para outra passagem, depois a devolveu, apontando para uma frase: "Por que vós que estais aqui duvidais de que Deus ressuscita os mortos?".

"Entendeu o que eu quero dizer?", ele perguntou com um sorriso malicioso.

Fiz que sim com a cabeça, e Gary fechou a Bíblia nas minhas mãos.

37. "Nada a temer"

2001

Quando Deborah chegou ao consultório, sua pressão arterial e taxa de glicose estavam tão altas que o médico se surpreendeu por ela não ter sofrido um ataque cardíaco ou derrame durante nossa permanência em Clover. Com aqueles níveis elevados, disse, ela ainda poderia sofrer um a qualquer instante. Subitamente seu comportamento estranho durante a viagem pareceu menos estranho. Confusão, pânico e fala incoerente são sintomas de pressão arterial e glicose elevadíssimas, podendo levar a um ataque cardíaco e derrame. O mesmo acontece com a vermelhidão e o inchaço, o que poderia explicar por que suas manchas vermelhas não desapareciam apesar de todo o Benadryl que ela tomou.

O médico ordenou que evitasse totalmente o estresse, e decidimos que seria melhor ela não me acompanhar mais nas viagens de pesquisa. Mas ela insistiu que eu ligasse da estrada para contar tudo que ela estava perdendo. Nos meses seguintes, à medida que eu prosseguia com as pesquisas, ia contando a Deborah somente as coisas boas que eu descobria: relatos sobre Henrietta dançando e observando os rapazes jogando beisebol na casa de Cliff, detalhes sobre a história de sua família obtidos nos registros municipais e em testamentos.

Mas nós duas sabíamos que a trégua das células HeLa não duraria — Deborah assumira o compromisso de proferir uma palestra na conferência da Fundação Nacional para a Pesquisa do Câncer em homenagem a Henrietta. Embora apavorada com a ideia de subir ao palco, estava determinada a ir, portanto começou a dedicar seus dias ao planejamento da palestra.

Uma tarde, quando se preparava para a conferência, ela me ligou para contar que decidira voltar a estudar. "Eu vivo pensando: talvez se eu entendesse um pouco de ciência, a história da minha mãe e da minha irmã não me assustasse tanto", disse. "Por isso quero estudar." Em poucos dias, ela já tinha ligado para diversos centros comunitários das imediações. Descobriu um que oferecia aulas para adultos e se inscreveu nas provas de nivelamento de matemática e leitura.

"Depois que eu terminar o décimo ano, estou pronta para entrar na faculdade!", ela me contou. "Pode imaginar? Aí vou conseguir entender toda aquela ciência sobre a minha mãe!" Tinha pensado na possibilidade de se tornar auxiliar de dentista, mas estava tendendo para técnica de radioterapia, assim poderia estudar o câncer e ajudar os pacientes que estivessem recebendo tratamento radioterápico como sua mãe.

Com a proximidade da conferência, Deborah estava calma, mas eu não. Eu vivia perguntando: "Tem certeza de que você quer fazer isso?", "Como anda a sua pressão?", "Seu médico sabe que você vai fazer isso?". Ela não se cansava de me dizer que estava bem, que o próprio médico tinha dito isso.

Deborah fez o teste de nivelamento na escola e se matriculou para as aulas de que precisava para completar o décimo ano e poder cursar matérias na faculdade comunitária. Ela me ligou, exultante, gritando: "Começo daqui a uma semana!".

Porém tudo o mais parecia estar indo na direção errada. Alguns dias antes da conferência, Lawrence e Zakariyya ligaram de novo aos gritos, dizendo que ela não podia falar com ninguém e que eles pretendiam processar todos os cientistas que já haviam trabalhado com as células de Henrietta. Sonny mandou os dois não se meterem: "Tudo que ela está fazendo é ir aos lugares para falar e aprender — se vocês não querem fazer isso, ao menos a deixem em paz". Mas Lawrence insistiu que Deborah lhe entregasse os documentos que reunira sobre a mãe deles.

Em seguida seu filho Alfred ligou da prisão dizendo que finalmente ia ser julgado logo depois da conferência e que as acusações agora incluíam assalto a mão armada e tentativa de homicídio. Naquele mesmo dia, Deborah recebeu um telefonema sobre um dos filhos de Lawrence que havia sido preso por assalto e estava na mesma prisão de Alfred.

"O diabo está solto, moça", ela me disse. "Adoro esses rapazes, mas não vou deixar ninguém me perturbar bem agora."

A manhã seguinte foi 11 de setembro de 2001.

Telefonei para Deborah por volta das oito da manhã, dizendo que estava saindo de casa em Pittsburgh e indo para a conferência em Washington, D. C. Menos de uma hora depois, o primeiro avião atingiu o World Trade Center. Um repórter amigo meu ligou para o meu celular e contou a notícia, recomendando: "Não vá a Washington, não é seguro". Enquanto eu dava meia-volta com o carro, o segundo avião atingiu o WTC, e no momento em que cheguei em casa a tevê mostrava imagens do ataque ao Pentágono e dos prédios em Washington sendo evacuados, inclusive o Ronald Reagan Building, onde deveriam ocorrer a conferência e a recepção em homenagem a Henrietta.

Telefonei para Deborah e ela atendeu em pânico. "Igualzinho Pearl Harbor, tudo de novo", comentou. "E Oklahoma! Não há como eu ir para Washington agora." Mas não havia necessidade.

Com as empresas aéreas e Washington paralisados, a Fundação Nacional para a Pesquisa do Cancêr cancelou a conferência Henrietta Lacks, sem planos para uma nova data.

Nos dias seguintes, Deborah e eu conversamos muitas vezes procurando entender os ataques, e Deborah tentou aceitar a ideia de que a conferência fora cancelada. Ela estava deprimida, e temia que decorressem mais dez anos até alguém resolver homenagear sua mãe.

Então, na manhã de domingo, cinco dias após o 11 de Setembro, Deborah foi à igreja rezar por Alfred, cujo julgamento ocorreria dentro de poucos dias, e pedir que a conferência Henrietta Lacks fosse remarcada. Sentou-se no banco da frente com um vestido de gala vermelho, mãos cruzadas no colo, ouvindo seu marido pregar sobre o 11 de Setembro. Cerca de uma hora depois do início do serviço religioso, Deborah percebeu que não conseguia mexer o braço.

Davon, agora com nove anos, sentava sempre no coro e observava a avó durante a cerimônia. Por um instante, quando o rosto de Deborah começou a decair e seu corpo a sofrer um colapso, Davon achou que ela talvez tivesse tomado sem querer o comprimido para dormir antes de ir à igreja. Deborah viu os olhinhos dele observando-a e tentou acenar para lhe dizer que algo estava errado, mas não conseguiu se mexer.

No final do serviço, a congregação se levantou e a boca de Deborah se retorceu na tentativa de gritar. O único som veio de Davon, que gritou: "Tem alguma coisa errada com a minha vovó!". Ele saltou da plataforma do coro no momento em que Deborah caiu para a frente sobre um joelho. Davon gritou: "Vovô! Vovô!". Pullum olhou para Deborah e gritou: "Derrame!".

No instante em que Davon ouviu a palavra *derrame*, pegou a bolsa de Deborah, procurou as chaves e correu até o carro. Abriu todas as portas, reclinou o banco do passageiro o máximo possível e saltou para a direção, os pés pendendo bem acima dos pedais. Em seguida ligou o motor, para que Pullum pudesse partir assim que entrasse no carro.

Logo estavam se afastando rapidamente da igreja pela estrada sinuosa, Deborah perdendo e recobrando a consciência no banco do passageiro, enquanto Davon se debruçava sobre ela, gritando "Não durma, vó!" e dando um tapa forte em seu rosto sempre que ela fechava os olhos. Pullum ficava berrando para ele parar, dizendo: "Menino, você vai matar a sua avó!". Mas Davon não parava.

Quando chegaram ao corpo de bombeiros mais adiante na estrada, paramédicos retiraram Deborah do carro, ministraram oxigênio e injeções, enfiaram um tubo intravenoso em seu braço e a transferiram para uma ambulância. Quando a ambulância se afastou, um bombeiro comentou com Davon que ele fez bem em bater em Deborah no carro.

"Rapaz, você fez um favor à sua avó", o bombeiro disse. "Você salvou a vida dela."

Uma das primeiras coisas que Deborah disse ao recobrar a consciência foi: "Preciso fazer um exame". O pessoal do hospital achou que se tratasse de uma tomografia ou de um exame de sangue, mas ela se referia a uma prova da escola.

Quando os médicos enfim permitiram a visita da família, Davon, Pullum e Tonya, filha de Deborah, encontraram-na sentada com o auxílio de um apoio na cama, olhos arregalados. Cansada mas viva. Seu lado esquerdo ainda estava fraco e ela não conseguia mexer bem os braços, mas os médicos disseram que ela tinha tido sorte e que provavelmente se recuperaria por completo.

"Louvado seja o Senhor", Pullum bradou.

Dias depois, quando Deborah saiu do hospital, deixou um recado na minha caixa postal. Era o meu aniversário e havíamos planejado um encontro em Clover naquele dia. "Feliz aniversário, Boo", ela disse, voz totalmente calma. "Sinto muito não poder comemorar com você no interior, mas tive uns derrames outro dia. Estava escrito que ia acontecer, mas, louvado seja o Senhor, estou bem. Não consigo falar muito bem de um lado da boca, mas o médico diz que eu vou sarar. Continue a sua investigação e não se preocupe comigo — estou me sentindo bem. Melhor do que nunca desde que descobri que tiraram as células da minha mãe. Estou me sentindo muito leve, sabia? Aliviada da carga. Agradeço ao Senhor pelo que aconteceu."

O médico alertou Deborah de que um segundo derrame costumava ser pior que o primeiro. "Confie em mim", ele disse, "você não precisa passar por isso de novo." Explicou que ela tinha de se educar, aprender os sinais de alerta, saber como reduzir a pressão arterial e controlar a glicose no sangue.

"Mais uma razão para eu ir em frente e cursar a escola", ela me disse. "Já me inscrevi num curso de diabetes e num curso de derrame para entender melhor sobre isso. Talvez eu possa fazer um curso de nutrição para aprender a me alimentar corretamente também."

O derrame aparentemente diminuiu a tensão na família: os irmãos de Deborah passaram a telefonar diariamente para saber como ela estava e Zakariyya chegou a dizer que queria visitá-la. Deborah esperava que aquilo significasse que os irmãos enfim aceitariam seu desejo de se informar sobre a mãe deles.

Ela me ligou rindo e dizendo: "Moça, preciso descansar para podermos voltar à estrada e fazer novas pesquisas, antes que as pistas esfriem! Mas, de agora em diante, irei com você. Tudo vai dar certo. Foi o que percebi ao acordar. Só tenho que andar mais devagar, prestar atenção nas coisas e não me assustar. Pois não há nada a temer sobre a minha mãe e suas células. Não quero que nada me impeça de aprender daqui pra frente".

Mas na verdade algo impediria Deborah de aprender: ela não tinha dinheiro suficiente. Seu cheque da Previdência Social mal cobria as despesas do dia a dia, menos ainda aulas e livros. Ela teve várias ideias para ganhar dinheiro, inclusive uma mamadeira descartável, colorida e semipronta, algo que bastaria a uma mãe ocupada agitar com uma mão enquanto na outra segurava o bebê. Ela desenhou diagramas minuciosos e enviou-os com um pedido de patente, mas desistiu da ideia quando descobriu que o protótipo custaria milhares de dólares.

Deborah acabou abandonando o desejo de estudar e passou a se concentrar em garantir que seus netos e sobrinhos-netos obtivessem instrução.

"É tarde demais para os filhos de Henrietta", ela me disse um dia ao telefone. "Esta história já não é sobre nós. É sobre a nova geração dos Lacks."

Dois meses após o derrame de Deborah, fomos à igreja de Pullum vê-lo batizar JaBrea, a neta de nove meses de Sonny. Mal restava um banco vazio quando o sermão começou. Pullum estava atrás do púlpito envolto em uma longa toga preta com cruzes vermelhas na frente, testa molhada de suor. Um pianista cego procurou o caminho com sua bengala até o piano e pôs-se a tocar, enquanto a congregação cantava: "*Fica do meu lado nesta corrida, pois não quero disputá-la em vão*".

Pullum apontou para mim e me lançou um sorriso brincalhão.

"Venha ficar do meu lado!", ele gritou.

"Ah, moça, agora você está em apuros", Deborah sussurrou, dando uma cotovelada na minha costela.

"Eu *não* vou subir lá", sussurrei de volta. "Vamos fazer de conta que não conseguimos vê-lo."

Pullum acenou com os braços sobre a cabeça, sinalizando

que eu me juntasse a ele no púlpito. Deborah e eu olhamos para o coro atrás de nós, com cara de desentendidas, fingindo não vê-lo. Pullum olhou em volta, depois berrou ao microfone: "Temos uma convidada conosco hoje! Rebecca Skloot, poderia se levantar para nós esta manhã?".

Deborah murmurou "Ih...", enquanto a congregação inteira acompanhava com os olhos o dedo dele apontado para mim.

Levantei-me.

"Irmã Rebecca Skloot", Pullum disse, "sei que este pode não ser o momento certo para você, mas é o momento certo para mim."

"Amém", Deborah disse do seu banco atrás de mim, a voz subitamente séria.

"O John Hopkins pegou o corpo da mãe da minha mulher e usou o que precisava", ele gritou ao microfone. "Venderam as células dela no mundo inteiro! Agora quero que a irmã Rebecca Skloot venha falar sobre o que está fazendo com a minha mulher e aquelas células."

Nunca antes eu me sentara numa congregação, menos ainda falara para uma delas. Meu rosto enrubesceu e senti um nó na garganta enquanto Deborah empurrava as minhas costas para eu ir. Pullum pediu à congregação que me desse uma mão, e o salão irrompeu em aplausos. Caminhei até o púlpito e apanhei o microfone de Pullum, que me deu uns tapinhas nas costas e sussurrou no meu ouvido: "Simplesmente pregue com suas próprias palavras". Foi o que fiz. Contei a história das células de Henrietta e sua contribuição para a ciência, minha voz se elevando enquanto a congregação gritava "Amém!", "Aleluia!" e "O Senhor tenha misericórdia!".

"A maioria das pessoas pensa que seu nome era Helen Lane", eu disse. "Mas ela era Henrietta Lacks. Teve cinco filhos, e uma de suas filhas está sentada ali." Apontei para Deborah, que estava com JaBrea no colo agora, sorrindo, lágrimas escorrendo pela face.

Pullum veio à frente e apanhou o microfone, abraçando-me nos ombros com força para eu não sair dali.

"Fiquei muito zangado com a irmã Rebecca quando ela começou a nos ligar", ele contou. "Minha mulher também. Até que no final concordamos, mas dissemos: 'Você vai ter que falar conosco como pessoas comuns. Vai ter que nos informar o que está acontecendo.'"

Depois ele olhou para Deborah. "O mundo irá saber quem é a sua mãe. Mas você, Sonny e o resto dos filhos de Henrietta provavelmente não vão se beneficiar das células." Deborah assentiu com a cabeça, enquanto Pullum erguia seu longo braço coberto pela toga e apontava para JaBrea, um bebê de uma beleza extraordinária, vestido com renda branca e um laço no cabelo.

"Essa criança um dia saberá que sua bisavó Henrietta ajudou o mundo!", Pullum gritou. Depois apontou para Davon e os outros primos de JaBrea no salão, dizendo: "Assim como aquela criança... e aquela criança... e aquela criança. Essa história agora é delas. Elas precisam assimilá-la e com ela aprender que podem mudar o mundo também".

Ergueu os braços acima da cabeça e bradou aleluia. O bebê JaBrea agitou as mãozinhas e emitiu um gritinho forte de alegria, e a congregação entoou amém.

38. O longo caminho até Clover

2009

Em 18 de janeiro de 2009, num domingo frio e ensolarado, deixei a rodovia e entrei na estrada para Clover. Ao passar por um campo verde após outro, pensei: *Não me lembrava de que a estrada para Clover era tão comprida.* Depois percebi que eu já havia passado o correio de Clover, que eu estava do outro lado da estrada num grande campo vazio. *Mas ele ficava do outro lado, no centro da cidade.* Não entendi. Se aquele era o correio, onde estava o resto? Continuei dirigindo por alguns instantes e pensando: *Será que o correio mudou de lugar?* Mas então me dei conta.

Clover havia desaparecido.

Saltei do carro e corri até o campo, para o local onde ficava o antigo cinema — onde Henrietta e Cliff assistiam aos filmes de Buck Jones. Tinha sumido do mapa. Assim como a mercearia de Gregory e Martin e a loja de roupas de Abbott. Incrédula, eu fitava o campo vazio com a mão na boca, até que percebi os fragmentos de tijolos e pequenos ladrilhos de gesso brancos misturados à terra e grama. Ajoelhei e comecei a recolhê-los, enchendo meus bolsos com o que restava da cidade da juventude de Henrietta.

Preciso mandar um pouco disto para Deborah, pensei. *Ela não vai acreditar que Clover desapareceu.*

Parada ali na rua principal, observando os restos mortais do centro de Clover, tive a impressão de que tudo que se relacionava com a história de Henrietta estava sumindo. Em 2002, apenas um ano depois de Gary envolver com as mãos a cabeça de Deborah e passar a carga das células para mim, ele morreu subitamente, aos 52 anos, de um ataque cardíaco. Estava caminhando até o carro de Cootie, carregando seu melhor terno para colocá-lo no porta-malas e ele não amarrotar a caminho do funeral da mãe de Cootie. Meses depois, Deborah ligou para informar que Fred, irmão de Cliff, havia morrido de câncer na garganta. Depois foi Day, que morreu de um derrame cerebral, cercado pela família. Depois Cootie, que se matou com um tiro de espingarda na cabeça. Sempre que alguém morria, Deborah ligava chorando.

Achei que as ligações nunca fossem terminar.

"A morte está vindo atrás de nós e dessa história aonde quer que a gente vá", ela dizia. "Mas eu continuo na batalha."

Nos anos que se seguiram ao meu batismo, pouca coisa mudou para a família Lacks. Bobbette e Lawrence tocaram a vida em frente. Lawrence já não pensava tanto nas células, embora de vez em quando ele e Zakariyya cogitassem processar o Johns Hopkins.

Sonny submeteu-se a uma cirurgia de ponte de safena quíntupla em 2003, aos 56 anos. A última coisa de que se recorda antes de perder a consciência devido à anestesia foi de um médico de pé a seu lado dizendo que as células da mãe dele tinham sido uma das coisas mais importantes já ocorridas na medicina. Ao acordar, devia 125 mil dólares por não ter um seguro-saúde para cobrir a cirurgia.

Zakariyya foi expulso do asilo, depois de um conjunto habitacional, onde deu uma garrafada nas costas de uma mulher e a empurrou por uma janela de vidro laminado. Ele às vezes trabalhava com Sonny, dirigindo um caminhão.

Em 2004, Deborah deixou o marido e se mudou para um apartamento só dela, mantido pela assistência social, com que sonhara durante anos. Estava cansada de brigar com Pullum, e a casa geminada deles tinha degraus demais. Depois que se mudou, para pagar as contas passou a trabalhar em horário integral para a filha Tonya, que abrira uma pensão em sua casa. Todas as manhãs, Deborah deixava o apartamento onde morava e passava o dia cozinhando e fazendo faxina para os cinco ou seis homens que moravam na casa da filha. Parou depois de dois anos porque seu corpo não aguentou mais subir e descer escadas o dia todo.

Quando Deborah se divorciou oficialmente de Pullum em 2006, precisou informar sua renda como parte de uma solicitação para que o juiz a dispensasse da taxa de registro. Ela declarou 732 dólares mensais como auxílio-invalidez e dez dólares mensais como auxílio-alimentação. Sua conta bancária estava zerada.

Quando voltei para visitar Clover e encontrei a rua principal devastada, fazia alguns meses que Deborah e eu havíamos conversado. Durante nosso último telefonema, contei que o livro estava pronto, e ela disse que gostaria que eu fosse a Baltimore e o lesse para ela, para poder explicar as partes difíceis. Telefonei várias vezes, depois, para combinar a visita, mas ela não me ligou de volta. Deixei recados, sem, porém, pressioná-la. *Ela precisa de algum espaço para se preparar*, pensei. *Vai ligar quando estiver pronta.* Quando retornei de Clover, voltei a telefonar e disse: "Trouxe uma coisa para você de Clover; você não vai acreditar no que aconteceu lá". Mas ela não ligou.

Em 21 de maio de 2009, após deixar inúmeros recados, telefonei mais uma vez. Sua caixa postal estava cheia. Portanto liguei para Sonny pensando em dizer o que eu já dissera muitas vezes naqueles anos todos: "Você poderia dizer a sua irmã que pare de fazer charme e ligue para mim? Preciso mesmo falar com ela. Nosso tempo está se esgotando". Quando ele atendeu a ligação, eu disse: "Oi, Sonny, é a Rebecca", e por um momento a linha ficou muda.

"Venho tentando descobrir o número do seu telefone", ele disse, e meus olhos se encheram de lágrimas. Eu sabia que só um motivo levaria Sonny a me ligar.

Deborah tinha ido à casa de sua sobrinha no Dia das Mães, uma semana e meia antes do meu telefonema — Sonny preparara bolinhos de caranguejo para ela, os netos estavam lá, e todos riram e contaram histórias. Depois do jantar, ele levou Deborah de volta ao apartamento que ela tanto adorava e disse boa-noite. Ela ficou em casa no dia seguinte, comeu o resto dos bolinhos que levara para casa e conversou com Davon ao telefone — ele estava aprendendo a dirigir e queria ir até a casa da avó de manhã para treinar. Na manhã seguinte ela não atendeu quando ele ligou. Horas depois, como costumava fazer quase todos os dias, Sonny deu uma passada para ver como ela estava e encontrou-a na cama, braços cruzados sobre o peito, sorrindo. Pensou que ela estivesse dormindo, por isso tocou seu braço e disse: "Dale, hora de levantar". Mas ela não estava dormindo.

"Ela está num lugar melhor agora", Sonny me disse. "Um ataque do coração logo depois do Dia das Mães... ela não poderia ter desejado de outra maneira. Sofreu muito na vida, e agora está feliz."

Depois de encontrar Deborah na cama, Sonny cortou uma mecha de cabelo dela e a guardou dentro da Bíblia da mãe com as mechas de Henrietta e de Elsie. "Elas estão juntas agora", ele me disse. "Você sabe que não há outro lugar no mundo onde ela preferiria estar."

Deborah estava feliz quando morreu: seu neto Pequeno Alfred tinha doze anos, estava terminando a sétima série e ia bem na escola. Erika, neta de Lawrence e Bobbette, havia ingressado na universidade Penn State após escrever uma redação de admissão sobre como a história de sua bisavó Henrietta a inspirara a estudar ciências. Após se transferir para a Universidade de Maryland, ela se formou e depois fez mestrado em psicologia, tornando-se a primeira descendente de Henrietta a se pós-graduar. Aos dezessete anos, Davon, neto de Deborah, estava quase concluindo o ensino médio. Ele havia prometido a Deborah que faria faculdade e continuaria aprendendo sobre Henrietta até saber tudo que fosse possível sobre ela. "Isso me faz aceitar a ideia da morte quando minha hora chegar", Deborah me dissera.

Quando Sonny me contou sobre a morte de Deborah, fiquei contemplando uma foto emoldurada dela que está na minha escrivaninha há quase uma década. Nela, seus olhos estão sérios, seu cenho, franzido e zangado. Está vestindo uma camisa rosa e segurando um frasco de Benadryl rosa. Todo o resto é vermelho: as unhas da mão, as marcas no rosto, a terra sob seus pés.

Contemplei essa foto dias e dias após sua morte, enquanto ouvia as horas de gravação de nossas conversas e lia as anotações que eu tinha feito na última vez em que a vi. A certa altura durante a visita, Deborah, Davon e eu ficamos sentados lado a lado na cama dela, as costas contra a parede, pernas esticadas. Havíamos acabado de assistir a dois filmes favoritos de Deborah, um depois do outro: *Raízes* e o desenho animado *Spirit: o corcel indomável*, sobre um cavalo selvagem capturado pelo Exército americano. Ela quis que assistíssemos aos filmes juntos para vermos as semelhanças entre os dois: Spirit lutou pela liberdade, assim como Kunta Kinte em *Raízes*, ela disse.

"As pessoas estavam sempre querendo dominá-los e tentando

impedir que eles fizessem o que queriam, assim como as pessoas vivem fazendo comigo e com a história da minha mãe", disse.

Quando os filmes terminaram, Deborah pulou da cama e colocou mais um vídeo. Apertou PLAY e uma versão mais nova dela apareceu na tela. Era uma das quase doze fitas gravadas pela BBC e não aproveitadas no documentário. Na tela, Deborah estava sentada num sofá com a Bíblia da mãe aberta no colo, cabelos castanhos em vez de grisalhos, olhos brilhantes, sem círculos debaixo deles. Enquanto falava, sua mão tocava na longa mecha de cabelos da mãe.

"Com frequência vou ver seus cabelos na Bíblia", Deborah disse para a câmera. "Quando penso nesses cabelos, não me sinto tão solitária. Imagino como seria ter uma mãe para visitar, para rir, chorar, abraçar. Se Deus quiser, poderei estar com ela um dia. Estou ansiosa por isso."

A Deborah mais jovem disse que estava contente porque, quando morresse, não iria precisar contar à mãe a história de tudo que aconteceu com as células e a família porque Henrietta já sabia. "Ela tem nos observado e visto tudo que vem acontecendo aqui embaixo", Deborah disse. "Está esperando pacientemente por nós. Não haverá nenhuma palavra, apenas um monte de abraços e choro. Realmente acredito que ela está lá em cima no céu, e está bem, porque já sofreu bastante por todos aqui embaixo. Dizem que do lado de lá não existe dor nem sofrimento. [...] Quero estar lá com a minha mãe."

Sentada entre mim e Davon na cama, Deborah acenou para seu eu mais jovem na tela e disse: "O céu parece com Clover, na Virgínia. Minha mãe e eu sempre adoramos lá, mais do que qualquer outro lugar no mundo".

Ela tocou nos cabelos de Davon. "Não sei como será a minha passagem", disse. "Só espero que seja bonita e calma. Mas vou dizer uma coisa: não quero ser imortal, se isso significar viver para sempre, porque assim todos os outros morrerão e envelhecerão antes enquanto você permanece igual, e isso é triste." Depois sorriu. "Mas talvez eu retorne como algumas células HeLa, como a minha mãe, assim poderemos fazer o bem juntas por este mundo afora." Fez uma pausa e assentiu novamente com a cabeça. "Acho que eu vou gostar disso."

Onde eles estão agora

ALFRED CARTER JR., filho de Deborah, cumpre sentença de trinta anos por assalto a mão armada com arma perigosa e letal. Na prisão recebeu tratamento para dependência de drogas e álcool, concluiu o ensino médio e lecionou matérias de nível médio para outros prisioneiros por 25 dólares mensais. Em 2006 escreveu ao juiz que o sentenciou, dizendo que gostaria de devolver o dinheiro roubado e que precisava saber a quem enviar.

O paradeiro do dr. SIR LORD KEENAN KESTER COFIELD é desconhecido. Recentemente, passou vários anos na prisão por tentar comprar joias na Macy's com um cheque roubado e moveu diversos processos enquanto cumpria pena. Em 2008, após ser libertado da prisão, Cofield moveu um processo de 75 páginas — seu último até agora — que um juiz considerou "incompreensível". Processou 226 partes em mais de 10 bilhões de dólares, e alegou que as decisões do passado em todas as suas causas deveriam ser revertidas a seu favor, e que quem publicou seu nome sem permissão deveria ser incluído no processo, pois ele registrara os direitos autorais de seu nome. Jamais consegui localizá-lo a fim de fazer algumas entrevistas com ele para este livro.

CLIFF GARRET, primo de Henrietta, viveu em sua casa de fazenda em Clover até 2009, quando problemas de saúde o obrigaram a se mudar com o filho para Richmond, na Virgínia, onde vive atualmente.

As células HELA ainda são uma das linhagens de células mais usadas em laboratórios de todo o mundo. Quando este livro foi para o prelo, em 2009, mais de 60 mil artigos científicos haviam sido publicados sobre pesquisas com células HeLa, número que vinha sendo ampliado pelo índice de mais de trezentos artigos mensais. As células HeLa continuam contaminando outras culturas e causando danos anuais estimados em vários milhões de dólares.

HOWARD JONES, médico de Henrietta, é professor emérito da Johns Hopkins e Eastern Virginia Medical School. Fundou o Instituto Jones de Medicina Reprodutiva em Norfolk, Virgínia, com sua falecida esposa, Georgeanna. Eles foram pioneiros no campo dos tratamentos para a infertilidade e responsáveis pelo primeiro bebê de proveta dos Estados Unidos. Quando este livro foi para o prelo, Jones tinha 99 anos.

MARY KUBICEK aposentou-se e vive em Maryland.

ZAKARIYYA, SONNY e LAWRENCE LACKS foram profundamente afetados pela morte de Deborah. Lawrence contraiu uma dívida de mais de 6 mil dólares no cartão de crédito para cobrir o custo do enterro dela, e, quando este livro foi para o prelo, Sonny vinha economizando dinheiro para comprar uma lápide. Zakariyya parou de beber e começou a estudar a vida dos iogues e de outras pessoas que alcançaram a paz interior. Passou a despender mais tempo com a família, inclusive com seus vários sobrinhos e sobrinhas, que agora o abraçam e beijam regularmente. Ele sorri com frequência. Sonny jurou continuar o esforço de Deborah em obter o reconhecimento para sua mãe. Hoje em dia, quando os irmãos Lacks falam sobre Henrietta, concentram-se na importância de sua contribuição para a ciência. Já não falam sobre processar o Hospital Johns Hopkins, embora Lawrence e Zakariyya ainda acreditem que têm direito a uma parcela dos lucros das células HeLa.

CHRISTOPH LENGAUER é presidente global de Descoberta de Drogas Oncológicas da sanofi-aventis, uma das maiores empresas farmacêuticas do mundo. Muitos dos cientistas que trabalham para ele usam células HeLa rotineiramente. Vive em Paris, na França.

DAVON MEADE e (PEQUENO) ALFRED JR., netos de Deborah, vivem em Baltimore, assim como 22 outros descendentes de Henrietta, incluindo seus netos, bisnetos e trinetos. Dois outros vivem na Califórnia.

JOHN MOORE apelou à Suprema Corte americana, que se recusou a examinar sua causa. Morreu em 2001.

ROLAND PATTILLO é professor da Morehouse School of Medicine, onde continua realizando sua conferência HeLa anual em homenagem a Henrietta. Pattillo e sua mulher, Pat, compraram uma placa para o túmulo de Henrietta.

JAMES PULLUM, ex-marido de Deborah, continua pregando em Baltimore.

COURTNEY SPEED ainda está à frente de sua mercearia, onde continua ensinando matemática às crianças das redondezas, e espera abrir um Museu Henrietta Lacks.

Posfácio

Quando conto às pessoas a história de Henrietta Lacks e suas células, a primeira pergunta que costumam fazer é: *Não foi ilegal os médicos extraírem células de Henrietta sem o conhecimento dela? Os médicos não têm que informar você quando usam suas células em pesquisas?* A resposta é não — não em 1951, e não em 2009, quando este livro foi para o prelo.

Atualmente quase todos os americanos têm seus tecidos arquivados em algum lugar. Quando você vai ao médico para um exame de sangue de rotina ou tem um molar removido pelo dentista, quando se submete a uma apendicectomia, amigdalectomia ou a qualquer outro tipo de *ectomia*, o material que se deixa para trás nem sempre é jogado fora. Os médicos, hospitais e laboratórios o guardam. Muitas vezes indefinidamente.

Em 1999, a RAND Corporation publicou um relatório (o primeiro e, até agora, o último deste tipo) com uma "estimativa conservadora" de que só nos Estados Unidos estavam armazenados mais de 307 milhões de amostras de tecidos de mais de 178 milhões de pessoas. Esse número, segundo o relatório, vinha aumentando em mais de 20 milhões de amostras todos os anos. As amostras provinham de procedimentos médicos de rotina, exames, cirurgias, testes clínicos e doações para pesquisa. Repousam em congeladores de laboratórios, em prateleiras ou em tanques industriais de nitrogênio líquido. Estão armazenadas em instalações militares, no FBI e no National Institutes of Health. Estão em laboratórios de empresas de biotecnologia e na maioria dos hospitais. Biobancos armazenam apêndices, ovários, pele, esfíncteres, testículos, gordura, até prepúcios da maioria das circuncisões. Também abrigam amostras de sangue extraídas da maioria dos bebês nascidos nos Estados Unidos desde o final dos anos 1960, quando os estados tornaram obrigatório o teste de doenças genéticas de todos os recém-nascidos.

E a escala da pesquisa com tecidos só está aumentando. "Antes, um pesquisador na Flórida tinha sessenta amostras em seu congelador, enquanto outro sujeito em Utah tinha mais algumas no seu", diz Kathy Hudson, bióloga molecular que fundou o Centro de Política Pública e Genética da Universidade Johns Hopkins e agora é chefe de equipe do NIH. "Agora estamos falando de uma escala bem maciça." Em 2009, o NIH investiu 13,5 milhões de dólares para desenvolver um banco para as amostras extraídas de recém-nascidos em todo o país. Anos atrás, o Instituto Nacional do Câncer passou a coletar o que espera que venham a ser milhões de amostras de tecido para mapear genes do câncer. O Projeto Genográfico começou a fazer o mesmo para mapear padrões de migração humana, como fez o NIH para rastrear genes de doenças. E há vários anos as pessoas vêm enviando milhões de amostras para empresas de testes de DNA personalizados como a 23andMe, que só fornece aos clientes suas informações médicas ou genealógicas pessoais se eles assinarem primeiro um formulário autorizando que suas amostras sejam armazenadas para pesquisas futuras.

Os cientistas usam essas amostras para desenvolver de tudo, desde vacinas antigripe até produtos para o aumento do pênis. Colocam células em placas de cultura, expondo-as a radiação, remédios, cosméticos, vírus, substâncias químicas caseiras e armas biológicas, e depois estudam suas reações. Sem esses tecidos, não disporíamos de exames para doenças como hepatite e HIV, de vacinas para hidrofobia, varíola e sarampo, nem dos novos e promissores remédios contra leucemia, câncer de mama e câncer de cólon. E os desenvolvedores dos produtos que dependem de materiais biológicos humanos deixariam de ganhar bilhões de dólares.

Como você deveria se sentir a respeito de tudo isso não é muito claro. Não é como se os cientistas estivessem roubando seu braço ou algum órgão vital. Eles estão usando fragmentos de tecido dos quais você se desfez voluntariamente. Mesmo assim, isso muitas vezes envolve alguém extrair parte de você. As pessoas costumam ter uma forte sensação de propriedade quando se trata de seu corpo, mesmo fragmentos minúsculos dele. Especialmente quando ouvem dizer que alguém pode estar ganhando dinheiro com esses fragmentos ou usando-os para revelar informações potencialmente prejudiciais sobre seus genes e históricos médicos. Mas uma *sensação* de propriedade não é argumento suficiente num tribunal. E a esta altura nenhuma jurisprudência esclareceu plenamente se você é proprietário de seus tecidos ou tem o direito de controlá-los. Enquanto fazem parte do seu corpo, são claramente seus. Uma vez removidos, seus direitos tornam-se nebulosos.

Kathy Hudson, que conduziu grupos de discussão a respeito dos sentimentos das pessoas sobre a questão dos tecidos, diz acreditar que os direitos aos tecidos têm o potencial de se tornarem um movimento legítimo.

"Tive a oportunidade de ver pessoas começando a dizer:

'Não, você não pode pegar meus tecidos'", ela me contou. "Tudo que posso dizer é que é melhor enfrentar os problemas agora em vez de esperar para ver o que acontece."

Há basicamente duas questões para ser enfrentadas: consentimento e dinheiro. Para a maioria das pessoas, saber se seus tecidos estão sendo usados em pesquisas e de que maneira é uma questão bem mais importante do que obter algum lucro com eles. No entanto, quando este livro foi para o prelo, armazenar sangue e tecidos para pesquisas não requeria legalmente o consentimento informado, porque a lei que governa coisas como essas geralmente não se aplica à pesquisa com tecidos.

A Política Federal para a Proteção de Cobaias Humanas, também conhecida como Common Rule, exige o consentimento informado para todas as pesquisas realizadas com cobaias humanas. Mas na prática a maioria das pesquisas com tecidos não estão incluídas, porque: (1) não recebem recursos federais ou (2) o pesquisador não fica sabendo a identidade dos "doadores" nem tem contato direto com eles, e nesse caso não se considera que a pesquisa seja com cobaias humanas. No frigir dos ovos, a Common Rule não controla a maioria das pesquisas com tecidos.

Atualmente, se os médicos querem coletar tecidos de pacientes estritamente para fins de pesquisa — como no caso de Henrietta —, são obrigados a obter o consentimento informado. Mas armazenar tecidos de procedimentos de diagnóstico como, digamos, biópsias de verrugas e usá-los em pesquisas futuras não requer tal consentimento. A maioria das instituições ainda opta por pedir permissão, mas não há uniformidade na maneira de fazê-lo. Algumas fornecem informações suficientes para preencher um pequeno livro, explicando exatamente o que será feito com todos os tecidos do paciente. Mas a maioria inclui apenas uma breve observação no formulário de admissão de que quaisquer tecidos removidos poderão ser usados para fins de educação ou pesquisa.

De acordo com Judith Greenburg, diretora da Divisão de Genética e Biologia do Desenvolvimento do National Institute of General Medical Science, o NIH possui agora "diretrizes bem rigorosas" que exigem o consentimento para quaisquer tecidos coletados para seus bancos. "É muito importante que os doadores entendam quais poderiam ser as consequências da pesquisa com tecidos", ela diz. Mas essas diretrizes se aplicam tão somente às pesquisas do NIH e não têm força de lei.

Os partidários do *status quo* argumentam que aprovar novas leis específicas para tecidos é desnecessário e que as práticas de controle atuais são suficientes. Eles apontam para as juntas de revisão institucionais, as muitas diretrizes profissionais, como o código de ética da Associação Médica Americana (que requer que os médicos informem aos pacientes se as amostras de seus tecidos serão usadas em pesquisas ou produzirão lucro) e diversos códigos pós-Nuremberg, entre eles a Declaração de Helsinque e o Relatório Belmont, todos eles incluindo o consentimento como requisito. Mas diretrizes e códigos de ética não são leis, e muitos partidários dos direitos aos tecidos sustentam que o controle interno não funciona.

Além de simplesmente saber que seus tecidos estão sendo usados em pesquisas, alguns ativistas dos direitos aos tecidos acreditam que os doadores deveriam ter o direito de dizer, por exemplo, que não querem seus tecidos usados em pesquisas de armas nucleares, aborto, diferenças raciais, inteligência ou em qualquer outra coisa contrária a suas crenças. Acreditam também que é importante para os doadores poderem controlar quem tem acesso a seus tecidos, porque temem que as informações coletadas de amostras de tecidos possam ser usadas contra eles.

Em 2005, membros da tribo havasupai, de nativos americanos, processaram a Arizona State University depois que cientistas extraíram amostras de tecidos da tribo doadas para pesquisas da diabetes e as usaram sem consentimento no estudo da esquizofrenia e da endogamia. O processo ainda está aguardando solução. Em 2006, cerca de setecentas mulheres que haviam tido bebês recentemente descobriram que médicos haviam pegado suas placentas sem consentimento para testar possíveis anormalidades que pudessem ajudar o hospital a se defender no futuro contra processos por defeitos de nascença. E em alguns casos testes genéticos realizados sem o consentimento das pessoas foram usados para negar indenizações aos trabalhadores ou reembolsos de seguro-saúde (algo agora proibido pela Lei da Não Discriminação das Informações Genéticas de 2008).

Por causa de histórias como essas, um número crescente de ativistas — especialistas em ética, médicos e pacientes — discute e defende novas regulamentações que concedam às pessoas o direito de controlar seus tecidos. E um número crescente de "doadores" de tecidos move processos pelo controle de suas amostras e do DNA dentro delas. Em 2005, 6 mil pacientes exigiram que a Universidade de Washington removesse suas amostras de tecidos do banco de câncer da próstata. A universidade recusou-se a fazê-lo, e as amostras ficaram indisponíveis durante anos enquanto corria o processo. Até agora, dois tribunais decidiram contra os pacientes, baseando-se na mesma lógica empregada no caso Moore (de que conceder aos pacientes tais direitos inibiria as pesquisas etc.). Em 2008, os pacientes apelaram à Suprema Corte, que se recusou a julgar o caso. Quando este livro foi para o prelo, cogitava-se uma ação coletiva. Mais recentemente, em julho de 2009, pais de Minnesota e do Texas moveram processo para impedir a prática nacional de armazenar e realizar pesquisas — sem consentimento — com amostras de sangue fetal, já que muitas vezes é possível identificar de onde vieram os bebês.

Alegam que pesquisas como essas amostras constituem uma invasão da privacidade de seus filhos.

Devido à Lei da Portabilidade e Responsabilidade de Seguros--Saúde (Health Insurance Portability and Accountability Act, HIPAA) de 1966, agora existe nos Estados Unidos uma lei federal clara para impedir o tipo de violação de privacidade ocorrida com a família Lacks, quando os médicos divulgaram o nome de Henrietta e seus prontuários médicos. Como tecidos associados aos nomes de seus doadores estão sujeitos a uma regulamentação rigorosa sob a Common Rule, as amostras já não são nomeadas com as iniciais do doador, como ocorreu com as células de Henrietta. Hoje elas costumam ser identificadas por códigos numéricos. Mas, como diz Judith Greenburg, do NIH: "Não é possível garantir cem por cento de anonimato, porque na teoria agora podemos sequenciar os genes e identificar alguém com base em suas células. Assim, o processo do consentimento deve enfatizar a explicitação dos riscos das pesquisas com tecidos, permitindo que as pessoas decidam se querem participar".

Ellen Wright Clayton, médica, advogada e diretora do Centro de Ética Biomédica e Sociedade da Universidade Vanderbilt, diz que é preciso haver uma "discussão bem pública" sobre tudo isso: "Se alguém propusesse uma lei no Congresso que dissesse: 'A partir de hoje, quando você for ao médico tratar da sua saúde, seus prontuários e amostras de tecidos poderão ser usados para pesquisas sem que ninguém precise consultar você' — se a questão fosse colocada assim sem rodeios, para que as pessoas pudessem realmente entender o que vem acontecendo e dizer que concordam, eu ficaria mais satisfeita do que com o que fazemos atualmente. Porque o que está acontecendo agora não é o que as pessoas acham que está ocorrendo".

Lori Andrews, diretora do Instituto de Ciência, Direito e Tecnologia do Illinois Institute of Technology, quer algo mais drástico:

ela tem preconizado que as pessoas chamem a atenção dos formuladores de políticas tornando-se "opositores de consciência" ao recrutamento do DNA e recusando-se a fornecer amostras de tecidos.

David Korn, sub-reitor de pesquisa da Universidade de Harvard, argumenta que dar aos pacientes controle sobre seus tecidos é uma política míope. "Certo", ele disse, "o consentimento parece bom. Deixar que as pessoas decidam o que irá acontecer com seus tecidos parece ser a coisa certa. Mas o consentimento diminui o valor dos tecidos." Como exemplo, Korn aponta para a pandemia de gripe espanhola. Nos anos 1990, cientistas usaram amostras de tecidos armazenadas de um soldado morto em 1918 para recriar o genoma do vírus e estudar por que ele foi tão mortal, na esperança de obter informações sobre a gripe aviária atual. Em 1918, pedir permissão ao soldado para extrair tecidos visando a esse tipo de pesquisa futura teria sido impossível, diz Korn. "Tratava-se de uma questão inconcebível — ninguém sequer sabia o que era DNA!"

Para Korn, a questão do consentimento é sobrepujada por uma responsabilidade pública com a ciência. "Acredito que as pessoas são moralmente obrigadas a permitir que seus fragmentos e partes sejam usados na obtenção de conhecimentos para ajudar os outros. Como todos se beneficiam, todos podem aceitar os riscos pequenos de ter os fragmentos de seus tecidos usados em pesquisas." A única exceção admissível é para pessoas cujas crenças religiosas proíbem a doação de tecidos. "Se alguém acredita que, se for enterrado sem todas as suas partes estará condenado a vagar como um morto-vivo, sua crença deve ser respeitada", diz Korn. Mas ele reconhece que as pessoas não podem levantar tais objeções se não tomam conhecimento de que seus tecidos estão sendo usados.

"A ciência não é o valor supremo da sociedade", Andrews diz, apontando para coisas como autonomia e liberdade pessoal.

"Pense nisto", ela diz. "Eu decido quem fica com meu dinheiro depois que eu morrer. Se eu morresse e você doasse o dinheiro todo a outra pessoa, *eu* não seria prejudicada. Como ser vivo, porém, me é psicologicamente benéfico saber que posso legar meu dinheiro a quem eu quiser. Ninguém pode dizer: 'Ela deveria ser proibida de fazer *isso* com seu dinheiro porque poderia não ser o melhor para a sociedade'. Mas substitua a palavra *dinheiro* nessa frase por *tecido*, e você vai ter exatamente a lógica que muitas pessoas empregam para negar aos doadores qualquer controle sobre seus tecidos."

Wayne Grody, diretor do Laboratório de Patologia Molecular de Diagnóstico da Universidade da Califórnia, Los Angeles, já foi um opositor ferrenho do consentimento para a pesquisa com tecidos. Mas, após anos de discussões com pessoas como Andrews e Clayton, tornou-se mais moderado. "Estou convencido de que deveríamos fazer um esforço especial para termos um processo de consentimento bom e complexo", ele me contou. Mesmo assim, não consegue imaginar como esse processo funcionaria. "Esses tecidos entram num aglomerado de milhões de outras amostras", disse. "Como você irá distinguir, digamos, que este paciente permitiu estudar o câncer do cólon enquanto outro autorizou tudo que quisermos, menos comercializar o tecido? Ou seja, todos os tecidos precisarão ter um código colorido?" De qualquer modo, Grody enfatiza que questões de consentimento deveriam se aplicar apenas a coleções de amostras futuras, e não às milhões já armazenadas, inclusive as células HeLa. "O que iremos fazer?", ele disse. "Jogar tudo fora?"

Se a questão do consentimento não for discutida, Robert Weir, fundador do centro de ética biomédica da Universidade de Iowa, vê apenas uma consequência: "Os pacientes recorrendo à justiça como um último recurso quando sua participação não é reconhecida". Weir defende menos processos judiciais e mais transparência. "Vamos pôr as cartas na mesa e criar diretrizes legais que todos possam seguir", diz. "Porque recorrer aos tribunais é a única outra opção." E os tribunais são onde esses casos acabam indo parar, particularmente quando envolvem dinheiro.

Quando se trata de dinheiro, a questão não é *se* os tecidos humanos e o resultado das pesquisas com eles serão comercializados. Eles são e continuarão sendo. Sem comercialização, as empresas não produziriam os remédios e testes de diagnóstico de que tantas pessoas dependem. A questão é como lidar com essa comercialização — se os cientistas deveriam ser obrigados a informar às pessoas que seus tecidos poderão ser usados para gerar lucro e como as pessoas que doam essas matérias-primas se enquadram nesse mercado.

É ilegal vender órgãos e tecidos humanos para transplantes ou tratamentos médicos, mas é perfeitamente legal fornecê-los cobrando taxas por sua coleta e processamento. Não existem cifras específicas desse setor, mas segundo as estimativas um corpo humano pode render algo entre 10 mil e quase 150 mil dólares. Mas é extremamente raro que células individuais de uma pessoa valham milhões de dólares como as de John Moore. De fato, do mesmo modo que um único camundongo ou uma única drosófila não são tão úteis assim à pesquisa, a maioria das linhagens de células e amostras de tecidos individuais nada valem por si mesmas. Seu valor para a ciência advém de serem parte de uma coleção maior.

Atualmente, as empresas fornecedoras de tecidos variam de pequenos negócios privados a corporações gigantescas, como a Ardais, que paga ao Beth Israel Deaconess Medical Center, ao Duke University Medical Center e a vários outros centros médicos uma quantia não revelada de dinheiro pelo acesso exclusivo aos tecidos coletados de seus pacientes.

"Não dá para ignorar a questão de quem fica com o dinheiro e como o dinheiro é aplicado", diz Clayton. "Não estou bem certa de que medida pode ser tomada, mas sei que é estranho dizer que todos ganham dinheiro menos as pessoas fornecedoras da matéria-prima."

Diversos analistas de políticas, cientistas, filósofos e especialistas em ética têm sugerido meios de remunerar doadores de tecidos: criação de um sistema como o da Previdência Social, em que cada doação garanta à pessoa níveis crescentes de compensação, oferecer aos doadores abatimentos fiscais, desenvolver um sistema de direitos autorais como o usado para remunerar músicos quando suas canções são tocadas na rádio, exigir que uma porcentagem dos lucros das pesquisas com tecidos vá para instituições beneficentes científicas ou médicas, ou que todo o lucro seja redirecionado para as pesquisas.

Especialistas dos dois lados do debate temem que a remuneração de pacientes inviabilize a ciência ao estimular que pessoas gananciosas imponham acordos financeiros irreais ou exijam dinheiro por tecidos utilizados em pesquisas não comerciais ou sem fins lucrativos. Na maioria dos casos, porém, os doadores de tecidos não têm buscado lucros. Como a maioria dos ativistas dos direitos aos tecidos, eles estão menos preocupados com o lucro pessoal do que em se certificar de que os conhecimentos obtidos pelos cientistas com o estudo dos tecidos estejam disponíveis a todas as pessoas e aos demais pesquisadores. De fato, diversos grupos de pacientes criaram seus próprios bancos de tecidos para poder controlar seu uso e as respectivas patentes de descobertas; uma mulher obteve a patente do gene de doença descoberto nos tecidos de seus filhos, podendo assim saber quais pesquisas são realizadas com ele e como é licenciado.

As patentes sobre genes constituem a maior preocupação do debate sobre a propriedade de materiais biológicos humanos e de como essa propriedade pode interferir na ciência. Até 2005 — ano mais recente em que os números estavam disponíveis — o governo americano havia emitido patentes relacionadas ao uso de cerca de 20% dos genes humanos conhecidos, entre eles os da doença de Alzheimer, asma, câncer do cólon e o tão conhecido câncer de mama. Isso significa que as empresas farmacêuticas, os cientistas e as universidades controlam quais pesquisas podem ser realizadas com esses genes e quanto custarão as terapias e os diagnósticos daí resultantes. E alguns defendem suas patentes de forma agressiva: a Myriad Genetics, que detém as patentes dos genes BRCA1 e BRCA2, responsáveis pela maioria dos casos de cânceres hereditários de mama e ovário, cobra 3 mil dólares para testar a existência desses genes. A Myriad tem sido acusada de criar um monopólio, já que ninguém mais consegue oferecer o teste, e pesquisadores não podem desenvolver testes mais baratos ou novas terapias sem a permissão da Myriad e o pagamento de altas taxas de licenciamento. Cientistas que realizaram pesquisas envolvendo os genes do câncer de mama sem a permissão da Myriad foram bombardeados com ordens de interrupção de seus trabalhos e ameaças de ações judiciais.

Em maio de 2009, a União das Liberdades Civis Americana, vários sobreviventes de câncer de mama e grupos profissionais representando mais de 150 mil cientistas moveram um processo contra a Myriad Genetics por causa de suas patentes dos genes do câncer de mama. Entre outras coisas, os cientistas envolvidos no processo alegam que a prática de patenteamento de genes inibiu suas pesquisas, e eles pretendem dar um basta nisso. A presença de tantos cientistas no processo judicial, muitos deles de instituições de ponta, desafia o argumento comum de que proibir as patentes biológicas interferiria no progresso científico.

Lori Andrews, que atuou voluntariamente nos mais importantes processos de propriedade biológica, inclusive esse atual do gene do câncer de mama, afirma que muitos cientistas interferiram na ciência exatamente da forma como os tribunais sempre temeram que os doadores de tecidos fizessem. "É irônico", ela me disse. "A preocupação no caso Moore foi que, se você concede a uma pessoa os direitos de propriedade sobre seus tecidos, retardará as pesquisas, porque as pessoas poderão impedir o acesso por dinheiro. Mas a decisão do caso Moore saiu pela culatra — o que ela fez foi entregar esse valor comercial aos pesquisadores." De acordo com Andrews e um juiz dissidente da Suprema Corte da Califórnia, a decisão judicial não impediu a comercialização. Apenas retirou os pacientes da equação e encorajou os cientistas a transformarem cada vez mais os tecidos em mercadoria. Andrews e muitos outros argumentaram que com isso os cientistas ficam menos propensos a compartilhar amostras e resultados, o que retarda as pesquisas. Eles também temem que isso interfira nos cuidados com a saúde.

Existem indícios que respaldam o argumento deles. Uma pesquisa constatou que 53% dos laboratórios deixaram de oferecer ou desenvolver pelo menos um teste genético por causa da imposição da patente e que 67% achavam que as patentes interferiam nas pesquisas médicas. Devido às taxas de licença de patente, uma instituição acadêmica gasta 25 mil dólares na aquisição da licença do gene para pesquisar uma doença do sangue comum, a hemocromatose hereditária, e mais de 250 mil dólares pela licença do mesmo gene para testes comerciais. A essa taxa, custaria algo entre 46,4 milhões de dólares (para instituições acadêmicas) e 464 milhões de dólares (para laboratórios comerciais) submeter uma pessoa ao teste de todas as doenças genéticas conhecidas.

O debate sobre a comercialização de materiais biológicos humanos sempre retorna a um ponto fundamental: queiramos ou não, vivemos numa sociedade voltada para o mercado, e a ciência faz parte desse mercado. Baruch Blumberg, o pesquisador vencedor do prêmio Nobel que usou os anticorpos de Ted Slavin na pesquisa da hepatite B, me disse: "Você achar a comercialização da pesquisa médica boa ou ruim vai depender do quanto você apoia o capitalismo". No todo, Blumberg acrescentou, a comercialização é positiva. De que outra maneira obteríamos os remédios e os testes de diagnóstico de que precisamos? Mesmo assim, ele vê uma desvantagem. "Acho que é justo dizer que ela interferiu na ciência. Ela mudou seu espírito." Onde antes havia o livre fluxo de informações, agora existem patentes e informações reservadas. "Os pesquisadores se tornaram empresários. Isso fez crescer nossa economia e criou incentivos à pesquisa. Mas também trouxe problemas, como o sigilo e discussões sobre quem é dono do quê."

Slavin e Blumberg nunca usaram formulários de consentimento ou contratos de transferência de propriedade. Slavin simplesmente erguia o braço e fornecia amostras. "Vivíamos numa era ética e comercial diferente", Blumberg disse. Ele imagina que os pacientes possam estar menos propensos a doar agora. "Eles provavelmente querem maximizar suas possibilidades comerciais como todo mundo."

Todo conhecimento científico importante que Blumberg desenvolveu no decorrer dos anos dependeu do acesso gratuito e ilimitado aos tecidos. Mas Blumberg diz que não é mantendo os pacientes no escuro que se obterá esse acesso. "Para alguém como Ted Slavin, que realmente precisava daquele dinheiro para sobreviver, não seria correto os cientistas poderem comercializar aqueles anticorpos, e ele não. Veja bem, se alguém iria ganhar dinheiro com os anticorpos dele, por que ele não poderia ter voz ativa naquilo?"

Muitos cientistas com quem conversei sobre essa questão concordam. "Esta é uma sociedade capitalista", diz Wayne Grody. "Pessoas como Ted Slavin tiraram vantagem disso. Sabe, na minha opinião, se você pensa em fazer isso desde o início, mais poder terá."

A verdade é que para alguém "pensar em fazer isso desde o início" precisa saber que seus tecidos podem ser valiosos para os pesquisadores. A diferença entre Ted Slavin, John Moore e Henrietta Lacks foi que alguém contou a Slavin que seus tecidos eram especiais e que os cientistas gostariam de usá-los em pesquisas, permitindo que ele controlasse seus tecidos e impusesse suas condições *antes* que qualquer coisa deixasse seu corpo. Em outras palavras, ele foi informado e deu seu consentimento. No final, a questão é até que ponto a ciência deveria ser obrigada (ética e legalmente) a dar condições de as pessoas poderem fazer o mesmo que Slavin. O que nos traz de volta à complicada questão do consentimento.

Assim como não existe nenhuma lei que exija o consentimento informado no armazenamento de tecidos para fins de pesquisas, não existe uma exigência clara de informar aos doadores quando seus tecidos poderiam resultar em lucros. Em 2006, um pesquisador do NIH forneceu milhares de amostras de tecidos para a empresa farmacêutica Pfizer em troca de cerca de meio milhão de dólares. Ele foi acusado de violar uma lei federal de conflito de interesses, não por não ter revelado seu interesse financeiro ou o valor daqueles tecidos aos doadores, mas porque pesquisadores federais não estão autorizados a receber dinheiro de empresas farmacêuticas. Seu processo resultou numa investigação feita pelo Congresso e mais tarde em uma audiência. Os possíveis interesses dos pacientes e sua ignorância do valor de suas amostras não foram mencionados em nenhum momento do processo.

Embora o juiz no caso John Moore determinasse que os pacientes devem ser informados se seus tecidos têm potencial comercial, nenhuma lei foi promulgada para regulamentar tal decisão, de modo que continua sendo mera jurisprudência. A decisão de revelar essa informação cabe, atualmente, à instituição, e muitas optam por não informar os pacientes. Alguns formulários de consentimento não mencionam absolutamente o dinheiro. Outros são diretos e dizem: "Poderemos fornecer ou vender a amostra e certas informações médicas sobre você". Outros simplesmente dizem: "Você não receberá nenhum reembolso por doar tecidos". Ainda outros adotam a confusão: "Sua amostra será de propriedade da universidade. Não se sabe se você poderá obter qualquer remuneração financeira de quaisquer benefícios obtidos com esta pesquisa".

Os ativistas dos direitos aos tecidos argumentam que é essencial revelar quaisquer ganhos financeiros potenciais que possam advir dos tecidos das pessoas. "Não se trata de tentar obter para os pacientes uma parcela dos ganhos financeiros", diz Lori Andrews. "Trata-se de permitir que as pessoas expressem seus desejos." Clayton concorda, mas diz: "O problema fundamental aqui não é o dinheiro; é o conceito de que as pessoas de onde os tecidos vêm não têm nenhuma importância".

Depois do caso Moore, o Congresso realizou audiências e encomendou relatórios que revelaram os milhões de dólares ganhos com as pesquisas com tecidos humanos, o que levou à formação de uma comissão especial para avaliar a situação e recomendar procedimentos. Seu veredicto: o uso de células e tecidos humanos na biotecnologia encerra um "grande potencial" de progresso da saúde humana, mas levanta amplas questões éticas e legais que "não foram solucionadas" e às quais "nenhum corpo isolado de direito, política ou ética se aplica". Essa situação, eles disseram, precisa ser esclarecida.

Em 1999, o Conselho Consultivo Nacional de Bioética (National Bioethics Advisony Commision, NBAC) do presidente Clinton divulgou um relatório afirmando que a supervisão federal das pesquisas com tecidos era "inadequada" e "ambígua". Recomendou mudanças específicas que garantissem os direitos dos pacientes de controlar como seus tecidos eram usados. Evitou a questão de quem deveria lucrar com o corpo humano, dizendo simplesmente que ela "levanta uma série de preocupações" e deveria ser mais bem investigada. Mas pouca coisa aconteceu.

Anos depois, perguntei a Wayne Grody, que participou ativamente do debate nos anos 1990, por que as recomendações do Congresso e o relatório do NBAC tinham caído no esquecimento.

"É estranho, mas não faço a menor ideia", ele respondeu. "Se você conseguir descobrir, me avise. Todos nós queríamos esquecer aquilo, como se, ignorando o problema, ele desaparecesse." Mas não desapareceu. E, a julgar pelo fluxo constante de processos na Justiça relacionados aos tecidos, a questão não desaparecerá tão cedo.

Apesar de todos os outros processos e da cobertura feita pela imprensa, a família Lacks nunca tentou processar ninguém por causa das células HeLa. Diversos advogados e especialistas em ética me sugeriram que, como a esta altura não é mais possível manter as células HeLa anônimas, as pesquisas com elas deveriam estar cobertas pela Common Rule. E, como parte do DNA presente nas células de Henrietta também está presente em seus filhos, é possível argumentar que, ao fazerem pesquisas com células HeLa, os cientistas também estão fazendo pesquisas com os filhos de Henrietta. Uma vez que a Common Rule afirma que as cobaias devem ter o direito de abandonar a pesquisa a qualquer momento, esses especialistas me disseram que, em tese, a família Lacks poderia remover as células HeLa de todas as pesquisas no mundo inteiro. De fato, há precedentes para esse caso, inclusive o de uma mulher que conseguiu que o DNA de seu pai fosse removido de um banco de dados na Islândia. Todos os pesquisadores a quem apresento essa ideia se arrepiam só de pensar nessa possibilidade. Vincent Racaniello, um professor de microbiologia e imunologia da Universidade de Colúmbia, que certa vez calculou ter cultivado cerca de 800 bilhões de células HeLa para suas próprias pesquisas, diz que restringir o uso das células HeLa seria desastroso. Segundo ele, "o impacto disso sobre a ciência é inconcebível".

Quanto à família Lacks, não lhe restam muitas saídas legais. Ela não pode mover uma ação relacionada à extração das células por várias razões, entre elas o fato de que a questão já prescreveu há décadas. Poderia tentar impedir as pesquisas com as células HeLa alegando a impossibilidade de manter o anonimato das células de Henrietta, que contêm o DNA da família. No entanto, muitos *experts* legais com quem conversei duvidam de que tal ação obteria êxito. De qualquer modo, os Lacks não estão interessados em impedir todas as pesquisas com células HeLa. "Não quero causar problemas para a ciência", Sonny me contou quando este livro estava prestes a ser impresso. "Dale não ia querer isso. Além do mais, me orgulho da minha mãe e do que ela fez pela ciência. Só espero que o Hospital Johns Hopkins e alguns outros sujeitos que se beneficiaram das células dela façam alguma coisa para homenageá-la e fazer justiça à família."

Agradecimentos

Vezes e vezes sem fim, vi pessoas eletrizadas pela história de Henrietta e suas células — eletrizadas e cheias de desejo de fazer alguma coisa para mostrar gratidão por sua contribuição à ciência e para compensar sua família. Muitas dessas pessoas direcionaram essa energia ajudando-me neste livro. Sou grata a todos que dedicaram seu tempo, conhecimentos, dinheiro e entusiasmo a este projeto. Falta espaço para citar o nome de todos aqui, mas eu não poderia ter escrito este livro sem vocês.

Em primeiro lugar, sou eternamente grata à família de Henrietta Lacks.

Deborah foi a alma deste livro — sua energia, suas risadas, sua dor, sua determinação e sua força incrível foram uma inspiração que me ajudou a continuar trabalhando todos esses anos. Sinto-me profundamente honrada por ter participado de sua vida.

Agradeço a Lawrence e Zakariyya por sua confiança e seus depoimentos, e a Sonny, por ver o valor deste projeto e ser sua espinha dorsal dentro da família. Agradeço por sua honestidade, seu otimismo incansável e por acreditar que eu poderia e iria escrever este livro.

Os netos de Deborah, Davon e Alfred, deram um apoio incrível ao esforço de Deborah em saber sobre sua mãe e sobre sua irmã. Agradeço por nos terem feito rir e por terem respondido às minhas inúmeras perguntas. Bobbette Lacks, uma mulher forte que por décadas ajudou a manter a família Lacks unida, suportou horas de entrevistas e muitos pedidos de documentos, e nunca deixou de compartilhar seus relatos. Sou grata à filha sempre confiável de Sonny, Jeri Lacks-Whye, que localizou fatos e fotos e muitas vezes sensibilizou sua grande e extensa família em meu favor. Agradeço a ela e a sua mãe, Shirley Lacks, bem como às netas de Lawrence, Erika Johnson e Courtnee Simone Lacks, e ao filho de Deborah, Alfred Carter Jr., por sua franqueza e entusiasmo. O apoio de James Pullum foi incondicional. Agradeço por suas histórias, seu riso e suas orações. O mesmo vale para Gary Lacks, que cantou belos hinos na caixa postal do meu telefone, e nunca deixou de me fazer uma serenata no meu aniversário.

Recriar a vida de Henrietta Lacks não teria sido possível sem a ajuda generosa de sua família, amigos e vizinhos, particularmente Fred Garret, Howard Grinnan, Hector "Cootie" Henry, Ben Lacks, Carlton Lacks, David "Day" Lacks Sr., Emmett Lacks, Georgia Lacks, Gladys Lacks, Ruby Lacks, Thurl Lacks, Polly Martin, Sadie Sturdivant, John e Dolly Terry, e Peter Wooden. Um agradecimento especial a Cliff Garret, um contador de histórias maravilhoso que ajudou a trazer de volta à vida a juventude de Henrietta e a antiga Clover, e sempre me fez sorrir. Agradeço também a Christine Pleasant Tonkin, parente distante de Henrietta Lacks, que reconstituiu o lado Pleasant da família de Henrietta até seus ancestrais escravos e generosamente compartilhou comigo sua pesquisa. Ela também leu os originais e forneceu muitas sugestões valiosas. E a Courtney Speed, por seu entusiasmo, por compartilhar sua história e por reunir outras pessoas para conversar comigo.

Sinto-me feliz por ter encontrado Mary Kubicek, cuja memória aguçada, paciência incansável e entusiasmo foram preciosos. O mesmo vale para George Gey Jr. e sua irmã, Frances Greene. Sou muito afortunada por eles terem passado grande parte de sua infância no laboratório de Gey com seus pais e terem sido capazes de trazer aqueles anos de volta para mim. Obrigada também a Frank Greene, marido de Frances.

Sou muito grata aos vários bibliotecários e arquivistas que gastaram tempo localizando velhos artigos de jornais e revistas, fotos, vídeos e outras fontes. Meus agradecimentos especiais a Andy Harrison, curador da coleção George Gey nos Arquivos Médicos Alan Mason Chesney; aos ex-estudantes de biblioteconomia da Universidade de Pittsburgh Amy Notarius e Elaina Vitale; a Frances Woltz, que me abasteceu com um tesouro de informações e relatos; e a Hap Hagood, Phoebe Evans Letocha e Tim Wisniewski. David Smith, da Biblioteca Pública de Nova York, me ajudou, como tem feito com outros escritores afortunados, e assegurou-me um espaço de trabalho tranquilo no Estúdio Wertheim da biblioteca. David Rose, arquivista da Fundação March of Dimes, interessou-se tanto por este livro que realizou horas de pesquisas proveitosas para mim. A ele devo muito da minha gratidão (e almoços também).

Centenas de pessoas ofereceram generosamente seu tempo para entrevistas; agradeço a todas elas, particularmente a George Annas, Laure Aurelian, Baruch Blumberg, Ellen Wright Clayton, Nathanial Comfort, Louis Diggs, Bob Gellman, Carol Greider, Michael Grodin, Wayne Grody, Cal Harley, Robert Hay, Kathy Hudson, Grover Hutchins, Richard Kidwell, David Korn, Robert Kurman, John Masters, Stephen O'Brien, Anna O'Connell, Robert Pollack, John Rash, Judith Greenberg, Paul Lurz, Todd Savitt, Terry Sharrer, Mark Sobel, Robert Weir, Barbara Wyche e Julius Youngner. Por seu tempo, encorajamento e conhecimentos, faço um agradecimento especial a Lori Andrews, Ruth Faden e Lisa Parker, que estimularam meu pensamento com conversas preliminares e leram o manuscrito, oferecendo comentários úteis. Agradeço também a Duncan Wilson, que me forneceu uma versão inicial de sua dissertação e alguns materiais de pesquisa muito úteis.

Diversos cientistas merecem agradecimentos especiais: Howard W. Jones, Victor McKusick e Susan Hsu compartilharam lembranças preciosas; todos foram incansavelmente honestos e pacientes com minhas muitas perguntas. Leonard Hayflick passou mais de doze horas falando comigo ao telefone, muitas vezes atendendo às minhas ligações enquanto viajava ou em meio ao seu trabalho. Suas lembranças e conhecimentos científicos foram um recurso tremendo. Ele ofereceu comentários valiosíssimos sobre uma versão preliminar deste livro, como também fez Robert Stevenson, que apoiou este projeto desde o princípio, quando nem todos os cientistas o fizeram. Ele foi uma fonte importante.

Sou grata a Roland Pattillo por dedicar seu tempo para me entender, por acreditar em mim, por me ensinar e por me ajudar a entrar em contato com Deborah. Ele e sua mulher, Pat, abriram a si mesmos e sua casa para mim desde o início e me deram todo o apoio desde então. Também leram uma versão preliminar do livro e ofereceram sugestões valiosas.

A paixão de Christoph Lengauer e sua disposição em se deixar arrebatar pela história dos Lacks foram inspiradoras. Agradeço por sua paciência, franqueza e pensamento inovador. Ele respondeu a muitas perguntas e leu a versão preliminar deste livro, oferecendo-me um *feedback* honesto e extremamente útil.

Diversos escritores que abordaram a história das células HeLa foram generosos com seu tempo. Michael Gold escreveu detalhadamente sobre a história da contaminação em seu livro *A conspiracy of cells*, que me serviu como um manancial maravilhoso. Foi sempre uma alegria conversar com Michael Rogers, cujo artigo de

1976 na *Rolling Stone* sobre as células HeLa foi um apoio importante quando comecei a preparar este livro. Harriet Washington, autora de *Medical apartheid*, foi uma defensora maravilhosa deste livro. Ela conversou comigo sobre sua experiência de entrevistar a família Lacks para um artigo de 1994 da *Emerge* e forneceu comentários úteis sobre uma versão preliminar deste livro.

Agradecimentos especiais vão para Ethan Skerry e Lowenstein Sandler PC pelo trabalho voluntário deles para me ajudar a criar a Fundação Henrietta Lacks. Agradeço à Universidade de Memphis por uma bolsa que ajudou na pesquisa final e confirmação de informações para este livro. Sou grata aos meus alunos e colegas, particularmente a Kristen Iversen e Richard Bausch, professores, escritores e amigos maravilhosos. Agradecimentos especiais para John Calderazzo e Lee Gutkind por mais de uma década de encorajamento, apoio e amizade. John percebeu que eu era uma escritora antes que eu mesma desconfiasse, e sempre me inspirou. Lee me ensinou a tomar muito cuidado com a estrutura da história e me introduziu nos mundos da redação profissional e do trabalho às cinco da manhã. Agradeço muito também a Donald Defler, por me apresentar a Henrietta e me ensinar biologia com paixão.

Todos os fatos deste livro foram exaustivamente verificados. Como parte do processo, muitos especialistas o leram antes da publicação para ajudar a assegurar sua exatidão. Agradeço-lhes pelo tempo despendido e valioso *feedback*: Erik Angner (um grande amigo e incentivador deste livro desde o início), Stanley Gartler, Linda MacDonald Glenn, Jerry Menikoff, Linda Griffith, Miriam Kelty (que também cedeu documentos úteis de seu arquivo pessoal), Joanne Manaster (também conhecida como @sciencegoddess), Alondra Nelson (que merece agradecimentos especiais por sua honestidade e por evitar que eu cometesse uma omissão grave), Rich Purcell, Omar Quintero (que também forneceu belas fotos e vídeos das células HeLa para o livro e o site), Laura Stark e Keith Woods. Agradeço também às muitas pessoas que leram determinados capítulos, particularmente Nathaniel Comfort e Hannah Landecker (cujas amplas pesquisas das células HeLa e da história da cultura de células, especialmente seu livro *Culturing life*, foram de um apoio tremendo).

Todo escritor mereceria a sorte de encontrar uma fonte especializada tão generosa com seu tempo quanto Vincent Racaniello foi para mim. Ele leu diversas versões preliminares, enviou muito suporte e me ofereceu um *feedback* valioso. Sua crença na importância de comunicar a ciência ao público em geral de forma exata e acessível (como vemos em seus podcasts "This Week in Virology" em TWiV.tv e em seu *feed* no Twitter @profvrr) constitui um grande modelo para outros cientistas. O mesmo vale para David Kroll (@abelpharmboy), grande incentivador deste livro, que escreve sobre ciência em seu blog Scienceblogs.com/terrasig. Ele forneceu *feedback* e materiais de pesquisa valiosos, chegando a levar seu *scanner* a uma biblioteca para coletar alguns documentos-chave para mim. Sinto-me sortuda por tê-lo como amigo.

Minha assistente de pós-graduação Leigh Ann Vanscoy mergulhou em seu trabalho com grande entusiasmo, não medindo esforços para obter fotos e permissões, e ajudando na checagem das informações durante as horas finais. Pat Walters (patwalters. net), um extraordinário assistente de pesquisa, jovem e talentoso escritor e repórter e um bom amigo, conferiu as informações deste livro inteiro e dedicou-se ao processo com excepcional entusiasmo, precisão e atenção aos detalhes. Ele desencavou fatos difíceis de achar, e seu trabalho salvou-me de inúmeros erros (inclusive da minha evidente incapacidade de fazer cálculos básicos). Este livro muito se beneficiou de suas contribuições. Tive a sorte de tê-lo encontrado e prevejo um futuro brilhante para ele.

Diversas outras pessoas ajudaram nas pesquisas e na verificação dos fatos, agradeço a todas. O grande Charles Wilson, da *The New York Times Magazine*, comparou as informações das partes deste livro publicadas originalmente na revista, e foi um prazer trabalhar com ele. Heather Harris agiu como minha substituta quando eu não podia ir até Baltimore, obstinadamente coletando documentos de tribunais e arquivos, muitas vezes em cima da hora. Av Brown, de yourmaninthestacks.com, foi sempre preciso e rápido com meus pedidos de pesquisas bibliográficas. Paige Williams entrou em ação para me ajudar com algumas checagens de informações de última hora, em meio à sua própria carreira agitada de escritora. E minha amiga de longa data, Lisa Thorne, merece agradecimentos especiais (e provavelmente umas órteses de punho) por transcrever a maioria das minhas fitas de entrevistas e fornecer comentários maravilhosos sobre o que ouviu.

Sou grata a muitos grandes repórteres, escritores e editores que ofereceram encorajamento, conselhos, *feedback* e amizade durante o percurso, particularmente Jad Abumrad, Alan Burdick, Lisa Davis, Nicole Dyer, Jenny Everett, Jonathan Franzen, Elizabeth Gilbert, Cindy Gill, Andrew Hearst, Don Hoyt Gorman, Alison Gwinn, Robert Krulwich, Robin Marantz Henig, Mark Jannot, Albert Lee, Erica Lloyd, Joyce Maynard, James McBride, Robin Michaelson, Gregory Mone, Michael Moyer, Scott Mowbray, Katie Orenstein, Adam Penenberg, Michael Pollan, Corey Powell, Mark Rotella, Lizzie Skurnick, Stacy Sullivan, Paul Tough, Jonathan Weiner e Barry Yeoman. Agradecimentos especiais a Dinty W. Moore, Diana Hume George e aos muitos outros escritores maravilhosos com os quais lecionei na agora infelizmente extinta Mid--Atlantic Creative Nonfiction Summer Writers Conference. Sinto falta de todos vocês. Agradeço também aos editores que trabalharam comigo nas minhas reportagens iniciais ligadas ao livro: Patti Cohen, da *New York Times*, Sue De Pasquale, da *Johns Hopkins Magazine*, Sally Flecker, da *Pitt Magazine*, e James Ryerson, da *The*

New York Times Magazine, que sempre torna meu trabalho melhor. Agradeço também aos meus colegas blogueiros da Science-Blogs.com, ao sempre prestativo e inspirador Invisible Institute, aos incríveis Birders e aos meus amigos maravilhosos do Facebook e Twitter, que me forneceram recursos, risos, encorajamento e celebração nos grandes e pequenos momentos. Agradeço também a Jon Gluck pelos úteis conselhos editoriais iniciais. E a Jackie Heinze, que me surpreendeu emprestando seu carro para que eu pudesse desaparecer no meio do nada durante meses para escrever. Agradecimentos especiais a Albert French, que me ajudou a dar os primeiros e difíceis passos para escrever este livro, desafiando-me para uma corrida e deixando-me ganhar.

Sou profundamente grata aos meus ex-colegas do conselho diretor do National Book Critics Circle, cuja devoção aos grandes livros ajudou a me manter inspirada, motivada e pensando de modo crítico. Agradecimentos especiais a Rebecca Miller, Marcela Valdes e Art Winslow, que proporcionaram anos de encorajamento, leram versões preliminares do livro e forneceram comentários perspicazes. O mesmo fez John Freeman, a quem agradeço pelas horas que passamos conversando sobre redação e este livro, pelo Ford e pela amizade.

Ao meu agente literário Simon Lipskar, da Writers House, vão meus eternos agradecimentos por lutar comigo e por mim quando outros se negaram a fazê-lo, por ser um verdadeiro astro em sua profissão e pela amizade. Eu sabia que havia uma razão para eu ter gostado de você. Como acontece com muitos livros atualmente, o meu batalhou até conseguir ser publicado. Após passar por três editoras e quatro editores executivos, sinto-me extremamente sortuda por ter ido parar na Crown, com Rachel Klayman como minha editora executiva. Ela herdou meu livro, imediatamente adotou-o como dela própria e nunca vacilou em seu apoio. Dedicou mais tempo e esforço a este livro do que eu poderia ter sonhado. Todo escritor deveria ter a sorte de trabalhar com uma editora executiva tão talentosa e de ter uma editora tão dedicada como a Crown: sua paixão por este livro e o trabalho incrível para enviá-lo ao mundo da melhor forma possível têm sido espantosos e insuperáveis. Agradecimentos especiais a Tina Constable por seu eterno apoio e por estar sempre presente; a Courtney Greenhalgh, minha maravilhosa e incansável agente publicitária; a Patty Berg, por sua busca criativa de todas as oportunidades de marketing; e a Amy Boorstein, Jacob Bronstein, Stephanie Chan, Whitney Cookman, Jill Flaxman, Matthew Martin, Philip Patrick, Annsley Rosner, Courtney Snyder, Barbara Sturman, Katie Wainwright e Ada Yonenaka. Sinto-me privilegiada de ter trabalhado com todos vocês. O mesmo se aplica a Leila Lee e Michael Gentile, do departamento de marketing acadêmico da Random House, que acreditaram neste livro e se esforçaram para que ele chegasse às salas de aula. Agradeço também à equipe de vendas da Random House, particularmente a John Hastie, Michael Kindness, Gianna LaMorte e Michele Sulka, que adotaram este livro e se empenharam por ele.

Sou profundamente grata a Erika Goldman, Jon Michel e Bob Poodrasky, que já trabalharam na editora científica W. H. Freeman, por acreditarem em mim e neste livro desde o princípio e me encorajarem a lutar por ele. Agradeço também a Louise Quayle por sua ajuda no início do processo e a Caroline Sincerbeaux por ter sempre adorado este livro e por trazê-lo à Crown, onde encontrou um lar maravilhoso.

Betsy e Michael Hurley e a Lancaster Literary Guild merecem muito mais agradecimentos do que eu poderia transmitir aqui. Eles me deram a chave para o paraíso de todo escritor: um belo refúgio nos montes da Virgínia Ocidental, onde tive liberdade de escrever sem ser perturbada, muitas vezes por meses a fio. O mundo seria um lugar melhor se existissem mais organizações como a

Lancaster Literary Guild para apoiar as artes. Com aquela casa-refúgio vieram vizinhos incríveis: Joe e Lou Rabie me mantiveram segura, satisfeita, contente e amada. Jeff e Jill Shade me ajudaram a permanecer humana durante meses de trabalho incansável, fornecendo-me amizade e diversão, uma bela propriedade para eu passear com meus cães, e o Baristas and JJS Massage, meu café favorito em todo o mundo, onde Jill me manteve bem alimentada e cafeinada, e Jeff massageava os nódulos do meu braço que chamava de "bloqueios do escritor", servia bebidas quando eu precisava e conversava comigo durante horas sobre meu livro. Agradeço à cidade de New Martinsville, na Virgínia Ocidental, por me acolher. E a Heather de The Book Store, que foi atrás de todos os bons romances que conseguisse achar com uma estrutura desconexa, todos os quais eu devorei enquanto tentava definir a estrutura deste livro.

Tenho a sorte de contar com muitos amigos maravilhosos que foram líderes de torcida incansáveis deste projeto, apesar das inúmeras vezes em que me ouviram dizer "Não posso porque tenho que trabalhar no meu livro". Agradeço a todos eles, particularmente a Anna Bargagliotti, Zvi Biener, Stiven Foster (Comitê de Celebração!), Ondine Geary, Peter Machamer, Jessica Mesman (Foo!), Jeff e Linda Miller, Elise Mittleman (P e PO!), Irina Reyn, Heather Nolan (que também leu uma versão preliminar e ofereceu um valioso *feedback*), Andrea Scarantino, Elissa Thorndike e John Zibell. Sou grata a Gualtiero Piccinini pelo encorajamento e apoio no início do processo do livro. Agradecimentos especiais vão para minha cara amiga Stephanie Kleeschulte, que me traz alegria e me mantém jovem. E a Quail Rogers-Bloch, pela nossa história, pelos risos, pelo vinho e pelos filmes idiotas em meio àquela loucura (Sim, senhor, ele fez!). Sem ela, eu não seria quem sou. Ela me ofereceu um lar para onde retornar todas as noites após meu trabalho em Baltimore, ajudou-me nas partes mais difíceis deste livro, veio ao meu auxílio quando me vi desamparada ou sem dinheiro e sempre forneceu *feedback* inteligente sobre versões preliminares (algumas das quais ouviu pelo telefone). Seu marido maravilhoso, Gyon, me alimentou com mangas quando eu estava exausta, e seu filho e meu afilhado Aryo trouxe muita alegria. A mãe de Quail, Terry Rogers, sempre uma inspiração, também me forneceu um *feedback* maravilhoso sobre este livro.

Tenho muita sorte de contar com Mike Rosenwald (mikerosenwald.com) como um dos meus amigos mais próximos. Ele é uma inspiração como escritor, repórter e leitor. Acompanhou-me em cada etapa deste livro com encorajamento, solidariedade, conselhos e algumas críticas necessárias. Ele leu várias versões preliminares (e ouviu vários trechos pelo telefone), sempre me oferecendo um *feedback* valioso. Espero poder retribuir o favor.

Minha família foi a espinha dorsal deste livro: Matt, o melhor irmão mais velho que uma jovem poderia desejar, me apoiou com longas conversas e risos e sempre me recomendou que cuidasse de mim. Meus sobrinhos maravilhosos, Nick e Justin, só me trazem alegrias. Eles passaram feriados demais sem ver sua tia por causa deste livro e espero agora poder recuperar o atraso. Minha cunhada Renée forneceu um apoio incessante a este livro. Além de boa amiga, é uma leitora observadora, com um talento incrível para achar erros e incoerências. O mesmo vale para minha madrasta maravilhosa, Beverly, que leu várias versões preliminares, dando apoio e ideias valiosas. Também me beneficiei muito de sua sensibilidade e formação como assistente social, enquanto eu enfrentava as complexidades da experiência com a família Lacks.

Meus pais e seus cônjuges merecem seções inteiras deste livro em sua homenagem por todo o apoio dispensado através dos anos. Minha mãe, Betsy McCarthy, nunca fraquejou na sua crença em mim e neste livro. Ela me manteve lúcida através de exortações, puxões de orelha e o dom do tricô, uma tradição da família que valorizo. Sua garra, talento artístico e determinação têm sido um tremendo guia para mim. Ela e seu marido, Terry, me encorajaram durante os períodos mais difíceis, leram várias versões preliminares do livro e forneceram um *feedback* sábio e útil.

Sou eternamente grata a meu pai, Floyd Skloot, por me ensinar a ver o mundo com olhos de escritora, por me inspirar com seus vários livros maravilhosos e por tratar este como se fosse dele próprio. Ele sempre me encorajou a seguir minha arte e a lutar pelo que eu acreditava que ela pudesse ser, mesmo quando isso significava correr riscos como abandonar um emprego estável para virar *free-lance*. Ele leu este livro seis vezes antes da publicação (sem contar as dezenas de capítulos e seções isoladas que leu antes disso). Além de meu pai, é meu colega, meu agente publicitário desprendido e meu amigo. Por isso sou pra lá de sortuda.

E depois tem David Prete, meu Foco (*você* sabe). Ele leu os originais quando estavam bem maiores do que qualquer livro deveria ser e valeu-se de seu imenso talento como escritor e ator para me ajudar a reduzi-lo a um tamanho razoável. Com sua boa vontade e apoio, seu entusiasmo, sua compaixão e sua culinária incrível, ele também me manteve viva e feliz. Mesmo quando O Projeto do Livro Imortal de Rebecca Skloot passou a dominar o nosso lar e a nossa vida, seu apoio nunca faltou. Ele tem meu amor e gratidão. Sou uma mulher de muita sorte.

Notas

As fontes de que me vali para escrever este livro encheram vários arquivos, e as centenas de horas de entrevistas que realizei — com membros da família Lacks, cientistas, jornalistas, professores de direito, especialistas em bioética e em políticas de saúde, historiadores — enchem várias estantes de cadernos. Não listei todos esses especialistas nestas notas, mas muitos figuram nos agradecimentos ou são nominalmente citados no corpo do livro.

Como minhas fontes são extensas demais para serem citadas em sua totalidade, estas notas apresentam uma seleção de algumas das mais valiosas, concentrando-se naquelas publicamente disponíveis. Para informações e recursos adicionais, visite RebeccaSkloot.com.

Estas notas estão organizadas por capítulos, com duas exceções: como a família Lacks e George Gey aparecem em muitos capítulos, consolidei minhas notas sobre eles, listando-as logo a seguir. Se um capítulo não constar das notas, significa que suas fontes foram descritas nestas anotações consolidadas sobre Gey e a família Lacks.

HENRIETTA LACKS E SUA FAMÍLIA

Para recriar a história da vida de Henrietta e da vida de seus parentes, contei com entrevistas com sua família, amigos, vizinhos e especialistas na época e lugar onde viveram, bem como gravações de áudio e vídeo da família e entrevistas não aproveitadas pelo documentário da BBC *The way of all flesh*. Também contei com os diários de Deborah Lacks, prontuários médicos, documentos legais, antecedentes criminais, fotografias da família, matérias de jornais e revistas, boletins comunitários, testamentos, escrituras e certidões de nascimento e óbito.

GEORGE GEY E SEU LABORATÓRIO

Para recriar a vida e o trabalho de George e Margaret Gey, baseei-me nos materiais dos arquivos George Gey nos Alan Mason Chesney Medical Archives (AMCMA) na Faculdade de Medicina Johns Hopkins; Tissue Culture Association Archives (TCAA) na Universidade de Maryland, Baltimore County; arquivos pessoais da família Gey; e artigos acadêmicos, entrevistas com a família, colegas e cientistas dos campos da pesquisa do câncer e cultura de células.

PRÓLOGO [pp. 17-25]

A estimativa do peso possível das células HeLa vem de Leonard Hayflick, que calculou o maior potencial de peso possível de uma linhagem de células humanas normais como sendo de 20 milhões de toneladas métricas e diz que o potencial das células HeLa seria "infinitamente maior" por não estarem sujeitas ao limite de Hayflick. Como Hayflick escreveu para mim num e-mail: "Se fôssemos cultivar as células HeLa por apenas cinquenta duplicações da população, obteríamos 50 milhões de toneladas métricas se todas as células se salvassem. Claro que isso é inviável". Para mais informações sobre o potencial de crescimento de uma célula normal, ver Hayflick e Moorehead, "The serial cultivation of Human Diploid Cell Strains", *Experimental Cell Research* 25 (1961).

Para os artigos sobre a família Lacks que cito, ver "Miracle of HeLa", *Ebony* (junho de 1976) e "Family takes pride in Mrs. Lacks' contribution", *Jet* (abril de 1976).

PARTE UM: VIDA

1. O EXAME [pp. 31-6]

Datas conflitantes têm sido informadas para a primeira visita de Henrietta ao Johns Hopkins. A data mais comumente citada é 1º de fevereiro de 1951. A falta de clareza em torno da data resulta de um erro de transcrição do seu médico em 5 de fevereiro. Os demais prontuários indicam que seu tumor foi detectado pela primeira vez em 29 de janeiro, data que empreguei.

Para documentação sobre a história do Hospital Johns Hopkins (neste e em capítulos posteriores), consulte os AMCMA, bem como *The Johns Hopkins Hospital and the Johns Hopkins University School of Medicine: A chronicle*, de Alan Mason Chesney, e *The first 100 years: Department of Gynecology and Obstetrics, the Johns Hopkins School of Medicine, the Johns Hopkins Hospital*, organizado por Timothy R. B. Johnson, John A. Rock e J. Donald Woodruff.

As informações aqui e em capítulos posteriores sobre a segregação no Johns Hopkins vieram de entrevistas, bem como de Louise Cavagnaro, "The way we were", *Dome* 55, nº 7 (setembro de 2004), disponível em <www.hopkinsmedicine. org/dome/0409/feature1.cfm>; Louise Cavagnaro, "A history of segregation and desegregation at The Johns Hopkins Medical Institutions", manuscrito inédito (1989) nos AMCMA; e "The racial record of Johns Hopkins University", *Journal of Blacks in Higher Education* 25 (outono de 1999).

As fontes sobre os efeitos da segregação sobre o sistema de saúde e consequências incluem: C. Vann Woodward, *The strange career of Jim Crow*; P. Preston Reynolds e Raymond Bernard, "Consequences of racial segregation", *American Catholic Sociological Review* 10, nº 2 (junho de 1949); Albert W. Dent, "Hospital services and facilities available to negroes in the United States", *Journal of Negro Education* 18, nº 3 (verão de 1949); Alfred Yankauer Jr., "The relationship of fetal and infant mortality to residential segregation: an inquiry into social epidemiology", *American Sociological Review* 15, nº 5 (outubro de 1950); e "Hospitals and Civil Rights, 1945-1963: The case of Simkins v. Moses H. Cone Memorial Hospital", *Annals of Internal Medicine* 126, nº 11 (1º de junho de 1997).

Os prontuários médicos de Henrietta, fornecidos a mim por sua família, não estão publicamente disponíveis, mas certas informações de seu diagnóstico podem ser encontradas em Howard W. Jones, "Record of the first physician to see Henrietta Lacks at the Johns Hopkins Hospital: history of the beginning of the HeLa Cell Line", *American Journal of Obstetrics and Gynecology* 176, nº 6 (junho de 1997): S227-8.

2. CLOVER [pp. 37-47]

As informações sobre a história da produção de tabaco da Virgínia vieram da Virginia Historical Society, *site* de Halifax County, documentos de arquivos e matérias jornalísticas da South Boston Library, e diversos livros, incluindo Tara

Parker Pope, *Cigarettes: anatomy of an industry, from seed to smoke*, uma síntese da história do tabaco para o público em geral.

Diversos livros me ajudaram a reconstruir a época e os lugares onde Henrietta viveu, inclusive: Henry Preston Young Jr., *Country folks: the way we were back then in Haliifax County, Virginia*; Pocahontas Wight Edmunds, *History of Halifax*; Jerome Watson, *Turner Station*; Karen Olson, *Wives of steel*; e Mark Reutter, *Making steel*. A história de Turner Station também é relatada em matérias jornalísticas e documentos guardados na Dundalk Patapsco Neck Historical Society e na North Point Library em Dundalk, Maryland.

3. DIAGNÓSTICO E TRATAMENTO [pp. 48-56]

Para informações sobre o desenvolvimento do teste de Papanicolau, ver G. N. Papanicolaou e H. F. Traut, "Diagnostic value of vaginal smears in carcinoma of uterus", *American Journal of Obstetrics and Gynecology* 42 (1941); e Id., *Diagnosis of uterine cancer by the vaginal smear* (1943).

A pesquisa de Richard TeLinde sobre o carcinoma *in situ* e o carcinoma invasivo, bem como sua preocupação com as histerectomias desnecessárias, está documentada em diversos artigos, inclusive em "Hysterectomy: present-day indications", *JMSMS* (julho de 1949); G. A. Gavin, H. W. Jones e R. W. TeLinde, "Clinical relationship of carcinoma in situ and invasive carcinoma of the cervix", *Journal of the American Medical Association* 149, nº 8 (2 de junho de 1952); Id., "What are the earliest endometrial changes to justify a diagnosis of endometrial cancer?", *American Journal of Obstetrics and Gynecology* 66, nº 5 (novembro de 1953); e TeLinde, "Carcinoma in situ of the cervix", *Obstetrics and Gynecology* 1, nº 1 (janeiro de 1953); também na biografia *Richard Wesley TeLinde*, de Howard W. Jones, Georgeanna Jones e William E. Ticknor.

Para informações sobre a história do rádio e seu emprego no tratamento do câncer, ver *The first 100 years*; o *site* da U. S. Environmental Protection Agency em <epa.gov/iris/subst/0295.htm>; D. J. DiSantis e D. M. DiSantis, "Radiologic history exhibit: wrong turns on radiology's road of progress", *Radiographics* 11 (1991); e *Multiple exposures: Chronicles of the radiation age*, de Catherine Caufield.

As fontes sobre o regime de tratamento-padrão para câncer cervical nos anos 1950 incluem A. Brunschwig, "The operative treatment of carcinoma of the cervix: radical panhysterectomy with pelvic lymph node excision", *American Journal of Obstetrics and Gynecology* 61, nº 6 (junho de 1951); R. W. Green, "Carcinoma of the cervix: surgical treatment (A review)", *Journal of the Maine Medical Association* 42, nº 11 (novembro de 1952); R. T. Schmidt, "Panhysterectomy in the treatment of carcinoma of the uterine cervix: evaluation of results", *JAMA* 146, nº 14 (4 de agosto de 1951); e S. B. Gusberg e J. A. Corscaden, "The pathology and treatment of adenocarcinoma of the cervix", *Cancer* 4, nº 5 (setembro de 1951).

O crescimento das células L (as primeiras linhagens de células imortais cultivadas de um camundongo) foi documentado em W. R. Earle *et al.*, "Production of malignancy in vitro. IV. The mouse fibroblast cultures and changes seen in living cells", *Journal of the NCI* 4 (1943).

Para informações sobre o trabalho de cultura de células pré-HeLa de Gey, ver G. O. Gey, "Studies on the cultivation of human tissue outside the body", *Wisconsin J. J.* 28, nº 11 (1929); G. O. Gey e M. K. Gey, "The maintenance of human normal cells and human tumor cells in continuous culture I. A preliminary report", *American Journal of Cancer* 27, nº 45 (maio de 1936); uma síntese pode ser encontrada em G. Gey, F. Bang e M. Gey, "An evaluation of some comparative studies on cultured strains of normal and malignant cells in animals and man", *Texas Reports on Biology and Medicine* (inverno de 1954).

4. O NASCIMENTO DE HELA [pp. 57-65]

Para informações sobre o desenvolvimento do tambor giratório de Gey, ver "An improved technic for massive tissue culture", *American Journal of Cancer* 17 (1933); para seu trabalho inicial filmando células, ver G. O. Gey e W. M. Firor, "Phase contrast microscopy of living cells", *Annals of Surgery* 125 (1946). Para o resumo que ele acabou publicando, documentando o crescimento inicial da linhagem de células HeLa, ver G. O. Gey, W. D. Coffman e M. T. Kubicek, "Tissue culture studies of the proliferative capacity of cervical carcinoma and normal epithelium", *Cancer Research* 12 (1952) pp. 264-5. Para uma discussão minuciosa de seu trabalho com células HeLa e outras culturas, ver G. O. Gey, "Some aspects of the constitution and behavior of normal and malignant cells maintained in continuous culture", *The Harvey Lecture Series L* (1954-5).

5. "O NEGRUME ESTÁ SE ESPALHANDO DENTRO DE MIM" [pp. 66-73]

A discussão de TeLinde sobre os "efeitos psíquicos da histerectomia" pode ser encontrada em "Hysterectomy: present-day indications", *Journal of the Michigan State Medical Society*, julho de 1949.

6. "A MOÇA ESTÁ NO TELEFONE" [pp. 74-82]

Os artigos do primeiro simpósio sobre células HeLa foram publicados em "The HeLa Cancer Control Symposium: Presented at the First Annual Women's Health Conference, Morehouse School of Medicine, 11 de outubro de 1996", organizado por Roland Pattillo, supl. do *American Journal of Obstetrics and Gynecology* 176, nº 6 (junho de 1997).

Para uma síntese do estudo de Tuskegee voltada para o público em geral, ver James H. Jones, *Bad blood: the Tuskegee syphilis experiment*; ver também Vanessa Northington Gamble, presidente, "Final Report of the Tuskegee Syphilis Study Legacy Committee" (20 de maio de 1996).

7. A MORTE E VIDA DA CULTURA DE CÉLULAS [pp. 83-90]

Para o segmento da televisão mostrando George Gey, ver "Cancer will be conquered", *Johns Hopkins University: Special Collections Science Review Series* (10 de abril de 1951).

Para leituras adicionais sobre a história da cultura de células, ver Hannah Landecker, *Culturing life: how cells became technologies*, a história definitiva; ver também David M. Friedman, *The immortalists: Charles Lindberg, Dr. Alexis Carrel, and their daring quest to live forever*. Para uma síntese geral da contribuição do Johns Hopkins para a cultura de células, ver "History of tissue culture at Johns Hopkins", *Bulletin of the History of Medicine* (1977).

Para recriar a história de Alexis Carrel e seu coração de frango, recorri a estas fontes e muitas outras: A. Carrel e M. T. Burrows, "Cultivation of tissues in vitro and its technique", *Journal of Experimental Medicine* (15 de janeiro de 1911); "On the permanent life of tissues outside of the organism", *Journal of Experimental Medicine* (15 de março de 1912); Albert H. Ebeling, "A ten year old strain of fibroblasts", *Journal of Experimental Medicine* (30 de maio de 1922) e "Dr. Carrel's immortal chicken heart", *Scientific American* (janeiro de 1942); "The 'immortality' of tissues", *Scientific American* (26 de outubro de 1912); "On the trail of immortality", *McClure's* (janeiro de 1913); "Herald of immortality foresees suspended animation", *Newsweek* (21 de dezembro de 1935); "Flesh that is immortal", *World's Work* 28 (outubro de 1914); "Carrel's new miracle points way to avert old age!", *New York Times Magazine* (14 de setembro de 1913); Alexis Carrel, "The immortallity of animal tissue, and its significance", *The Golden Book Magazine* 7 (junho de 1928); e "Men in Black", *Time* 31, número 24 (13 de junho de 1938). O *site* do prêmio Nobel também contém muitas informações úteis sobre Carrel.

Para uma história da cultura de células na Europa, ver W. Duncan, "The early history of tissue culture in Britain: the interwar years", *Social History of Medicine* 18, nº 2 (2005) e Duncan Wilson, "'Make dry bones live': scientists' responses to changing cultural representation of tissue culture in Britain, 1918- -2004", dissertação, Universidade de Manchester (2005).

A conclusão de que as células de coração de frango de Carrel não foram realmente imortais vem de entrevistas com Leonard Hayflick; também J. Witkowski, "The myth of cell immortality", *Trends in Biochemical Sciences* (julho de 1985), e J. Witkowski, carta ao editor, *Science* 247 (23 de março de 1990).

9. TURNER STATION [pp. 96-107]

O artigo de jornal que documentou o endereço de Henrietta foi Jacques Kelly, "Her cells made her immortal", *Baltimore Sun*, 18 de março de 1997. O artigo de Michael Rogers foi "The double-edged helix", *Rolling Stone* (25 de março de 1976).

10. DO OUTRO LADO DA VIA FÉRREA [pp. 108-15]

Para relatos do declínio de Clover, ver, por exemplo, "South Boston, Halifax County, Virginia", um estudo econômico da Virginia Electric and Power Company; "Town begins to move ahead", *Gazette-Virginian* (23 de maio de 1974); "Town wants to disappear", *Washington Times* (15 de maio de 1988); e "Supes decision could end Clover's township", *Gazette-Virginian* (18 de maio de 1998); "Historical monograph: black walnut plantation rural historic district, Halifax County, Virginia", Old Dominion Electric Coooperative (abril de 1996). As cifras sobre a população estão disponíveis em census.gov.

PARTE DOIS: MORTE

12. A TEMPESTADE [pp. 123-7]

Para uma discussão da história das decisões judiciais e direitos relativos a autópsias, ver Susan Lederer, *Subjected to science.*

13. A FÁBRICA DE CÉLULAS HELA [pp. 128-42]

Para leituras adicionais sobre a história da vacina antipólio, ver Debbie Bookchin e Jim Shumacher, *The virus and the vaccine*; David M. Oshinski, *Polio: An American story*; Jeffrey Kluger, *Splendid solution: Jonas Salk and the conquest of polio*; e Paul Offit, *The cutter incident: How America's first polio vaccine led to the growing crisis in vaccines*.

Detalhes sobre o cultivo inicial do vírus da pólio usando células HeLa e o desenvolvimento subsequente de métodos de remessa estão documentados em cartas guardadas nos AMCMA e nos March of Dimes Archives, bem como em J. Syverton, W. Scherer e G. O. Gey, "Studies on the propagation in vitro of poliomyelitis virus", *Journal of Experimental Medicine* 97, nº 5 (1º de maio de 1953).

A história das instalações de produção em massa das células HeLa em Tuskegee está documentada em cartas, relatórios de despesas e outros documentos nos March of Dimes Archives. Para uma síntese geral, ver Russell W. Brown e James H. M. Henderson, "The mass production and distribution of HeLa cells at the Tuskegee Institute, 1953-55", *Journal of the History of Medicine* 38 (1983).

Uma história detalhada de muitos avanços científicos que se seguiram ao cultivo das células HeLa pode ser encontrada em cartas e outros documentos na AMCA e na TCAA. O livro *Culturing life: how cells became technologies*, de Hannah Landecker, fornece uma boa síntese. Muitos dos artigos científicos citados neste capítulo estão reunidos em Robert Pollack (org.), *Readings in Mammalian Cell Culture*, inclusive H. Eagle, "Nutrition needs of mammalian cells in tissue culture", *Science* 122 (1955) pp. 501-4; T. T. Puck e P. I. Marcus, "A rapid method for viable cell titration and clone production with HeLa cells in tissue culture: the use of x-irradiated cells to study conditioning factors", *Proceedings of the National Academy of Science* 41 (1955); J. H. Tjio e A. Levan, "The chromosome number of man", *Cytogenics* 42 (26 de janeiro de 1956). Ver também M. J. Kottler, "From 48 to 46: cytological technique, preconception, and the counting of human chromosomes", *Bulletin of the History of Medicine* 48, nº 4 (1974); H. E. Swim, "Microbiological aspects of tissue culture", *Annual Review of Microbiology* 13 (1959); J. Craigie, "Survival and preservation of tumors in the frozen state", *Advanced Cancer Research* 2 (1954); W. Scherer e A. Hoogasian, "Preservation at subzero temperatures of mouse fibroblasts (Strain L) and human epithelial cells (Strain HeLa)", *Proceedings of the Society for Experimental Biology and Medicine* 87, nº 2 (1954); T. C. Hsu, "Mammalian chromosomes in vitro: the karyotype of man", *Journal of Heredity* 43 (1952); e D. Pearlman, "Value of mammalian cell culture as biochemical tool", *Science* 160 (abril de 1969); e N. P. Salzman, "Animal cell cultures", *Science* 133, nº 3464 (maio de 1961).

Outros recursos úteis para este capítulo incluem T. C. Hsu, *Human and mammalian cytogenetics: an historical perspective*; e C. Moberg, "Keith Porter and the founding of The Tissue Culture Association: a fiftieth anniversary tribute, 1946-1996", *In Vitro Cellular & Developmental Biology-Animal* (novembro de 1996).

14. HELEN LANE [pp. 143-7]

O debate sobre a revelação do nome de Henrietta ao público está documentado em cartas localizadas na AMCA. O artigo que identificou "Henrietta Lakes" como a fonte da linhagem de células HeLa foi "U Polio-detection method to aid in prevention plans", *Minneapolis Star*, 2 de novembro de 1953. O primeiro artigo a identificar "Helen L." como a origem da linhagem de células HeLa foi Bill Davidson, "Probing the secret of life", *Collier's*, 14 de maio de 1954.

17. ILEGAL, IMORAL E DEPLORÁVEL [pp. 168-79]

As injeções de células cancerosas de Southam estão documentadas em muitos artigos científicos de que ele foi autor ou coautor, inclusive "Neoplastic changes developing in epithelial cell lines derived from normal persons", *Science* 124, nº 3212 (20 de julho de 1956); "Transplantation of human tumors", carta, *Science* 125, nº 3239 (25 de janeiro de 1957); "Homotransplantation of Human Cell Lines", *Science* 125, nº 3239 (25 de janeiro de 1957); "Applications of immunology to clinical cancer past attempts and future possibilities", *Cancer Research* 21 (outubro de 1961), pp. 1302-16; e "History and prospects of immunotherapy of cancer", *Annals of the New York Academy of Sciences* 277, nº 1 (1976).

Para a cobertura da mídia dos estudos de Southam com prisioneiros, ver "Convicts to get cancer injection", *New York Times*, 23 de maio de1956; "Cancer by the needle", *Newsweek*, 4 de junho de 1956; "14 convicts injected with live cancer cells", *New York Times*, 15 de junho de 1956; "Cancer volunteers", *Time*, 25 de fevereiro de 1957; "Cancer defenses found to differ", *New York Times*, 15 de abril de 1957; "Cancer injections cause 'reaction'", *New York Times*, 18 de julho de 1956; "Convicts sought for cancer test", *New York Times*, 1º de agosto de 1957.

O recurso mais completo sobre as injeções de células cancerosas de Southam e as audiências que se seguiram é Jay Katz, *Experimentation with human beings*, em que ele coletou extensa correspondência original, documentos legais e outros materiais que poderiam ter se perdido, pois não foram guardados pelo Conselho de Regentes. Ver também Jay Katz, "Experimentation on human beings", *Stanford Law Review* 20 (novembro de 1967). Para os processos de Hyman, ver *William A. Hyman v. Jewish Chronic Disease Hospital* (42 Misc. 2d 427; 248 N.Y.5.2d 245; 1964 e 15 N.Y.2d 317; 206 N.E.2d 338; 258 N.Y.S.2d 397; 1965). Ver também o processo dos pacientes, *Alvin Zeleznik v. Jewish Chronic Disease Hospital* (47 A.D.2d 199; 366 N.Y.S.2d 163; 1975). O artigo de Beecher é H. Beecher, "Ethics and Clinical Research", *New England Journal of Medicine* 274, nº 24 (16 de junho de 1966).

A cobertura da mídia do debate ético em torno da controvérsia de Southam inclui "Scientific experts condemn ethics of cancer injection", *New York Times*, 26 de janeiro de 1964; Earl Ubell, "Why the big fuss", *Chronicle-Telegram*, 25 de janeiro de 1961; Elinor Langer, "Human experimentation: cancer studies at Sloan-Kettering stir public debate on medical ethics", *Science* 143 (7 de fevereiro de 1964); e Elinor Langer, "Human experimentation: New York verdict affirms patient rights", *Science* (11 de fevereiro de 1966).

Susan E. Lederer, *Subjected to science: Human experimentation in America before the Second World War*, é leitura obrigatória sobre a ética e história das pesquisas com cobaias humanas, assim como George J. Annas e Michael A. Grodin, *The Nazi doctors and the Nuremberg Code: Human rights in human experimentation*. Ambos foram fontes importantes para este capítulo. Para a história de experiências com prisioneiros, ver Allen Hornblum, *Acres of skin: Human experiments at Holmesburg Prison*, que entrevistou Southam antes de sua morte e gentilmente compartilhou informações dessas entrevistas comigo.

Para leituras adicionais sobre a história da bioética, inclusive as mudanças que se seguiram à controvérsia em torno de Southam, ver Albert R. Jonsen, *The birth of bioethics*; David J. Rothman, *Strangers at the bedside: A history of how law and bioethics transformed medical decision making*; George J. Annas, *Informed consent to human experimentation: The subject's dilemma*; M. S. Frankel, "The development of policy guidelines governing human experimentation in the United States: a case study of public policy-making for science and technology", *Ethics in Science and Medicine* 2, nº 48 (1975); e R. B. Livingston, "Progress report on survey of moral and ethical aspects of clinical investigation: memorandum to director, NIH" (4 de novembro de 1964).

Para a história definitiva do consentimento informado, ver Ruth Faden e Tom Beauchamp, *A history and theory of informed consent*. Para o primeiro processo judicial mencionando o "consentimento informado", ver *Salgo v. Leland Stanford Jr. University Board of Trustees* (Civ. nº 17045. First Dist., Div. One, 1957).

18. "híbrido estranho" [pp. 180-7]

Instruções para cultivar células HeLa em casa foram publicadas em C. L. Stong, "The amateur scientist: how to perform experiments with animal cells living in tissue culture", *Scientific American* (abril de 1966).

Fontes documentando a história da cultura de células no espaço incluem Allan A. Katzberg, "The effects of space flights on living human cells", *Lectures in Aerospace Medicine, School of Aerospace Medicine* (1960); e K. Dickson, "Summary of biological spaceflight experiments with cells", *ASGSB Bulletin* 4, nº 2 (julho de 1991).

Embora as pesquisas com células HeLa no espaço fossem legítimas e úteis, sabemos agora que faziam parte de um disfarce para um projeto de reconhecimento que envolvia fotografar a União Soviética do espaço. Para informações sobre o uso de "cargas biológicas" como um disfarce para missões de espionagem, ver Dwayne A. Day (org.) *et al., Eye in the sky: The story of the Corona spy satellites.*

O artigo prematuro sugerindo a possibilidade da contaminação por células HeLa é L. Coriell *et al.*, "Common antigens in tissue culture cell lines", *Science* (25 de julho de 1958). Outros recursos relacionados à preocupação prematura com a contaminação das culturas incluem L. B. Robinson *et al.*, "Contamination of human cell cultures by pleuropneumonialike organisms", *Science* 124, nº 3232 (7 de dezembro de 1956); R. R. Gurner, R. A. Coombs e R. Stevenson, "Results of tests for the species of origins of cell lines by means of the mixed agglutination reaction", *Experimental Cell Research* 28 (setembro de 1962); R. Dulbecco, "Transformation of cells in vitro by viruses", *Science* 142 (15 de novembro de 1963); R. Stevenson, "Cell culture collection committee in the United States", em H. Katsuta (org.), *Cancer cells in culture* (1968). Para a história da ATCC, ver R. Stevenson, "Collection, preservation, characterization and distribution of cell cultures", *Proceedings, Symposium on the Characterization and Uses of Human Diploid Cell Strains: Opatija* (1963); e W. Clark e D. Geary, "The story of the American Type Culture Collection: its history and development (1899-1973)", *Advances in Applied Microbiology* 17 (1974).

Fontes importantes sobre as pesquisas iniciais com híbridos de células incluem Barski, Sorieul e Cornefert, "Production of cells of a 'hybrid' nature in cultures in vitro of 2 cellular strains in combination", *Comptes Rendus Hebdomadaires des Séances de L'Académie des Sciences* 215 (24 de outubro de 1960); H. Harris e J. F. Watkins, "Hybrid cells derived from mouse and man: artificial heterokaryons of mammalian cells from different species", *Nature* 205 (13 de fevereiro de 1965); M. Weiss e H. Green, "Human-mouse hybrid cell lines containing partial complements of human chromosomes and functioning human genes", *Proceedings of the Na-*

432

tional Academy of Sciences 58, n° 3 (15 de setembro de 1967); e B. Ephrussi e C. Weiss, "Hybrid somatic cells", *Scientific American* 20, n° 4 (abril de 1969).

Para informações adicionais sobre as pesquisas com híbridos de Harris, ver seu "The formation and characteristics of hybrid cells", em *Cell fusion: The Dunham Lectures (1970)*; *The cells of the body: A history of somatic cell genetics*; "Behaviour of differentiated nuclei in heterokaryons of animal cells from different species", *Nature* 206 (1965); "The reactivation of the red cell nucleus", *Journal of Cell Science* 2 (1967); e H. Harris e P. R. Harris, "Synthesis of an enzyme determined by an erythrocyte nucleus in a hybrid cell", *Journal of Cell Science* 5 (1966).

A ampla cobertura da mídia inclui "Man-animal cells are bred in lab", *The Sunday Times* [de Londres] (14 de fevereiro de 1965); e "Of mice and men", *Washington Post* (1° de março de 1965).

20. A BOMBA HELA [pp. 197-203]

Para este capítulo recorri a comunicações e outros documentos guardados na AMCA e na TCAA, e em "The Proceedings of the Second Decennial Review Conference on Cell Tissue and Organ Culture, The Tissue Culture Association, Held on September 11-15, 1966", *National Cancer Institute Monographs* 58, n° 26 (15 de novembro de 1967).

O grande número de artigos científicos sobre contaminação de culturas inclui S. M. Gartler, "Apparent HeLa cell contamination of human heteroploid cell lines", *Nature* 217 (4 de fevereiro de 1968); N. Auersperg e S. M. Gartler, "Isoenzyme stability in human heteroploid cell lines", *Experimental Cell Research* 61 (agosto de 1970); E. E. Fraley, S. Ecker e M. M. Vincent, "Spontaneous in vitro neoplastic transformation of adult human prostatic epithelium", *Science* 170, n° 3957 (30 de outubro de 1970); A. Yoshida, S. Watanabe e S. M. Gartler, "Identification of HeLa cell glucose 6-phosphate dehydrogenase", *Biochemical Genetics* 5 (1971); W. D. Peterson *et al.*, "Glucose-6-phosphate dehydrogenase isoenzymes in human cell cultures determined by sucrose-agar gel and cellulose acetate zymograms", *Proceedings of the Society for Experimental Biology and Medicine* 128, n° 3 (julho de 1968); Y. Matsuya e H. Green, "Somatic cell hybrid between the established human line D98 (presumptive HeLa) and 3T3", *Science* 163, n° 3868 (14 de fevereiro de 1969); e C. S. Stulberg, L. Coriell *et al.*, "The animal cell culture collection", *In Vitro* 5 (1970).

Para um relato detalhado da controvérsia sobre a contaminação, ver Michael Gold, *A conspiracy of cells*.

21. MÉDICOS DA NOITE [pp. 204-18]

As fontes de informações sobre os médicos da noite e a história dos negros americanos e as pesquisas médicas incluem Gladys-Marie Fry, *Night riders in black folk history*; T. L. Savitt, "The use of blacks for medical experimentation and demonstration in the Old South", *Journal of Southern History* 48, nº 3 (agosto de 1982); Id., *Medicine and slavery: The disease and health care of blacks in antebellum Virginia*; F. C. Waite, "Grave robbing in New England", *Medical Library Association Bulletin* (1945); W. M. Cobb, "Surgery and the negro physician: some parallels in background", *Journal of the National Medical Association* (maio de 1951); V. N. Gamble, "A legacy of distrust: African Americans and medical research", *American Journal of Preventive Medicine* 9 (1993); V. N. Gamble, "Under the shadow of Tuskegee: African Americans and health care", *American Journal of Public Health* 87, nº 11 (novembro de 1997).

Para o relato mais detalhado e acessível disponível, ver Harriet Washington, *Medical apartheid: The dark history of medical experimentation on Black Americans from colonial times to the present*.

Para a história do Hospital Johns Hopkins, ver notas do capítulo 1.

Para documentos e outros materiais relacionados à ação judicial da ACLU de 1969 relacionada à pesquisa do Johns Hopkins da predisposição genética à atividade criminosa, ver Jay Katz, *Experimentation with human beings*, capítulo intitulado "Johns Hopkins University School of Medicine: a chronicle. Story of criminal gene research". Para leituras adicionais, ver Harriet Washington, "Born for evil?", em Roelcke e Maio, *Twentieth century ethics of human subjects research* (2004).

As fontes da história do estudo com chumbo do Johns Hopkins incluem documentos legais e registros do Health and Human Services, bem como uma entrevista com uma fonte ligada ao caso, *Ericka Grimes v. Kennedy Kreiger Institute, Inc.* (24-C-99-925 e 24-C-95-66067/CL 193461). Ver também L. M. Kopellman, "Children as research subjects: Moral disputes, regulatory guidance and recent court decisions", *Mount Sinai Medical Journal* (maio de 2006); e J. Pollak, "The lead-based paint abatement repair & maintenance study in Baltimore: historic framework and study design", *Journal of Health Care Law and Policy* (2002).

22. "A FAMA QUE ELA TANTO MERECE" [pp. 219-26]

Para o artigo em que o nome real de Henrietta foi publicado pela primeira vez, ver H. W. Jones, V. A. McKusick, P. S. Harper e K. D. Wuu, "George Otto Gey

(1899-1970): The HeLa cell and a reappraisal of its origin", *Obstetrics and Gynecology* 38, nº 6 (dezembro de 1971). Ver também J. Douglas, "Who was HeLa?", *Nature* 242 (9 de março de 1973); e Id., "HeLa", *Nature* 242 (20 de abril de 1973), e B. J. C., "HeLa (for Henrietta Lacks)", *Science* 184, nº 4143 (21 de junho de 1974).

Informações relacionadas ao erro de diagnóstico do câncer de Henrietta e se teria afetado seu tratamento vêm de entrevistas com Howard W. Jones, Roland Pattillo, Robert Kurman, David Fishman, Carmel Cohen e outros. Também consultei diversos artigos científicos, inclusive S. B. Gusberg e J. A. Corscaden, "The pathology and treatment of adenocarcinoma of the cervix", *Cancer* 4, nº 5 (setembro de 1951).

Para fontes sobre a controvérsia em torno da contaminação por células HeLa, ver notas do capítulo 20. O texto da Lei Nacional do Câncer de 1971 pode ser encontrado em <cancer.gov/aboutnci/national-cancer-act-1971/allpages>.

Fontes sobre a controvérsia existente incluem L. Coriell, "Cell repository", *Science* 180, nº 4084 (27 de abril de 1973); W. A. Nelson-Rees *et al.*, "Banded marker chromosomes as indicators of intraspecies cellular contamination", *Science* 184, nº 4141 (7 de junho de 1974); K. S. Lavappa *et al.*, "Examination of ATCC stocks for HeLa marker chromosomes in human cell lines", *Nature* 259 (22 de janeiro de 1976); W. K. Heneen, "HeLa cells and their possible contamination of other cell lines: karyotype studies", *Hereditas* 82 (1976); W. A. Nelson-Rees e R. R. Flandermeyer, "HeLa cultures defined", *Science* 191, nº 4222 (9 de janeiro de 1976); M. M. Webber, "Present status of MA-160 cell line: prostatic epithelium or HeLa cells?", *Investigative Urology* 14, nº 5 (março de 1977); e W. A. Nelson-Rees, "The identification and monitoring of cell line specificity", em *Origin and natural history of cell lines* (Alan R. Liss, Inc., 1978).

Também me vali de reflexões publicadas e inéditas daqueles diretamente envolvidos na controvérsia. Os artigos publicados incluem W. A. Nelson-Rees, "Responsibility for truth in research", *Philosophical Transactions of the Royal Society* 356, nº 1410 (29 de junho de 2001); S. J. O'Brien, "Cell culture forensics", *Proceedings of the National Academy of Sciences* 98, nº 14 (3 de julho de 2001); e R. Chatterjee, "Cell biology: a lonely crusade", *Science* 16, nº 315 (16 de fevereiro de 2007).

PARTE TRÊS: IMORTALIDADE

23. "ESTÁ VIVA" [pp. 229-42]

Este capítulo recorreu em parte a cartas guardadas na AMCMA, nos prontuários médicos de Deborah Lacks e em "Proceedings for the New Haven Conference (1973): First International Workshop on Human Gene Mapping", *Cytogenetics and Cell Genetics* 13 (1974), pp. 1-216.

Para informações sobre a carreira de Victor McKusick, ver National Library of Medicine em <nlm.nih.gov/news/victor_mckusick_profiles09.html>. Seu banco de dados de genética, agora denominado OMIM, pode ser encontrado em <ncbi.nlm.nih.gov/omim/>.

Para uma documentação selecionada das regulamentações pertinentes protegendo as cobaias humanas em pesquisas, ver "The Institutional Guide to DHEW Policy on Protection of Human Subjects", DHEW Publication No. (NIH) 72- -102 (1º de dezembro de 1971); "NIH Guide for Grants and Contracts", *U. S. Department of Health, Education, and Welfare*, nº 18 (14 de abril de 1972); "Policies for protecting all human subjects in research announced", *NIH Record* (9 de outubro de 1973); e "Protection of human subjects", Department of Health, Education, and Welfare, *Federal Register* 39, nº 105, parte 2 (30 de maio de 1974).

Para mais informações sobre a história da supervisão de pesquisas com cobaias humanas, ver *The human radiation experiments: Final report of the president's Advisory Committee* (Oxford University Press, disponível em <hss. energy.gov/HealthSafety/ohre/roadmap/index.html>).

24. "O MÍNIMO QUE PODEM FAZER" [pp. 243-51]

O que começou como a Microbiological Associates cresceu e acabou fazendo parte de diversas outras empresas maiores, incluindo Whittaker Corp, Bio-Whittaker, Invitrogen, Cambrex, BioReliance e Avista Capital Partners; para os perfis dessas empresas e de outras que vendem células HeLa, ver *OneSource Corp Tech Company Profiles* ou Hoover.com.

Para informações sobre os preços das células HeLa, pesquise os catálogos de produtos de qualquer número de empresas de suprimentos biomédicos, inclusive Invitrogen.com.

Para informações sobre patentes, pesquise HeLa em Patft.uspto.gov.

Para informações sobre a ATCC como uma organização sem fins lucrativos, inclusive demonstrativos financeiros, pesquise American Type Culture Collection em Guidestar.org; para seu catálogo de células HeLa, visite Atcc.org e pesquise HeLa.

Para informações sobre híbridos HeLa-planta, ver "People-Plants", *Newsweek*, 16 de agosto de 1976; C. W. Jones, I. A. Mastrangelo, H. H. Smith, H. Z. Liu e R. A. Meck, "Interkingdom fusion between human (HeLa) cells and tobacco hybrid (GGLL) protoplasts", *Science* (30 de julho de 1976).

436

Para um relato das tentativas de Dean Kraft de matar células HeLa através da "cura paranormal" e assim curar o câncer, ver seu livro *A touch of hope*, bem como vídeos afins em YouTube.com (disponíveis pesquisando Dean Kraft).

Para a pesquisa com as amostras de sangue da família Lacks, ver S. H. Hsu, B. Z. Schacter *et al.*, "Genetic characteristics of the HeLa cell", *Science* 191, nº 4225 (30 de janeiro de 1976). Aquela pesquisa foi financiada pela Bolsa do NIH número 5P01GM019489-020025.

25. "QUEM OS AUTORIZOU A VENDER MEU BAÇO?" [pp. 252-61]

Grande parte da história de Moore aparece em documentos legais e do governo, particularmente "Statement of John L. Moore Before the Subcommitee on Investigations and Oversight", House Committee on Science and Technology Hearings on the Use of Human Patient Materials in the Development of Commercial Biomedical Products, 29 de outubro de 1985; *John Moore v. The Regents of the University of California et al.* (249 Cal.Rptr. 494); e *John Moore v. The Regents of the University of California et al.* (51 Cal.3d 120, 793 P.2d 479, 271 Cal.Rptr. 146).

A patente das células Mo é nº 4.438.032, disponível em Patft.uspto.gov.

A literatura sobre o julgamento de Moore e suas implicações é vasta. Algumas fontes úteis incluem William J. Curran, "Scientific and commercial development of human cell lines", *New England Journal of Medicine* 324, nº 14 (4 de abril de 1991); David W. Golde, "Correspondence: commercial development of human cell lines", *New England Journal of Medicine*, 13 de junho de 1991; G. Annas, "Outrageous fortune: selling other people's cells", *The Hastings Center Report* (novembro-dezembro de 1990); B. J. Trout, "Patent law — a patient seeks a portion of the biotechnological patent profits in Moore v. Regents of the University of California", *Journal of Corporation Law* (inverno de 1992); e G. B. White e K. W. O'Connor, "Rights, duties and commercial interests: John Moore versus the Regents of the University of California", *Cancer Investigation* 8 (1990).

Para uma seleção de reportagens da mídia sobre o caso John Moore, ver Alan L. Otten, "Researchers' use of blood, bodily tissues raises questions about sharing profits", *Wall Street Journal*, 29 de janeiro de 1996; "Court rules cells are the patient's property", *Science*, agosto de 1988; Judith Stone, "Cells for sale", *Discover*, agosto de 1988; Joan O'C. Hamilton, "Who told you you could sell my spleen?", *BusinessWeek*, 3 de abril de 1990; "When science outruns law", *Washington Post*, 13 de julho de 1990; e M. Barinaga, "A muted victory for the biotech industry", *Science* 249, nº 4966 (20 de julho de 1990).

Para a reação regulamentadora ao caso Moore, ver "U.S. Congressional Office of Technology Assessment, New Developments in Biotechnology: Ownership of Human Tissues and Cells — Special Report", Government Printing Office (março de 1987); "Report on the Biotechnology Industry in the United States: Prepared for the U.S. Congressional Office of Technology Assessment", National Technical Information Service, U.S. Department of Commerce (1º de maio de 1987); e "Science, Technology and the Constitution", U. S. Congressional Office of Technology Assessment (setembro de 1987). Ver também a nunca aprovada "Life Patenting Moratorium Act of 1993" (103º Congresso, S.387), apresentada em 18 de fevereiro de 1993.

Detalhes da bactéria consumidora de petróleo envolvida na ação judicial de Chakrabarty podem ser encontrados na patente nº 4259444, disponível em Patft.uspto.gov. Para mais informações sobre a ação judicial, ver *Diamond v. Chakrabarty* (447 U.S. 303).

Para leituras adicionais sobre os processos envolvendo a propriedade de células mencionados neste capítulo, ver "Hayflick-NIH Settlement", *Science*, 15 de janeiro de 1982; L. Hayflick, "A novel technique for transforming the theft of mortal human cells into praiseworthy federal policy", *Experimental Gerontology* 33, nºˢ 1-2 (janeiro-março de 1998); Marjorie Sun, "Scientists settle cell line dispute", *Science*, 22 de abril de 1983; e Ivor Royston, "Cell lines from human patients: who owns them?", apresentado no AFCR Public Policy Symposium, 42nd Annual Meeting, Washington, D.C., 6 de maio de 1985; e *Miles Inc v. Scripps Clinic and Research Foundation et al.* (89-56302).

26. VIOLAÇÃO DA PRIVACIDADE [pp. 262-7]

Se a publicação dos prontuários médicos de uma pessoa violaria a HIPAA, atualmente depende de vários fatores, o mais importante sendo quem liberou os prontuários. A HIPAA protege "todas as 'informações de saúde individualmente identificáveis' [...] de qualquer forma ou por qualquer meio, seja eletrônico, impresso ou oral", mas só se aplica a "entidades cobertas", que são os serviços de saúde e seguros-saúde que "fornecem, faturam ou recebem pagamento por" assistência médica e que transmitem eletronicamente qualquer informação de saúde coberta. Isso significa que qualquer entidade não coberta pode liberar ou publicar os prontuários médicos de uma pessoa sem violar a HIPAA.

De acordo com Robert Gellman, um especialista em privacidade na saúde que encabeçou uma subcomissão do governo norte-americano sobre privacidade e confidencialidade, qualquer membro do corpo docente da Johns Hopkins que liberasse informações médicas de Henrietta hoje em dia provavelmente violaria a HIPAA, porque o Johns Hopkins é uma entidade coberta.

Contudo, em outubro de 2009, quando este livro foi para o prelo, partes dos prontuários médicos de Henrietta voltaram a ser publicadas sem a permissão da família, dessa vez num artigo cujos autores foram Brendan Lucey, do Michael O'Callaghan Federal Hospital da Nellis Air Force Base; Walter A. Nelson-Rees, o combatente da contaminação por células HeLa que morreu dois anos antes da publicação do artigo; e Grover Hutchins, diretor de serviços de autópsia do Hospital Johns Hopkins. Ver B. P. Lucey, W. A. Nelson-Rees e G. M. Hutchins, "Henrietta Lacks, HeLa cells, and culture contamination", *Archives of Pathology and Laboratory Medicine* 133, nº 9 (setembro de 2009).

Algumas das informações que eles publicaram já haviam aparecido em *A conspiracy of cells*, de Michael Gold. Eles também publicaram informações novas, incluindo, pela primeira vez, fotos de suas biópsias cervicais.

Diz Gellman: "Parece bem provável que a HIPAA foi violada neste caso. Mas a única forma de saber com certeza é uma investigação que entraria em fatores complicados, inclusive como obtiveram os prontuários médicos originalmente". Quando liguei para Lucey, o principal autor do artigo, e perguntei como ele obtivera os prontuários, e se alguém pedira permissão da família para publicá-los, ele me contou que os prontuários vieram de seu coautor, Hutchins, do Hopkins. "O ideal seria obter a aprovação da família", ele disse. "Acredito que o doutor Hutchins tentou localizar um membro da família, sem sucesso." Os autores haviam obtido a aprovação do IRB para publicar uma série de artigos usando relatórios da autópsia. Em outros artigos, haviam usado iniciais para ocultar a identidade dos pacientes. Lucey observou que algumas das informações dos prontuários médicos de Henrietta haviam sido anteriormente publicadas, bem como seu nome. "Neste caso, proteger sua identidade com iniciais não teria funcionado", ele disse. "Qualquer um pode descobrir quem ela é, pois seu nome já foi associado às células."

Quando se trata da privacidade dos mortos, na maior parte eles não têm o mesmo direito à privacidade desfrutado pelos vivos. Uma exceção à regra é a HIPAA: "Mesmo os prontuários de Thomas Jefferson, se existirem, são protegidos pela HIPAA se forem mantidos por uma entidade coberta", Gellman disse. "Um hospital não pode revelar os prontuários, independentemente de o paciente estar morto ou vivo. Seu direito à privacidade sob a HIPAA continua a existir até o hidrogênio do Sol se esgotar."

Outro ponto a considerar: conquanto Henrietta estivesse morta e portanto sem os direitos à privacidade dos vivos, muitos especialistas legais e em privacidade com quem falei observaram que a família Lacks poderia ter alegado que a liberação dos prontuários médicos de Henrietta violou a privacidade *dela*. Não havia precedente para um tal caso na época, mas houve casos semelhantes depois.

Para mais informações sobre as leis envolvendo a confiabilidade de prontuários médicos e o debate em torno delas, ver Lori Andrews, "Medical genetics: a legal frontier"; Herman Schuchman, Leila Foster, Sandra Nye *et al.*, *Confidentiality of health records*; M. Siegler, "Confidentiality in medicine: a decrepit concept", *New England Journal of Medicine* 307, nº 24 (9 de dezembro de 1982): 1518-1521; R. M. Gellman, "Prescribing privacy", *North Carolina Law Review* 62, nº 255 (janeiro de 1984); "Report of Ad Hoc Committee on Privacy and Confidentiality", *American Statistician* 31, nº 2 (maio de 1977); C. Holden, "Health records and privacy: what would Hippocrates say?", *Science* 198, nº 4315 (28 de outubro de 1977); e C. Levine, "Sharing secrets: health records and health hazards", *The Hastings Center Report* 7, nº 6 (dezembro de 1977).

Para casos relacionados, ver *Simonsen v. Swensen* (104 Neb. 224, 117 N. W. 831, 832, 1920); *Hague v. Williams* (37 N.J. 328, 181 A.2d 345. 1962); *Hammonds v. Aetna Casualty and Surety Co.* (243 F. Supp. 793 N.D. Ohio, 1965); *MacDonald v. Clinger* (84 A.D.2d 482, 446 N.Y.S.2d 801, 806); *Griffen v. Medical Society of State of New York* (11 N.Y.S.2d 109, 7 Misc. 2d 549.1939); *Feeney v. Young* (191, A.D. 501, 181 N.Y.S. 481. 1920); *Doe v. Roe* (93 Misc. 2d 201, 400 N.Y.S.2d 668, 677. 1977); *Banks v. King Features Synndicate, Inc.* (30 F. Supp. 352. S.D.N.Y. 1939); *Bazemore v. Savannah Hospital* (171 Ga. 257, 155 S.E. 194. 1930); e *Barber v. Time* (348 Mo. 1199, 159 S.W.2d 291. 1942).

27. O SEGREDO DA IMORTALIDADE [pp. 268-75]

Para mais sobre os processos de Jeremy Rifkin, ver *Foundation on Economic Trends et al. v. Otis R. Bowen et al.* (nº 87-3393) e *Foundation on Economic Trends et al. v. Margaret M. Heckler, Secretary of the Department of Health & Human Services et al.* (756 F.2d 143). Para matérias da mídia sobre o caso, ver Susan Okie, "Suit filed against tests using aids virus genes; environnmental impact studies requested", *Washington Post*, 16 de dezembro de 1987; e William Booth, "Of mice, oncogenes and rifkin", *Science* 239, nº 4838 (22 de janeiro de 1988).

Para o debate sobre a espécie HeLa, ver L. Van Valen, "HeLa, a new microbial species", *Evolutionary Theory* 10, nº 2 (1991).

Para mais sobre imortalidade das células, ver L. Hayflick e P. S. Moorhead, "The serial cultivation of human diploid cell strains", *Experimental Cell Research*, 25 (1961); L. Hayflick, "The limited in vitro lifetime of human diploid cell strains", *Experimental Cell Research* 37 (1965); G. B. Morin, "The human telomere terminal transferase enzyme is a ribonucleoprotein that synthesizes TTAGGG repeats", *Cell* 59 (1989); C. B. Harley, A. B. Futcher e C. W. Greider, "Telomeres shorten during ageing of human fibroblasts", *Nature* 345 (31 de maio de 1990); C. W. Greider e E. H. Blackburn, "Identification of specific telomere terminal transferase activity in tetrahymena extracts", *Cell* 43 (dezembro de 1985).

Para leituras adicionais sobre pesquisas do envelhecimento e extensão da vida humana, ver *Merchants of immortality*, de Stephen S. Hall.

Para uma seleção de pesquisas do HPV envolvendo células HeLa, ver Michael Boshart *et al.*, "A new type of papillomavirus DNA, its presence in genital cancer biopsies and in cell lines derived from cervical cancer", *EMBO Journal* 3, nº 5 (1984); R. A. Jesudasan *et al.*, "Rearrangement of chromosome band 11q13 in HeLa cells", *Anticancer Research* 14 (1994); N. C. Popescu *et al.*, "Integration sites of human papillomavirus 18 DNA sequences on HeLa Cell chromosomes", *Cytogenetics and Cell Genetics* 44 (1987); e E. S. Srivatsan *et al.*, "Loss of heterozygosity for alleles on chromosome 11 in cervical carcinoma", *American Journal of Human Genetics* 49 (1991).

28. APÓS LONDRES [pp. 276-92]

Para informações sobre o simpósio HeLa, ver notas do capítulo 6.

Para uma amostra do longo histórico legal de Cofield, ver *Sir Keenan Kester Cofield v. ALA Public Service Commission et al.* (nº 89-7787); *United States of America v. Keenan Kester Cofield* (nº 91-5957); *Cofield v. the Henrietta Lacks Health History Foundation, Inc., et al.* (CV-97-33934); *United States of America v. Keenan Kester Cofield* (99-5437); e *Keenan Kester Cofield v. United States* (1:08-mc-00110-UNA).

29. UMA ALDEIA DE HENRIETTAS [pp. 293-302]

Para a matéria da *Hopkins Magazine* citada aqui, ver Rebecca Skloot, "Henrietta's dance", *Johns Hopkins Magazine*, abril de 2000.

Para outros artigos citados neste capítulo, ver Rob Stepney, "Immortal, divisible; Henrietta Lacks", *The Independent*, 13 de março de 1994; "Human, plant cells fused: walking carrots next?", *The Independent Record*, 8 de agosto de 1976 (via serviço noticioso do *New York Times*); Bryan Silcock, "Man-animal cells are bred in lab", *The Sunday Times* [de Londres], 14 de fevereiro de 1965; e Michael Forsyth, "The immortal woman", *Weekly World News*, 3 de junho de 1997.

31. HELA, DEUSA DA MORTE [pp. 314-24]

A personagem chamada Hela apareceu em várias revistas em quadrinhos da Marvel. Ver, por exemplo, "The Mighty Thor: The Icy Touch of Death!", *Marvel Comics Group* 1, nº 189 (junho de 1971).

33. O HOSPITAL PARA NEGROS INSANOS [pp. 336-49]

Para o artigo descrevendo a história de Crownsville, ver "Overcrowded hospital 'loses' curable patients", *Washington Post* (26 de novembro de 1958). A história de Crownsville também está documentada em "Maryland's shame", uma série de Howard M. Norton no *Baltimore Sun* (9-19 de janeiro de 1949), e no material que me foi fornecido pelo Centro Hospitalar Crownsville, inclusive seus "Historic Overview", "Census" e "Small Area Plan: Community Facilities".

Alguns anos depois que Deborah e eu o visitamos, o Centro Hospitalar Crownsville encerrou as atividades. Para essa história, ver Robert Redding Jr., "Historic mental hospital closes", *Washington Times* (28 de junho de 2004), disponível em <washingtontimes.com/news/2004/jun/28/20040628-115142-8297r/#at>.

36. CORPOS CELESTES [pp. 368-71]

A Bíblia que Gary Lacks me deu neste capítulo foi *Good news Bible: Today's english version* (American Bible Society, 1992).

POSFÁCIO [pp. 392-409]

As cifras que cito do número de americanos cujos tecidos estão sendo usados em pesquisas, bem como as informações sobre como esses tecidos são usados, podem ser encontradas em Elisa Eiseman e Susanne B. Haga, *Handbook of human tissue sources*. Para a investigação do Conselho Consultivo Nacional de Bioética do uso de tecidos humanos em pesquisas e suas políticas recomendadas, ver *Research involving human biological materials: Ethical issues and policy guidance*, vol. 1: *Report and recommendations of the National Bioethics Advisory Commission*, e vol. 2: *Commissioned papers* (1999).

A literatura sobre o uso de tecidos humanos em pesquisas, e o debate ético e político que o cerca, é vasta e inclui E. W. Clayton, K. K. Steinberg *et al.*, "Informed consent for genetic research on stored tissue samples", *Journal of the American Medical Association* 274, nº 22 (13 de dezembro de 1995), pp. 1806-7, e cartas ao editor resultantes; Robert F. Weir e Robert S. Olick, *The stored tissue issue: Biomedical research, ethics, and law in the era of genomic medicine*; Robert F. Weir (org.), *Stored tissue samples: Ethical, legal, and public policy implications*; E. Richard Gold, *Body parts: Property rights and the ownership of human biological materials*; David Magnus, Arthur Caplan e Glenn McGee (orgs.), *Who owns life?*; e Lori Andrews, *Body bazaar*.

Para uma seleção de ações judiciais relacionadas, ver *Margaret Cramer Green v. Commissioner of Internal Revenue* (74 T.C. 1229); *United States of America v. Dorothy R. Garber* (78-5024); *Greenberg v. Miami Children's Hospital Research Institute* (264 FSupp.2d 1064); *Steven York v. Howard W Jones et al.* (89-373-N); *The Washington University v. William J. Catalona, M.D., et al.* (CV-01065 e 06-2301); *Tilousi v. Arizona State University Board of Regents* (04-CV-1290); *Metabolite Laboratories, Inc., and Competitive Technologies, Inc., v. Laboratory Corporation of America Holdings* (03-1120); *Association for Molecular Pathology et al. v. United States Patent and Trademark Office; Myriad Genetics et al.* (documentos do processo disponíveis em <aclu.org/brca/>); e *Bearder et al. v. State of Minnesota and MDH* (petição disponível em <cchconline.org/pr/pr031109.php>).

Índice remissivo

Alfred (filho de Deborah), 188, 264, 304, 323, 336, 374, 388

Alfred (neto de Deborah), 304-6, 315, 323, 336, 385, 390

American Type Culture Collection (ATCC), 183-4, 199, 247

Andrews, Lori, 398, 403, 407

Apendicectomias do Mississippi, 76

Arquivos Estaduais de Maryland, 346

ATCC *ver* American Type Culture Collection

Aurelian, Laure, 95

BBC, documentário sobre Henrietta, 106, 187, 276-9, 289, 297, 386

Belmont, Relatório, 396

Berg, Roland H., 144, 145-6

Bethlehem Steel, 45-6, 264

bioética *ver* ética

Björklund, Bertil, 175

Blumberg, Baruch, 256, 404-5

Brody, William, 283

Bynum, Charles, 131

câncer: Guerra ao Câncer, campanha, 223; injeções de células HeLa em pacientes de câncer, 169; patentes de genes de câncer de mama, 402; tratamentos com rádio, 53, 71-2, 93

câncer cervical: debate sobre o diagnóstico apropriado, 49-51; filosofias de tratamento, 49; HPV e, 268; invenção do teste de Papanicolau e erro no diagnóstico de Henrietta, 222, 226, 285; mortes por, 50; teste de Papanicolau e, 50

carcinoma in situ, 49, 51

carcinomas epidermoides, 222

Carrel, Alexis, 86, 184

Carter, Alfred "Chita", 153, 155, 194-5

Carter, Alfred, Jr. *ver* Alfred (filho de Deborah)

célula L, 184

células híbridas de seres humanos e animais, 185-7

cemitério da família Lacks, 38, 106, 126, 159, 160-1, 358, 390

Chakrabarty, Ananda Mohan, 255

Chang, Robert, 201

Chita (Alfred Carter) *ver* Carter, Alfred "Chita"

Clayton, Ellen Wright, 398, 400, 402, 407

Cliff *ver* Garret, Cliff (primo)

clonagem de células HeLa, 136, 298-9, 320, 362

clonagem de Henrietta, 280, 299, 320, 362

Clover, Virgínia: casa-lar, 38-9, 43, 159, 348, 358; cemitério da família Lacks, 38, 106, 126, 159-61, 358, 390; cultivo de tabaco, 39-41, 150; descrição no final dos anos 1990, 108-10; destruição de, 381-3; relações raciais em, 39, 157, 164-6; vida de Henrietta em, 37-45, 66, 68

Código de Ética da Associação Médica Americana, 267, 396

Código de Nuremberg, 173-4, 176, 267

Cofield, Sir Lord Keenan Kester, 103-4, 285-91, 355-6, 388

Comitê de Coleta de Cultura de Células *ver* ATCC (American Type Culture Collection)

Common Rule (Política Federal para a Proteção de Cobaias Humanas), 395, 398, 408

confidencialidade dos pacientes *ver* ética

congelamento de células para culturas de tecidos, 134

Conselho Consultivo Nacional de Bioética (NBAC), 407-8

Conselho de Regentes da Universidade do Estado de Nova York, 176-8

consentimento informado: ações judiciais em torno de células e tecidos e, 252-4, 258-60, 397, 400, 406; amostra de tecido de Henrietta e, 53, 55, 123, 174, 249, 392; amostras de sangue da família Lacks e, 233-4, 238; formulários de obtenção, 406-7; história do termo, 174; lucro com pesquisas com tecidos humanos e, 406-8; pesquisa de câncer de Southam e, 168-78; pesquisa de Elsie Lacks e, 346; pesquisas com tecidos e, 394-400; pesquisas médicas e, 51, 171-78; Ted Slavin e, 255, 405

Conspiracy of cells, A (Gold), 265

contaminação de culturas de células por células HeLa, 182-3, 198-202, 329, 389

Cootie *ver* Henry, Hector "Cootie" (primo)

coração de frango imortal", 86-9, 184

Coriell, Lewis, 182, 183

cultura de células e tecidos: ações judiciais e, 258-60, 271, 397; contaminação de culturas por células HeLa, 182-3, 198-202, 329, 389; coração de frango imortal" de Carrel, 86-90, 184, 273; fusão de células somáticas ("sexo celular"), 184, 186-7; matéria da *Collier's* sobre, 146, 147; meio de cultura, 59, 87, 130, 132, 135; padronização do campo, 58-60, 134, 183; percepções públicas da, 90, 187, 271; pesquisas do câncer cervical e, 51, 269; remessa de, 84, 132, 134

Dale *ver* Lacks, Deborah
Davidson, Bill, 146, 147
Davon (neto de Deborah), 278, 304, 305, 306, 315-8, 320, 375, 384-6, 390
Deborah *ver* Lacks, Deborah
Declaração de Helsinque, 396
Departamento de Saúde, Educação e Assistência Social (HEW), 235, 239
Dia de Henrietta Lacks, 104, 277-8
DNA: da família Lacks, pesquisa, 233-4, 236-8, 250; explicação do, 331; pintura FISH dos cromossomos de Henrietta, 295, 311-2, 331

Eagle, Harry, 135
Earle, Wilton, 184
Elsie *ver* Lacks, Elsie (filha)
Ethel (esposa do primo Galen), 68, 149-51, 189, 311
ética: ações judiciais em torno das linhagens de células e, 258-60, 271; alteração do DNA e células HeLa, 270-2; amostras de tecidos de direitos dos pacientes, 392-408; artigo do *New England Journal of Medicine*, 178; Código de Ética da Associação Médica Americana, 267, 396; Código de Nuremberg, 173-4, 176, 267; confidencialidade dos pacientes e, 143-7, 267, 322; consentimento informado e coleta de tecidos, 123, 395, 397-400; lucro com pesquisas com tecidos humanos e, 401-8; pesquisa de câncer de Southam e, 168-78, 237; pesquisas

com cobaias humanas e, 51, 174-8, 214-5, 234, 237, 259, 395; pesquisas dos nazistas com prisioneiros judeus, 172; *ver também* pesquisas médicas

fábrica de células, 128, 131-2, 138
FISH (hibridização *in situ* fluorescente), 295, 311, 331
Fundação Nacional para a Paralisia Infantil, 128-31, 139, 143-4
Fundação Nacional para a Pesquisa do Câncer, 322, 373
fusão de células somáticas, 184-7

G6PD-A (glicose-6-fosfato desidrogenase-A), 198, 202-3
Galen (primo), 68, 151-3, 155
Garret, Cliff (primo), 39, 42, 44, 126, 164, 382
Garret, Fred (primo), 39, 45-6, 106, 126, 382
Gartler, Stanley, 197-202, 224, 272
Gary (sobrinho), 166, 270, 360-70, 382
GeGe, linhagem de células, 220
genética: artigo da *Science* sobre o DNA da família Lacks, 250; fusão de células somáticas e, 185-7; informações contidas no DNA e, 331, 404; marcadores HLA e, 233; privacidade e consentimento informado, questões sobre, 239, 251, 398-400; Projeto do Genoma Humano, 231; *ver também* DNA
Gey, George, 52, 55, 74, 83, 94, 175, 197-9, 202, 221, 222, 225, 237, 246, 266, 309, 334; coleta dos ingredientes do meio de cultura, 58, 59; dese-

447

jo de restrição das pesquisas com células HeLa, 140-1; distribuição de células HeLa a outros pesquisadores, 84-5, 184; educação de, 62; filmagem de células, 62; finanças, 245-6; invenção da técnica de cultura em tubo giratório, 63; laboratório de Gey, 55, 57, 60-1, 85, 90, 123, 143, 219, 246, 272, 277; morte de, 219-21; sobre a divulgação do nome de Henrietta, 143-6; suposto encontro com Henrietta, 95

Gey, Margaret, 52, 59-60, 63, 65, 141, 147, 219, 244-6

glicose-6-fosfato desidrogenase-A *ver* G6PD-A

Gold, Michael, 265-6, 283, 290

Golde, Dr. David, 252-5, 257, 259-60

Greenburg, Judith, 396, 398

Grinnan, Crazy Joe (primo), 42, 44

Grody, Wayne, 400, 405, 408

Guerra ao Câncer, campanha, 223

Harris, Henry, 185

Hausen, Harald zur *ver* Zur Hausen, Harald

Havasupai, tribo: processo contra a Arizona State University, 396

Hayflick, Leonard, 89-90, 139, 201-2, 258, 273-4

Hela (deusa nórdica e personagem de quadrinhos da Marvel), 319

HeLa, células: causas possíveis da imortalidade das, 268-70; clonagem de células e, 135-6, 298-9, 320, 362; cobertura da mídia, 22, 85, 132, 143-7, 180, 187, 225-6, 249, 300; como uma espécie nova, 272; contaminação de culturas de células, 182-3, 198-202,

329, 389; contaminação do meio ambiente, 271; crescimento inicial, 61, 62; desenvolvimento da virologia e, 134; diagnóstico de distúrbios genéticos e, 137; distribuição, 84-5, 131-2, 184; Guerra Fria e, 139-40; injeções de, 168-78; patentes e, 247; pesquisa do HIV e, 270-2; pesquisa do HPV e, 268; pesquisas de prolongamento da vida e, 273-4; produção em massa, 129-32, 138-9; programas espaciais e, 180-1; vacina antipólio e, 128-32; vendas de, 133, 138-9, 246-7

Helacyton gartleri, 272

Henry, Hector "Cootie" (primo), 111-3, 126, 157, 191, 270, 382

Herança Mendeliana no Homem (McKusick), 233

HEW *ver* Departamento de Saúde, Educação e Assistência Social

HIPAA *ver* Lei da Portabilidade e Responsabilidade de Seguros-Saúde

Hipócrates *ver* Juramento de Hipócrates

HLA, marcadores, 233

Hospital Estadual Crownsville: Deborah fica sabendo sobre Elsie, 156, 291, 336-41, 343-6, 348; internação de Elsie, 69, 117, 127, 341; tratamento aos pacientes, 338-45

Hospital Johns Hopkins: ação judicial de Cofield e, 286-9; esforços para homenagear Henrietta, 284, 290; falta de comunicação com a família Lacks sobre as células HeLa, 216-7; fundação como um hospital de caridade, 33, 214; não obtenção de lucro com as células HeLa, 283-4;

pesquisas com pacientes negros e, 215, 237, 298
HPV, 268-70, 322, 332, 370
Hsu, Susan, 200-1, 232-5, 237-8, 241-3, 250
Hudson, Kathy, 393, 394
Hutchins, Grover, 288, 290
Hyatt, George, 181, 202
Hyman, William, 175-6

Instituto Nacional do Câncer, 181, 224, 229
Instituto Tuskegee, 75, 131
Invitrogen, 247

JaBrea (neta de Sonny), 378-380
Jet: artigo sobre Henrietta, 22, 237, 250
Jewish Chronic Disease Hospital (JCDH), 172, 174-8
Johns Hopkins Magazine: matéria sobre Henrietta, 295, 307
Johnson, Erika (bisneta), 385
Jones, Dr. Howard W.: artigo em homenagem a Gey, 221-2, 237; carreira em medicina reprodutiva, 389; confirmação da identidade de HeLa, 226; descoberta do erro de diagnóstico de Henrietta, 221; exame e tratamento de Henrietta, 34-5, 92-3, 269, 277; revelação da identidade de Henrietta, 221-2, 226; sobre as pesquisas clínicas no Johns Hopkins, 51; sobre os prontuários médicos de Henrietta, 266
Jones, Ross, 284
Juramento de Hipócrates, 173, 267

Kidwell, Richard, 286-90

Korn, David, 399
Ku Klux Klan, 87, 164, 213
Kubicek, Mary, 57, 221, 282, 389

laboratório de Gey, 55, 57, 60-1, 85, 90, 123, 143, 219, 246, 272, 277
Lacks Town, 42-4, 108-14, 125, 158, 163-5, 191, 207; *ver também* Clover
Lacks, Albert (bisavô), 162, 165
Lacks, Benjamin (tio-avô), 162-5
Lacks, Bobbette (sobrenome de solteira: Cooper), 151, 154-5, 188, 196, 212, 217, 229-31, 278, 305, 382, 385
Lacks, Carlton, 165, 166
Lacks, David "Day" (marido): desconfiança em relações aos médicos, 210-2; incompreensão das intenções dos cientistas, 211-2, 232-3; juventude, 38-46; morte de, 382; problemas de saúde, 210, 217, 325; raiva devido ao interesse pelas células HeLa, 81; sobre o câncer, morte e autópsia de Henrietta, 123-4, 211-2, 235
Lacks, David, Jr. "Sonny" (filho): desconfiança em relação aos médicos, 210, 212; lembranças de Henrietta, 205; morte de Deborah e, 384, 389-90; problemas de saúde, 210, 216-7, 382; sobre as células de Henrietta, 209, 409
Lacks, Deborah "Dale" (filha): compartilhamento dos prontuários médicos de Henrietta, 350-6; crença de que Henrietta foi clonada, 280, 299, 320, 361; desejo de saber mais sobre a mãe, 77-8, 156, 237, 241, 261, 276, 281, 296-7, 315-7,

449

323, 360, 376-7; encontro com Victor McKusick, 238-9; filhos, 188, 194, 236, 264, 304, 323, 336, 374, 383; infância, 68, 148-56; informando-se sobre Elsie, 156, 291, 336-48; James Pullum e, 262, 293, 375-83; maus-tratos por Chita, 194, 195; maus-tratos por Galen, 151-5; medo do câncer, 235, 236-7, 330-1; morte, 384-6; nascimento, 32; orações com o primo Gary, 362-6; pesquisa sobre Henrietta, 318, 320, 322; poesia de, 351; problemas de saúde, 77, 155, 217, 278, 290-1, 320-1, 356, 358, 360, 368, 372-7; reação aos planos do museu, 280-1; relutância em falar sobre Henrietta, 293, 301-2, 314-5, 354-5; sobre questões raciais e células HeLa, 314; sofrimento devido à morte da mãe e às células HeLa, 76, 119, 247-9, 264-5, 276, 290-1, 351, 354-5; visita a Clover, 347-8, 358-9; visita ao Hospital Johns Hopkins para ver as células de Henrietta, 325-34; volta à escola, 373, 378

Lacks, Elsie (filha): Deborah fica sabendo sobre Elsie, 156, 291, 336-48; foto de Elsie em Crownsville, 341, 347, 353, 358-60; foto de Zakariyya de, 310, 339; infância e internação, 68, 69, 117, 127; morte de, 156; relatório de autópsia de, 339-43, 353-4; sífilis e, 43, 339, 342, 354

Lacks, Emmett (primo), 116-8

Lacks, família: ação judicial de John Moore e, 260; cemitério da, 38, 106, 126, 159-61, 358, 390; encontro com Michael Rogers, 244-5; enga-

no em torno das amostras de sangue como testes de câncer, 232-8; Keenan Kester Cofield e, 285-90; prontuários médicos de Henrietta e, 264-6; questões legais em relação às células HeLa, 407-8; raiva e desconfiança em relação ao Hospital Johns Hopkins e aos médicos, 210-2, 216-7, 245, 260, 298, 325, 374; reconhecimento de Henrietta e da família Lacks, 197-202, 277-80, 283, 323, 372-4; sobre a fotografia de Henrietta, 240; sobre a natureza imortal das células de Henrietta, 269-70, 368-70; surdez e, 77, 155-6, 217, 306, 339; tomando conhecimento das células HeLa, 229-31; visita ao museu Smithsonian, 280

Lacks, Gladys (irmã), 44, 117-9, 126, 166, 269, 293, 359

Lacks, Henrietta: ancestrais, 162-5; aparência física e beleza, 17, 67; casamento com David Lacks, 44; diagnóstico, 35, 36, 48, 91-4, 116-8; diagnóstico errado do tipo de tumor, 221-2, 226; exames e tratamento no Hospital Johns Hopkins, 31, 33-5, 53, 55, 70-2, 92-4, 117-8; funeral, 125-6; infância, 37-42; infecção pelo HPV e câncer, 268-9; mencionada e retratada em *Medical genetics*, 240; morte e autópsia, 119, 123-5, 211-2, 235, 265, 282; mudança para Baltimore, 47; planos do museu, 99, 103, 280-1, 283, 359; primeira aparição do nome e fotografia impressos, 223; prontuários médicos, 34, 53, 286-7, 301-2, 352; reconhecimento público de

Henrietta e da família Lacks, 197-202, 277-80, 283, 323, 372-4; tratamento de Henrietta, 53, 55, 64, 70-2, 92-4, 117-8; túmulo, 161, 359; vida em Clover, 39, 41-2, 66, 68; *ver também* HeLa, células

Lacks, Joe (filho) *ver* Zakariyya

Lacks, Lawrence (filho): cuidados pelas irmãs mais novas, 148, 151; desconfiança em relação às pessoas perguntando sobre Henrietta, 325, 374; lembranças de Elsie, 156; lembranças de Henrietta, 207; ligações para o Hospital Johns Hopkins sobre Henrietta, 231; morte de Deborah e, 389-90; sobre as células de Henrietta, 207-8; vida em Clover, 43, 68-9, 206

Lacks, Ruby, 165, 166

Lacks, Tommy (avô), 37-40, 163

"Lakes, Henrietta", 143-4

"Lane, Helen", 17, 22, 24, 143, 147, 225-6, 243-4, 249, 294, 309, 379

"Larson, Helen", 17, 147

LaTonya "Tonya"(filha de Deborah), 194, 236, 383

Lefkowitz, Louis, 176

Lei da Não-Discriminação das Informações Genéticas, 251, 397

Lei da Portabilidade e Responsabilidade de Seguros-Saúde (HIPAA), 251, 398

Lei da Proteção às Cobaias Humanas em Experimentos Médicos, 259

Lei Nacional do Câncer, 223

Lengauer, Christoph, 295-6, 312, 323, 327, 390

Lillian (irmã), 166

Lurz, Paul, 339-43, 346

Mandel, Emanuel, 172-7

Margaret (prima), 32, 39, 68, 70-2, 149

Maryland, Arquivos Estaduais de, 346

McKusick, Victor: artigo em homenagem a Gey, 237; confirmação da identidade de Henrietta, 226; desejo de comprar o DNA dos Lacks com as células HeLa, 232; encontro com Deborah, 238-40, 301; prontuários médicos de Henrietta e, 266; publicação do DNA e informações genéticas da família Lacks, 250-1; sobre o consentimento informado da família Lacks para as amostras de sangue, 234

Meade, Davon *ver* Davon (neto de Deborah)

Medical genetics (org. McKusick), 240, 301

"médicos da noite", 213-5

"mentira benevolente", 91

Microbiological Associates, 135, 137-9, 246

Mo, linhagem de células, 254, 257, 259

Moore, John, 251-60, 390, 401, 404, 406

Myriad Genetics, 403

National Institutes of Health (NIH): amostras de tecidos armazenados no, 393; criação da American Type Culture Collection (ATCC), 183; desenvolvimento de meios de cultura padronizados, 135; diretrizes do consentimento informado, 234, 396; estabelecimento de exigências éticas, 178

nazistas: pesquisas com prisioneiros judeus, 172
NBAC *ver* Conselho Consultivo Nacional de Bioética
Nelson-Rees, Walter, 224, 244, 245, 265
NFIP *ver* Fundação Nacional para a Paralisia Infantil
NIH *ver* National Institutes of Health

Papanicolaou, George, 50
Papanicolau, teste de, 50
patentes: células HeLa e, 247, 282; de genes, 402-4; linhagem de células Mo e, 254-5
patentes de genes, 403-4
Pattillo, Dr. Roland, 74-7, 96, 277-9, 292, 323
percepções públicas de culturas de células e tecidos, 90, 187, 271
pesquisas médicas: ações judiciais em torno de linhagens de células e, 258-60, 271; células HeLa e, 245-8, 270-2, 274, 283-4; cobaias negras e, 51, 75; consentimento informado e, 174-8, 234; hepatite B e, 256; linhagem de células Mo e, 254-5; lucro com pesquisas com tecidos humanos, 401-8; "médicos da noite" e, 213-5; necessidade de amostras de tecidos e, 393; uso de pacientes para, 75, 169, 171-8, 344-5; uso de prisioneiros para, 170; Zakariyya como voluntário no Hospital Johns Hopkins, 263; *ver também* ética
Plantação Lacks, 164-5
Pleasant, Eliza Lacks (mãe), 37, 160
Pleasant, Johnny (pai), 37

Pleasant, Loretta *ver* Lacks, Henrietta
Pleasant, Lucile Elsie (filha) *ver* Lacks, Elsie (filha)
pneumoencefalografia, 345-6
pólio, 18, 27, 111, 113, 129-33, 205
Política Federal para a Proteção de Cobaias Humanas *ver* Common Rule
Pomerat, Charles, 141-2
pré-cancerosas, detecção de células, 50
Primeiro Workshop Internacional sobre o Mapeamento de Genes Humanos, 231
privacidade: amostras de sangue da família Lacks e, 239; informações sobre DNA e genética da família Lacks, 251; publicação do nome de Henrietta e, 143, 145; publicação dos prontuários médicos de Henrietta e, 267; *ver também* consentimento informado
programas espaciais e células HeLa, 180-1
Projeto do Genoma Humano, 231
prontuários médicos: Deborah compartilhando os prontuários de Henrietta, 350-6; exigência de Cofield dos prontuários de Henrietta, 286-7, 355; no Hospital Estadual Crownsville, 337-44; nos Arquivos Estaduais de Maryland, 346; publicação dos prontuários de Henrietta no livro de Gold, 264-6
Pullum, James, 262, 293, 318, 375-80, 383, 390

raça e assistência médica: apendicectomias do Mississippi, 76; efeitos da raça sobre a oferta e os resultados da assistência médica, 92; negação de tratamento a pacientes negros, 111; pesquisas médicas com negros americanos, 51, 75, 213-5, 230, 237; política de, 250, 352; segregação nos hospitais, 31, 34, 53, 92, 117-8, 123

Racaniello, Vincent, 408

Rahman, Zakariyya Bari Abdul (Joe Lacks) *ver* Zakariyya

raios X: terapia de para tratamento do câncer 70, 72

RAND Corporation: relatório sobre amostras de tecidos, 392-3

Reader, Samuel, 137-9

Rifkin, Jeremy, 271-2

Rogers, Michael, 97, 243

Rolling Stone: artigo sobre a família Lacks, 97, 112, 147, 243, 249, 252, 262

Sadie (prima), 32, 39, 43, 66-70, 73, 93, 126, 149, 270

Salgo, Martin, 174

Salk, Dr. Jonas, 128, 132

Scherer, William, 130-2, 143, 183-4

Science: artigo sobre o DNA da família Lacks, 250-1; "HeLa Hit Lists", 224; pesquisas médicas e, 176-7

Segunda Conferência de Revisão Decenal de Tecidos Celulares e Cultura de Órgãos, 197-202

"sexo celular" *ver* fusão de células somáticas

Sharrer, Terry, 280

sífilis: distúrbio de Elsie e, 43, 339, 342; estudo da sífilis de Tuskegee, 75,

133, 230, 237; tratamento de Henrietta, 33-4

Simpósio HeLa de Controle do Câncer, 74

Slavin, Ted, 255-7, 404-6

Smithsonian Museum of American History, 280

Southam, Chester, 168-79, 216, 234, 237

Sparrows Point, usina siderúrgica, 45-7, 70, 93, 98-9, 116-7

Speed, Courtney, 99-105, 276, 280-9, 391

Stevenson, Robert, 183, 199, 201-2, 273

Syverton, Jerome, 143

técnica de cultura de células em tubo giratório, 63-4

Técnica Gey de Sangramento de Frangos, 59

TeLinde, Dr. Richard Wesley, 48-52, 55, 58, 72, 143-6

telômeros, 274, 370

Tonya *ver* LaTonya "Tonya" (filha de Deborah)

transformação espontânea, 135, 181, 200-2

tubo giratório, técnica de cultura de células em, 63-4

Turner Station: planos do museu Henrietta Lacks, 98, 104, 279-83; vida de Henrietta em, 45-6, 68-70

Tuskegee: estudo da sífilis de, 75, 133, 230, 237

Van Valen, Leigh, 272-3

virologia: HPV e pesquisa do câncer, 268-9; pesquisa do câncer de Southam e, 168-78; pesquisa do HPV de zur Hausen, 268-9; uso de células HeLa e, 134

Vírus do Papiloma Humano *ver* HPV

Watkins, John, 185, 187

Way of all flesh, The (documentário da BBC), 106

Weir, Robert, 400

Wharton, Dr. Lawrence, Jr., 55, 220

Wyche, Barbara, 280-5, 289

Zakariyya: amostras de sangue, 237; atividades recentes, 382, 389-90; conversão ao islamismo e mudança de nome, 194; gravidez de Henrieta de, 33; infância, 68, 148-51; julgamento e sentença, 192, 193; maus-tratos de Ethel a, 150, 189, 311; opinião sobre clonagem de células de Henrietta, 309-10; raiva devido à morte de Henrietta e às células HeLa, 303-11, 333; relutância em falar sobre Henrietta, 306-7; saúde e, 306; tuberculose e, 148; vida e trabalho após a prisão, 263; visita ao Johns Hopkins para ver as células de Henrietta, 325-34

Zakariyya:assassino de Eldridge Lee Ivy, 190-3

Zur Hausen, Harald, 268-9

ESTA OBRA FOI COMPOSTA PELA SPRESS EM MINION E IMPRESSA EM OFSETE
PELA GEOGRÁFICA SOBRE PAPEL PÓLEN SOFT DA SUZANO PAPEL E CELULOSE
PARA A EDITORA SCHWARCZ EM MARÇO DE 2011